एडवान्स लेखांकन

(Advanced Accounting)

एडवान्स लेखांकन
(Advanced Accounting)

डॉ० राजीव कुमार

arjun अर्जुन पब्लिशिंग हाउस

एडवान्स लेखांकन

संस्करण, 2025

ISBN 978-81-8330-240-1

प्रकाशक :

अर्जुन पब्लिशिंग हाउस

4831/24, गोविन्द लेन

अंसारी रोड, दरियागंज

नई दिल्ली—110002

फोन : 23242541, 23272541
e-mail : arjunbooks2001@gmail.com

टाइपसेटिंग :

डिम्पल कम्प्यूटर्स

दिल्ली

प्रिन्टर्स :

मिलन इंटरप्राइजेस

दिल्ली

प्रस्तावना

लेखांकन व्यावसायिक व्यवहारों को उपयोगी रूप में प्रस्तुत करने की एक महत्त्वपूर्ण विधि है। इस रूप में प्रस्तुत किये बिना व्यावसायिक व्यवहारों की अधिक उपयोगिता नहीं होती है। वस्तुत: लेखांकन विज्ञान तथा कला दोनों ही है। लेखांकन का सम्बन्ध केवल व्यवसाय से ही नहीं वरन् उन समस्त व्यक्तियों से है जो मुद्रा तथा वस्तुओं का आदान-प्रदान करते हैं।

एडवान्स लेखांकन विषय पर प्रस्तुत इस पुस्तक की विषय-सामग्री में पूँजी संरचना, स्टॉक एक्सचेंज, लाभांश नीति, कोष प्रवाह विवरण, अंशों का निर्गमन एवं हरण तथा ऋण पत्रों का निर्गमन, व्यापार क्रय तथा अभिगोपन, मूल्य ह्रास आदि विषयों पर महत्त्वपूर्ण एवं उपयोगी जानकारी प्रस्तुत की गई है।

पुस्तक की भाषा तथा विषय प्रस्तुति को बोधगम्य एवं स्पष्ट प्रस्तुतीकरण की दृष्टि से यथासम्भव उपयुक्त स्थानों पर रेखाचित्रों एवं ग्राफों का प्रयोग किया गया है। पुस्तक के आगामी संस्करण को अधिक उपयोगी बनाने के लिए रचनात्मक सुझावों का सदैव स्वागत है। पुस्तक के आकर्षक मुद्रण के लिए लेखक प्रकाशक के अत्यन्त आभारी है।

डॉ॰ राजीव कुमार

विषय-सूची

1

पूँजी संरचना
(Capital Structure)

पूँजी संरचना/पूँजी संगठन/पूंजी ढाँचा अथवा पूँजी का स्वरूप वित्तीय योजना का एक महत्वपूर्ण अंग है। कुछ विद्वान पूँजीकरण तथा पूँजी ढाचे दोनों शब्दों को एक ही अर्थ में प्रयोग करते हैं। लेकिन यदि पूँजीकरण का गहराई से विश्लेषण किया जाय तो इनमें पृथकता अनुभव होती है। गस्टनवर्ग के शब्दों में, ''वस्तुत: पूँजीकरण का तात्पर्य पूँजी की मात्रा को निश्चित करने एवं पूँजी संरचना का आशय पूँजी के स्वरूप या प्रकार को निश्चित करने से है।'' वैस्टन एवं ब्राइम के शब्दों में, ''पूँजी संरचना किसी फर्म का स्थायी वित्त प्रबन्धन होता है जो दीर्घकालीन ऋणों, पूर्वाधिकारी अंशों तथा शुद्ध मूल्य से प्रदर्शित होता है।'' इस प्रकार पूँजी संरचना का निर्धारण वित्तीय आयोजन की दूसरी श्रेणी है। इसका सीधा-सादा अर्थ पूँजीकरण में विभिन्न प्रतिभूतियों के पारस्परिक अनुपात को निर्धारित करना है। इसका आशय यह निर्णय लेने से है कि कुल आवश्यक पूँजी का कितना भाग अंशों से एकत्रित किया जाय और कितना ऋण पत्रों से। अंश पूँजी में कितना भाग पूर्वाधिकारी अंशों का हो और कितना भाग जोखिम अंश पूँजी का। पूव्रथ्कधकारी अंश एवं ऋण पूँजी कम्पनी की आय पर एक निश्चित तथा स्थायी भार उत्पन्न करते हैं अर्थात् वे स्थायी लागत वाली प्रतिभूतियाँ fixed cost bearing आवश्यक नहीं होता। अत: वे विचरण शील लागत वाली प्रतिभूतियाँ variable securities होता हैं। दूसरी ओर साधारण अंशों पर लाभांश घोषित करना सदैव cost bearing securities कहलाते है। कम्पनी को इन दोनो प्रकार की प्रतिभूतियों की धनराशि को संतुलित करना आवश्यक है क्योंकि इस प्रतिभूति संतुलन (securitymix) का कम्पनी की वित्तीय सुदृढ़ता पर सीधा प्रभाव पड़ता है। यदि कोई कम्पनी इस संतुलन को कायम नहीं रख पाती तो उसका वित्तीय ढाँचा असंतुलित हो जायगा। अत: पूँजी ढाँचे से सम्बन्धित यह निर्णय पर्याप्त महत्वपूर्ण अवधारणा है।

पूँजी संरचना का अर्थ एवं परिभाषा

(Meaning and Definition of Capital Structure)

पूँजी संरचना वित्तीय आयोजन का एक महत्वपूर्ण अंग है। इसे पूँजी संरचना, पूँजी का स्वरूप अथवा पूँजी कलेवर भी कहा जाता है। पूँजी संरचना के अन्तर्गत पूँजीकरण द्वारा निर्धारित पूँजी की मात्रा में विभिन्न प्रतिभूतियों के पारस्परिक अनुपात को निर्धारित किया जाता है अर्थात् यह पूँजी के दीर्घकालीन स्रोत, उसके स्वरूप एवं सम्मिश्रणों से सम्बन्धित है। इसमें समता अंश पूँजी, पूर्वाधिकार अंश पूँजी तथा दीर्घकालीन ऋण पूँजी सम्मिलित किये जाते है। इसका अभिप्राय यह ज्ञात करना होता है कि व्यवसाय की दीर्घकालीन पूँजी किन-किन साधनों द्वारा एवं किस-किस अनुपात में गठित की गयी है। पूँजी संरचना के सम्बन्ध में कुछ महत्वपूर्ण परिभाषायें निम्नलिखित हैं-

(1) आर. एच. **वैसेल** के शब्दों में, ''पूँजी संरचना शब्द का प्रयोग किसी व्यावसायिक उपक्रम में प्रयुक्त कोषों के दीर्घकालीन स्रोतों से होता है।''[1]

(2) **वैस्टन और ब्राइम** के शब्दों में, ''पूँजी संरचना किसी फर्म का स्थायी वित्त-प्रबन्धन होता है जो दीर्घकालीन ऋण, पूर्वाधिकारी अंशों तथा शुद्ध मूल्य से प्रदर्शित होता है।''[2]

(3) **गैस्टनवर्ग** के अनुसार, ''पूँजी संरचना से अभिप्राय पूँजीकरण के लिए विभिन्न प्रतिभूतियों के अनुपात को निर्धाति करना है।''[3]

(4) **आई. एम. पाण्डेय** के शब्दों में, ''पूँजी संरचना का आशय दीर्घकालीन वित्तीय साधनों, जैसे ऋण पत्रों, दीर्घकालीन ऋण, पूर्वाधिकारी अंश पूँजी, समता अंश पूँजी, आरक्षित अधिशेषों आदि के सम्मिश्रण से है।''

इस प्रकार पूँजी संरचना का सम्बन्ध फर्म के स्थायी अर्थ-प्रबन्धन के लिए विभिन्न प्रतिभूतियों के पारस्परिक अनुपात को निर्धारित करना है। दूसरे शब्दों में, इसमें यह निश्चित किया जाता है कि फर्म की स्थायी पूँजी पर कितना भाग अंशों का हो तथा कितना जोखिम पूँजी (अर्थात समता अंश पूँजी) का । चूँकि पूर्वाधिकारी अंश पूँजी तथा ऋण पत्रों व अन्य दीर्घकालीन ऋणों से कम्पनी की आय पर एक निश्चित और स्थायी भार उत्पन्न होता है, इसलिए इन्हें स्थायी लागत वाली प्रतिभूतियाँ (Fixed cost bearing securities) कहते हैं। दूसरी और समता अंशो पर लाभांश देना सदैव आवश्यक नहीं होता, अत: इन्हें परिवर्तनशील लागत वाली प्रतिभूतियाँ (Variable cost bearings securities) कहते हैं। एक वित्तीय

---

1 According to R.H.Wessel, "The term capital structure is frequently used to indicate the long-term sources of funds employed in a business enterprise."

2 According to Weston and Brigham, "Capital structure is the permanent financing of the firm, represented by long-term debt, preferred stock and net worth."

3 According to Gerstenberg, "Capital structure refers to the kinds of securities that make up the capitalisation.

प्रबन्धक को अपनी कम्पनी की आदर्श पूँजी संरचना के लिये इन दोनों प्रकार की प्रतिभूतियों की धनराशियों में संतुलन स्थापित करना होता है क्योंकि इस प्रतिभूति मिश्रण का कम्पनी की वित्तीय सुदृढ़ता पर सीधा प्रभाव पड़ता है।

पूँजीकरण एवं पूँजी संरचना

(Capitalisation and Capital Structure)

पूँजीकरण तथा पूँजी संरचना की आवश्यकता संस्था की स्थापना, विकास, अन्य संस्था के साथ एकीकरण एवं सम्विलयन तथा पुनः पूँजीकरण या पुनर्गठन के समय अनुभव की जाती है। इस समय वित्तीय प्रबन्धक के सामने दो महत्वपूर्ण प्रश्न उपस्थित होते हैं - प्रथम, कितनी मात्रा में प्रतिभूतियों का निर्गमन किया जाये और द्वितीय किसी प्रकार की प्रतिभूतियों का निर्गमन किया जाए? कितनी मात्रा में प्रतिभूतियों का निर्गमन किया जाये - का सम्बन्ध पूँजीकरण से है जबकि किस प्रकार की प्रतिभूतियों का निर्गमन किया जाये- का सम्बन्ध पूँजी संरचना से होता है। पूँजी संरचना की आवश्यकता पूँजीकरण निर्धारण के बाद होती है। अत: पूँजीकरण और पूँजी की मात्रा के निर्धारण से है जबकि पूँजी संरचना का आशय कम्पनी द्वारा निर्गमित विभिन्न प्रतिभूतियों की प्रकृति और उनके पारस्परिक अनुपात के निर्धारण से है। **गेस्टेनवर्ग** के शब्दों में ''पूँजीकरण में एक निगम की स्वामित्व पूँजी तथा दीर्घकालीन ऋणग्रस्तता वाली ऋण पूँजी को सम्मिलित करते हैं जबकि पूँजी संरचना में विभिन्न प्रकार की प्रतिभूतियाँ सम्मिलित की जाती हैं जो पूँजीकरण का निर्माण करती है।''

पूँजी संरचना एवं वित्तीय संरचना

(Capital Structure and Financial Structure)

पूँजी संरचना एवं वित्तीय संरचना में भी अन्तर है। **वैस्टन और ब्राइम** के अनुसार, ''पूँजी संरचना फर्म का स्थायी अर्थप्रबन्धन है। जिसका प्रतिनिधित्व दीर्घकालीन ऋणों, पूर्वाधिकारी अंशों तथा शुद्ध मूल्य से होता है और वित्तीय संरचना यह व्यक्त करती है कि संस्था ने अपनी सम्पत्तियों की व्यवस्था किस प्रकार से की है। यह आर्थिक चिट्ठा के सभस्त दाहिने भाग का योग होता है। वित्तीय संरचना के अन्तर्गत व्यवसाय के समस्त दीर्घकालीन एवं अल्पकालीन दायित्वों को सम्मिलित किया जाता है। इस प्रकार पूँजी संरचना का आशय दीर्घकालीन वित्त प्रबन्ध से होता है जबकि वित्तीय संरचना व्यवसाय की सम्पत्तियों के वित्त प्रबन्धन के लिए उपलब्ध कुल वित्त को प्रदर्शित करता है। इसे सूत्र रूप में निम्न प्रकार व्यक्त कर सकते हैं -

पूँजी संरचना = साधारण अंश पूँजी + सामान्य कोष + पूर्वाधिकारी अंश पूँजी + दीर्घकालीन ऋण

(Capital Structure) = (Ordy.Shares Capital + General Reserve + Pref. Shares + Long Term Debt)

वित्तीय संरचना = (पूँजी संरचना + चालू दायित्व) या कुल सम्पत्तियाँ

(Financial Structure) = (Capital Structure + Capital Liabilities)

पूँजी संरचना तथा सम्पत्ति संरचना
(Capital Structure and Asset Structure)

सम्पत्ति संरचना का आशय समस्त सम्पत्तियों के स्वरूप से है। इसमें चल सम्पत्ति, एवं स्थायी सम्पत्ति दोनों सम्मिलित होती है। वस्तुत: सम्पत्ति संरचना का अभिप्राय व्यवसाय में सकल विनियोजित पूँजी से है। सम्पत्ति संरचना पूँजी साधनों के उपयोगों का प्रतिनिधित्व करता है।

एक सुदृढ़ एवं उत्तम पूँजी संरचना कम्पनी की भावी सफलता की निर्णायक होती है। लेकिन सभी प्रकार के व्यवसायों एवं कम्पनियों के लिए एक समरूप पूँजी-संरचना का निर्माण नहीं किया जा सकता क्योंकि प्रत्येक कम्पनी की परिस्थितियों एवं मान्यताओं की प्रकृति भिन्न होती है। अत: प्रचलित दशाओं एवं मान्यताओं के संदर्भ में प्रत्येक स्थिति में एक विशिष्ट पूँजी संरचना का गठन करना आवश्यक होगा। इतना अवश्य है कि समान आकार-प्रकार की एक ही क्षेत्र अथवा उद्योग में कार्यरत कम्पनियों की पूँजी संरचना में एकरूपता हो सकती है। उदाहरण के लिए जन उपयोगी सेवाओं की पूँजी संरचना में व्यापारिक कम्पनियों की पूँजी संरचना की अपेक्षा ऋण पूँजी का समावेश अधिक होता है, क्योंकि उनमें आय की सम्भावनाएँ सुनिश्चित, नियमित एवं सुस्पष्ट होती है।

प्रारम्भ में निर्मित पूँजी संरचना यदि दोषपूर्ण है तो उचित समय में पूँजी संरचना में सुधार करना आसान नहीं होता है। यही नहीं, दोषपूर्ण पूँजी संरचना कम्पनी के प्रबन्धकों के समक्ष अनेक वर्षों तक कई प्रकार की वित्तीय समस्याएँ एवं कठिनाइयाँ उत्पन्न कर सकती है। उदाहरण के लिए, एक ऐसी कम्पनी जिसकी आय की सम्भावनाएं न तो निश्चित है और न स्पष्ट ही, यदि अपनी पूँजी संरचना में ऋण पूँजी की आवश्यकता से अधिक समावेश कर देती है तो वह भारी ब्याज के भुगतान के अनिवार्य भार से दब जायेगी। परिणामस्वरूप कम आय वाले वर्षों में अथवा हानि के वर्षो में उसकी पूँजी में कमी होना प्रारम्भ हो जायेगा। पूँजी संरचना के निर्धारण की समस्या कम्पनी की स्थापना के समय ही उपस्थित नहीं होती बल्कि उसके बाद भी जब अतिरिक्त पूँजी की आवश्यकता होती है तब भी उत्पन्न होती है। अत: अतिरिक्त अथवा नवीन पूँजी का समावेश इस प्रकार से किया जाना चाहिये कि जिससे पुनर्निर्मित अथवा परिवर्तित पूँजी संरचना भी कम्पनी के लिए अनुकूलतम सिद्ध हो सके।

संतुलित पूँजी संरचना
(Balanced or Optimum Capital Structure)

संतुलित पूँजी संरचना का आशय एक अनुकूलतम पूँजी संरचना से है। किसी व्यावसायिक संस्था की अनुकूलतम पूँजो संरचना ऐसी प्रतिभूति का मिश्रण है जो संस्था की पूँजी की लागत को न्यनतम तथा संस्था के अंशों के मूल्य को अधिकतम बनाता है। अन्य शब्दों में, अनुकूलतम पूँजी संरचना अनुकूलतम पूँजी संरचना के अन्तर्गत इस प्रकार का पूँजी मिश्रण निर्धारित किया जाता है कि जिससे संस्था को उसकी कम से कम लागत चुकानी पड़े तथा संस्था के स्वामियों को अधिकतम लाभ प्राप्त हो सके। वाकर के अनुसार, अनुकूलतम पूँजी संरचना एक ऐसा प्रतिभूति मिश्रण है जो फर्म की पूँजी की लागत को न्यूनतम तथा फर्म के मूल्य को अधिकतम करता है।" इस प्रकार संतुलित पूँजी संरचना की अवधारणा दो तत्वों से मिलकर बनती है - पूँजी लागत में कमी और अंश मूल्यों में वृद्धि । संक्षेप में, संतुलित

पूँजी संरचना वही है जिसमें विभिन्न प्रकार की प्रतिभूतियाँ ऐसे संतुलित अनुपात में निर्गमित हों कि वे फर्म की लागत की दृष्टि से मितव्ययी और उद्देश्यों की दृष्टि से सार्थक तथा सहायक सिद्ध हो। इसके अतिरिक्त ऐसे अन्य अनेक विचारणीय प्रश्न हैं जिन पर भी ध्यान केन्द्रित करना आवश्यक होगा, जैसे कि कम्पनी पर नियंत्रण के वर्तमान स्वरूप को यथावत् बनाये रखने का प्रश्न अथवा जोखिम की मात्रा को एक सीमा से अधिक न बढ़ने देने की समस्या आदि।

संतुलित पूँजी संरचना के उद्देश्य

(Objects of an Optimum Capital Structure)

एक उपक्रम के प्रबन्धक जब भी पूँजी संरचना का विकास करते हैं तो उनका मुख्य ध्येय उसे अधिक संतुलित बनाना होता है। ऐसा सामान्यतया निम्न उद्धेश्यों की पूर्ति के लिये किया जाता है-

(अ) आर्थिक उद्देश्य (Economic Objectives)-

व्यवसाय आर्थिक पक्ष का विशेष महत्व होता है जिससे व्यवसाय के आर्थिक उद्देश्य निर्धारित होते है। किसी व्यावसायिक संस्था के आर्थिक उद्देश्य निम्न हो सकते हैं -

(1) पूँजी लागत को न्यूनतम करना (Minimisation of Capital Costs) - संतुलित पूँजी संरचना से संस्था की पूँजी लागत न्यूनतम होती है। पूँजी प्राप्ति के विभिन्न स्रोतों की लागत में काफी अन्तर होता है। अत: कम्पनी के प्रबन्धक निर्दिष्ट एवं परिकल्पित परिस्थितियों तथा पूँजी के विभिन्न स्रोतों की लागत को ध्यान में रखते हुए न्यूनतम लागत वाले पूँजी ढाँचे का चयन करते हैं।

(2) जोखिम को न्यूनतम करना (Minimization of Risk) - व्यवसाय में अनेक प्रकार को जोखिम रहती है और उनका कम्पनी की पूँजी संरचना पर प्रभाव पड़ता है। अत: प्रबन्धक इस प्रकार का पूँजी ढाँचा विकसित करना चाहते हैं जिसमें प्रत्येक श्रेणी के विनियोक्ता अपने विनियोग को सुरक्षित समझे और उन्हें नियमित रूप से समुचित प्रतिफल भी मिलता रहे।

(3) समता पूँजी पर प्रत्याय अधिकतम करना (Maximisation of Return on Equity Capital)- समता अंशधारी ही कम्पनी के वास्तविक स्वामी होते हैं और वे ही विनियोग की वास्तविक जोखिम को वहन करते हैं। अत: उनके हितों की रक्षा करना प्रबन्ध का प्रथम कार्य है। इसलिए कम्पनी के प्रबन्धक एक ऐसी पूँजी संरचना के लिये सतत् प्रयत्नशील रहते हैं जिससे समता अंशधारियों को अधिकाधिक प्रत्याय प्राप्त हो।

(4) नियन्त्रण बनाये रखना (Preservation of Control) - कम्पनी की पूँजी संरचना इस प्रकार निर्धारित की जाती है कि उसका प्रबन्ध एवं नियन्त्रण समता अंशधारियों के हाथों में ही रहे। यह तभी सम्भव है जब मताधिकार रहित पूँजी और मताधिकार युक्त पूँजी का अनुपात समुचित रहे।

(ब) अन्य उद्देश्य (Other Objectives) - पूँजी संरचना में संतुलन के अन्य उद्धेश्य इस प्रकार हैं-

(1) सरलता एवं उच्चस्तरीय प्रतिभूतियाँ (Simplicity and High Grade Securities)- पूँजी ढाँचा अधिक जटिल न हो और उसमें सस्तापन भी न आ जाये। इसके लिए प्रबन्धक यह प्रयत्न करते हैं कि उसका गठन उच्चस्तरीय प्रतिभूतियों से हो जिससे प्रतिभूतियाँ बिना बाधा के निर्गमित हो जायें और उपक्रम की ख्याति भी बढ़े ।

(2) लोच (Flexibility) - पूँजी संरचना लोचपूर्ण रखी जानी चाहिए ताकि आवश्यकता पड़ने पर उसे कम से कम समय में, कमसे कम असुविधा के साथ तथा कम से कम परिवर्तन करके संशोधित किया जा सके और परिस्थितियों के अनुकूल बनाया जा सके।

आदर्श पूँजी संरचना की आवश्यक बातें या विशेषतायें

(Essentials or Qualities of an Ideal Capital Structure)

एक संतुलित पूँजी संरचना के उपरोक्त उद्धेश्यों को पूरा करने के लिए एक आदर्श पूँजी संरचना गठित कि जाती है। यद्यपि आदर्श पूँजी संरचना में अनेक गुणों अथवा विशेषताओं का समावेश होता है। किसी व्यावसायिक संस्था की आदर्श पूँजी संरचना में निम्नलिखित गुणों की विद्यमानता आपेक्षित होती है:

(1) सरलता (Simplicity)- कम्पनी का पूँजी ढाँचा प्रारम्भ में सरल होना चाहिए। इसमें प्रबन्ध की सुविधा को विशेष रूप से ध्यान में रखा जाना चाहिए तथा उसमें किसी प्रकार की जटिलता नहीं होनी चाहिए। यदि प्रारम्भ में ही संरचना जटिल होगी तो भविष्य में अतिरिक्त पूँजी की व्यवसथा अधिक सरल नहीं होगा। यदि प्रारम्भ में अनेक प्रकार की प्रतिभूतियों के निर्गमन से धन संग्रह किया जाता है तो इससे नये प्रस्तावों के प्रति विनियोक्ताओं के मन में सन्देह उत्पन्न हो सकता है। अत: प्रारम्भ में केवल सामान्य अंशों और यदि आवश्यक हो तो उनके साथ पूर्वाधिकार अंशों का निर्गमन उचित होगा। ऋणपत्रों के निर्गमन को आवश्यकतानुसार सुरक्षित रखा जाना उचित होगा।

(2) लोचपूर्ण (Flexibility)- पूँजी संरचना का निर्धारण केवल उपक्रम का तात्कालिक आवश्यकता के लिए ही नहीं बल्कि दीर्घकालीन आवश्यकताओं के लिए भी किया जाता है। अत: पूँजी संरचना इस प्रकार का होना चाहिए जिससे व्यवसाय की बढ़ती हुई आवश्यकताओं के लिए भविष्य में भी वित्त प्राप्त किया जा सके और कम पूँजी की आवश्यकता होने पर पूँजी को कम करना भी सम्भव हो सके।

(3) पर्याप्त तरलता (Acequate Liquidity)- कम्पनी का पूँजी ढाँचा तथा सम्पत्तियों का मिश्रण इस प्रकार होना चाहिए कि संस्था के पास सदैव पर्याप्त तरलता बनी रहे। संस्था को अपनी पूँजी का एक उचित भाग सदैव तरल सम्पत्तियों में रखना चाहिए।

(4) पूर्ण उपयोग (Full Utilisation) - इसका अभिप्राय पूँजी की उपयोगिता से है। पूँजी की मात्रा एवं वित्तीय आवश्यकताओं में पूर्ण सामंजस्य होने पर ही पूँजी का अधिकतम उपयोग सम्भव हो सकता है। अपर्याप्त पूँजीकरण अथवा आवश्यकता से अधिक पूँजीकरण दोनों ही अवांछनीय है। पूँजी की मात्रा का निर्धारण इस प्रकार से किया जाना चाहिए जिससे संस्था में अनुकूलतम पूँजीकरण हो अर्थात् न तो अति-पूँजीकरण की स्थिति हो और न ही अल्प-पूँजीकरण की।

(5) न्यूनतम लागत (Minimum Cost)- विभिन्न पूँजी प्राप्ति के साधनों की लागत एक समान न होकर भिन्न होती है। कुछ साधनों से पूँजी संग्रह करने से लागत अधिक आती है जबकि कुछ अन्य साधनों से पूँजी प्राप्त करने की लागत कम आती है। इसके अतिरिक्त कुछ साधनों से पूँजी प्राप्त करने पर साधनों की लागत से आयकर में छूट प्राप्त होती है, जबकि अन्य साधनों से नहीं। पूँजी के कुछ साधनों की लागत स्थायी होती है जिसे प्रत्येक वर्ष चुकाना आवश्यक होता है, जबकि कुछ साधनों की लागत स्थायी होती है जिसे प्रत्येक वर्ष चुकाना आवश्यक होता है, जबकि कुछ साधनों की लागत परिवर्तनशील होती है एवं लाभ की दशा में भी चुकायी जाती है। पूँजी संरचना का चुनाव इस प्रकार करना चाहिए कि पूँजी संग्रह की लागत न्यूनतम हो जाये। सभी साधनों की वित्त संग्रह की लागत समान नहीं होती है। अत: विभिन्न साधनों का ऐसा मिश्रण चुना जाना चाहिए जिसकी प्राप्ति लागत न्यूनतम हो।

(6) अधिकतम नियन्त्रण (Maximum Control)- एक कम्पनी पर समता अंशधारियों का नियन्त्रण होता है क्योंकि पूर्वाधिकार अंशधारियों और ऋण पत्रधारियों को मताधिकार नहीं होता है। किन्तु विशेष दशाओं में उन्हें यह अधिकार प्राप्त हो सकता है। इसलिए संस्था की पूँजी संरचना इस प्रकार की होनी चाहिये जिससे कम्पनी का प्रबन्ध एवं नियंत्रण सामान्य अंशधारियों के हाथों में ही सुरक्षित रहे। ऐसा तभी सम्भव है जबकि मताधिकार रहित पूँजी तथ मताधिकार वाली पूँजी का अनुपात ठीक हो। अत: पूँजी ढाँचे में ऐसा कोई भी परिवर्तन नहीं किया जाना चाहिए जिससे व्यवसाय का नियन्त्रण समता अंशधारियों के हाथ से निकल जाए या कम हो जाए।

(7) अधिकतम लाभदायकता (Maximum Profitability)- किसी भी व्यवसाय का आदर्श पूँजी ढाँचा वह है जिससे व्यवसाय की लाभदायकता अधिकतम हो सके। लाभदायकता प्रबन्ध की कुशलता पर निर्भर करती है।

(8) न्यूनतम जोखिम (Minimum Risk)- कम्पनी के व्यवसाय में अनेक प्रकार की जोखिमें होती हैं और उनका कम्पनी की पूँजी संरचना पर प्रभाव पड़ता है। ये जोखिमें व्यावसायिक प्रतिस्पर्धा, करों में वृद्धि, क्रय-शक्ति में ह्रास, लागतों में वृद्धि, मूल्यों में कमी, ब्याज दरो में वृद्धि, प्राकृतिक प्रकोप आदि हो सकती है। इन जोखिमों का कम्पनी की आय पर बहुत अधिक प्रभाव पड़ता है। अत: कम्पनी की पूँजी-संरचना इस प्रकार की होनी चाहिये कि जिससे इन जोखिमों के बोझ को सहजता से सहन किया जा सके। एक श्रेष्ठ पूँजी संरचना में विनियोक्ताओं का विनियोग सुरक्षित रहता है और न्यूनतम जोखिम पर अधिकतम प्रतिफल प्रदान किया जा सकता है।

पूँजी संरचना के निर्धारण में ध्यान देने योग्य बातें अथवा निर्धारक तत्त्व

(Factors to be Considered in Designing the Capital Structure)

कम्पनी की भावी प्रगति बहुत कुछ सीमा तक एक श्रेष्ठ पूँजी संरचना पर निर्भर करती है। अत: इसका निर्माण करते समय उन सभी घटकों पर भली भाँति विचार कर लेना चाहिए जो कि इसे प्रभावित करती हैं। नि:सन्देह व्यवसाय के वित्तीय नियोजन के समय नियोजकों के विचार में अनेक अपेक्षाएं हो सकती है। इनकी पूर्ति के लिए वे पूँजी संरचना

को एक निश्चित स्वरूप प्रदान करते है। प्रबन्धकों की अपेक्षाएँ एवं मान्यताओं के अतिरिक्त भी अनेक ऐसे बाहरी कारण हो सकते हैं जो पूँजी संरचना के स्वरूप को प्रभावित करते हैं। इन घटकों को दो वर्गों में विभाजित किया जा सकता है:

(अ) आन्तरिक घटक (Internal Factors) – ये व्यावसायिक संस्था से सम्बन्धित होते हैं। प्रमुख आन्तरिक घटक निम्नलिखित हैं –

(1) व्यवसाय की प्रकृति (Nature of Business)– वे कम्पनियौ जिन्हें अपने व्यापार की सफलता एवं आय की निश्चितता का पूरा पूरा विश्वास हो वे पूर्वाधिकार अंश निर्गमन कर सकती है। जिस कम्पनी की सम्पत्ति तरल हो और सरलता से मुद्रा में परिवर्तनशील हो तथा लाभ प्राय: स्थायी हो तो वह कम्पनी ऋण पत्र निर्गमित करे। जो कम्पनी पूर्वाधिकार अंश तथा ऋण पत्र निर्गमित करना चाहती हैं उन्हें परिकल्पनात्मक व्यापार में भाग नहीं लेना चाहिये। जिस व्यापार में जोखिम अधिक हो तथा आय अनिश्चित हो वहाँ साधारण अंश ही निर्गमित किये जाने चाहियें।

(2) सम्पत्ति ढाँचा (Asset Structure)– अधिक मात्रा में स्थायी सम्पत्तियाँ रखने वाली कम्पनियाँ दीर्घकालीन ऋणों से काम चला सकती हैं और इनमें समता अंशों का भाग कम रखा जा सकता है। किन्तु ऐसी कम्पनियों में जिनके सम्पत्ति ढाँचे में चालू सम्पत्तियों का आधिक्य है, वित्त पोषण के लिए अल्पकालीन साधनों का सहारा लेना उचित है।

(3) आय की निश्चितता (Stability of Earnings)– सभी कम्पनियों में आय की सम्भावनाएँ समान नहीं होती है। कुछ कम्पनियों में नियमित एवं निश्चित आय की सम्भावनाएँ स्पष्ट होती है जबकि कुछ अन्य कम्पनियों में आय की सम्भावनाएँ अनिश्चित एवं अनियमित होती है। फर्म की भावी आय में निश्चितता तथा नियमितता होने पर अधिक ऋण पूँजी का प्रयोग वांछनीय है। चूँकि नई फर्मो की आय अनिश्चित तथा अनियमित होती है, इसलिए उनमें जहाँ तक हो सके, समता अंश निर्गमित करके ही पूँजी आवश्यकताओं की पूर्ति करनी चाहिए। अनिश्चित एवं अनियमित आय वाली कम्पनियों की पूँजी-संरचना में ब्याज अथवा लाभांश सम्बन्धी अनिवार्य दायित्व उत्पन्न करने वाले पूँजी साधनों (जैसे, ऋणपत्र या पूर्वाधिकार अंश) का अनुचित समावेश कर दिया जाता है तो निश्चित ही ऐसा पूँजी मिश्रण कम्पनी में आये दिन वित्तीय संकटों का कारण बनेगा।

(4) कोषों की आवश्यकता (Amount of Funds Required)– यदि कम्पनी को अधिक कोषों की आवश्यकता है तो विभिन्न प्रकार की प्रतिभूतियाँ निर्गमित करके कोष प्राप्त करना चाहिये। विभिन्न प्रकार की प्रतिभूतियों का सम्मिश्रण निर्धारित करते समय तुलनात्मक लाभ-दोषों को ध्यान में रखना चाहिए।

(5) सम्पत्ति की प्रकृति (Nature of Assets)– प्रत्येक कम्पनी की सम्पत्तियों का ढांचा अलग-अलग होता हैं। कुछ कम्पनियों में स्थिर सम्पत्तियों का अनुपात अधिक होता है तो कई अन्य कम्पनियों में चल सम्पत्तियों का अनुपात अधिक होता है। उदाहरणार्थ – जनापयोगी, रेल्वे, बिजली पूर्ति आदि कम्पनियों एवं भारी निर्णायक कम्पनियों की सम्पत्तियों के ढाँचे में स्थिर सम्पत्तियों की प्रधानता होता है। इनकी स्थिर सम्पत्तियाँ चल

सम्पत्तियों की तुलना में 3 से 4 गुणा तक होती है। ऐसी कम्पनियों की स्थायी सम्पत्तियाँ ऋण पूँजी के लिए एक सुरक्षात्मक आवरण प्रदान करती है। स्थायी सम्पत्तियों के क्रय के लिए कोषों की आवश्यकता है तो अंश पूँजी अथवा दीर्घकालीन ऋण से वित्त व्यवस्था करनी चाहिये। चालू सम्पत्तियों की वित्त व्यवस्था अल्पकालीन ऋणों से की जा सकती है।

इसके अतिरिक्त स्थायी सम्पत्तियों का वित्तपोषण करने के लिए दीर्घकालीन साधनों से ही पूँजी प्राप्त की जायेगी। इसके विपरीत, व्यापारिक कम्पनियों में स्थिर सम्पत्तियों की तुलना में चल सम्पत्तियाँ अधिक होती हैं। इन कम्पनियों की चालू सम्पत्तियाँ स्थायी सम्पत्तियों की ढाई से चार गुणा तक होती है। ऐसी कम्पनियों की पूँजी संरचना में ऋण पूँजी का अनुपात कम होगा क्योंकि इनमें सुरक्षा की कमी होगी। अत: इन संस्थाओं की पूँजी संरचना में अंश पूँजी का स्थान ज्यादा होगा।

(6) भावी योजनाऐं (Future Plans)- यदि निकट भविष्य में व्यवसाय के विकास या विस्तार की योजनायें है तो कम्पनी को प्रारम्भ में तो केवल समता अंश ही निर्गमित करने चाहिये जिससे भविष्य में आवश्यकता पड़ने पर ऋणपत्र और पूर्वाधिकारी अंश निर्गमित करके वित्त व्यवस्था की जा सके।

(7) नियन्त्रण की इच्छा (Desire of Control)- यदि प्रवर्तक अथवा प्रबन्धक व्यापार का नियन्त्रण अपने ही हाथों में रखना चाहते हैं तो प्राय: ऐसी प्रतिभूतियाँ निर्गमित की जाती हैं जिनमें सुविधा तो अधिक हो परन्तु मताधिकार न हो अथवा कम हो जैसे शोध्य पूर्वाधिकारी अंश। कुछ विनियोक्ता इस सुविधा, निश्चित लाभ तथा सुरक्षा के लालच में अपना मताधिकार गवाँ देते हैं और साधारण अंश न ख़रीद कर पूर्वाधिकारी अंशों में ही विनियोग कर देते हैं।

(8) प्रबन्धन की प्रकृति (Nature of Management)- विभिन्न कम्पनियों के प्रबन्धकों के चातुर्य, अनुभव, विश्वास, महत्वाकांक्षा और स्वभाव में पर्याप्त अन्तर पाया जाता है। अत: किसी कम्पनी विशेष के प्रबन्धन की मनोवैज्ञानिक रचना भी पूँजी संरचना को प्रभावित करती है। उदाहरण के लिए यदि कम्पनी के प्रबन्धक ऋण वित्त से विरूचि रखते हैं तो स्वभावत: वे कम्पनी के अधिकतर कोष समता अंशों के निर्गमन से प्राप्त करने का प्रयत्न करेंगे। किन्तु यदि प्रबन्ध का उद्देश्य 'समता पर व्यापार' (Trading on Equity) की नीति अपनाना है तो ऋण वित्त को प्राथमिकता व प्रोत्साहन दिया जायेगा। इसी तरह यदि प्रबन्ध कार्य करने नीति निर्धारण और निर्णयन की स्वतन्त्रता चाहता है तो वह केवल समता अंश पूँजी ही निर्गमित करेगा क्योंकि ऋण पूँजी से ऋणदाताओं का हस्तक्षेप बढ़ जाता है।

(9) दन्ति अनुपात (Gear Ratio) – साधारण किसी भी समवाय की पूंजी की आधारशिला होते हैं। इनका जो अनुपात कुल पूंजी से होता है उसे ही मिलान कहते हैं। यदि साधारण अंश कम निर्गमित किये गये हैं तो इसे (High Gearing) कहते है एवं अधिक निर्गमन करने पर इसे (Low Gearing) कहते हैं। यह कम्पनी की समता पूँजी और स्थिर लागत वाली पूँजी के पारस्परिक सम्बन्ध को प्रकट करता है तथा पूँजी प्राप्ति के स्रोत के चयन में महत्वपूर्ण मार्गदर्शन करता है। उच्च दन्तिकरण की दशा में प्रबन्धकों को समता अंशा निर्गमित करने चाहिए तथा निम्न दन्तिकरण की दशा में पूर्वाधिकारी अंश और/अथवा ऋण पत्र निर्गमित किये जा सकते हैं। समुचित पूंजी मिलान पर ही कम्पनी के साधारण अंशों का

मूल्य तथा कम्पनी की साख एक स्तर पर रहती है। यदि पूँजी में उच्च दन्ति अनुपात है तो अंशों का मूल्य शीघ्र परिवर्तनीय एवं परिकल्पना का शिकार बन जायेगा और पूँजी में निम्न दन्ति अनुपात है तो उनके मूल्य कम रहेंगे।

(10) वित्तीय उत्तोलन अथवा समता पर व्यापार (Financial Leverage or Trading on Equity)- वित्तीय उत्तोलन प्रति अंश अर्जन (EPS) को प्रभावित करता है। अत: अधिक और स्थिर अर्जनों वाली कम्पनियाँ उच्च वित्तीय उत्तोलन की नीति अपनाकर प्रति अंश अर्जन बढ़ा सकती है।

(11) परिचालन अनुपात (Operating Ratio)- यह अनुपात संस्था की परिचालन लागतों (विक्रीत माल की लागत और संचालन व्ययों का योग) का शुद्ध विक्रय के साथ सम्बन्ध प्रकट करता है तथा गैर संचालन व्ययों को पूरा करने के लिये उपलब्ध लाभ की मात्रा निर्धारित करता है। पूँजी संरचना में स्थिर व परिवर्तनशील लागत वाली पूँजी के बीच चयन करते समय यह अनुपात एक उपयोगी भूमिका अदा करता है। उच्च परिचालन अनुपात की दशा में कम्पनी की स्थिर लागत वाली पूँजी की मात्रा कम रखनी चाहिए क्योंकि इस दशा में स्थिर ब्याज के भुगतान के लिए कम्पनी के पास अधिक आय नहीं शेष रह जाती है। इसके विपरीत निम्न परिचालन अनुपात की दशा में स्थिर लागत वाली पूँजी की मात्रा अधिक रखी जा सकती है क्योंकि इस स्थिति में कम्पनी के पास ऋण पूँजी की स्थिर लागत के भुगतान के लिए पर्याप्त आय रहती है।

(12) वांछनीय लोच (Desired Flexibility)- यद्यपि तात्कालिक अर्थ-प्रबन्धन महत्वपूर्ण है तो भी भविष्य की आवश्यकताओं के हेतु प्रावधान वांछनीय है। उद्योग में विकास एवं विस्तार के साथ ही और पूँजी की आवश्यकता पड़ती है, अतएव अधिकृत पूँजी सदैव ही आवश्यकता से कुछ अधिक रखनी चाहिये ताकि कभी भी नवीन अंशों का निर्गमन कर अतिरिक्त पूँजी प्राप्त की जा सके। इसी प्रकार कम्पनी को थोड़े बहुत शोध्य अधिमान अंश भी निर्गमित करने चाहिये ताकि कम्पनी चाहे तो पूँजी को वापिस भी कर सके। ऋण पत्रों का निर्गमन अत्यधिक आवश्यकता पड़ने पर ही करना चाहिये। सामान्य परिस्थितियों में कम्पनी को अपनी सम्पूर्ण धन-संग्रह शक्ति का पूरा पूरा उपयोग नहीं कर लेना चाहिये ताकि उसकी लोच बनी रहे।

(13) सरलता एवं स्पष्टता (Simplicity and Clarity)- कम्पनी की पूँजी संरचना सरल और स्पष्ट होनी चाहिए। अनावश्यक रूप से विभिन्न प्रकार की प्रतिभूतियाँ नहीं निर्गमित करनी चाहिए ताकि कोई भी व्यक्ति उसकी वित्तीय स्थिति के सम्बन्ध में सन्देह न करे।

(ब) बाह्य घटक (External Factors)- ये निम्नलिखित हैं -

(1) विनियोजकों की प्रकृति (Nature of Investors)- विनियोजक विभिन्न रूचियों एवं विभिन्न आर्थिक स्तर के होते हैं अतएव अंश एवं ऋण पत्र सबकी रूचियों एवं आर्थिक दशा के अनुरूप होने चाहिए। प्रबन्धकों को विनियोजकों की प्रकृति (अर्थात उनकी रूचि, आर्थिक स्थिति, परिकल्पी स्वभाव आदि) का अध्ययन करके ही अंश या ऋण पत्र के

लिए निर्णय करना चाहिए। यदि विनियोजकों के पास पर्याप्त धन है, वे साहसी तथा जोखिम धारण करने वाले है तो समता अंश निर्गमित करने चाहिये जबकि भीरू प्रकृति व कम धनवान विनियोजकों के लिए पूर्वाधिकार अंश और ऋण पत्र निर्गमित करने चाहिये।

(2) पूँजी बाजार का वातावरण (Environment of Capital Market) - पूँजी ढाँचा निश्चित करते समय पूँजी बाजार की दशाओं का भी पूर्ण परिचय प्राप्त किया जाना चाहिए। कभी कभी अंशों अथवा ऋण पत्रों में विनियोक्ता सुगमतापूर्वक विनियोग कर देते है तो कभी पूर्वाधिकार अंशों में। इसलिये यदि मन्दी का समय हो, अंशों पर लाभांश दर घट रही हो और अंशों के मूल्य गिर रहे हों तो ऋण पत्र निर्गमित करने चाहिये। इसके विपरीत, तेजी के समय अंशों का निर्गमन अधिक उचित रहेगा। क्योंकि तेजी के समय जनता के पास रूपया भी काफी होता है और वह उसे विनियोग करने की इच्छुक भी होती है अत: ऐसी स्थिति में अंश प्रब्याजि पर भी निर्गमित किये जा सकते हैं।

(3) पूँजी निर्गमन की लागत (Cost of Capital Issue) - पूँजी कलेवर ऐसा होना चाहिए कि जिससे उसके बदले में जो वर्तन अथवा कटौती चुकानी पड़े वह कम से कम हो। अत: एक कम्पनी को विभिन्न प्रकार की प्रतिभूतियों से इस प्रकार पूँजी प्राप्त करनी चाहिये जिससे कि उसके निर्गमन में न्यूनतम व्यय हो। लागत में मितव्ययिता का यह उद्धेश्य विभिन्न प्रकार की प्रतिभूतियों के निर्गमन के द्वारा ही सम्भव हो सकता है क्योंकि विभिन्न प्रकार की प्रतिभूतियों पर लाभांश एवं ब्याज दर भिन्न भिन्न होती है।

(4) भावी विस्तार की योजनायें (Plans for Future Expansion)- यदि भविष्य में कम्पनी के विस्तार की योजना है तो सर्वोत्तम प्रतिभूतियों को भविष्य में निर्गमन के लिए सुरक्षित कर देना चाहिए।

(5) निगम कर भार (Corporate Tax Burden)- यदि निगम कर की दर काफी ऊँची है तो ऋण पूँजी को प्राथमिकता दी जानी चाहिए क्योंकि ऋणों पर ब्याज कर योग्य आय की गणना के लिए एक स्वीकृत कटौती है किन्तु अंशो पर लाभांश के सम्बन्ध में ऐसा नहीं है।

(6) वित्तीय एजेन्सी का परामर्श (Advice of Financial Agency) : किसी विशेषज्ञ वित्तीय एजेन्सी का पूँजी संरचना के सम्बन्ध में परामर्श भी पर्याप्त उपयोगी होता है। ये एजेन्सियाँ विभिन्न कारकों का अध्ययन करके किसी कम्पनी विशेष की पूँजी संरचना के सम्बन्ध में विशेषज्ञ वित्तीय परामर्श देती है।

(7) राजकोषिय प्रेरणायें और कर रियायतें (Fiscal Incentives and Tax Concessions)- सरकार द्वारा औद्योगिक इकाइयों को समय समय पर विभन्न प्रकार की प्रेरणाओं, कर रियायतें और अन्य सहायता प्रदान की जाती है। अत: एक कम्पनी नये निर्गमन के समय इन बातों को ध्यान में रखते हुए कोष प्राप्ति का साधन निश्चित करती है।

(8) प्रचलित नियम एवं विधान (Prevailing Business or Financial Statutes) : यदि कम्पनियों की आय पर ऊँची दरों से कर लगता है तो वह बजाय अंशों के निर्गमित करने के ऋण पत्र निर्गमित करना अधिक पसन्द करेगी। इसका कारण यह है कि ऋण पत्रों पर देय ब्याज कम्पनी की कर योग्य आय की गणना करने के लिये स्वीकृत कटौती

होती है जबकि लाभांश नहीं। सम्भावित अधिनियमों का भी पूँजी के भावी स्वरूप पर प्रभाव पड़ता है जैसे कि भारत में भाभा समिति का प्रतिवेदन प्रकाशित होते ही स्थगित अंशों का चलन समाप्त होने लगा था हालांकि अधिनियम काफी समय बाद पास हुआ। इसका कारण यह था कि समिति ने इन अंशों को समाप्त करने की सिफारिश की थी।

पूँजी संरचना निर्णय

(Capital Structure Decision)

पूँजी संरचना से संस्था की स्थायी पूँजी का समावेश किया जाता है। इस सम्बन्ध में लिये गये निर्णय संस्था की दीर्घकालीन वित्तीय सुदृढता को प्रभावित,करते हैं। प्रबन्धकों के समक्ष यह समस्या रहती है कि स्थायी पूँजी का प्रबन्ध स्थायी लागत वाली पूँजी अर्थात् ऋणपूँजी या पूर्वाधिकारी अंश पूँजी से किया जाये या परिवर्तनशील लागत वाली (Variable Cost Capital) पूँजी (अर्थात् समता अंश पूँजी) से किया जाये। यह निर्णय निम्न चार बातों को ध्यान में रखकर किया जाता है –

(1) समता पर व्यापार (Trading on Equity)

(2) पूँजी दन्तीकरण (Capital Gearing)

(3) वित्तीय उत्तोलन (Financial Leverage)

(4) पूँजी की लागत (Cost of Capital)

समता पर व्यापार

(Trading on Equity)

ऋण पूँजी के आधार पर व्यापार करना 'समता पर व्यापार' (Trading on Equity) कहलता है। **गेस्टेनबर्ग** के शब्दों में, ''जब एक निगम अपनी अंश पूँजी के साथ साथ ऋण लेकर भी अपने नियमित व्यापार का संचालन करता है तो वह समता पर व्यापार करना कहलाता है।'' **गुथमैन एवं डुगल** के शब्दों में, ''एक फर्म के वित्तीय प्रबन्ध हेतु स्थिर लागत पर ऋण कोषों का प्रयोग समता पर व्यापार कहलाता है।'' यह ऋण पूँजी पूर्वाधिकार अंशो (Preferred Stock), ऋण पत्रों (Debentures) तथा बन्धों (Bonds) से प्राप्त की जा सकती है। यदि किन्हीं निश्चित एवं पर्याप्त तर्कों पर आधारित निगम के प्रबन्धकों/ संचालकों की इस बात का विश्वास हो कि वह ऋण पूँजी से उस पर चुकाये जाने वाले ब्याज की मात्रा की अपेक्षा अधिक आय उत्पन्न कर सकेंगे तो वे निश्चित रूप से ऋण लेकर व्यापार कर सकते हैं और उन्हें यह नीति अपनानी भी चाहिये। ऋण पूँजी कम ब्याज दर पर प्राप्त करके व्यापार से अधिक लाभ कमाया जा सकता है और ऋण पूँजी की लागत (ब्याज) को लाभ में से निकाल देने के पश्चात जो लाभ कम्पनी में बचता है उससे अंशों पर अधिक लाभांश वितरित किया जा सकता है। किन्तु ध्यान रहे कि 'समता पर व्यापार' की नीति तभी लाभदायक रहती है जबकि ऋण पूँजी की लागत उससे प्राप्त होने वाली आय से कम होती है और प्रबन्धकों को आय की स्थिरता एवं निश्चितता का विश्वास है। **गेस्टेनबर्ग** ने ठीक ही कहा है कि ''समता पर व्यापार मुख्यत: आय की स्थिरता एवं निश्चितता की शर्तो से बाँधकर हुआ है।''

समता पर व्यापार दो प्रकार का होता है -

(अ) अल्प समता पर व्यापार (Trading on Thin Equity)- जब कम्पनी में स्वामित्व पूँजी की मात्रा ऋण पूँजी की अपेक्षा कम होती है तो उस स्थिति को अल्प समता कहते हैं ।

(ब) उच्च समता पर व्यापार (Trading on Thick Equity)- जब कम्पनी में स्वामित्व पूँजी, ऋण पूँजी की अपेक्षा अधिक होती है तो इस स्थिति को उच्च समता कहते हैं।

समता पर व्यापार की नीति के उद्देश्य (Aims of Trading on Equity Policy)

यह नीति मुख्यतया निम्न तीन उद्देश्यों की पूर्ति के लिये अपनाई जाती है -

(1) न्यूनतम स्वामित्वशील पूँजी के सहारे व्यापार स्थापित कर यथा सम्भव अधिक ऋण लेकर अधिक वित्तीय साधनों को नियन्त्रित करना,

(2) समता अंश पूँजी पर दिये जाने वाले प्रतिफल (लाभांश) में वृद्धि करना, तथा

(3) व्यवसाय का नियन्त्रण अपने हाथों में केन्द्रित रखना।

समता पर व्यापार नीति का महत्व

(Importance of Trading on Equity Policy)

यह नीति निधिबद्ध ऋणों (funded debts) का एक आधार है। इसके परिपालन से अंशधारियों के लाभांश में वृद्धि लाई जा सकती है। इससे कम्पनी के अंशो के बाजार मूल्य में वृद्धि होगी तथा उसकी ख्याति भी बढ़ेगी जिसके फलस्वरूप उसे निम्न दर पर सरलतापूर्वक ऋण मिल सकेगा। किन्तु यह नीति का उज्जवल एवं आशाप्रद पहलू है। इसकी सबसे बड़ी हानि यह है कि कम्पनी के लाभों में थोड़ी सी गिरावट की स्थिति में उसके लाभ ब्याज देने में ही समाप्त हो जायेगें और अंशधारियों को लाभांश देने के लिए कुछ भी नही बचेगा। इसके परिणामस्वरूप कम्पनी के अंशो की कीमत गिरेगी, उसकी साख एवं प्रतिष्ठा नष्ट होगी और अन्त में उसके दिवालियेपन की स्थिति भी आ सकती है।

समता पर व्यापार की सीमायें (Limitations of Trading on Equity) - समता पर व्यापार की असीमित मात्रा तक नहीं बढ़ाया जा सकता। इसकी निम्नलिखित सीमायें हैं -

(1) कम्पनी की ऋण क्षमता (Debt Capacity of the Company) - कोई भी कम्पनी असीमित मात्रा में ऋण नहीं ले सकती। कम्पनी के सीमानियमों और अन्तर्नियमों द्वारा उसके उधार लेने की सीमा निर्धारित होती है। ऋणदाता भी एक सीमा के बाद कम्पनी को ऋण देने से इन्कार कर सकते हैं। ऋणदाता कम्पनी के शुद्ध मूल्य और उसके ऋण भाग (ब्याज) सहन करने की शक्ति के आधार पर उसकी ऋण क्षमता का निर्धारण करते हैं।

(2) क्रमशः ऊँची ब्याज दरों पर ऋणों की प्राप्ति (Borrowing at Successive Higher Rates of Interest)- लगातार ऋण लेते जाने पर कम्पनी को प्रत्येक अगला ऋण क्रमशः ऊँची ब्याज पर ही प्राप्त होता है क्योंकि प्रत्येक नया ऋण जोखिम में

वृद्धि करता है। दूसरी और अनुकूलतम बिन्दु के बाद कम्पनी में धन के विनियोग से विनियोग पर औसत प्रत्याय दर (Average Return on Investment) गिरने लगती है। अत: ऊँची दरों पर ऋण लेने तथा विनियोग पर प्रत्याय दर (ROI) के गिरने से कम्पनी को अंशधारियों के लाभांश की दर घटानी पड़ती है।

(3) अनिश्चित एवं अनियमित आय (Uncertain and Irregular Incomes) – समता पर व्यापार की नीति अनिश्चित एवं अनियमित आय वाले व्यवसायों के लिए बहुत जोखिमपूर्ण होती है। जब तक ऋण पर ब्याज दर विनियोजित पूँजी पर प्रत्याय से कम है, तब तक समता अंशधारी लाभ उठाता है और जब यह इस प्रत्याय से अधिक हो तो समता अंशधारियों को हानि होती है। अत: अधिक मात्रा में समता पर व्यापार करने वाली कम्पनी को व्यापार के अवसाद काल (Depression Period) में अत्यधिक हानि उठानी पड़ती है। अत: ऐसे व्यवसायों के लिए समता पर व्यापार की नीति उपयुक्त नहीं होती है।

(4) अति-पूँजीकरण (Over-capitalisation) – उचित सीमा से अधिक ऋण लेने पर व्यवसाय पर स्थिर ब्याज प्रभार इतना बढ़ जाता है कि कालान्तर में व्यवसाय अति-पूँजीकरण का शिकार हो जाता है तथा अंशो पर लाभांश दर कम हो जाने के कारण उनका बाजार मूल्य गिरने लगता है।

(5) ऋणदाताओं का हस्तक्षेप (Lenders' Interference) – अधिक ऋणों के साथ-साथ ऋणदाताओं का प्रभाव एवं हस्तक्षेप बढ़ जाता है । अतिरिक्त पूँजी जुटाने की प्रत्येक योजना के लिये ऋणदाताओं का अनुमोदन लेना होता है।

(6) प्रबन्धकों का दृष्टिकोण (Attitude of Management)- यदि संस्था की अर्जन-दर बहुत अच्छी है तो सस्ते ब्याज दर पर ऋण पुँजी का प्रबन्ध करके समता पर व्यापार नीति का लाभ उठाया जा सकता है। परन्तु यदि प्रबन्धक वर्ग का दृष्टिकोण समता पर व्यापार के विपरीत है तो ऋण पूँजी के स्थान पर वे अंश पूँजी का ही समर्थन करते हैं।

समता पर व्यापार नीति का विश्लेषण
(Analysis of Trading on Equity Policy)

समता पर व्यापार नीति से होने वाले लाभ का निर्धारण करने के लिये दो दरों की गणना की जाती है –

(1) सामान्य प्रत्याय दर की गणना (Calculation of Normal Rate of Return) – इस दर की गणना हम इस परिकल्पना पर करते हैं कि यदि पूँजीकरण की समस्त राशि को समता अंश पूँजी द्वारा प्राप्त किया जाये तो समता अंशधारियों को उपलब्ध आय से क्या अर्जन दर होगी? समता अंशधारियों के लिए उपलब्ध आय का आशय कर काटने के बाद बचे लाभ से हैं। सामान्य प्रत्याय दर की गणना सूत्र रूप से निम्न प्रकार से करते हैं –

$$\text{Normal Rate of Return} = \frac{\text{Total Earnings After Tax}}{\text{Total Capitalisation}} \times 100$$

कुल पूँजीकरण (Total Capitalisation) का आशय अंश पूँजी, संचिति एवं आधिक्य और ऋण पूँजी के योग से हैं।

(2) समता अंश पूँजी पर आय दर की गणना (Calculation of Earnings Rate on Equity Share Capital)- कम्पनी के वास्तविक पूँजीकरण में समता अंश पूँजी पर आय-दर ज्ञात करने के लिये समता अंशधारियों के लिए उपलब्ध आय की गणना करते हैं। इसके लिए कुल लाभ में से ऋण पूँजी का ब्याज, आयकर तथा पूर्वाधिकारी अंश पूँजी का लाभांश घटाने के बाद बचे लाभ का समता अंश पूँजी से प्रतिशत ज्ञात करते हैं। सूत्र रूप में इस दर की गणना निम्न प्रकार करते हैँ -

Earnings Rate on Equity Share Capital

$$= \frac{\text{Total Earnings Available to Equity Shareholders}}{\text{Equity Share Capital}} \times 100$$

समीक्षा (Interpretation)- उपर्युक्त दोनों दरों का विवेचन करने पर तीन स्थितियाँ आ सकती है -

(1) धनात्मक समता पर व्यापार (Positive Trading on Equity)- यदि समता अंशधारियों की आय दर, सामान्य प्रत्याय दर से अधिक है (Earnings Rate on Equity Share Capital > Normal Rate of Return) तो इसका अभिप्राय यह है कि ऋण पूँजी एवं पूर्वाधिकारी अंश पूँजी के प्रयोग से समता अंशधारियों को समता पर व्यापार का लाभ प्राप्त हो रहा है। इसका कारण यह है कि ऋण पूँजी एवं पूर्वाधिकारी अंश पूँजी की लागत सामान्य दर से कम है और इस बचत का लाभ समता अंशधारियों का प्राप्त होता है।

(2) ऋणात्मक समता पर व्यापार (Negative Trading on Equity)- यदि समता अंशधारियों की आय दर सामान्य प्रत्याय दर से कम है (Earnings Rate on Equity Share Capital < Normal Rate of Return) तो इसका अभिप्राय यह है कि ऋण पूँजी एवं पूर्वाधिकारी अंश पूँजी के प्रयोग से समता अंशधारियों को समता पर व्यापार का लाभ नहीं मिल रहा है क्योंकि ऋण पूँजी एवं पूर्वाधिकारी अंश पूँजी की लागत सामान्य प्रत्याय दर से अधिक है और इस हानि के कारण समता अंशधारियों के अर्जन दर में कमी आ रही है।

(3) शून्य समता पर व्यापार (Zero Trading on Equity) - यदि समता अंशधारियों की आय दर सामान्य प्रत्याय दर के समान है (Earnings Rate on Equity Share Capital = Normal Rate of Return) तो इसका आशय यह है कि ऋण पूँजी एवं पूर्वाधिकारी अंश पूँजी के प्रयोग से समता अंशधारियों को न तो समता पर व्यापार का लाभ मिल रहा है और न हानि। इसका कारण यह है कि ऋण पूँजी एवं पूर्वाधिकारी अंश पूँजी की लागत सामान्य प्रत्याय दर के समान है। शून्य समता पर व्यापार की स्थिति उस समय भी दिखाई देती है जब समस्त पूँजीकरण को केवल समता अंश पूँजी से ही प्राप्त किया जाता है।

Illustration 1.

The capital employed in a business is :

Fixed Capital	Rs.	14,00,000
Net Working Capital	Rs.	6,00,000
Total	Rs.	20,00,000

This has been financed by:

Equity Share Capital	Rs.	6,00,000
Reserves & Surplus	Rs.	2,00,000
8% Debentures	Rs.	10,00,000
7% Preference Share Capital	Rs.	2,00,000

The company earns a profit of Rs. 5,00,000 before interest and tax whose tax rate is 50%. Comment upon trading in equity policy adopted by the business.

एक व्यवसाय में विनियोजित पूँजी इस प्रकार है –

स्थायी पैूजी	14,00,000 रू.
शुद्ध कार्यशील पूँजी	6,00,000 रू.
कुल	20,00,000 रू.

इनका वित्तीयन निम्न प्रकार से हुआ है –

समता अंश पूँजी	6,00,000 रू.
संचय एवं अधिशेष	2,00,000 रू.
8% ऋणपत्र	10,00,000 रू.
7% पूर्वाधिकारी अंश पूँजी	2,00,000 रू.

व्यवसाय में ब्याज एवं कर काटने से पूर्व 5,00,000 रूपये का लाभ अर्जित किया जाता है और इसके कर की दर 50% है। व्यवसाय द्वारा अपनाये गये समता पर व्यापार की नीति पर टिप्पणी कीजिए।

Solution:

$$\text{Normal Rate of Return} = \frac{\text{Total Earnings after tax}}{\text{Total Capitalisation}} \times 100$$

$$= \frac{500000 - 50\% \text{ of } 500000}{2000000} \times 100 = 12.5\%$$

Earning Rate on Equity Share Capital

$$= \frac{\text{Total Earnings Available to Equity Shareholders}}{\text{Equity Share Capital}} \times 100$$

$$= \frac{196000}{600000} \times 100 = 32.67\%$$

Calculation of Earning Available to Equity Shareholders:

	Rs.
Total Earnings before Interest & Taxes (EBIT)	5,00,000
Less Interest on Debentures @ 8%	80,000
Earnings before Tax (EBT)	4,20,000
Less Income Tax @ 50%	2,10,000
Earning after Tax (EAT)	2,10,000
Less Preference Share Dividend @ 7%	14,000
Earnings Available to Equity Shareholders	1,96,000

टिप्पणी : यहाँ समता अंशधारियों की आय दर सामान्य प्रत्याय दर से ढाई गुने से भी अधिक है। अतः हम कह सकते हैं कि समता अंशधारियों को उच्च स्तर पर समता पर व्यापार नीति का लाभ प्राप्त हो रहा है।

Illustration 2.

There are two firms X and Y. Both the firms have capitalisations of Rs. 25,00,000 each. Both the firms earn Rs. 4,00,000 each before interest and tax. Firm X has obtained its whole capital through Equity Shares. Firm Y has obtained Rs. 10,00,000 through Equity Shares, Rs. 5,00,000 through 10% Debentures and Rs. 10,00,000 through 8% Preference Shares. Tax rate is 50%.

Comment on the policy of trading on equity followed by firm Y.

एक्स और वाई दो फर्में हैं। दोनों फर्मों में प्रत्येक में 25,00,000 रूपये का पूँजीकरण है। दोनों फर्में ब्याज एवं कर घटाने से पूर्व 4,00,000 रूपये अर्जित करती हैं। फर्म एक्स ने अपनी समस्त पूँजी समता अंशों द्वारा प्राप्त की है। फर्म बाई ने 10,00,000 रूपये समता अंशो द्वारा 5,00,000 रूपये 10% ऋण पत्रों द्वारा 10,00,000 रूपये 8% पूर्वाधिकारी अंशो द्वारा प्राप्त की है। कर की दर 50% है। फर्म वाई द्वारा अपनाई गई समता पर व्यापार सम्बन्धी नीति पर टिप्पणी कीजिये।

Solution:

Calculation of Earnings Percentage on Equity Share Capital:

Particulars	**Firm X Rs.**	**Firm Y Rs.**
Earnings Before Interest and Taxes	4,00,000	4,00,000
Less Interest on Debentures @ 10%	—	50,000
Earning Before Tax	4,00,000	3,50,000
Less Income Tax @ 50%	2,00,000	1,75,000
Earning After Tax	2,00,000	1,75,000
Less Dividend on Preference Shares @ 8%	—	80,000
Earnings available to Equity Shareholders	2,00,000	95,000
Equity Share Capital	25,00,000	10,00,000
Earnings % on Equity Share Capital *	8	9.5

*Earnings % on Equity Share Capital

$$= \frac{\text{Earnings available to Equity Shareholders}}{\text{Equity Share Capital}} \times 100$$

टिप्पणी : उपर्युक्त विश्लेषण से स्पष्ट है कि फर्म वाई समता पर व्यापार की नीति को अपनाकर एक समान पूँजीकरण एवं अर्जन होने पर भी समता अंशों की आय बढाने में सफल हुई है। फर्म एक्स समता अंशो पर 8% प्रत्याय अर्जित कर रही है जबकि फर्म वाई का समता अंशो पर अर्जन का प्रतिशत 9.5 है।

Illustration 3.

Modi Vanaspati Ltd. is capitalised with Rs. 10,00,000 divided into 1,00,000 equity shares of Rs. 10 each. The management wishes to raise another Rs. 10,00,000 for the financing of a major expansion programme. The management may finance with (1) all equity shares, (2) Rs. 5,00,000 by equity shares and Rs. 5,00,000 by 5% Debentures, (3) All by 6% Debentures or (4) Rs. 5,00,000 by equity shares and Rs. 5,00,000 by 5% Preference Shares. The company's existing earnings before interest and taxes amounted to Rs. 1,20,000. It is expected programme. Tax rate is assumed to be 50%.

Calculate earnings percentage on equity shares and comment on the different proposals in reference to trading on equity.

मोदी वनस्पति लिमिटेड़ 10,00,000 रूपये से पूँजीकृत है जो 10 रूपये वाले 1,00,000 समता अंशो में विभक्त है। एक बड़े विस्तार कार्यक्रम के लिये प्रबन्ध 10,00,000 रूपये अतिरिक्त वित्त प्राप्त करना चाहता है। प्रबन्ध द्वारा वित्तीयन (1) सभी समता अंशो से, (2) 5,00,000 रूपये समता अंशो से और 5,00,000 रूपये 5% ऋण पत्रों से, (3) सभी 6% ऋण पत्रों से या (4) 5,00,000 रूपये समता अंशो से और 5,00,000 रूपये 5% पूर्वाधिकारी अंशो से किया जा सकता है। कम्पनी की ब्याज एवं कर काटने से पूर्व विद्यमान अर्जन राशि 1,20,000 रूपये है। यह आशा की जाती है कि कम्पनी विस्तार कार्यक्रम के बाद इसी प्रत्याय दर को बनाये रखेगी। करारोपण की दर 50% मानिये।

समता अंशो पर आय पर प्रतिशत ज्ञात कीजिये और विभिन्न प्रस्तावों पर समता पर व्यापार के सन्दर्भ में टिप्पणी कीजिये।

Solution:

$$\text{Existing Rate of Earnings} = \frac{120000}{1000000} \times 100 = 12\%$$

Total capitalisation after new financing = Rs. 20,00,000

Expected Earnings before Interest & Taxes

$$= \frac{2000000 \times 12}{100} = \text{Rs. } 2{,}40{,}000$$

Calculation of Earnings Percentage on Equity Shares:

Particulars	**Proposal I Rs.**	**Proposal II Rs.**	**Proposal III Rs.**	**Proposal IV Rs.**
Expected EBIT	2,40,000	2,40,000	2,40,000	2,40,000
Less Interest on Debentures	—	25,000	60,000	—
Earnings before Taxes	2,40,000	2,15,000	1,80,000	2,40,000
Less Income Tax @ 50%	1,20,000	1,07,500	90,000	1,20,000
Earnings after Taxes	1,20,000	1,07,500	90,000	1,20,000
Less Dividend on Preference Shares	—	—	—	25,000
Earnings available to Equity Shareholders	1,20,000	1,07,500	90,000	95,000
Number of Equity Shares	2,00,000	1,50,000	1,00,000	1,50,000
Earnings Per Share	.600	.717	.900	.633
Earnings Percentage on Equity Shares	6.00	7.17	9.00	6.33

समीक्षा - उपर्युक्त विश्लेषण से यह स्पष्ट हो रहा है कि पूँजी संरचना में जब ऋण पूँजी का प्रयोग किया जा रहा है तो समता अंशधारियों की आय बढ़ जाती है। प्रस्ताव (II) और प्रस्ताव (III) मे कुल पूँजीकरण में ऋण पूँजी का भी एक भाग होने से प्रति समता अंश आय बढ़ गई है। पूर्वाधिकारी अंशो पर एक निश्चित दर से लाभांश दिया जाता है। अत: यदि संस्था की आय इस निश्चित लाभांश दर से अकि है तो समता अंशधारियों की आय अधिक तेजी से बढ़ती है। पूँजीकरण में ऋण पूँजी का अनुपात अधिक होने पर यदि कम्पनी की आय दर ऋण पूँजी पर ब्याज दर की तुलना में अधिक है तो समता अंशधारियों की आय तेजी से बढ़ती है। प्रस्ताव (III) में प्रस्ताव (II) की तुलना में ऋण पूँजी का अधिक भाग होने के कारण सकता अंशधारिंयों पर आय का प्रतिशत अधिक है क्योंकि इस प्रस्ताव में समता पर व्यापार का लाभ सर्वाधिक मिल रहा है।

पूँजी दन्तिकरण
(Capital Gearning)

एक व्यावसायिक संस्था की पूँजी संरचना को व्यवस्थित रखने एवं वित्तीय स्थिति को सुदृढ़ बनाने में पूँजी दन्तिकरण का विशष महत्व है। इसकी गणना एक अनुपात के रूप में करते है। यह अनुपात परिवर्तनशील लागत वालो प्रतिभूति (समता अंश पूँजी, संचयों और आधिक्य का योग) और स्थिर लागत वाली प्रतिभूति (पूर्वाधिंकारी अंश पूँजी एवं ऋण पूँजी का योग) के मध्य सम्बन्ध को व्यक्त करता है।

ब्राउन एवं हावर्ड के अनुसार, ''पूँजी दन्तिकरण शब्द का प्रयोग किसी कम्पनी की साधारण अंश पूँजी एवं स्थिर ब्याज वाली प्रतिभूतियों के मध्य अनुपात को प्रदर्शित करने के लिया जाता है।''

जे. बैटी के अनुसार, ''यह वह अनुपात है जो साधारण अंशो की कुल राशि का पूर्वाधिकारी अंश पूँजी एवं ऋण पूँजी के बीच होता है।''

इस प्रकार पूँजी संरचना में दन्तिकरण का आशय पूँजी ढाँचे में विभिन्न प्रकार की प्रतिभूतियों में एक वांछित तथा उचित अनुपात बनाये रखने से हैं।

सूत्र रूप में पूँजी दन्तिकरण अनुपात की गणना इस प्रकार करते हैं -

$$\text{Capital Gearing Ratio} = \frac{\text{Variable Cost Bearing Capital}}{\text{Fixed Cost Bearing Capital}}$$

Or

$$= \frac{\text{Equity Shareholders' Funds}}{\text{Total Debt Capital Including Preference Capital}}$$

Where, Variable Cost Bearing Capital= Equity Share Capital + Reserves & Surplus

Fixed Cost Bearing Capital = Preference Share Capital + Debentures + Long term Loans

दन्तिकरण स्पष्ट करने के लिए व्यवसाय में प्रयोग की जाने वाली पूँजी को दो वर्गो में विभाजित कर सकते हैं –

(i) **स्थायी लागत वाली पूँजी** (Fixed Cost Bearing Capital)– यह वह पूँजी है जिस पर ब्याज अथवा लाभांश दर निश्चित होती है। इसमें ऋणपूँजी एवं पूर्वाधिकारी अंश पूँजी को शामिल करते हैं।

(ii) **परिवर्तनशील लागत वाली पूँजी** (Variable Cost Bearing Capital)– यह वह पूँजी है जिस पर लाभांश की दर परिवर्तनशील अथवा अनिश्चित होती है। इसे दो वर्गो में विभाजित कर सकते हैं –

(अ) लागत वाली पूँजी (Cost Bearing Capital)– इसमें समता अंश पूँजी को शामिल करते हैं क्योंकि इसके लाभांश दर में परिवर्तन होता रहता है। लाभांश दर स्थायी लागत वाली प्रतिभूतियों पर देय ब्याज पर लाभांश तथा कर देने के बाद बची आय एवं संचालकों की लाभांश नीति पर निर्भर करता है।

(ब) बिना लागत वाली पूँजी (No Cost Capital)– इसमें उन समस्त राशियों को शामिल करते हैं जिनका प्रयोग करने के लिए संस्था को किसी भी प्रतिफल का भुगतान नहीं करना पड़ता। उदाहरण के लिए संचय एवं अधिशेष, अदत्त व्यय, व्यापार की साख इत्यादि।

पूँजी दन्तिकरण के प्रकार (Kinds of Capital Gearing)– पूँजी दन्तिकरण दो प्रकार का होता है –

उच्च दन्तिकरण (High Gearing)– जब कम्पनी के कुल पुँजीकरण में समता अंश पूँजी का अनुपात पूर्वाधिकारी अंश पूँजी एवं ऋण पूँजी (स्थिर लागत वाली प्रतिभूतियों) से कम है तो इसे उच्च दन्तिकरण कहते हैं। उदाहरण के लिय यदि एक उपक्रम के लिं पुँजीकरण की राशि 10,00,000 रूपये हैं और इसमें समता अंश पूँजी 2,50,000 रूपये, पूर्वाधिकारी अंश पूँजी 2,50,000 रूपये और ऋण पत्र 5,00,000 रूपये है तो –

$$\text{पूँजी दन्तिकरण अनुपात} = \frac{\text{परिवर्तनशील लागत वाली पूँजी}}{\text{स्थायी लागत वाली पूँजी}} = \frac{250000}{750000} = 33.1$$

यह उच्च दन्तिकरण की स्थिति है क्योंकि स्थायी लागत वाली प्रतिभूतियाँ परिवर्तनशील लागत वाली प्रतिभूतियों की तीन गुनी हैं।

निम्न दन्तिकरण (Low Gearing)– यह उच्च दन्तिकरण का विलोम है अर्थात? जब समता अंश पूँजी का अनुपात स्थायी लगत वाली प्रतिभूतियों की तुलना में अधिक होता है तो इस दशा को निम्न दन्तिकरण कहते हैं। उदाहरण के लिए यदि कम्पनि की कुल पूँजीकरण राशि 1,00,00,000 रूपये है जिसमें समता अंश पूँजी 80,00,000 रूपये और 20,00,000 रूपये के पूर्वाधिकारी अंश एवं ऋणपत्र हैं तो –

पूँजी दन्तिकरण अनुपात = (8000000 , 2000000) = 4: 1

यह निम्न दन्तिकरण की स्थिति है क्योंकि यहौ स्थायी लागत वाली प्रतिभूतियाँ परिवर्तनशील लागत वाली प्रतिभूतियों से बहुत कम है।

संक्षेप में, पूँजीकरण अनुपात और पूँजी दन्तिकरण में विपरीत सम्बन्ध है। जब पूँजी दन्तीकरण अनुपात 1 से कम हो तो पूँजी का उच्च दन्तिकरण और 1 से अधिक हो तो निम्न दन्तिकरण मानते हैं।

पूँजी दन्तिकरण के प्रयोग की विधि

(Procedures of Usings Capital Gearing)

पूँजी दन्तिकरण की तुलना एक मोटर के गियर बाक्स से कर सकते हैं। जिस प्रकार प्रारम्भिक अवस्था में मोटर चालू करने एवं गति देने के लिए निम्न गियर का प्रयोग किया जाता है और जैसे जैसे गति बढ़ती है, वैसे वैसे उसे उच्च गियर में लाते है उसी प्रकार व्यवसाय को स्थापित करने एवं कार्य आरम्भ करने के लिए प्रारम्भिक अवस्था में निम्न दन्तिकरण का प्रयोग करते हैं। निम्न दन्तिकरण की दशा में परिवर्तनशील लागत वाली प्रतिभूतियाँ (समता अंश पूँजी) स्थायी लागत वाली प्रतिभूतियों (ऋणपूँजी एवं पूर्वाधिकारी अंश पूँजी) की तुलना में अधिक होती है। अत: प्रारम्भिक अवस्था में निम्न दन्तिकरण के प्रयोग द्वारा समता अंश पूँजी से वित्तीय आवश्यकताओं को पूरा करते हैं और जैसे जैसे व्यवसाय की आय नियमित होने लगती है या बढ़ने लगती है, वैसे वैसे उच्च दन्तिकरण का प्रयोग करने लगते है अर्थात् स्थायी लागत वाली प्रतिभूतियों का भाग कुल पूँजीकरण में बढ़ाते हैं। संक्षेप में, आय अनिश्चित होने पर प्रारम्भिक अवस्था में स्थायी लागत वाली प्रतिभूतियों का प्रयोग नहीं करना चाहिए परन्तु जब व्यवसाय की प्रगति के साथ आय निश्चित हो जाये तब स्थायी लागत वाली प्रतिभूतियों का प्रयोग करना चाहिए।

Illustration 4.

The total capitalisation of a company is Rs. 18,00,000 and its alternatives are given below—

Alternatives

	I	II	III	IV
Equity Share Capital	6,00,000	8,00,000	12,00,000	18,00,000
6% Pref. Share Capital	4,00,000	6,00,000	6,00,000	—
10% Debentures	8,00,000	4,00,000	—	—
	18,00,000	18,00,000	18,00,000	18,00,000

The company earns before interest and tax Rs. 3,20,000 and rate of income tax is 50%. It is informed that no profits are retained and equity shareholders receive all that is available after meeting prior claims.

You are required to calculate Capital Gearning Ratio and show the effects of Capital gearing on earnings of equity shareholders.

एक कम्पपनी का कुल पूँजीकरण 18,00,000 रूपये हैं और विकल्प निम्नलिखित हैं –

विकल्प

	I	II	III	IV
समता अंश पूँजी	6,00,000	8,00,000	12,00,000	18,00,000
6% पूर्वाधिकारी अंश पूँजी	4,00,000	6,00,000	6,00,000	—
10% ऋण पत्र	8,00,000	4,00,000	—	—
	18,00,000	18,00,000	18,00,000	18,00,000

कम्पनी ब्याज एवं कर काटने से पूर्व 3,20,000 रू. अर्जित करती है और आय कर की दर 50% है। यह सूचित किया जाता है कि कोई भी लाभ प्रतिधारित नहीं किया जाता और समता अंशधारी सभी पूर्व दावों के भुगतान के बाद उपलब्ध लाभ को प्राप्त करते हैं।

आप से पूँजी दन्तिकरण अनुपात एवं इसका समता अंशधारियों की आय पर पड़ने वाले प्रभाव की गणना की अपेक्षा की जाती है।

Solution: Calculation of Capital Gearing Ratio:

$$\text{Capital Gearning Ratio} = \frac{\text{Variable Cost Bearing Capital}}{\text{Fixed Cost Bearing Capital}}$$

Alternatives

	I	II	III	IV
Capital Gearing Ratio	$\frac{600000}{1200000} = .50$	$\frac{800000}{1000000} = .80$	$\frac{1200000}{600000} = 2.00$	$\frac{1800000}{0} = 0$

Calculation of Earnings Percentage on Equity Shares

Particulars	I Rs.	II Rs.	III Rs.	IV Rs.
Earnings Before Interest & Taxes	3,20,000	3,20,000	3,20,000	3,20,000
Less Interest on Deb. @ 10%	80,000	40,000	—	—
Earnings before Taxes	2,40,000	2,80,000	3,20,000	3,20,000
Less Income Tax @ 50%	1,20,000	1,40,000	1,60,000	1,60,000
Earnings after Taxes	1,20,000	1,40,000	1,60,000	1,60,000
Less Pref. Share Dividend @ 6%	24,000	36,000	36,000	—
Earnings available to Equity Shareholders	96,000	1,04,000	1,24,000	1,60,000
Equity Shares Capital	6,00,000	8,00,000	12,00,000	18,00,000
Earnings Percentage on Equity Shares Capital	16.0	13.0	10.33	8.89

समीक्षा : (i) जब हम विकल्प I से क्रमश: I,III और IV की और बढ़ते हैं तो पूँजी दन्तिकरण अनुपात क्रमश: बढ़ता जाता है और पूँजी दन्तिकरण में कमी आती है। विकल्प I और II में उच्च दन्तिकरण है और विकल्प III में निम्न दन्तिकरण हैं। विकल्प IV में दन्तिकरण शून्य है।

(ii) विभिन्न विकल्पों को देखने से स्पष्ट हो रहा है कि जैसे जैसे उच्च दन्तिकरण (High Gearning) से निम्न दन्तिकरण (Low Gearing) की ओर बढ़ रहे हैं, समता अंशधारियों की आय की दर में क्रमश: कमी आ रही है।

(iii) चतुर्थ विकल्प में समता अंश पूँजी की आय दर और सामाय प्रत्याय दर समान हैं, अत: यह शून्य समता पर व्यापार की स्थिति है। इसे पूर्व I, II तथा III विकल्प में समता अंश पूँजी की अर्जन दर सामान्य प्रत्याय दर से अधिक है और समता पर व्यापार की नीति का लाभ प्राप्त हो रहा है।

पूँजी दन्तिकरण का महत्व

(Significance of Capital Gearing)

एक सन्तुलित पूँजी दन्तिकरण उपक्रम को सुचारू रूप से संचालित करने में सहायक होता है। इसे पूँजी ढाँचे का गुणात्मक पहलू भी कहते हैं। दन्तिकरण की समुचित जानकारी वित्तीय प्रबन्धक को विभिन्न स्रोतों से प्राप्त किये गये धन का सदुपयोग करने योग्य बनाती है। पूँजी ढाँचे को प्रभावित करने वाले तत्वों में से अधिकांश तत्व प्रबन्ध द्वारा नियन्त्रित किये जा सकते हैं। अत: एक दूरदर्शी प्रबन्धक को ऋण पूँजी (पूर्वाधिकारी अंश सहित) और जोखिम पूँजी का अनुपात निर्धारित करते समय विभिन्न तत्वों पर सावधानीपूर्वक विचार करना चाहिए। इसके प्रयोग से प्रतिभूतियों का सन्तुलित मिश्रण तैयार किया जाता है जिसमें समता अंशधारियों को अधिक लाभांश और व्यापारिक उच्चावचन से उपक्रम को सुरक्षा देना सम्भव होता है।

व्यापार चक्रों में दन्तिकरण का प्रभाव (Effects of Capital Gearing during Trade Cycles)- पूँजी दन्तिकरण व्यावसायिक प्रबन्धकों के हाथों में एक प्रभावशाली वित्तीय तकनीक है। इसके प्रयोग से एक कुशल प्रबन्धक व्यापार चक्रों के समय उपक्रम की आर्थिक स्थिति को सुदृढ़ रख सकता है। इसका प्रभाव तेजी एवं मन्दी दोनों ही काल में देखा जा सकता है।

(1) मुद्रा स्फीति अथवा तेजी काल (Inflation or Boom Period) - मुद्रा स्फीति काल अथवा तेजी काल व्यवसाय के लिए उसी प्रकार है जिस प्रकार एक मोटर चालक के लिए ढलवाँ सड़क है अर्थात जिस प्रकार मोटर चालक ढलान पर बिना ईधन व्यय किये तेजी से गाड़ी चला सकता है उसी प्रकार प्रबन्धक ऋण पूँजी का प्रयोग करके समता अंशधारियों की प्रत्याय दर में वृद्धि कर सकता है। ऐसे समय में स्थायी लागत वाली प्रतिभूतियों, जैसे ऋणपत्र अथवा पूर्वाधिकारी अंश पूँजी का प्रयोग अधिक लाभदायक है क्योंकि इनको दिये ब्याज व लाभांश के बाद उपलब्ध समस्त लाभ समता अंशधारियों में विभाजित किया जाता है। ऋणपत्र पूर्वाधिकारी अंशो की तुलना में अधिक लाभदायक होते हैं, क्योंकि इन पर देय ब्याज आय कर की दृष्टि से एक स्वीकृत कटौती है।

(2) मुद्रा संकुचन अथवा मन्दी काल (Deflation or Depression Period)- मन्दी काल में व्यवसाय की आय में कमी आती है और ऐसे समय में उच्च दन्तिकरण हानिकारक सिद्ध होता है। मन्दी काल की तुलना चढ़ाई वाले पहाड़ी मार्ग से कर सकते है। जिस प्रकार मोटर चालक चढ़ाई में कार को निम्न गियर में डालकर धीरे-धीरे रास्ता तय करता है और उच्च गियर और अधिक गति कार को खतरे में डाल सकती है उसी प्रकार मन्दी काल में व्यवसायी को भी पूँजी का निम्न दन्तिकरण रखना चाहिए और परिवर्तनशील लागत वाली अर्थात समता अंश पूँजी का अधिक प्रयोग करना चाहिए क्योंकि मन्दी काल में माँग में कमी होने से व्यवसाय की आय गिरती है। अत: मन्दी काल में उच्च दन्तिकरण हानिकारक सिद्ध हो सकता है।

अत: एक सफल प्रबन्धक को व्यापार चक्रों की गति के अनुसार पूँजी दन्तिकरण में परिवर्तन करना चाहिए अर्थात तेजी काल में उच्च दन्तिकरण, मन्दी काल में निम्न दन्तिकरण और सामान्य परिस्थितियों में मिश्रित दन्तिकरण (अर्थात् विभिन्न प्रतिभूतियों में सन्तुलित मिश्रण) का प्रयोग करना चाहिए।

पूँजी संरचना के सिद्धान्त
(Theories of Capital Structure)

किसी संस्था की पूँजी संरचना उस संस्था के मूल्य तथा उसकी पूँजी की लागत को प्रभावित करती है। यही कारण है कि पूँजी संरचना से सम्बन्धित कोई भी निर्णय संस्था के ईक्विटी अंशधारियों हेतु प्रत्याय की दर को अत्यधिक प्रभावित करते है। अत: यह आवश्यक है कि पूँजी संरचना सम्बन्धित किसी भी प्रकार का निर्णय लेने से पूर्व पूँजी की लागत, संस्था के मुल्य तथा पूँजी संरचना के आपसी सम्बन्धों की स्पष्ट व्याख्या कर ली जाये। पूँजी संरचना के विभिन्न सिद्धान्त इस प्रयोजन हेतु सहायक सिद्ध होते है। पूँजी संरचना के प्रमुख सिद्धान्त तथा विचारधाराएँ निम्नलिखित है:

1. शुद्ध आय विचारधारा,
2. शुद्ध परिचालन आय विचारधारा,
3. मोडिग्लिआनी मिलर विचारधारा, तथा
4. पारम्परिक विचारधारा।

पूँजी संरचना से सम्बन्धित उपयुक्त प्रत्येक सिद्धान्त/विचारधारा को संक्षेप में निम्न प्रकार स्पष्ट किया जा सकता है।

1. शुद्ध आय विचारधारा

इस विचारधारा का प्रतिपादन डुरन्ड द्वारा किया गया था। जिसके अनुसार पूँजी-संरचना निर्णय का सम्बन्ध संस्था के मुल्यांकन से है। पूँजी संरचना में परिवर्तन का पूँजी की लागत व संस्था के कुल मूल्य पर प्रभाव पड़ता है। यदि ऋण-क्षमता अनुपात में वृद्धि होती है तो इसका प्रभाव पूँजी की लागत में कमी तथा संस्था के मूल्य के वृद्धि के रूप में गठित होता है। यही प्रमुख कारण है कि वित्तीय उत्तोलक अर्थात संस्था के कुल मूल्य में ऋण-पूँजी का एक महत्वपूर्ण कारक है। जो पूँजी संरचना निर्णय को अत्यधिक प्रभाव करता है।

शुद्ध आय विचारधारा, जिसे स्थिर समता लागत सिद्धान्त भी कहा जाता है, कतिपय मान्यताओं पर आंधारित है, जो मुख्यतया निम्नलिखित है :

1. आय कर गणना पर विचार नहीं किया जाता है।

2. ऋण पूँजी की लागत समता पूँजी की लागत से कम है।

3. ऋण पूँजी की लागत तथा समता पूँजी की लागत स्थिर रहेगी।

उपर्युक्त मान्यताओं के कारण इस विचारधारा के अनुसार ऋण समता अनुपात में वृद्धि से पूँजी की लागत में कमी तथा संस्था के मूल्य में वृद्धि होती है। पूँजी संरचना में ऋण पँजी के आनुपातिक अंश में वृद्धि के परिणामस्वरूप अंशधारियों की आय में भी वृद्धि होती है। यदि संस्था में ऋण पूँजी नहीं है तो पूँजी की समग्र लागत ईक्विटी अंश पूँजी की पूँजीकरण की दर के बराबर होगी। इस विचारधारा के अनुसार संस्था के मूल्य का निर्धारण निम्नलिखित सूत्र का प्रयोग कर की जा सकती है-

$$V = S + B$$

उपर्युक्तसूत्र में

V = फर्म का मूल्य

S = समता का बाजार मूल्य, तथा

B = ऋण का बाजार मूल्य।

उपर्युक्त गणना हेतु समता के बाजार मूल्य का निर्धारण निम्न सूत्र को प्रयुक्त कर किया जा सकता है।

$$S = \frac{NI}{K_e} \text{ or } \frac{EBIT - I}{K_e}$$

यहाँ

NI = समता अंशधारियों हेतु उपलब्ध अर्जनें (Earlings available for equity shareholers)

EBIT = ब्याज व कर पूर्व अर्जन (Earnings before interest and tax)

I = ब्याज (Interest)

K_e समता पूँजीकरण दर या समता पूँजी की लागत (Equity capitalisation rate or cost of equity capital)

इस विचारधारा के अन्तर्गत पूँजी की समग्र लागत (overall cost of capital i.e., K_0) की गणना निम्नलिखित सूत्र से की जाती है।

$$K_0 = \frac{EBIT}{V}$$

Illustration 5.

गुप्ता लिमिटेड ने 15 प्रतिशत 5,00,000 रू. के ऋण पत्र निर्गमित किये है। कम्पनी की सम्भावित शुद्ध परिचालन आय 3,00,000 रू. है। समता अंशो की पूँजीकरण दर 10 प्रतिशत है। आपको गणना करनी है।

(अ) वर्तमान कुल बाजार मूल्य तथा पूँजी की समग्र लागत ;

(ब) यदि ईक्विटी में कमी करके ऋण पत्रों में 2,00,000 रू. की वृद्धि की जाये तो कुल बाजार मूल्य तथा पूँजी लागत पर प्रभाव, तथा

(स यदि अंशों के निर्गमन द्वारा ऋण पत्रों में 1,50,000 रू की कमी की जाय तो कुल बाजार मूल्य तथा पूँजी की लागत पर प्रभाव।

Solution

(A) (i) Calculation of existing of total market value (V) of Gupta Limited

		Rs.
	Net operating Income (EBIT)	3,00,000
Lrss:	Interest on 15% Debentures (I)	75,000
	Profit available for equity shareholdes (NI)	3,75,000
	Equity capital capitalisation rate (Ke)	10%
	Market Value of Equity (S)	37,500
	S = \f(NI,Ke) = \f(Rs. 3,75000,0.10	
	Market Value of Debt (D)	5,00,000
	Total Market Value of Ferm (V = S + D)	5,37,500

(ii) Calculatin of existing overall cost of capital (Ko)

$$Ko = \frac{EBIT}{V} \text{ x } 100 = \frac{300000}{537500} \text{ x } 100 = 9.23$$

2. शुद्ध परिचालन आय विचारधारा

पूँजी संरचना की इस विचारधारा का प्रतिपादन भी डुरन्ड द्वारा ही किया गया है किन्तु यह विचारधारा शुद्ध आय विचारधारा के बिल्कुल विपरीत है। इस विचारधारा के अनुसार संस्था की पूँजी की समग्र लागत स्थिर रहती है जिसके परिणामस्वरूप पूँजी संरचना में परिवर्तन का संस्था के कुल मूल्य पर कोई प्रभाव नहीं पड़ता। संस्था के कुल मूल्य का निर्धारण शुद्ध परिचालन आय तथा पूंजी की समग्र लागत की गणना निम्न सूत्र के सहायता से की जा सकती है।

$$V = \frac{EBIT}{Ko}$$

पूँजी संरचना की शुद्ध परिचालन आय विचारधारा निम्नलिखित मान्यताओं पर आधारित है :

1. संस्था का मूल्यांकन विनियोजकों द्वारा समग्र रूप से किया जाता है। इसका स्पष्ट आशय यह है कि ऋण एवं ईक्विटी में किसी भी प्रकार का विभाजन महत्वपूर्ण नहीं है।

2. शुद्ध परिचालन आय को पूँजीकृत करने हेतु विनियोजक एक समग्र पूँजीकरण दर का प्रयोग करते है। यह दर व्यवसायिक जोखिम पर निर्भर होती है। चूँकि यह मान लिया जाता है कि व्यवसायिक जोखिम अपरिवर्तित रहती है अत: पूँजीकरण की उपयुक्त वर्णित दर भी स्थिर रहती है।

3. ऋण पूँजीकरण की दर स्थिर रहती है।

4. कम लागत वाले ऋण पूँजी के प्रयोग से अंशधारियों की जोखिम में वृद्धि होती है। इसके परिणामस्वरूप ईक्विटी की पूँजीकरण दर में भी वृद्धि होती है। अत: ऋण पूँजी के प्रयोग से प्राप्त सम्पूर्ण लाभ समाप्त हो जाता है।

5. निगम कर का कोई अस्तित्व नहीं होता।

उपर्युक्त मान्यताओं के कारण ही पूँजी संरचना संस्था की पूँजी की समग्र लागत तथा उसके मूल्य पर कोई प्रभाव नहीं डालती है। चूँकि इस विचारधारा के अनुसार संस्था का मूल्य स्थिर रहता है, चाहें पूँजी संरचना कैसी भी हो, अत: अनुकूलतम पूँजी संरचना का कोई अस्तित्व नही होता है।

3. मोडिग्लिआनी मिलर विचारधारा

पूँजी संरचना, पूँजी की लागत एवं संस्था के मूल्य के पारस्परिक सम्बन्ध के बारे में मोडिग्लिआनी-मिलर विचारधारा, यदि निगम करों को ध्यान में नहीं रखा जाता है । शुद्ध परिचालन आय विचारधारा (NOI Approach) के समान ही है क्यों कि दोनों विचारधाराओं के अनुसार पूँजी की संरचना का पूँजी की लागत तथा संस्था के मूल्य पर कोई प्रभाव नहीं पड़ता है । इसके बावजूद भी इन दोनों विचारधाराओं में एक मूलभुत अन्तर है। शुद्ध आय विचारधारा केवल वैचारिक है, इसका व्यावहारिक महत्व नहीं है अर्थात वह पूँजी संरचना की अप्रासंगिकता के सम्बन्ध में कोई परिचालन औचित्य प्रस्तुत नहीं करती। इसके विपरीत मोडिग्लिआनी मिलर विचारधारा पूँजी की लागत तथा संस्था के मूल्य से पूँजी की संरचना की असम्बद्धता का व्यावहारिक औचित्य प्रस्तुत करती है। यदि मोडिग्लिआनी-मिलर विचारधारा में निगम कर को ध्यान में रखा जाता है तो यह शुद्ध आय विचारधारा के समान हो जाती है।

(अ) निगम करों के अनुपस्थिति में

जैसा कि उपर्युक्त विवेचन में भली भाँति स्पष्ट किया जा चुका है कि निगम करों की अनुपस्थिति में मोडिग्लिआनी-मिलर विचारधारा शुद्ध परिचालन आय विचारधारा के समान ही है। यही कारण है कि इस स्थिति में इसे पूँजी संरचना की असम्बद्ध अप्रांसागिक विचारधारा भी कहा जा सकता है। इस विचारधारा के अनुसार निगम करों की अनुपस्थिति में संस्था की पूँजी की समग्र लागत उसकी पूँजी संरचना से प्रभावित नहीं होती है अत: संस्था

का ऋण समता अनुपात उसके कुल मूल्य के निर्धारण में अप्रसांगिक होता है। ऐसा होने का प्रमुख कारण यह है कि यद्यपि ऋण की लागत समता पूँजी की लागत से कम होती है जबकि ऋण के अधिक उपयोग से अंशधारियों की प्रत्याक्षा बढ़ जाती है जिसके परिणामस्वरूप समता पूँजी की लागत भी बढ़ जाती है। इससे ऋण की कम लागत का लाभ समता पूँजी की लागत में वृद्धि से प्रति सन्तुलित (offset) हो जाता है और पूँजी की समग्र लागत स्थिर रहती है। पूँजी संरचना में परिवर्तन की उपयुक्त विचारधारा निम्नलिखित मान्यताओं पर आधारित है :

(1) पूँजी बाजार परिपूर्ण है अर्थात

(अ) कोई भी विनियोजक प्रतिभूतियों के क्रय एवं विक्रय हेतु स्वतन्त्र है;

(ब) कोईं भी विनियोजक बिना किसी कठिनाई के उन्हीं शर्तो पर ऋण प्राप्त कर सकते है जिन शर्तों पर संस्था को ऋण प्राप्त होता है;

(स) विनियोजकों को बाजार सम्बन्धी सम्पूर्ण जानकारी होती है;

(द) विनियोजको का व्यवहार विवेकपूर्ण होता है;

(य) प्रतिभूतियों को क्रय विक्रय करने की लागत (ह्यवहार लागते) अनुपस्थित रहती है।

(2) समस्त संस्थाओं को सजातिय जोखिमों के आधार पर विभिन्न वर्गो में वर्गीकृत किया जा सकता है तथा एक वर्ग की समस्त संस्थाओं में व्यवसायिक जोखिम कद्ध मात्रा समान होती है।

(3) विनियोजकों की प्रत्याक्षा उपक्रम के मुल्यांकन हेतु उपक्रम की शुद्ध परिचालन आय के सम्बन्ध में एक समान होती है।

(4) लाभांश भुगतान अनुपात 100 प्रतिशत है अर्थात प्रतिधारित अर्जन 0 है।

(5) निगम कर अनुपस्थित है।

अन्तरपणन प्रक्रिया

अन्तरपणन प्रक्रिया मोडिग्लियानी–मिलर परिकल्पना का परिचालन औचित्य प्रस्तुत करती है। 'अन्तरपणन' शब्द का अशय किसी सम्पत्ति या प्रतिभूति को कम मूल्य वाले बाजार से खरीदने तथा ऊँचे मूल्य वाले बाजार में बेचने की क्रिया से है। इस प्रक्रिया का परिणाम यह होता है कि दो ऐसे उपक्रमों की प्रतिभूतियों के बाजार मूल्य जो ना केवल पूँजी संरचना के सम्बन्ध में वरण अन्य सभी मामलों में एक जैसे है। ऐसा इसलिए होता है क्यों कि यदि एक उपक्रम की प्रतिभूतियों का बाजार मूल्य दूसरे उपक्रम की प्रतिभूतियों के बाजार मूल्य से अधिक है तो विनियोजक अधिक मूल्य वाली प्रतिभूतियों को बेच कर दूसरे उपक्रम की कम मूल्य वाली प्रतिभूतियों को खरीदना प्रारम्भ कर देगा। इसका स्पष्ट परिणाम यह होगा कि पहले उपक्रम की प्रतिभूतियों की बाजार में आपूर्ति बढ़ने से मूल्य कम हो जायेगा जबकि दूसरे उपक्रम की प्रतिभूतियों की मांग बढ़ने से उनका बाजार मूंल्य बढ़ जायेगा। ऐसा जब तक होता रहेगा जबकि दोनों उपक्रम की प्रतिभूतियों के मूल्य समान नहीं हो जाते। इस प्रकार अन्तरपणन प्रक्रिया प्रतिभूतियों के बाजार मूल्य में साम्य बनाये रखती है।

सीमाएँ

यद्यपि मोडिग्लिआनी-मिलर की पर परिकल्पना के लिये अन्तरपणन प्रक्रिया अत्यन्त व्यवहारिक है किन्तु निम्नलिखित सीमाओं के कारण यह प्रक्रिया वांछित साम्य स्थापित करने में असमर्थ सिद्ध हुईं है।

1. उपक्रमों एवं विनियोजकों को एक जैसी शर्तो पर ऋण प्राप्त होने की मान्यता गलत- यह मान्यता ही उपक्रमों एवं विनियोजकों को एक जैसी शर्तो पर ऋण प्राप्त हो सकता है, व्यवहार में खरी नहीं उतरती। क्यों कि उपक्रमों के पास काफी मात्रा में सम्पत्तियाँ होने के कारण बाजार में अपेक्षाकृत साख अधिक होती है जिससे पुन: कम दर पर ऋण उपलब्ध हो जाता है इसके विपरीत व्यक्तिगत विनियोजकों की ऐसी साख ना होने के कारण ना केवल ऋण मिलने में कठिनाई वरन ब्याज की ऊँची दर भी चुकानी पड़ती है।

2. ''ह्यक्तिगत उत्तोलक'' ''निगम उत्तोलक'' का पूर्ण स्थापन्न की मान्यता गलत - यह मान्यता भी गलत है कि व्यक्तिगत उत्तोलक निगम उत्तोलक का पूर्ण स्थापन है भी व्यवहार में गलत सिद्ध होती है। इसका प्रमुख कारण यह है कि एक कम्पनी की स्थिति में दायित्व सीमित होता है जबकि व्यक्ति की स्थिति में दायित्व असीमित होता है।

3. व्यवहार लागतों की अनुपस्थितियों की मान्यता अवास्तविक - व्यवहार लागतों (अर्थात प्रतिभूतियों को खरीदने बेचने की लागते) की अनुपस्थितियों की मान्यता भी अव्यवहारिक प्रतित होती है। वस्तुत: इन लागतों की उपस्थिति अन्तरपण्न प्रक्रिया में बाधा पहुँचाती है जिससे भिन्न भिन्न पूँजी संरचना वाले उपक्रमों के बाजार मूल्यों में साम्य स्थापित नहीं हो पाता ।

4. संस्थागत प्रतिबन्ध बाधक - अन्तरपणन प्रक्रिया में संस्थागत प्रतिबन्ध भी बाधाएँ उपस्थित करते है। समस्त विनियोजकों, प्रमुखत: संस्थागत विनियोजकों जैसे भारतीय युनिट ट्रस्ट, भारतीय जीवन बीमा निगम, व्यापारिक बैंक आदि को व्यक्तिगत उत्तोलक का प्रयोग करने की अनुमति नहीं होती है।

5. आय कर/निगम कर प्रावधान - आय कर/निगम कर सम्बन्धि कानूनी प्रावधान भी अन्तरपणन विचारधारा के निष्कर्षो को विफल कर देते है।

(ब) निगम करों उपस्थिति में

मोडिग्लिआनी -मिलर की मुल विचारधारा के अनुसार पूँजी संरचना में परिवर्तन के बावजूद एक संस्था का कूल मूल्य तथा उसकी पूँजी की समग्र लागत अपरिवर्तित रहती है, यह मान्यता निगम करो की उपस्थिति में सही नहीं उतरती। इसका प्रमुख कारण यह है कि निगम कर एक वास्तविकता है । अत: इस मूल विचारधारा में 1963 में संशोधन किया गया। मोडिग्लिआनी-मिलर द्वारा यह स्वीकार किया गया कि निगम करों की उपस्थिति में उत्तोलक वाली संस्था का कुल मूल्य बिना उत्तोलक वाली संस्था कुंल मूल्य से अधिक होगा और पहली संस्था की पूँजी की समग्र लागत दूसरी संस्था के पूँजी की समग्र लागत से कम होगी। ऐसा इसलिए होता है क्यों कि कर निर्धारण हेतु ब्याज एक कटौती हेतु कर है और इस कारण ऋण के उपयोग से कम दायित्व की बचत होती है।

4. पारम्परिक विचारधारा

इस विचारधारा को मध्यवर्त्ती विचारधारा भी कहा जाता है क्योंकि यह शुद्ध आय विचारधारा तथा शुद्ध परिचालन आय विचारधारा की मध्यमार्गीय है । इस विचारधारा के अनुसार, ऋण एवं समता पूँजी के विवेकपूर्ण मिश्रण द्वारा उपक्रम के मूल्य में वृद्धि की जा सकती है अथवा उसकी पूँजी की समग्र लागत को कम किया जा सकता है। यह विचारधारा स्पष्ट करती है कि उत्तोलक (अर्थात उपक्रम के कुल मूल्य में ऋण भाग) में एक उचित सीमा तक वृद्धि से पूँजी की समग्र लागत में कमी आती है, परन्तु इस सीमा के बाद उत्तोलक में वृद्धि से उपक्रम की समग्र लागत में वृद्धि होने लगती है। इस प्रकार यह विचारधारा अनुकूलतम पूँजी की संरचना के अस्तित्व को स्वीकार करती है। इस विचारधारा के अनुसार पूँजी संरचना अनुकूलतम तब कही जाती है जब पूँजी की समग्र लागत (Ko) न्यूनतम हो अथवा उपक्रम का कूल मूल्य (V) अधिकतम हो।

इस विचारधारा के अनुसार पूँजी संरचना में परिवर्तन का पूँजी की समग्र लागत तथा उपक्रम के कुल मूल्य पर पड़ने वाले प्रभाव को निम्न तीन चरणों में विभक्त किया जा सकता है।

प्रथम अवस्था - इस अवस्था मे समता पूँजी की लागत (Ke) स्थिर रहती है अथवा ऋण पूँजी में वृद्धि के साथ बहुत कम मात्रा में बढ़ती है। इस दौरान ऋण की लागत (Kd) भी स्थिर रहती है अथवा नगण्य रूप से बढ़ती है क्यों कि पूँजी बाजार में ऋण के उपयोग को उचित नीति नही माना जाता है। इसके परिणामस्वरूप ऋण पूँजी में आनुपातिक वृद्धि के साथ साथ उपक्रम की पूंजी लागत में कमी होती है अथवा उसके कूल मूल्य में वृद्धि होती है।

द्वितीय अवस्था - उत्तोलक के निश्चित मात्रा पर पहुँचने के पश्चात उत्तोलक के कुल मूल्य वृद्धि का उक्रम के कुल मूल्य (V) अथवा उसकी पूँजी की समग्र लागत (Ko) पर प्रभाव नगण्य हो जाता है ऐसा इसलिए होता है क्योंकि वित्तीय जोखिम में वृद्धि के कारण समता पूँजी की लागत में होने वाली वृद्धि कम लागत वाले ऋण पूँजी के उपयोग से उद्वत्पन्न हुये लाभ का समाप्त कर देती है। उस विस्तार सीमा (Range) के भीतर अथवा उस विशिष्ट पूँजी पर उपक्रम का मुल मूल्य कम होता है अथवा उसकी पूँजी की समग्र लागत न्यूनतम होती है। इस स्थिति में पूँजी संरचना अनुकूलतम होती है।

तृतीय अवस्था - उत्तोलक की स्वीकार्य सीमा के पश्चात उत्तोलक में वृद्धि के साथ साथ उपक्रम के कुल मूल्य में कमी होती है अथवा उसकी पूँजी की समग्र लागत में वृद्धी होती है। ऐसा इसलिए होता है क्योंकि उत्तोलककी इस स्वीकार्य सीमा के पश्चात संस्था अंशधारियों की दृष्टि से वित्तीय जोखिम में वृद्धि होती है जिसके कारण समता पूँजी की लागत में होने वाली वृद्धि कम लागत वाले पूँजी के उपयोग से प्राप्त लाभ से अधिक हो जाती है।

पूँजी संरचना नियोजन

(Capital Structure Planning)

किसी भी व्यवसाय में पूँजी संरचना का नियोजन करते समय वित्तीय प्रबन्धक का मुख्य उद्देश्य अपने स्वामियों के हितों की रक्षा करना होता है। परन्तु कभी-कभी व्यवहार में

ऐसी प्रतिभूतियाँ निर्गमित करनी पड़ती हैं जो समता अंशधारियों के लिए आर्थिक दृष्टि से अनुकूल नहीं होती। परन्तु ऐसा अपवाद स्वरूप होता है क्योंकि वित्तीय प्रबन्धक इस बात का पूर्ण रूप से ध्यान रखते हैं कि निर्गमित की जाने वाली प्रतिभूतियाँ समता अंशधारियों के लिए जोखिम, आय एवं नियन्त्रण की दृष्टि से उपयुक्त हो। व्यवहार में पूँजी सरंचना के तीन प्रारूप (Patterns) हो सकते हैं -

(1) केवल समता अंशो को ही निर्गमित किया जाये। यह पूँजी संरचना का रूढिवादी प्रारूप है।

(2) समता अंश और पूर्वाधिकारी अंश निर्गमित किये जाये।

(3) समता अंश तथा पूर्वाधिकारी अंश के साथ साथ ऋणपत्र/बन्ध पत्र भी निर्गमित किये जायें और फिर भी आवश्यकता हो तो दीर्घकालीन ऋणों से व्यवस्था की जाये।

अपने व्यवसाय के लिए पूँजी संरचना का कौन सा प्रारूप उपयुक्त रहेगा, इसकी निर्धारण विधि नवीन वित्त पूर्ति के प्रभाव वाले अध्याय में वित्त पूर्ति के सर्वोत्तम विकल्प का चयन शीर्षक के अन्तर्गत विस्तृत रूप से दिया गया है। परन्तु प्रारूप का निर्धारण वित्तीय प्रबन्धक द्वारा विभिन्न तत्वों पर विचार करके ही किया जाता है।

पैूजी संरचना नियोजन के सिद्धान्त

(Principles of Capital Structure Planning)

उपयुक्त पूँजी संरचना विकसित करना एक कला है जो दीर्घकालीन प्रबन्धकीय अनुभव से आती है। परन्तु व्यवसाय के लिए सुदृढ़ एवं अनुकूलतम पूँजी संरचना का विकास करने में कुछ मार्गदर्शक सिद्धान्त हैं जो निम्नलिखित हैं -

(1) लागत का सिद्धान्त (Principle of Cost)- वित्त पूर्ति के लिए निर्गमित की जाने वाली प्रतिभूति लागत की दृष्टि से मितव्वयी होनी चाहिए। विनियोजित की जाने वाली पूँजी की लागत उसके उपयोग के लिए दी जाने वाली प्रत्याय एवं कर व्यवस्था पर निर्भर करती है। इन दोनों ही दृष्टियों से ऋण पूँजी, अंश पूँजी की अपेक्षा सस्ती होती है। वित्तीय प्रबन्धक को लागत पर ध्यान देते हुए पूँजी नियोजन करना चाहिए।

(2) नियन्त्रण का सिद्धान्त (Principle of Control)- पूँजी संरचना नियोजन में प्रबन्धकों को नियन्त्रण तत्व पर भी ध्यान देना चाहिए। इसमें नये प्रतिभूति निर्गमन से समता अंशधारियों की नियन्त्रण शक्ति पर पड़ने वाले प्रभाव पर विचार किया जाता है। कोई भी ऐसी योजना स्वीकृत नहीं की जायेगी जो समता अंशधारियों की नियन्त्रण शक्ति में कमी लाती है। यही कारण है कि नये अंशो का निर्गमन करते समय विद्यमान अंशधारियों को क्रय का पूर्वाधिकार (Right of Pre-emption) अवश्य दिया जाता है जिससे कि प्रबन्ध एवं नियन्त्रण में उनका भाग पूर्ववत बना रहे।

(3) जोखिम का सिद्धान्त (Principle of Risk) - कम्पनी द्वारा ऋण पूँजी का अधिक मात्रा में प्रयोग करने के कारण ब्याज एवं मूलधन के भुगतान के लिए पर्याप्त धन की आवश्यकता होती है और इससे जोखिम की मात्रा बढ़ जाती है। इससे कम्पनी की आय पर

प्रतिकूल प्रभाव पड़ता है। अंशधारियों के लाभांश की राशि में कमी आती है और अंशो का बाजार मूल्य गिरने लगता है। अत: पूँजी संरचना सम्बन्धी निर्णय लेते समय ऋण पूँजी की लागत, जोखिम एवं उसकी उपयोगिता में सन्तुलन स्थापित करना चाहिए।

(4) लोच का सिद्धान्त (Principle of Flexibility) – पूँजी संरचना इस प्रकार की होनी चाहिए कि भविष्य में उसमें आवश्यकतानुसार समायोजन किया जा सके। प्रारम्भिक अवस्था में कठोर शर्तो पर पूँजी प्राप्त करने पर भविष्य में इच्छानुसार और पूँजी प्राप्त करना कठिन हो जाता है। उदाहरण के लिए यदि ऋण अनुबन्ध में आगामी ऋण प्राप्ति पर रोक लगा दी गयी है तो पूँजी संरचना में इच्छानुसार लोच लाना सम्भव नहीं होगा। ऐसी शर्तो पर ऋण न लेकर शोध्य या परिवर्तनशील पूर्वाधिकारी अंश द्वारा वित्त प्राप्त करना चाहिए।

(5) काल निर्धारण का सिद्धान्त (Principle of Timing)- इस सिद्धान्त के अनुसार प्रबन्धकों को उन्हीं प्रतिभूतियों का निर्गमन करना चाहिए जो कि बाजार में अधिक लोकप्रिय हैं। पूँजी बाजार में विभिन्न प्रतिभूतियों की माँग सदैव एक सी नहीं रहती है। अत: प्रबन्धकों को चाहिए कि पूँजी बाजार का विश्लेषण करते हुए लोकप्रिय प्रतिभूतियों को ज्ञात करें।

पूँजी संरचना में परिवर्तन
(Change in Capital Structure)

किसी भी व्यावसायिक निगम का पूँजी कलेवर सामान्यत: दीर्घकालीन एवं स्थायी प्रकृति का समझा जाता है। परन्तु इसका यह आशय कदापि नहीं है कि एक बार निर्धारित किया गया पूँजी कलेवर कभी बदला ही नहीं जा सकता अथवा उसे बदलने की आवश्यकता ही नहीं पड़ती। ऐसे अनेक कारण हो सकते हैं जो कम्पनियों के प्रबन्धकों द्वारा वित्त व्यवस्था में तनाव दूर करने और निगम को अपने उद्धेश्यों को अधिक कार्यशील बनाने हेतु अवसर प्रदान करने के लिए किये जा सकते हैं। इनका महत्व हम इनके द्वारा सम्पादित किये जाने वाले उद्धेश्यों से ही जान सकते हैं। इनका महत्व हम इनके द्वारा सम्पादित किये जाने वाले उद्धेश्यों से ही जान सकते हैं जो कि इस प्रकार हैं –

(1) निगम के संचित लाभों का पूँजीकरण करना – ज्यों ज्यों निगम विकासोन्मुख हो जाता है उसकी प्रति अंश उपार्जन राशि बढ़ती जाती है। जब ये लाभ पर्याप्त बढ़ जाते है और उनकी सहायता से नये अंशो का निर्गमन सुगम हो जाता है तब उनका पूँजीकरण कर लिया जाता है जिससे कम्पनी को अल्प पूँजीकरण का शिकार होने से बचाया जा सके।

(2) अंशो के मुल्य को समुचित स्तर पर रखना – अंशो को अधिकाधिक लोकप्रिय एवं आकर्षक बनाने अथवा निगम के नये निर्गमनों को सरलतापूर्वक विक्रय कर सकने हेतु ऊँचे मूल्य के अंशो को निम्न मूल्य के अंशो में बदल दिया जाता है क्योंकि विनियोक्ता कम मूल्य वाले अंशो में विनियोजन करना अधिक पसंद करते हैं।

(3) वैयक्तिक सम्पत्ति वितरण को सुगम बनाना – वर्तमान समय में और निकट भविष्य में सम्पत्ति कर की बढ़ती हुई हरें निगम स्वामित्वधारियों को अपनी सम्पत्तियों के वितरण करने अथवा कुछ सम्पत्ति को बेचकर नकदी प्राप्त कर लेने के लिए विवश कर

देती है। अंशो की संख्या में वृद्धि एवं सम मूल्य में कमी इसका एक स्वाभाविक उदाहरण है। वास्तव में ऐसा अंशो की विक्रयशीलता में वृद्धि के लिए किया जाता है।

(4) संयोग एवं एकीकरण को सम्भव एवं सरल बनाने के लिए - एक प्रस्तावित संयोजन में कई निगमों की पूँजी का समायोजन करना नितान्त आवश्यक हो जाता है। यह पग समस्त अंशो को एक ही मूल्य स्तर पर लाने तथा उनके विनिमय हेतु एक सुस्थिर आधार प्राप्त करने के लिये उठाया जाता है।

(5) परिवर्तनशील प्रतिभूतियों के निर्गमन को सम्भव बनाने के लिए - जब एक निगम साधारण अंशो में परिवर्तनीय बन्ध या ऋण पत्र निर्गमित करता है तो यह आवश्यक है कि समस्त परिवर्तन हेतु आवश्यक, अनिर्गमित एवं अधिकृत साधारण अंश तैयार रखे। यह कार्य पुनः समायोजन द्वारा सरलतापूर्वक किया जा सकता है।

(6) चिट्ठे की खोयी हुई पूँजी को अपलिखित करने के लिए - निगम सम्पत्तियों के मूल्य में ह्रास एवं स्थिति विवरण में विद्यमान हानियों की समाप्ति के लिए अंशो का मूल्य कम करना पड़ता है। कभी कभी सामयिक रूप से सम्पत्ति को अपलिखित करके भी पूँजी अतिरेक का निर्माण कर लिया जाता है जिससे भविष्य में सम्भावित हानियों को पूरा किया जा सके।

(7) पूँजी कलेवर को सरल बनाने के लिए - जब निगम का पूँजी कलेवर परस्पर असम्बद्ध प्रतिभूतियों का एक समूह हो जाये तो इसको सुधारने के लिए उसका सरलीकरण आवश्यक हो जाता है। उदाहरणार्थ, विभिन्न अधिकारों वाले बन्धों को समाप्त करने के लिए पूर्वाधिकार अंशो का निर्गमन करके पूँजी कलेवर को सरल बनाया जा सकता है।

(8) कुछ वैधानिक आवश्यकताओं की पूर्ति के लिए - कभी कभी एक निगम को देश के किसी प्रचलित अधिनियम के अधीन भी अपनी पूँजी कलेवर में परिवर्तन करने की आवश्यकता पड़ जाती है, जैसे 1956 में निवनिर्मित कम्पनी अधिनियम के अन्तर्गत समस्त निगम केवल दो ही प्रकार के अंश रख सकते हैं समता एवं पूर्वाधिकार अंश। स्थगित अंशो को समाप्त कर दिया गया है।

पूँजी संरचना में होने वाले परिवर्तनों के रूप (Types of Changes in Capital Structure)- कम्पनियों की पूँजी संरचना में दो प्रकार के परिवर्तन हो सकते हैं - ऐच्छिक और अनिवार्य । ऐच्छिक परिवर्तन उस समय होता है जबकि कम्पनी विकास की ओर अग्रसर है और उसे विकास योजनाओं के लिए अतिरिक्त वित्त की आवश्यकता है या संस्था वित्तीय दृष्टि से संकटग्रस्त है और संकट दूर करने एवं आर्थिक दृष्टि से सफल बनाने हेतु परिवर्तन आवश्यक है। ऐसी दशा में कम्पनी का पुनः पूँजीकरण करना उचित होता है। अनिवार्य परिवर्तन उस समय होता है जब कम्पनी को वैधानिक आवश्यकताओं की पूर्ति हेतु पुनः पूँजीकरण करना पड़ता है। उदाहरण के लिए 1956 में कम्पनी अधिनियम में परिवर्तन के बाद यह अनिवार्य हो गया कि सभी कम्पनियाँ जिन्होंने स्थगित अंश निर्गमित कर रखे थे, वे उन्हें समता अंशो में परिवर्तित करें। इसी प्रकार यदि सरकार अपने द्वारा प्रदान किये गये किसी ऋण को कम्पनी के अंशो में परिवर्तित करना चाहे तो कम्पनी की पूँजी संरचना में

अनिवार्यत: परिवर्तन हो जायेगा। इन सभी परिवर्तनों का संक्षिप्त आशय एवं स्वरूप निम्न प्रकार हैं –

(1) पून: पूँजीकरण (Re-capitalisation) – यदि कोई कम्पनी अपने पूँजी में वृद्धि करती है या कमी करती है तो इसे पुन: पूँजीकरण कहते हैं। इसे पूँजी संरचना का पुन: प्रबन्ध या पुनर्गठन भी कह सकते हैं।

(2) पुन: समायोजन या पुनर्वित्तीयकरण (Readjustment or Refinancing)- इसमें पुन: पूँजीकरण के अतिरिक्त पूँजी कलेवर में किये जाने वाले आधारभूत परिवर्तनों, जैसे अल्पकालीन ऋणों की दीर्घकालीन ऋणों में परिवर्तित करना, ऋण पर ब्याज की दरों में परिवर्तन करना अथवा अन्य सुरक्षात्मक आयोजनों की व्यवस्था करना आदि को भी सम्मिलित करते हैं। अत: समायोजन का आशय नई पूँजी की राशि से नहीं होता बल्कि पूवँ निर्गमित पूँजी में संशोधन (Revision) करना होता हैं।

(3) पुनर्व्यवस्था या पुननिर्माण (Reconstruction)- पुननिर्माण कम्पनी की आन्तरिक एवं बाह्य संरचना में परिवर्तन करना है। बाह्य पुननिर्माण में एक नई कम्पनी का निर्माण करते हैं जो पुरानी कम्पनी की सम्पत्तियों एवं दायित्वों को इस प्रकार ग्रहण करती है कि अंशधारियों के हितों में बहुत अधिक परिवर्तन न हों। एक ऐसी कम्पनी जो लगातार घाटे पर चल रही है या जिसकी अधिकांश पूँजी नष्ट हो चुकी है तो वह या तो बाह्य पूननिर्माण द्वारा नये नाम से व्यापार करने लगती है या आन्तरिक पुननिर्माण द्वारा पुराने नाम से ही कार्य करती है।

प्रश्न

1. एक निगम की पूँजी संरचना से आप क्या समझते हैं? एक उत्तम पूँजी संरचना में जो गुण होने चाहिये उनका विवेचन कीजिए।

   What do you understand by capital structure of a corporation? Discuss the qualities, sound capital structure should possess.

2. सन्तुलित पूँजी ढाँचे से आप क्या समझते हैँ? एक कम्पनी का उद्धेश्य सन्तुलित ढाँचा क्यो होना चाहिए।

   What do you understand by a balanced capital structure? What should a company aim at a balanced capital structure?

3. एक कम्पनी के पूँजीकरण, पूँजी संरचना तथा वित्तीय संरचना में अन्तर स्पष्ट कीजिये ।

   Distinguish among capitalisation, capital structure and financial structure of a company.

4. किसी निगम के लिए एक सन्तुलित पूँजी ढाँचे की कल्पना करते समय किन-किन बातों का ध्यान रखना चाहिए।

   Explain the considerations involved in devolving a balanced capital structure of a corporation.

5. एक कम्पनी के पूँजी विन्यास में किन-किन बातों को ध्यान में रखना चाहिए?

What factors should be borne in mind in devising a capital structure of a company?

6. पूँजी दन्तिकरण से आप क्या समझते हैं? तेजी तथा मन्दी की अवधि में पूँजी दन्तिकरण का एक कम्पनी की वित्तीय स्थिति पर पड़ने वाले प्रभावों की विवेचना कीजिये।

What do you understand by captal gearing? Discuss the impact of capital gearing on the financial position of a company during boom and depression period.

7. पूँजी दन्तिकरण से आप क्या समझते हैं? व्यापार में इसका क्या महत्व है? उच्च दन्तिकरण तथा निम्न दन्तिकरण का कम्पनी की वित्तीय स्थिति पर क्या प्रभाव पड़ता है।

What do you mean by capital gearing? What is the significance of gearing ratio in a business? What are the effects of high and low gearing on the financial position of a company?

8. समता पर व्यापार से आप क्या समझते हैं? इसके गुण व दोष बातइये।

What do you understand by trading on equity? What are its advantages and disadvantages?

9. ''समता पर व्यापार का व्यवहार मुख्यत: आय की निश्चितता एवं नियमितता की परिसीमाओं से बँधा हुआ हैं''। इस कथन की विवेचना कीजिये।

"Trading on Equity is conditioned primarily by the stability and certainty of earnings." (Gerstenbergh) Discuss it.

10. ''समता पर व्यापार की नीति जहाँ एक ओर लाभों में वृद्धि करती है वहीं दूसरी ओर हानि में भी वृद्धि करती है''। इस कथन को एक उदाहरण की सहायता से समझाइये।

The policy of trading on equity increases the profits on one hand and decreases the profits on the other." Explain this statement with the help of an example.

11. ''पूँजी संरचना में परिवर्तन तनाव को कम करने और निगम के उद्धेश्यों की पूर्ति करने हेतु अवसर प्रदान करने के लिए किये जाते हैं।'' इस कथन के प्रकाश में एक निगद़ के पूँजी ढाँचे में समायोजन के पक्ष में तर्क दीजिय॥

"Changes in capital structure may be sought as a means of easing tensions and giving the corporation a better opportunity to pursue its purposes." In the light of this statement advocate readjustments in the capital structure of a business corporation.

12. एक कम्पनी के पूँजी ढाँचे का नियोजन करने में क्या समस्याएँ आती हैं? क्या हम एक आदर्श ऋण समता मिश्रण स्थापित कर सकते हैं? परीक्षण कीजिये।

What problems are involved in planning the capital structure of a new corporate business? Can we have an optimum debt-equity mix?

13. निम्न को समझाइये : सन्तुलित पूँजी संरचना

Explain the following : Balanced capital structure.

क्रियात्मक प्रश्न

1. एच लि. और एस लि. दो कम्पनियाँ एक समान निर्माणी व्यवसाय में लगी हैं और दोनों में 2,50,000 रूपये की समान पूँजी विनियोजित है। एच लि. ने अपनी पूँजी के 1,00,000 रूपये समता अंशो (10 रूपये प्रति अंश) से तथा 1,50,000 रूपये 6% ऋणपत्रों (100 रूपये प्रति ऋण पत्र) से प्राप्त किये हैं। एस लि. ने अपनी समस्त पूँजी 10 रूपये वाले समता अंशो से प्राप्त की है।

एच लि. द्वारा अपनायी गयी समता पर व्यापार की नीति पर टिप्पणी कीजिये यदि ब्याज एवं कर काटने से पूर्व दोनों कम्पनियाँ 50,000 रूपये की समान आय अर्जित करती है। कर की दर 50% है।

There are two companies H Ltd. and S Ltd. Both are engaged in the same line of manufacturing business and both have capital invested Rs. 2,50,000 each. H Ltd. has raised its capital Rs. 1,00,000 from equity shares of Rs. 10 each and Rs. 1,50,000 from 6% debentures of Rs. 100 each. Comment on the policy of trading on equity followed by H Ltd. If the earnings before interest and taxes (EBIT) is Rs. 50,000 each in both the companies. Rate of tax is 50%.

(Ans.)

	H Ltd.	S Ltd.
Normal Rate of Return	10%	10%
Earnings % on Equity Shares	20.5%	10%
Trading on Equity	Positive	Zero

2. एक कम्पनी की कुल विनियोजित पूँजी 20,00,000 रूपये है जिसमें से 10,00,000 रू. सकता अंश पूँजी द्वारा और शेष 10,00,000 रू. 5% ऋण पत्रों द्वारा प्राप्त किया गया है।

आगामी 5 वर्षों में कम्पनी ब्याज एवं कर काटने से पूर्व क्रमश: 1,80,000 रूपये, 2,40,000 रूपये, 4,00,000 रूपये, 50,000 रूपये, और 20,000 रूपये आय अर्जित करने की आशा करती है। आयकर की दर 50% है। समता अंशधारियों की आय पर समता पर व्यापार नीति के पड़ने वाले प्रभाव पर टिप्पणी कीजिये।

A company has a total invested capital of Rs. 20,00,000. Out of this Rs. 10,00.000 has been raised through equity share capital and remaining Rs. 10,00,000 through 5% Debentures.

In coming five years company expects to earn before interest and tax Rs. 1,80,000, Rs. 2,40,000, Rs. 4,00,000. Rs. 50,000 and Rs. 20,000 respectively. The rate of income tax is 50%. Comment upon the effect of trading on equity policy on earnings to equity shareholders.

(Ans.)

	I	II	III	IV	V
Normal Rate of Return	4.5	6%	10%	1.25%	.5%
Earmomg % on Equity Shares	6.5%	9.5%	17.5%	Nil	Nil
Trading on Equity	Pos.	Pos.	Pos.	Neg.	Neg.

3. एक कम्पनी का कुल पूँजीकरण 10,00,000 रू. है और इसके विकल्प नीचे दिये गये हैं –

The total capitalisation of a company is Rs. 10,00,000 and its alternatives are given below —

Alternatives

	I	II	III	IV
Equity Share Capital	2,00,000	4,00,000	8,00,000	10,00,000
7% Pref. Share Capital	3,00,000	4,00,000	2,00,000	—
10% Debentures	5,00,000	2,00,000	—	—
	10,00,000	10,00,000	10,00,000	10,00,000

कम्पनी ब्याज एवं कर से पूर्व 2,00,000 रू. अर्जित करती है और आयकर की दर 50% है। पूँजी दन्तिकरण अनुपात की गणना कीजिये और समता पर व्यापार पर इसके प्रभाव बताइये।

The Company earns before interest and tax Rs. 2,00,000 and rate of income tax is 50%. Calculate Capital Gearing Ratio and show the effects of capital gearing on trading on equity.

(Ans.)

	I	**II**	**III**	**IV**
Capital Gearing Ratio	.25	.67	4	00
Kind of Capital Gearing	High	High	Low	Low
Normal Rate of Return	10%	10%	10%	10%
Earning % on Equity Shares	25.5%	14.5%	10.5%	10%
Trading on Equity	Highest (Pos.)	Substantial (Pos.)	Normal (Pos.)	Zero

Hence, the Ist alternative should be preferred.

4. गुप्ता स्टील लि. का कुल पूँजीकरण 40,00,000 रू. है और इसके विकल्प निम्नलिखित है:–

The total capitalisation of Gupta Steels Ltd. Rs. 40,00,000 and its alternativess are given below:

	I	**II**	**III**	**IV**
Equity Share Capital	25,00,000	27,00,000	3100,000	38,00,000
8% Pref. Share Capital	5,00,000	7,00,000	7,00,000	2,00,000
10% Debentures	10,00,000	6,00,000	2,00,000	—
	40,00,000	40,00,000	40,00,000	40,00,000

कम्पनी ब्याज एवं कर काटने से पूर्व 8,00,000 रू. अर्जित करती है और कर की दर 50% है। आप सामान्य लाभ की दर, पूँजी दन्तिकरण अनुपात तथा समता अंशधारियों को प्राप्त लाभ की दर की गणना कीजिए और बताइये कि पूँजी दन्तिकरण का समता अंशधारियों की आय पर क्या प्रभाव पड़ता है?

The company earns before interest and tax Rs. 8,00,000 and rate of tax is 50%. You are required to calculate the nor.nal rate of return, capital gearning ratio and income percentage to equity shareholders. Also state the effect of capital gearing on shareholders income.

(Ans.)

	I	II	III	IV
Capital Gearing Ration	1.67%	2.08	3.44	19
Normal Rate of Return	10%	10%	10%	10%
Earning % on Equity Shares	12.4%	11.63%	10.77%	10.11%

5. एक व्यवसाय में विनियोजित पूँजी इस प्रकार है :

स्थिर पूँजी	6,00,000 रू.
शुद्ध कार्यशील पूँजी	4,00,000 रू.
कुल	10,00,000 रू.

इसका वित्तीयन निम्न प्रकार से हुआ :

समता अंश पूँजी	3,00,000 रू.
संचितियाँ	1,00,000 रू.
6% ऋण पत्र	4,00,000 रू.
7% पूर्वाधिकारी अंश पूँजी	2,00,000 रू.

कम्पनी ने ब्याज और कर से पूर्व 2,00,000 रू. का लाभ कमाया। कर की दर 50% है। दन्तिकरण अनुपात की गणना करों ओर इसकी समता पर व्यापार के लिये जाँच करो।

The Capital employed in a business is :

Fixed Capital	Rs. 6,00,000
Net Working Capital	4,00,000
Total	10,00,000

This has been financed by :

Equity share capital	Rs.3,00,000
Reserves	1,00,000
6% Debentures	4,00,000
7% Preference share capital	2,00,000

The company earned a profit of Rs. 2,00,000 before interest and tax whose tax rate is 50%. Work out the gearing ratio and test it for trading on equity.

(**Ans**. Gear Ratio .67. The capital is highly geared. Earning % on equity shares 24.67%. Normal Rate of Return 10%. Thus, there is substantial trading on equity).

6. ए लि. और बी लि. के नीचे दिये गये पूँजी संरचनाओं से दोनों कम्पनियों के पूँजी दन्तिकरण और उसका समता पर व्यापार पर प्रभाव पर टिप्पणी कीजिए।

From the capital structures of A Ltd. and B. Ltd. given below, comment on the capital gearning and its effects on trading on equity of the two companeis.

	A Ltd.	**B Ltd.**
Equity Share Capital	Rs. 10,00,000	Rs. 6,00,000
Preference Share Capital	2,00,000	4,00,000
Debentures	—	2,00,000
General Reserves	5,00,000	5,00,000

(**Ans**. Gear Ratio : A Ltd. 7.5, B. Ltd. 1.83, A Ltd. is comparatively low geared)

□□□

2

स्टॉक एक्सचेंज

(Stock Exchange)

स्टॉक एक्सचेंज केन्द्र पूँजी बाजार के अभिन्न अंग है। इन्हीं केन्द्रों पर अधिकांश विनियोग कार्य किये जाते है। ये देश की अर्थव्यवस्था के स्नायु केन्द्र हैं जहां से सम्पूर्ण अर्थव्यवस्था की धड़कन को नापा जा सकता है। ये पूँजी के वे केन्द्र हैं जो पूँजी निर्माण को बढ़ावा देते हैं, पूँजी को उत्पादक कार्यों में प्रवृत्त करते हैं तथा पूँजी की तरलता को बनाये रखते हैँ। ये नई कम्पनियों के लिए आवश्यक पूँजी जुटाने में सहयोगी बनते हैं तो पुरानी कम्पनियों की ख्याति का प्रसार करते हैं। स्टॉक एक्सचेंज सरकारी अर्द्ध-सरकारी अभिकरणों तथा अन्य निकायों तथा संयुक्त पूँजी वाली कम्पनियों द्वारा निर्गमित अंशों तथा ऋण पत्रों के अत्यन्त पूर्ण बाजार (Perfect Market) है। स्टॉक एक्सचेंज में मुक्तप्रतिस्पर्धा की स्थिति में अंशों का क्रय एवं विक्रय होता है।

परिभाषा एवं अर्थ

(Definitions and Meaning)

अंश बाजार का अर्थ भिन्न भिन्न व्यक्ति विभिन्न दृष्टिकोण से लगाते हैं। कुछ लोगों की दृष्टि में यह धनी हो जाने का स्थान है तथा कुछ लोग इसे सट्टे और जुए का स्थान मानते हैं। इसे संसार का सबसे बड़ा बाजार, राष्ट्रों की राजनीति और अर्थव्यवस्था का स्नायु केन्द्र तथा उनकी समृद्धि का पैमाना माना जाता है। कुछ के द्वारा इसे अथाह कूप तथा सबसे भयंकर नर्क के समान माना गया है। पर ठीक ठीक शब्दों में इसे देश की ओर बाहरी दुनिया की विभिन्न कम्पनियों के अंशों तथा अन्य प्रतिभूतियों की खरीद बिक्री का बाजार कहा जा सकता है।" इसके अर्थ को भली प्रकार समझने के लिए कतिपय परिभाषाओं का अध्ययन आवश्यक हैं :

पायले (Pyle) के अनुसार, "स्टॉक एक्सचेंज केन्द्र वे बाजार स्थल हैं जहाँ पर उन प्रतिभूतियों को या तो विनियोग के लिए या सट्टे के लिए खरीदी एवं बेची जाती हैं, जिनका वहाँ सूचीकरण हो चुका है।"[1]

हजबेण्ड तथा डोकरे (Husband and Dockeray) के शब्दों में, "प्रतिभूति या स्टॉक एक्सचेंज केन्द्र निजी संगठित बाजार हैं जिनका उपयोग प्रतिभूतियों के व्यापार की सुविधा के लिए किया जाता है।"[2]

गर्स्टनबर्ग (Gerstenberg) के शब्दों में, "स्टॉक एक्सचेंज केन्द्र संगठित नीलामी बाजार है, जहाँ पर क्रेता और विक्रेता अपने अपने दलालों के माध्यम से, उन सूचीबद्ध प्रतिभूतियों और असूचीबद्ध प्रतिभूतियों, जिनका कि वह बाजार है, व्यवहार करने के लिए साथ-साथ मिलते हैं।"[3]

प्रतिभूति अनुबन्ध (नियमन) अधिनियम 1956 (The Securities Contracts (Regulation) Act, 1956) के अनुसार, "स्टॉक एक्सचेंज केन्द्र व्यक्तियों की समामेलित अथवा असमामेलित संस्था है, जिसकी स्थापना प्रतिभूतियों के क्रय विक्रय तथा उनसे सम्बन्धित व्यवहारों में सहायता करने, उनका नियमन एवं नियन्त्रण करने के उद्देश्य से की जाती है।[4]

उपर्युक्त वर्णित परिभाषाओं का अध्ययन करने से स्पष्ट होता है कि स्टॉक एक्सचेंज केन्द्र एक संगठित बाजार या संस्था है जिसकी स्थापना व्यक्तियों (Individuals) के द्वारा की जाती है। यह संस्था अंशों, ऋण पत्रों, सरकारी तथा अर्द्धसरकारी प्रतिभूतियों एवं बाँण्डों के क्रय-विक्रय तथा उनसे सम्बन्धित क्रियाओं में सहयोग प्रदान करती है तथा इनका नियमन एवं नियन्त्रण करती है। ऐसे स्टॉक एक्सचेंज केन्द्र समामेलित या असमामेलित (Incorporated or Unincorporated) संस्था के रूप में हो सकते है।

विशेषताएँ

(Characteristics)

स्टॉक बाजार अथवा स्टॉक एक्सचेंज की अंशधारियों को सेवाएँ प्रदान करने में महत्त्वपूर्ण भूमिका स्वीकार कि गयी है। स्टॉक बाजार भी अन्य बाजारों के समान ही है जहाँ प्रतिभूतियों का क्रय-विक्रय होता है। स्टॉक एक्सचेंज केन्द्र की प्रमुख विशेषताएँ निम्नानुसार हैं:

---

1 Stock exchanges are market places where securities that have been listed thereon may be bought and sold for either investment or speculation. — Pyle

2 Securities or stock exchanges are privately organised markets which are used to facilitate trading in securities. — Husband and Dockerary

3 TheStock Exchanges are organised auction markets where buyers and sellers come together, through their broker to effect transaction in securities admitted to listing on the exchange and unlisted securities for which a market is maintained. — Gerstenberg

4 Stock exchange means any body of individuals, whether incorporated or not, constituted for the purpose of assisting, regulating or controlling the business of buyin, selling or dealing in securities.
— The Securities Contract, (Regulation) Act.

1. स्टॉक एक्सचेंज केन्द्र एक संगठन है।
2. यह व्यक्तियों (कृत्रिम व्यक्तियों सहित) का संगठन है।
3. स्टॉक एक्सचेंज केन्द्र को कम्पनी, सहकारी समिति आदि में से किसी भी रूप में पंजीकृत करवाया जा सकता है।
4. यह एक संगठित बाजार है जिसमें अंशों, ऋणपत्रों, सरकारी प्रतिभूतियों, बॉण्डों आदि का लेन-देन किया जाता है।
5. यह संगठन या केन्द्र प्रतिभूतियों के क्रय-विक्रय में सहायता प्रदान करता है, स्वयं क्रय-विक्रय नहीं करता है।
6. प्रत्येक स्टॉक एक्सचेंज केन्द्र एक स्थान विशेष पर स्थापित अवश्य होता है किन्तु, उसके सदस्य अपने-अपने शहर एवं कार्यालय से कारोबार कर सकते है। सभी दलालों को एक ही स्थान पर एकत्र होकर आमने सामने रहकर सौदे नहीं करने पड़ते हैं।
7. इस संगठन या केन्द्र में सामान्य जनता अंशों, ऋणपत्रों आदि का क्रय विकय प्रत्यक्ष रूप से नहीं कर सकती है। जनसामान्य इन केन्द्रों पर पंजीकृत सदस्यों, दलालों तथा अन्य व्यक्तियों के माध्यम से ही प्रतिभूतियों आदि का क्रय विक्रय कर सकते हैं।
8. इन केन्द्रों पर पूर्ण प्रतियोगिता (Free Competition) के सिद्धान्तों के आधार पर लेन-देन होता है।
9. इन केन्द्रों पर लेन देन एवं उसका निपटारा उस केन्द्र के नियमों-उपनियमों (Rules and By-Laws) के अनुसार होता है।
10. केन्द्र के अधिकारी केन्द्र में होने वाले सौदों का नियमन एवं नियन्त्रण करते हैं।
11. इन केन्द्रों में केवल सूचीबद्ध तथा अनुमति प्राप्त (Permitted) प्रतिभूतियों का ही लेन देन किया जा सकता है।
12. भारत में स्थापित कोई भी स्टॉक एक्सचेंज केन्द्र तभी कार्य कर सकता है जबकि उसे प्रतिभूति अनुबन्ध (नियमन) अधिनियम के अन्तर्गत मान्यता प्राप्त हो गई है।

स्टॉक एक्सचेंज केन्द्रों का महत्त्व या लाभ

(Importance or Advantages of Stock Exchange)

प्राय: यह कहा जाता है कि, "स्टॉक एक्सचेंज केन्द्र एक देश की समृद्धि का मापक यन्त्र है।" (Stock exchange is the barometer of a country's prosperity)वास्तव में, इस कथन में किसी प्रकार की असत्यता या मिथ्या बात का आभास नहीं होता है। एक देश के स्टॉक एक्सचेंज केन्द्र उस देश की आर्थिक प्रगति के द्योतक हैं इसीलिए जर्मनी के प्रसिद्ध राजनीतिज्ञ बिस्मार्क (Bismark) ने यह विचार व्यक्त किये थे कि, "यदि आप इंगलैण्ड में चल रही परिस्थितियों की जानकारी प्राप्त करना चाहते हैं तो यहाँ की लोकसभा (House of Commons) का अध्ययन मत कीजिए बल्कि लन्दन स्टॉक एक्सचेंज केन्द्रों पर निगरानी रखिये।"

भारत जैसे विकासशील देश के लिए तो स्टॉक एक्सचेंज केन्द्रों का अत्यधिक महत्त्व है। भारत के औद्योगिक विकास का श्रेय स्टॉक एक्सचेंज केन्द्रों को ही जाता है। हमारे देश में विदेशों की भांति विनियोग बैंकों का अभाव है। इसी प्रकार अभिगोपन संस्थाओं (Underwriters) का भी अभाव है। कुछेक वित्तीय संस्थाओं का प्रादुर्भाव भी हाल ही में हुआ है। अत: कई वर्षों से भारत में स्टॉक एक्सचेंज केन्द्र पूँजी प्राप्त करने के महत्वपूर्ण स्रोत है। साथ ही साथ विनिमय केन्द्र सट्टे के सौदों का अवसर भी प्रदान करते है। इसीलिए प्राय: यह कहा जाता है कि, ''स्टॉक एक्सचेंज केन्द्र निवेश एवं सटटे दोनों की ही सुविधा प्रदान करते है।''

रटॉक एक्सचेंज केन्द्रों को आर्थिक विकास का दर्पण, पूँजी का गढ़ एवं मूल्यों के मन्दिर के रूप में महिमामण्डित किया गया है। वस्तुत: स्टॉक एक्सचेंज केन्द्रों का सामान्य निवेशक से लेकर सम्पूर्ण राष्ट्र के जीवन में महत्वपूर्ण स्थान है। सुविधा की दृष्टि से स्टॉक एक्सचेंज केन्द्र के लाभों को निम्न प्रमुख वर्गों में बाँटकर अध्ययन किया जा सकता है :

I. निवेशकों को लाभ (Advantages to Investors)

II. कम्पनियों को लाभ (Advantages to Companies)

III. समाज अथवा राष्ट्र को लाभ (Advantages to Nation)

I. **निवेशकों को लाभ** (Advantages to Investors)

स्टॉक एक्सचेंज केन्दों से निवेशकों को निम्नलिखित प्रमुख लाभ प्राप्त होते है:

1. विनियोग की सुविधा (Safety of Investment): स्टॉक एक्सचेंज केन्द्र निवेशकों को धन के निवेश की सुविधा प्रदान करते है। कोई व्यक्ति जब कभी धन का विनियोग करना चाहता है, स्टॉक एक्सचेंज केन्द्र में दलालों के माध्यम से अंश, ऋणपत्र या अन्य प्रकार की प्रतिभूतियाँ क्रय कर सकता है।

2. धन का सदुपयोग (Utilisation of Funds): निवेशकों को दूसरा लाभ गह होता है कि इन केन्द्रों के माध्यम से वह धन का सदुपयोग कर सकते हैं। वे अलाभकारी उद्योगों में से अपना धन निकाल कर लाभकारी उद्योगों में अपना धन लगा सकते हैं। प्रसिद्ध वित्त विशेषज्ञ किंग ने इस सन्दर्भ में उपयुक्त ही लिखा है कि, ''स्टॉक एक्सचेंज केन्द्रों के अभाव में समाज की बचतों का अपूर्ण एवं अपव्ययपूर्ण उपयोग अधिक होता।''

3. मूल्यों की जानकारी (Knowledge of Price): विनियोजकों को स्टॉक एक्सचेंज केन्द्रों के कारण ही प्रत्येक प्रकार की प्रतिभूति के मूल्यों की जानकारी भी हो सकती है। इससे उसे प्रतिभूतियों के क्रय विक्रय के निर्णय में सुविधा मिलती है।

4. सुरक्षा (Safety): स्टॉक एक्सचेंज केन्द्रों पर प्रतिभूतियों का लेन-देन करने से निवेशक पूर्ण रूप से सुरक्षित रहते हैं। निवेशकों को अपनी प्रतिभूतियों का उचित मूल्य मिल सकता है। यदि वे प्रतिभूतियाँ क्रय करते हैं तो उन्हें प्रकाशित मूल्य पर प्रतिभूतियाँ मिल सकती हैं। इस प्रकार लेन देन में गड़बड़ी नहीं होती है। पंजीकृत दलालों की आर्थिक स्थिति प्राय: सुदृढ़ होती है। इसके परिणामस्वरूप, विनियोजक और भी सुरक्षित रहता है।

5. तरलता (Liquidity): स्टॉक एक्सचेंज केन्द्र निवेशकों के निवेशों को तरलता प्रदान करते हैं। अत: वे इनके माध्यम से जब चाहे अंशों एवं ऋण पत्रों को बेचकर धन प्राप्त कर सकते है।

6. धोखाधड़ी से सुरक्षा (Safety from Cheating): स्टॉक एक्सचेंज केन्द्रों के माध्यम से लेन देन करने से निवेशक धोखाधड़ी से सुरक्षित रहते हैं। गलत अंशों की सुपुर्दगी (Bad-delivery), चैंकों का अनादरण (Dishonour of Cheques), क्रेता की नीयत खराब होने आदि के कारण भी निवेशक को प्राय: विशेष हानि नहीं उठानी पड़ती है, क्योंकि स्टॉक एक्सचेंज़ केन्द्र इस प्रकार की धोखाधड़ी में निवेशकों को सहायता एवं सुरक्षा प्रदान करता है।

7. यथासमय सौदे का निपटारा तथा भुगतान (Settlement of Transaction at Proper Time and Payment): स्टॉक एक्सचेंज केन्द्रों के कारण निवेशकों को यथासमय सौदे की सुपुर्दगी मिल जाती है, अथवा भुगतान प्राप्त हो जाता है। उन्हें प्रतिभूतियों की सुपुर्दगी या मूल्य के भुगतान के लिए परेशान नहीं होना पड़ता है। स्टॉक एक्सचेंज केन्द्र के निर्धारित नियमों के अन्तर्गत यह सब निर्धारित समय पर स्वत: हो जाता है।

8. ऋण प्राप्ति में सुविधा (Easy Obtaining of Loan): जिन प्रतिभूतियों का लेन देन स्टॉक एक्सचेंज केन्द्रों पर होता है, उन पर बैंकों से ऋण भी आसानी से प्राप्त किया जा सकता है। बैंक ऐसी प्रतिभूतियों को जमानत के रूप में आसानी से स्वीकार कर लेते है।

9. नि:शुल्क सलाह (Free Advise) : स्टॉक एक्सचेंज केन्द्र निवेशकों को सलाह भी देते हैं। कई स्टॉक एक्सचेंज केन्द्र जनसम्पर्क विभाग की स्थापना करते हैं और वे जनसाधारण को कम्पनियों में धन निवेश करने की विधि से अवगत करवाते हैं। ये केन्द्र नई कम्पनियों एवं पुरानी कम्पनियों द्वारा अंशों के जारी करने पर उनके सम्बन्ध में अपनी समीक्षा भी प्रकाशित करते है जिससे निवेशकों को धन के निवेश का निर्णय करने में पर्याप्त सहायता मिलती है।

10. सट्टे की सुविधा (Facility of Speculation): स्टॉक एक्सचेंज केन्द्र निवेशकों को अंशो/प्रतिभूतियों के वास्तविक क्रय-विक्रय करने के अतिरिक्त सट्टे की सुविधा भी प्रदान करता है। दूसरे शब्दों में, जो व्यक्ति अंशों का सौदा मूल्यों के अन्तर को दे-लेकर पूरा कर देना चाहता है और उनकी सुपूर्दगी देना लेना नहीं चाहता है तो वह ऐसा कर सकता है। इससे निवेशक कभी कभी सट्टे का लाभ भी प्राप्त कर सकते है।

11. राष्ट्रीय कारोबार (National Transaction): अब सूचना तकनीक (Information technology) के विकसित हो जाने से कोई भी व्यक्ति एक स्थान से अनेक शहरों के स्टॉक एक्सचेंज केन्द्रो में एक साथ क्रय विक्रय के सौदे कर सकता है। वह एक साथ सभी शहरों में चल रहे मूल्यों की जानकारी करके सर्वाधिक लाभकारी सौदा कर सकता है।

II. कम्पनियों को लाभ
(Advantages to Companies)

स्टॉक एक्सचेंज केन्द्रों से कम्पनियों को अनेक लाभ प्राप्त हो सकते हैं :

1. ख्याति में वृद्धि (Increase in Goodwill): स्टॉक एक्सचेंज केन्द्रों में उन अंशों का खूब लेन देन होता है जिनके परिणाम अच्छे होते हैं, अत: उनके भाव भी ऊंचे होते हैं। इससे उन कम्पनियों की ख्याति भी बाजार में बढ़ती चली जाती है। प्रत्येक विनियोजक ऐसी कम्पनियों के अंश खरीदना भी अपनी ख्याति समझता है।

2. अभिदान में सुविधा (Facility of Subscription): स्टॉक एक्सचेंज केन्द्रों पर सूचीकरण करवाने की शर्त पर अंशों का निर्गमन (Issue of Shares) प्रस्तुत किया जाता है तो निवेशक आसानी से अभिदान (Subscribe) कर देते हैं। इससे निवेशक पूँजी की तरलता के प्रति आश्वस्त हो जाते है।

3. भावी निर्गमनों (Easy Further Issues) **में आसानी** : जिन कम्पनियों के अंशों का सूचीकरण हो चुका होता है, उन कम्पनियों को भविष्य में पूँजी प्राप्त करने में कठिनाई नहीं होती है। वे जब चाहे जनता को आमन्त्रित करके अंश जारी कर सकती हैं। जनता अंशों के भावों की प्रकृति के अनुरूप ही अंशों में तत्काल धन लगा देती है।

4. वित्तीय संस्थाओं से आसानी से ऋण (Easy Availability of Loans to FIs): जिन कम्पनियों के अंश स्कन्ध केन्द्रों में ऊंचे मूल्यों पर बिकते हैं, वित्तीय संस्थाएँ भी उन्हें आसानी से तथा आसान शर्तों पर ऋण दे देती है। अच्छी कम्पनियों द्वारा ऋणों या ऋणपत्रों को अंशों में परिवर्तन करने का आश्वासन देने पर बहुत कम ब्याज दर पर भी ऋण उपलब्ध हो जाता है।

5. भावी निर्गमनों के खर्चों में कमी (Reduction in Expenditure on Future Issue): स्टॉक एक्सचेंज केन्द्रों के कारण ही अच्छी कम्पनियों को अंशों के भावी निर्गमनों पर बहुत ही कम खर्च करना पड़ता है। कम दलाली तथा कम अभिगोपन कमीशन पर ही दलाल एवं अभिगोपक उपलब्ध हो जाते है। कई ख्याति प्राप्त कम्पनियाँ तो निर्गमन का अभिगोपन करवाती ही नहीं हैं। वे इस पर सम्पूर्ण कमीशन की ही बचत कर लेती है।

6. अधिग्रहण में सुविधा (Facility in Takeover): कम्पनियाँ अब चाहे किसी अन्य कम्पनी का अधिग्रहण कर सकती है। इसके लिए निर्धारित प्रक्रिया से निर्धारित अंश क्रय करके किसी भी कम्पनी का अधिग्रहण किया जा सकता है। ऐसा 'अधिग्रहण संहिता' (Take-over code) के निर्माण से सम्भव है।

7. अधिग्रहण से सुरक्षा (Safety From Takeover): कोई भी कम्पनी किसी अन्य कम्पनी का अधिग्रहण करती है तो उस अन्य कम्पनी के प्रबन्धकों को इसकी जानकारी स्टॉक एक्सचेंज केन्द्र से मिल जाती है। अत: वे अपनी कम्पनी को दूसरे द्वारा अधिगृहीत करने से बचाने के उपाय कर सकते है।

III. समाज तथा राष्ट्र को लाभ

(Advantages to Society and Nation)

समाज एवं राष्ट्र भी स्टॉक एक्सचेंज केन्द्रों से लाभान्वित होते हैं। इनको निम्नलिखित प्रमुख लाभ प्राप्त हो सकते हैं:

1. पूँजी निर्माण को प्रोत्साहन (Encouragement to Capital Formation): स्टॉक एक्सचेंज केन्द्र लोगों को बचत करने के लिए प्रोत्साहित करते हैं। लोगों की छोटी छोटी बचतें ही उद्योगों के लिए विशाल पूँजी के रूप में उपलब्ध होती हैं। इस प्रकार स्टॉक एक्सचेंज केन्द्र पूँजी निर्माण को प्रोत्साहित करते हैं।

2. नवीन कम्पनियों का विकास (Growth of New Companies): पूँजी निर्माण तथा पूँजी की उपलब्धि के कारण ही देश में नई-नई कम्पनियों का विकास होने लगता है।

3. दीर्घस्तरीय उत्पादन को प्रोत्साहन (Encouragement to Long-term Production): कम्पनियों की स्थापना होने से तथा वित्तीय सुविधाएँ उपलब्ध होने से भारी मशीनों की स्थापना को प्रौत्साहन मिलता है। उससे देश में दीर्घस्तरीय उत्पादन होने लगता है।

4. नवीन उद्योगों का विकास (Development of New Industries): स्टॉक एक्सचेंज केन्द्रों के कारण ही सभी देशों में नये-नये उद्योगों का विकास सम्भव हुआ है। इससे आधुनिकतम वस्तुओं के निर्माण तथा नवीन वस्तुओं के सृजन को प्रोत्साहन मिलता है। अन्ततोगत्वा देश के सामाजिक स्तर में वृद्धि होती है।

5. राष्ट्रीय आवश्यकताओं में पूँजी की प्राप्ति (Availability of Capital for Nation's Needs): सरकार तथा उसके द्वारा स्थापित उपक्रम स्टॉक एक्सचेंज केन्द्रों से आसानी से राष्ट्रीय आवश्यकताओं के लिए पूँजी भी प्राप्त कर सकते हैं। इन केन्द्रों के माध्यम से सरकारी अर्द्धसरकारी प्रतिभूतियों, बॉण्डों, ऋणपत्रों को आसानी से बेचा जा सकता है और प्राथमिकता वाले कार्यक्रमों को पूरा किया जा सकता है।

6. सुदृढ़ औद्योगिक संस्थाओं को प्रोत्साहन (Encouragement to Sound Industrial Units): स्टॉक एक्सचेंज केन्द्रों की स्थापना से देश में अच्छी औद्योगिक संस्थाओं को प्रोत्साहन मिलता है। इसका कारण यह है कि इन केन्द्रों के माध्यम से अच्छी कम्पनियों की ख्याति सभी जगह फैलती है। अत: दूसरी संस्थाओं को भी उनके अनुकरण का अवसर मिलता है।

7. औद्योगिक प्रगति का मापक यंत्र (Barometer of Industrial Prosperity): स्टॉक एक्सचेंज केन्द्र देश में औद्योगिक प्रगति के मापक यन्त्र तथा परिचायक होते है। स्टॉक एक्सचेंज केन्द्र जितने अधिक विकसित होते हैं देश का औद्योगिक स्तर उतना ही ऊंचा माना जाता है। **प्रो. मार्शल** ने इस सम्बन्ध में उपयुक्त ही लिखा है कि, "स्टॉक एक्सचेंज केन्द्र व्यावसायिक अनुबन्धों के रंगमंच ही नहीं है, बल्कि वे राष्ट्र की आर्थिक उन्नति के भी सूचक है।"

8. विदेशी मुद्रा की प्राप्ति (Availability of Foreign Exchange): अब देश में विदेशी निवेशक/वित्तीय संस्थान हमारे देश की कम्पनियों के अंशों/ऋणपत्रों में विनियोग कर सकते हैं। इससे देश को भारी मात्रा में विदेशी मुद्रा प्राप्त हो रही है।

9. सार्वजनिक उपक्रमों की प्रतिभूतियों का सूचीयन (Listing of Public Enterprises Securities): अब कुछ सार्वजनिक कम्पनियों के अंशों तथा ऋणपत्रों का सूचीयन करवा लिया गया है। अत: कोई भी व्यक्ति इनके अंश/ऋणपत्र खरीद सकता है। इससे राजकीय कोष में भी तरलता बनी रहती है।

10. सरकार को ऋणप्राप्ति में सुविधा (Easy Availability of Loans to Government): स्टॉक एक्सचेंज केन्द्रों में सरकारी प्रतिभूतियों का लेन-देन भी होने लगा

है। अत: सरकार भी जब चाहे ऋण ले सकती है। इसी प्रकार जब सरकार के पास अतिरिक्त धन उपलब्ध हो तब अपनी ही प्रतिभूतियों को पुन: खरीद सकती है। इससे सरकार को देश के रिजर्व बैंक पर ही निर्भर नहीं रहना पड़ता है।

स्टॉक एक्सचेंज केन्द्र के आर्थिक कार्य
(Economic Functions of Stock Exchange)

स्टॉक एक्सचेंज केन्द्र संगठित बाजार होते है। अत: वे अनेक कार्य करते है। इनके कुछेक प्रमुख कार्य निम्नानुसार है:

1. स्थायी बाजार उपलब्ध करना (Available Permanent Market): स्टॉक एक्सचेंज केन्द्र स्थायी बाजार प्रस्तुत करते हैं जहाँ पर विभिन्न प्रकार की प्रतिभूतियों को खरीदा एवं बेचा जा सकता है।

2. पूँजी को तरलता प्रदान करना (Provide Liquidity to Capital): स्टॉक एक्सचेंज केन्द्र पूँजी को तरलता प्रदान करने का महत्वपूर्ण कार्य करते हैं। जब भी किसी व्यक्ति को धन की आवश्यकता होती है वह अपनी प्रतिभूतियों को बेचकर धन प्राप्त कर सकता है।

3. मूल्य सूचियों का प्रकाशन करना (Publicise Price Schedules): स्टॉक एक्सचेंज केन्द्रों का एक प्रमुख कार्य दैनिक मूल्य सूचियों (Quotation Lists) को प्रकाशित करना भी है। इन मूल्य सूचियों में सूचीकृत प्रतिभूतियों के विभिन्न मूल्यों पर हुए लेन-देन को दर्शाया जाता है। ये मूल्य सूचियाँ स्टॉक एक्सचेंज केन्द्र में बने बोर्डो पर प्रकाशित की जाती है। इसके अतिरिक्त इन केन्द्रों द्वारा प्रतिदिन इन्हें मुद्रित करवाकर भी उपलब्ध किया जाता है।

4. अधिकार अंशों तथा ऋणपत्रों के क्रय विक्रय का मंच उपलब्ध करना (Provide Platform for Sale and Purchase of Right Issue and Debentures): यह सामान्य बात है कि आजकल कम्पनियाँ विद्यमान अंशधारियों को अधिकार अंश या ऋणपत्र प्रदान करती है। किन्तु कई विद्यमान अंशधारी वित्तीय कठिनाइयों के कारण अपने इन अधिकारों का उपयोग स्वयं नहीं करना चाहते है। ऐसी स्थिति में वे इन अधिकारों को ही स्टॉक एक्सचेंज केन्द्र में बेच देते हैं। इस प्रकार स्टॉक एक्सचेंज केन्द्र केवल अंशों के लेन-देन में ही सुविधा नहीं प्रदान करते हैं, अपितु वे इनसे सम्बद्ध अधिकारों के लेन-देन में भी सुविधा प्रदान करते हैं।

5. सूचीकरण करना (Listing): स्टॉक एक्सचेंज केन्द्रों का एक अत्यन्त महत्वपूर्ण कार्य प्रतिभूतियों का सूचीकरण करना है। स्टॉक एक्सचेंज केन्द्र में जब तक प्रतिभूतियों का सूचीकरण नहीं हो जाता है, तब तक उनका क्रय विक्रय सम्भव नहीं होता है। सूचीकरण के सम्बन्ध में प्रत्येक विनिमय केन्द्र अपने नियम बनाता है। ये नियम प्रतिभूति अनुबन्ध (नियमन) अधिनियम, 1956 में दी गई व्यवस्थाओं के अनुसार बनाये जाते हैं। प्रत्येक संस्था को अपनी प्रतिभूतियों का सूचीकरण करवाने के लिए इन नियमों का पालन करना पड़ता है।

6. प्रतिभूतियों के मूल्यांकन में सहयोग करना (Assist in Valuation of Securities): स्टॉक एक्सचेंज केन्द्र स्वतन्त्र एवं पूर्ण प्रतिस्पर्द्धा वाले बाजार होते है, जहाँ पर मांग एवं पूर्ति के अनुसार प्रतिभूतियों का मूल्य तय होता है। इस प्रकार प्राय: उन्हीं प्रतिभूतियों का मूल्य ऊँचा निश्चित हो पाता है जो वास्तव में अच्छी होती है। जिन कम्पनियों की लाभदेयता एवं कार्य प्रणाली अच्छी नहीं होती है, उनका मूल्य भी प्राय: नीचा ही रहता है। इस प्रकार प्रत्येक व्यक्ति मूल्य सूची में प्रकाशित मूल्यों की प्रवृत्ति (Price trends) को देखकर प्रतिभूतियों का समय समय पर मूल्यांकन कर सकता है।

7. विनियोजकों को सुरक्षा प्रदान करना (Provide Safety to Investors): स्टॉक एक्सचेंज केन्द्र में उन्ही कम्पनियों के अंशों का लेन देन होता है जिनका सूचीकरण हो चुका होता है। सूचीकृत प्रतिभूतियों के सम्बन्ध में अनेक प्रकार की सूचनाएँ प्रतिवर्ष स्टॉक एक्सचेंज केन्द्र को प्राप्त होती रहती है। सूचीकृत कम्पनियों के कार्यकलापों, विस्तार कार्यक्रमों, अधिकार एवं बोनस अंशों का निर्गमन, हड़ताल, तालाबन्दी आदि की सूचना स्टॉक एक्सचेंज केन्द्र को दी जानी आवश्यक होती है। इन सूचनाओं को ध्यान में रखकर निवेशक कम्पनियों में अंशों का क्रय अथवा विक्रय का निर्णय लेकर पूर्ण सुरक्षित हो सकता है।

इसके अतिरिक्त स्टॉक एक्सचेंज केन्द्र अपने नियमों एवं उपनियमों के अनुसार दलालों एवं अन्य अधिकृत व्यक्तियों को सौदों का निपटारा तथा पक्षकारों को भुगतान करने के लिए भी बाध्य करते हैं। इससे निवशेकों को यथासमय अंशों की सुपुर्दगी या मूल्य का भुगतान प्राप्त होता रहता है।

इस प्रकार हम यह कह सकते है कि स्टॉक एक्सचेंज केन्द्र निवेशकों को पूर्ण सुरक्षा प्रदान करते हैं। इसलिए प्राय: यह भी कहा जाता है कि ''स्टॉक एक्सचेंज केन्द्र निवेशकों के हितों के लिए 'रखवाली करने वाले कुत्ते' (Watch dog) की भाँति कार्य करता है।''

8. बचतों को गतिशीलता प्रदान करना (Provide Mobility to Savings): स्टॉक एक्सचेंज केन्द्र लोगों की बचतों को गतिशीलता प्रदान करते है। स्टॉक एक्सचेंज केन्द्र की तरलता प्रदान करने की क्षमता देखते हुए ही अनेक व्यक्ति अपनी बचतों को अंशों, ऋण पत्रों एवं अन्य प्रतिभूतियों में विनियोजित कर देते हैं। इस प्रकार स्टॉक एक्सचेंज केन्द्र अनेक लोगों की बचतों को, जो सामान्यत: बेकार ही पड़ी रहती है, गतिशीलता प्रदान करने में महान योगदान करते है।

(9) बचतों को उत्पादक कार्यों में प्रवृत्त करना (Direct Savings in Productive Activities): स्टॉक एक्सचेंज केन्द्र लोगों की बचतों को अधिक उत्पादक कार्यों में प्रवृत्त करते हैं। जिन उद्योगों, क्षेत्रों, औद्योगिक घरानों में सबसे अधिक प्रतिफल प्राप्त हो सकता है, लोग उनमें अपना धन लगा सकते है। स्टॉक एक्सचेंज केन्द्रों द्वारा समय समय पर प्रकाशित वित्तीय सूचनाएँ तथा मूल्य सूचियाँ लोगों को इस प्रकार के निर्णय लेने में सहयोग करती है।

(10) सट्टे की सुविधा प्रदान करना (Provide Facility of Speculation): सट्टा सदैव बुरा नहीं होता है। स्वस्थ प्रतिस्पर्द्धा पर आधारित सट्टा मांग एवं पूर्ति में संतुलन स्थापित करता है तथा मूल्यों में उच्चावचनों को न्यूनतम बनाये रखता है।

(11) पूँजी निर्माण में योगदान (Contribute in Capital Formation): स्टॉक एक्सचेंज केन्द्र बचतों को निरन्तर रूप से अंशों एवं ऋणपत्रों में विनियोग करने के लिए प्रेरित करते हैं। इसके परिणामस्वरूप लोग अपनी बचतों के एक भाग को स्थायी रूप से इन्हीं में लगाये भी रखते हैं। इससे देश में पूँजी निर्माण को प्रोत्साहन मिलता है।

(12) नवीन, कम्पनियों को वित्त प्राप्त करने में सुविधा प्रदान करना (Facilitate New Companies in Obtaining Finance): स्टॉक एक्सचेंज केन्द्रों पर अनेक दलाल एवं अन्य सदस्य कार्य करते हैं। वे नवीन कम्पनियों के अंशों के निर्गमनों का प्रबन्ध करने में भी कुशलता प्राप्त कर लेते है। विनियोजक ख्याति प्राप्त दलालों के विश्वास दिलाने पर नई कम्पनियों में भी धन लगाते हैं। इस प्रकार वे नई कम्पनियों के अंशों के लिए भी कई गुना अभिदान करवाने में सफल हो जाते हैं।

(13) नवीन निर्गमनों (Allot Share in New Issue) **में अंशों का आवण्टन करना :** स्टॉक एक्सचेंज केन्द्रों का आजकल एक महत्वपूर्ण कार्य यह भी है कि ये कम्पनियों द्वारा जारी किये जाने वाले नये आवण्टन में महत्वपूर्ण भूमिका निभाते हैं। ये केन्द्र इन नये निर्गमनों के आवण्टन का आधार प्रस्तुत करते हैं तथा सभी विनियोजकों को न्याय एवं समानता के आधार पर अंशों का आवण्टन करवाते हैं।

(14) सरकारी प्रतिभूतियों के लिए बाजार उपलब्ध करना (Available Market for Government Securities): सरकारी प्रतिभूतियाँ, जिन्हें स्वर्णिम प्रतिभूतियों भी कहा जा सकता है, के लिए भी ये केन्द्र अच्छा बाजार उपलब्ध कर देते हैं। सरकार समय-समय पर प्रतिभूतियाँ जारी करती रहती है। ये प्रतिभूतियाँ एक निश्चित अवधि (जैसे 3,5 या 10 वर्ष) पर परिपक्व होती है। अत: कोई भी संस्था या व्यक्ति, जो इस सम्पूर्ण अवधि के लिए धन नहीं लगाना चाहते हैं, वे भी इन प्रतिभूतियों में धन लगा सकते है। इसका कारण यह है कि कोई भी विनियोजक, व्यक्ति या संस्था जब चाहे इनको इन केन्द्रों पर बेचकर धन प्राप्त कर सकती है।

(15) बैंकों तथा वित्तीय संस्थाओं को सुविधा प्रदान करना (Provide Facilities to Banks and Financial Institutions): स्टॉक एक्सचेंज केन्द्र बैंकों तथा वित्तीय संस्थाओं के लिए आवश्यक सुविधा प्रदान करते हैं। बैंकों तथा वित्तीय संस्थाओं के पास कभी-कभी अचानक मुद्रा बहुत अधिक एकत्रित हो जाती है तो कभी-कभी मुद्रा की अचानक बहुत कमी हो जाती है। ये संस्थाएँ इन केन्द्रों द्वारा अधिक मुद्रा को प्रतिभूतियों में तत्काल विनियोजित कर सकती हैं तथा आवश्यकता पड़ने पर इन्हें बेचकर तत्काल मुद्रा प्राप्त कर सकती है।

(16) विभिन्न सामान्य आँकड़े तथा सूचनाएँ एकत्रित करना (Publish Various Data and Informations): स्टॉक एक्सचेंज केन्द्र विभिन्न विषयों पर आँकड़े तथा सूचनाएँ एकत्रित करते हैं। सरकार या अन्य व्यक्तियों को जब इन आँकड़ों एवं सूचनाओं

की आवश्यकता पड़ती है, ये उन्हें उपलब्ध करने का कार्य भी करते हैं। लेन-देन की राशि, अंशों पर स्वामित्व के स्वरूप कम्पनियों द्वारा जारी किये गये ऋण पत्र, देश में पूँजी निर्माण, बचत का विभिन्न क्षेत्रों में विनियोग आदि से सम्बन्धित विभिन्न आँकड़े इन केन्द्रों द्वारा एकत्रित किये जाते हैं एवं यथासमय प्रकाशित भी किये जाते है।

(17) देश की आर्थिक सामाजिक दशा को प्रकट करना (Pointed out Social and Economic Status of Nation): स्कन्ध विनिमय केन्द्र देश की आर्थिक-सामाजिक दशा को प्रकट करने का कार्य करते हैं। प्रतिभूतियों के मूल्यों में होने वाले उतार चढ़ाव देश की आर्थिक-सामाजिक दशा को प्रकट करते हैं। शायद इसीलिए प्रसिद्ध अर्थशास्त्री मार्शल (Marshall) ने ठीक ही लिखा है "स्टॉक एक्सचेंज केन्द्र केवल व्यावसायिक लेन-देन के मंच ही नहीं हैं बल्कि वे 'बेरोमीटर' (Barometers) भी हैं जो किसी देश के व्यवसाय की सामान्य स्थिति को भी प्रकट करते हैं।"

वास्तव में स्टॉक एक्सचेंज केन्द्र देश की आर्थिक-सामाजिक समृद्धि का मापक यंत्र (Barometer) माना जाता है। इसके कारण निम्नानुसार कहे जा सकते हैं :

(अ) ये देश में निवेश की मात्रा एवं प्रवृत्ति (Trend) को प्रकट करते हैं। इससे निवशेकों के विश्वास का स्तर तो प्रकट होता ही है साथ ही साथ निवेश से देश में जनता की बचत क्षमता की भी जानकारी होती है। यदि जनता अच्छी बचत करती है तो निश्चित ही वे आर्थिक रूप से अधिक सक्षम होते हैं जो अच्छी अर्थव्यवस्था का सूचक है।

(ब) इनसे प्रतिभूतियों के मूल्यों में उतार चढ़ाव एवं मूल्य स्तर की जानकारी होती है। कम उतार-चढ़ाव एवं उचित मूल्य स्तर अर्थव्यवस्था की सुदृढ़ स्थिति एवं राजनीतिक स्थिरता को प्रकट करते हैं।

(स) इनसे सूचीबद्ध कम्पनियों की प्रतिभूतियों का बाजार पूँजीकरण (Market Capitalisation) ज्ञात किया जा सकता है। यह प्रतिभूति के बाजार मूल्य का प्रतिभूतियों की संख्या का गुणा करके ज्ञात किया जा सकता है। इससे देश की कम्पनियों के आर्थिक महत्व को समझा जा सकता है।

(द) स्टॉक एक्सचेंज केन्द्रों से प्राप्त मूल्यों के आधार पर प्रत्येक कम्पनी की प्रतिभूति मूल्य का आय से अनुपात (P/E Ratio) ज्ञात हो जाता है। इससे कम्पनी की प्रतिभूतियों की माँग तथा निवेशकों का कम्पनी में विश्वास की जानकारी हो जाती है।

इस प्रकार इन सूचनाओं से देश के आर्थिक, सामाजिक, राजनीतिक वातावरण का मापन किया जा सकता है।

डॉ. गर्ग ने इसीलिए लिखा हैं कि स्टॉक एक्सचेंज केन्द्र को देश की राजनीतिक एवं आर्थिक दशाओं का स्नायु केन्द्र एवं उसकी सम्पन्नता एवं विपन्नता का बेरोमीटर कहा जा सकता है।

स्टॉक एक्सचेंज केन्द्रों के दोष

(Disadvantages of Stock Exchanges)

वास्तव में गहन रूप से देखा जाय तो स्टॉक एक्सचेंज केन्द्रों का अपना कोई दोष नहीं है। इन केन्द्रों पर कार्य नियमबद्ध तरीके से होता रहे तो इनसे किसी प्रकार का दोष उत्पन्न नहीं होता है। किन्तु जब सटोरिये प्रतिभूतियों के बदलते हुए मूल्यों के आधार पर सट्टे करने लगते हैं तो स्टॉक एक्सचेंज केन्द्र बुराई का घर बन जाता है। सट्टे के सौदे भी कोई बुरी बात नहीं है यदि वे पर्याप्त सूझ-बुझ के साथ किये जाएं। किन्तु जब अपर्याप्त अनुभव एवं अदूरदर्शिता के साथ सट्टे किये जाते हैं तो बुराई का जन्म हो जाता है। व्यवहार में सटोरिये अनुभव एवं दूरदर्शिता को ताक में रखकर ही सौदे करते है। इसी कारण स्टॉक एक्सचेंज केन्द्र बदनाम होते है और जूए के घर कहलाने लगते है।

स्टॉक एक्सचेंज केन्द्रों का प्रबन्ध

(Management of Stock Exchanges)

स्टॉक एक्सचेंज केन्द्रों का प्रबन्ध करने के लिए प्रत्येक केन्द्र में एक प्रबन्ध समिति होती है। इस समिति में विनिमय केन्द्र अपनी स्वेच्छा से कितने ही पदाधिकारी रख सकता है। इसके पदाधिकारी प्रतिवर्ष विनिमय केन्द्र के सदस्यों द्वारा चुने जाते है।

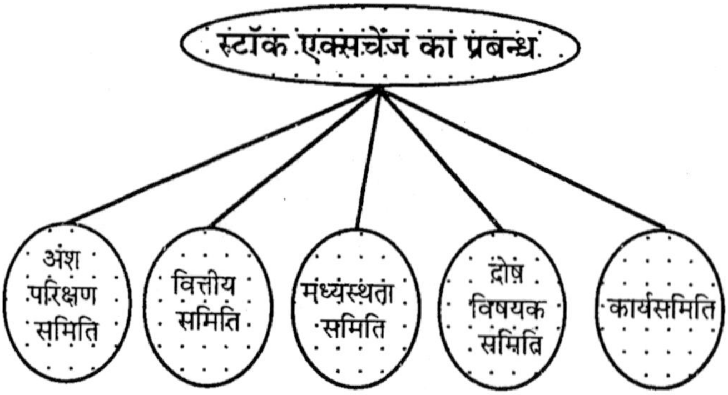

इस समिति को स्टॉक एक्सचेंज केन्द्र के प्रबन्ध, संचालन एवं नियन्त्रण के समस्त अधिकार होते है। दिन-प्रतिदिन के कार्यो को निपटाने के लिये यह समिति कई उपसमितियों के निर्माण का भी अधिकार रखती है। सामान्यतः स्टॉक एक्सचेंज केन्द्रों में निम्न प्रमुख उपसमितियों का निर्माण किया जाता है।

(1) अंश परिक्षण समिति (Share Examination Committee),

(2) वित्तीय समिति (Finance Committee),

(3) मध्यस्थता समिति (Arbitration Committee),

(4) दोष विषयक समिति (Defaulter Committee),

(5) कार्य समिति (Action Committee)।

प्रत्येक स्टॉक एक्सचेंज केन्द्र के प्रबन्ध एवं कार्य संचालन के अपने नियम होते हैं। ये नियम केन्द्रीय सरकार द्वारा स्वीकृत होते हैं।

स्टॉक एक्सचेंज केन्द्रों में काम करने वाले व्यक्ति
(Functionaries of Stock Exchange)

स्टॉक एक्सचेंज केन्द्र में निम्न व्यक्ति कार्य करते हैं :

1. सदस्य (Members): स्टॉक एक्सचेंज केन्दों में केवल सदस्यों को ही प्रतिभूतियों के क्रय-विक्रय का अधिकार होता है। हां, इतना अवश्य है कि यदि कोई गैर-सदस्य व्यक्ति विनिमय केन्द्र में प्रतिभूतियों का क्रय-विक्रय करना चाहे तो वह सदस्य दलालों के माध्यम से क्रय-विक्रय कर सकता है।

किसी स्टॉक एक्सचेंज केन्द्र के कौन व्यक्ति सदस्य हो सकते है। इस सम्बन्ध में नियम एवं विनिमय केन्द्र बनाता है। सामान्यत: व्यस्क व्यक्तियों को ही सदस्यता प्रदान की जाती है। दिवालिये एवं पागल घोषित व्यक्तियों को स्टॉक एक्सचेंज केन्द्रों का सदस्य नहीं बनाया जाता है। अच्छी वित्तीय स्थिति वालों को ही इन केन्द्रों का सदस्य स्वीकार किया जाता है।

यदि कोई व्यक्ति सदस्यता स्वीकार करना चाहता है तो उपर्युक्त बातों के अतिरिक्त उसे उस स्टॉक एक्सचेंज केन्द्र के दो सदस्यों की जमानत भी दिलवानी पड़ती है।

प्रत्येक सदस्य को अपने स्टॉक एक्सचेंज केन्द्र नियमों का पालन करना पड़ता है। सामान्यत: किसी भी सदस्य को व्यापारिक विज्ञापन करने तथा परिपत्र बांटने की छूट भी नहीं होती है। यदि कोई व्यक्ति सदस्य बनने के बाद स्टॉक एक्सचेंज केन्द्र के नियमों का पालन नहीं करता है तो उस सदस्य को आर्थिक दण्ड दिया जा सकता है। इसके पश्चात् भी वह सदस्य नियमों का पालन नहीं करता है तो उसे केन्द्र की सदस्यता से अलग कर दिया जाता है। सदस्यों को तब भी सदस्यता से अलग किया जा सकता है जबकि उन्होंने अपना दिवालिया होना घोषित कर दिया है या उन्हें पागल घोषित कर दिया गया है अथवा उन्होंने अनैतिक कार्य किया है अथवा उन्होंने स्टॉक एक्सचेंज केन्द्र के कारोबार के समय के बाद या पहले व्यापार किया है।

सदस्यों के अतिरिक्त कुछ अन्य निम्न व्यक्ति भी हैं, जिन्हें स्टॉक एक्सचेंज केन्द्र में सदस्यों के साथ या सदस्यों की ओर से कार्य करने का अधिकार होता है:

2. तरावनीवाला (Tarawaniwala): यह शब्द बम्बई स्टॉक एक्सचेंज केन्द्र के सदस्यों के लिए प्रयोग में आता है। यह स्वयं अपने नाम से क्रय विक्रय के सौदे करता है। यह अधिकतर सट्टे के सौदे करता है और अपने काल्पनिक सौदों से भावों को बढ़ाने का प्रयास करता है। जब वह खरीददार के रूप में बाजार में होता है तो वह दलाल की अपेक्षा ऊंची कीमत बोलता है और विक्रेता के रूप में वह दलाल की अपेक्षा कम मूल्य बोलता है। इसे कमीशन वाला भी कहते है। इसकी बुराइयों को रोकने के लिए नियम व अधिनियम भी बनाये गये है। परन्तु ये अभी तक प्रभावशाली नहीं हो पाये हैं।

3. अधिकृत क्लर्क (Authorised Clerk): प्रत्येक स्टॉक एक्सचेंन्ज में प्रत्येक सदस्य अपने कार्य को करवाने के लिए कुछ व्यक्ति रख सकता है। ये व्यन्ि मुम्बई में अधिकृत क्लर्क तथा चैनई में मैम्बर असिस्टेन्ट के नाम से पुकारे जाते हैं। ये अपने नियोक्ता की ओर से विनिमय भवन में क्रय अथवा विक्रय के सौदे करते है। एक व्यक्ति मुम्बई में 5, कोलकाता में 8 तथा चैनई में 3 तक अधिक से अधिक अधिकृत क्लर्कों की नियुक्ति कर सकता है। ये अपने नाम से सौदे नहीं कर सकते हैं।

4. रेमीजियर (Remisier): जो व्यक्ति किसी सदस्य की ओर से व्यवसाय प्राप्त करने के लिए एजेन्ट के रूप में कार्य करता है, मुम्बई स्टॉक एक्सचेंज में उसे रेमीजियर के नाम से पुकारते है। वह एक उप दलाल के रूप में कार्य करता है। वह जो व्यवसाय करता है, उसके लिए उसे सदस्य से कमीशन मिलता है। यह कमीशन उसके द्वारा लाये गये कारोबार पर भी प्राप्त होता है। उसके द्वारा अन्य कार्य न करने की पाबन्दी होती है और उसे 5000 रू. नकद या प्रतिभूतियों के रूप में जमा कराने पड़ते हैं। उसे 100 रू. वार्षिक शुल्क भी देना पड़ता है। यह किसी प्रकार का विज्ञापन नहीं कर सकता है। साथ ही मूल्य: सूची भी प्रकाशित नहीं करवा सकता।

दलाल तथा जॉवर (Brokers and Jobbers): लन्दन स्टॉक एक्सचेंज केन्द्र पर सौंदे करने वाले सदस्यों को दो भागों में बांटा गया है : (अ) दलाल, तथा (ब) जौबर अथवा कृत्यकी।

दलाल स्टॉक एक्सचेंज केन्द्र के वे सदस्य होते हैं जो जन-साधारण के सम्पर्क में आते हैं। ये अंशों एवं प्रतिभूतियों के क्रय-विक्रय में मध्यस्थता करते हैं तथा अपनी सेवाओं के बदले पारिश्रमिक के रूप में दलाली प्राप्त करते हैं। सामान्यत: दलाल अपने नाम से सौदें नहीं करते हैं, ये जाबरों तथा अपने ग्राहकों के बीच व्यापारिक सम्पर्क स्थापित करने के लिए स्टॉक एक्सचेंज केन्द्र के बाहर व अन्दर रहकर कार्य करते है।

जाबर स्टॉक एक्सचेंज केन्द्र के अन्दर रहकर अंशों एवं प्रतिभूतियों के मूल्य निश्चित करते हैं तथा नियोक्ताओं के रूप में अंशों एवं प्रतिभूतियों का क्रय-विक्रय करते हैं। ये स्टॉक एक्सचेंज केन्द्र के सदस्यों के साथ ही प्रत्यक्ष रूप से लेन-देन करते हैं तथा गैर-सदस्यों के साथ प्रत्यक्ष से लेन-देन नहीं करते हैं।

जॉबरों की प्रत्येक फर्म स्पष्टीकरण के सिद्धान्त पर कार्य करती है। प्रत्येक फर्म किसी उद्योग विशेष के अंशों एवं प्रतिभूतियों में ही व्यापार करना पसन्द करती है। यह उस उद्योग विशेष के बारे में पूर्ण जानकारी रखते हैं तथा आवश्यकतानुसार उनके अंशों एवं प्रतिभूतियों के मूल्यों में परिवर्तन करते रहते है।

तेजड़िया तथा मन्दड़िया (Bull and Bear): उपज विनिमय केन्द्रों की भाँति स्टॉक एक्सचेंज केन्द्रों में भी तेज़ड़िया तथा मन्दड़िया होते है जो मूल्यों के अन्तर के आधार पर सौदों का निष्पादन करते है।

चंचल परिकल्पक (Stage): तेजड़ियों एवं मन्दड़ियों के अतिरिक्त एक ओर सटोरिया स्टॉक एक्सचेंज बाजार से होता है उसे चंचल परिकल्पक कहते हैं। जब कोई नई कम्पनी स्थापित होती है तो उस कम्पनी के अंश खरीदने के लिए चंचल परिकल्पक आवेदन

पत्र भेजता है, जबकि उसका उद्देश्य वास्तव में अंश खरीदकर अपने पास रखने का नहीं होता बल्कि माँग बढ़ाकर मूल्यों में वृद्धि करके लाभ कमाना होता है। यदि उसे कम्पनी में अंश आवंटित हो जाते है और भाव बढ़ जाते है तो वह उन अंशों को बाजार में बढ़े हुए मूल्यों पर बेच देता है और लाभ कमा लेता है। इसके विपरीत यदि उसके अनुमान गलत सिद्ध होते है और भाव नहीं बढ़ते है तो उसे भारी रकम का अंशों में विनियोजन करना पड़ता है। यदि इतनी बड़ी रकम का विनियोजन नहीं कर पाता है तो उसे अंशों को या तो कम मूल्यों पर बेचना पड़ता है या उस राशि को छोड़नी पड़ती है जो उसने आवेदन-पत्र के साथ आवेदन राशि के रूप में भेजी थी क्योंकि जब कोई व्यक्ति अंशों की आवंटन अथवा मांग राशि नहीं भेजता है तो उस व्यक्ति के आवंटित अंश हरण कर लिये जाते हैं।

मंदड़ियों का गिरना (Lame Duck) या दिवालिया दलाल मंदिड़या वह सटोरिया होता है जो भविष्य में भावों के गिरने की आशा करते हुए भावी विक्रय के सौदे करता है और भावों के गिरने पर क्रय करके लाभ कमाता है परन्तु कभी-कभी भाव गिरते नहीं है। ऐसी परिस्थिति में वह कृत्रिम उपायों से भी भाव कम करने का प्रयत्न करता है फिर भी असमर्थ रहता है तो उसे भारी हानि उठानी पड़ती है। यदि वह इस हानि का समय पर भुगतान नहीं कर पाता है तो ऐसी स्थिति को मन्दडियों का गिरना कहते है।

विच्छेदक (Pit Traders): ये वे सटोरिये होते हैं जो बड़ी मात्रा में क्रय विक्रय करते हैं। ये बहुत ही दूरदर्शी एवं अनुभवी होते हैं। इनके द्वारा किये गये सौदों में अधिकांशत: लाभ ही होता है।

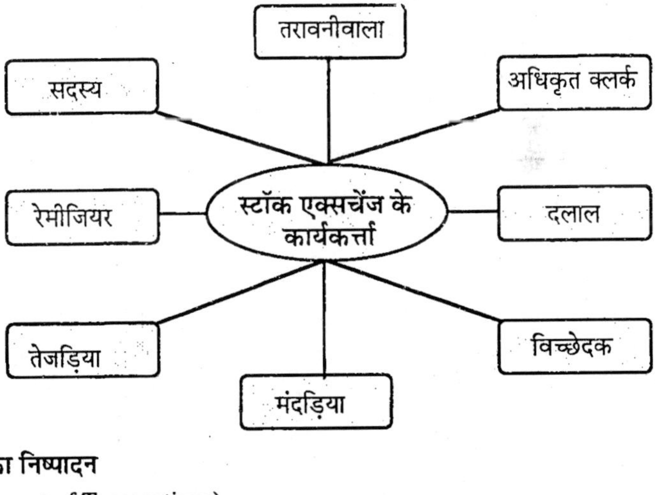

सौदों का निष्पादन
(Settlement of Transactions)

स्टॉक एक्सचेंज में दो प्रकार के सौदों का निष्पादन होता है। स्टॉक एक्सचेंज में निष्पादित होने वाले सौदों का विवेचन निम्न प्रकार है:

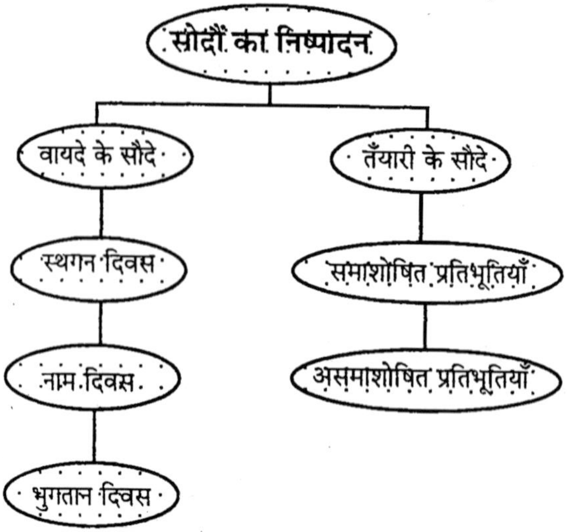

वायदे के सौदों का निष्पादन

(Settlement of Forward Transactions)

वायदे के सौदों का निष्पादन पूर्व निश्चित तिथि पर किया जाता है। इन सौदों के भुगतान के लिए तीन दिन की अवधि दी जाती है, प्रथम दिन को 'स्थगन दिवस' कहते हैं, द्वितीय दिन को 'नाम दिवस' तथा तृतीय दिन को 'भुगतान दिवस' कहते हैं।

(अ) **स्थगन दिवस** (Contago Day): इस दिन कोई भी व्यापारी इस तिथि पर सौदे का निष्पादन नहीं करना चाहता है तो भावी तिथि के लिए स्थगित किया जा सकता है। जो पक्षकार आगे की तिथि तक स्थगन चाहता है वह दलाल के माध्यम से स्थगन करवा सकता है, उस पक्षकार को इसके लिये बदली शुल्क भी चुकाना होगा।

(ब) **नाम दिवस** (Name or Ticket Day): दूसरे दिन को नाम दिवस कहते हैं। यदि सौदे का स्थगन नहीं किया गया है तो सौदे का निष्पादन करना होता । व्यवहार में विक्रेताओं के पास प्रतिभूतियों नहीं होती है बल्कि उसे विक्रेताओं को भी दूसरे से सुपूर्दगी लेनी होती है। अत: क्रेता अपने विक्रेता से प्रतिभूतियां अपने पास न लाकर अपने विक्रेता को यह निर्देश दे देता है कि अमुक व्यक्तियों को अमुक मात्रा में प्रतिभूतियां दे दे। इसके लिये 'टिकट' का प्रयोग किया जाता है। यह टिकट एक फार्म होता है जिसे प्रतिभूतियों का विक्रेता अपने क्रेता को देता है। यह क्रेता अपने विक्रेता से प्रतिभूतियां प्राप्त कर लेता है। यदि एक से अधिक क्रेता और विक्रेता होते हैं तो भी यह क्रम चलता रहता है।

(स) **भुगतान दिवस** (Payment Day): प्रतिभूति के क्रेता को विक्रेता से हस्तान्तरण का लिखित प्रपत्र प्राप्त होता है तथा क्रेता को मूल्य का भुगतान। भुगतान दिवस के बाद प्रतिभूतियों का क्रेता इनका रजिस्ट्रेशन अपने नाम से इनको निर्गमित करने वाली कम्पनी के रजिस्टर में करवा लेता है।

तैयारी के सौदों का निष्पादन

(Settlement of Ready Transaction)

तैयारी के सौदों के लिये प्रतिभूतियां दो प्रकार की होती है। वे क्रमशः समाशोधित प्रतिभूतियों तथा असमाशोधित प्रतिभूतियों के नाम से जानी जाती है।

समाशोधित प्रतिभूतियों को समाशोधन गृहों द्वारा सुपूर्द किया जाता है जबकि असमाशोधित प्रतिभूतियां बिना समाशोधन गृहों के प्रत्यक्ष रूप से क्रेता को सुपूर्द की जाती है। समाशोधित प्रतिभूतियों का सौदा कारोबार के साधारण समय में किया जाता है तथा उनके परिशोधन सौदे के बाद आगे आने वाले प्रथम गुरूवार को किया जाता है। इस दिन को स्टॉक एक्सचेंज केन्द्रों में शोधन दिवस के नाम से पुकारा जाता है।

प्रत्येक बुधवार को प्रत्येक सदस्य जिसने अंशों का क्रय अथवा विक्रय किया है, को स्टॉक एक्सचेंज केन्द्र के शोधन गृह पर एक शोधन-पत्र प्रस्तुत करना पड़ता है। इसमें सदस्य द्वारा क्रय तथा विक्रय की हुई प्रतिभूतियों का वर्णन होता है। विक्रय की गई प्रतिभूतियों से कितना धन प्राप्त होगा तथा क्रय की गई प्रतिभूतियों पर कितना धन चुकाना होगा, इसका पूर्ण विवरण होता है। यदि सदस्य को कुछ शेष धन चुकाना होता है तो वह सदस्य उस धनराशि का चैक या ड्राफ्ट भी इस शोधन-पत्र के साथ संलग्न कर देता है। प्रत्येक क्रय करने वाला सदस्य शुक्रवार को अपनी क्रय की हुई प्रतिभूतियां समाशोधन गृह के माध्यम से प्राप्त कर लेता है।

स्टॉक एक्सचेंज केन्द्रों में व्यवहार की पद्धति

(Method of Transactions in Stock Exchanges)

स्टॉक एक्सचेंज केन्द्र में व्यवहार के लिये निम्न पद्धति अपनानी पड़ती है:

1. सदस्यता प्राप्त करना (Obtain Membership): स्टॉक एक्सचेंज केन्द्र में व्यवहार करने के लिए उस केन्द्र की सदस्यता प्राप्त करनी पड़ती है। सदस्यता प्राप्त करने की एक विधि है जिसे अन्यत्र समझाया जा चुका है।

2. दलाल का चुनाव (Selection of Broker): यदि कोई व्यक्ति सदस्य नहीं बन सकता है या सदस्य बनाना नहीं चाहता है उसे उसे अंशों एवं प्रतिभूतियों का क्रय विक्रय करने के लिये स्टॉक एक्सचेंज केन्द्र के अनेक दलालों में से किसी एक दलाल का चुनाव करना पड़ता है। ये दलाल गैर-सदस्य व्यक्तियों को अंश एवं प्रतिभूतियो का क्रय विक्रय करवाते तथा बदले में दलाली प्राप्त करते है।

3. सन्दर्भ (Reference) : प्रत्येक दलाल गैर सदस्य के लिये क्रय-विक्रय करने से पूर्व उनकी आर्थिक स्थिति के बारे में जानना चाहता है, अतः सभी गैर-सदस्यो को अपने दलाल को सन्दर्भ के नाम भी देने पड़ते है, जिनसे वह पुछताछ कर सके तथा गैर-सदस्य व्यक्तियों की आर्थिक स्थिति का पता कर सके।

4. आदेश (Order): दलाल का चुनाव करने के बाद अंशों एवं प्रतिभूतियों का ग्राहक दलाल को प्रतिभुतियों एवं अंशों के क्रय का आदेश देता है। इस आदेश में ग्राहक प्रतिभूतियों की प्रकृति तथा मूल्य आदि का भी उल्लेख करता है। दलाल उन्ही मूल्यों पर

अपने ग्राहकों के लिये सौदे करते हैं। यदि सौदे आदेशानुसार नहीं किये जा सकते है तो दलाल अपने ग्राहक को एक निश्चित समय में मना कर देते है।

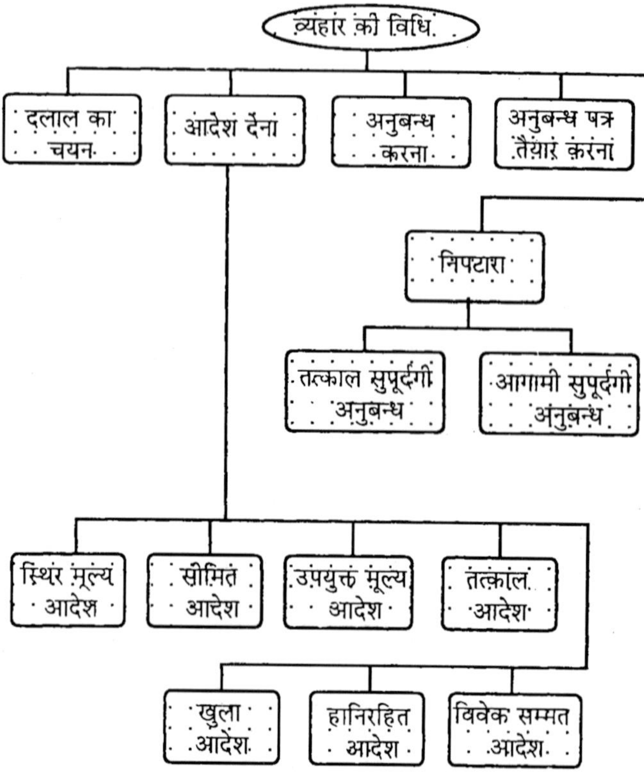

5. आदेश की पूर्ति (Compliance of Order): ग्राहकों का आदेश प्राप्त करने के बाद दलाल स्वयं या उसका अधिकृत लिपिक ऐसे दलाल की खोज करते है जो उनकी इच्छानुसार सौदा करने के लिये तैयार हो। एक दलाल के पास जाकर अपनी आवश्यकता के बारे में बताता है तथा उनके मूल्य पूछता है। जब एक दूसरे दलाल अपने लिये उपयुक्त समझते हैं तो सौदा कर लेते है।

6. अनुबन्ध-पत्र (Letter of Contract): प्रतिदिन सांयकाल व्यापारिक समय समाप्त होने पर सभी दलाल अपनी-अपनी बहियों में सौदों को लिख लेते हैं। इसके बाद प्रत्येक दलाल अपने अपने ग्राहकों को भेजने के लिए अनुबन्ध पत्र तैयार करता है। इसमें प्रतिभूतियों की प्रकृति, उनका मूल्य, कुल राशि, दलाली तथा व्यय आदि का पूरा विवरण होता है। यदि सौदा तैयारी का नहीं होता है तो उसके परिशोधन की तिथि भी अनुबन्ध पत्र में लिखी जाती है। इस अनुबन्ध पत्र की दो प्रतियां दूसरे पक्षकार को भेजी जाती है। दूसरा पक्षकार इनका मिलान कर लेता है और हस्ताक्षर करके एक प्रति लौटा देता है।

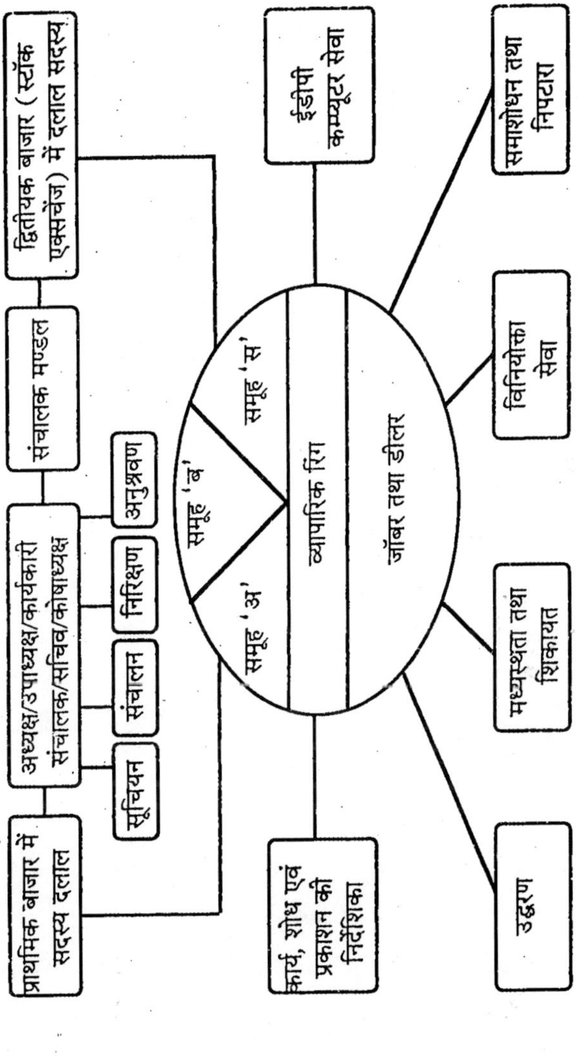

स्टॉक एक्सचेंज प्राधिकारी

7. दलाली का भुगतान (Payment Brokerage): तत्पश्चात् दलाल को दलाली का भुगतान किया जाता है। दलाली निश्चित दरों पर दी जाती है। ये स्टॉक एक्सचेंज केन्द्र द्वारा तय की जाती है।

8. परिशोधन (Redemption) : वायदे के सौदों का परिशोधन निश्चित तिथि पर ही किया जाता है। तैयारी के सौदों का निष्पादन प्रचलित प्रथा के अनुसार तत्काल एक या दो दिनों में कर दिया जाता है।

स्टॉक एक्सचेंज केन्द्र : निवेश, तरलता, सुरक्षा एवं सट्टे के साधन
(Stock Exchanges : Means of Investment, Liquidity, Safety and Speculation)

स्टॉक एक्सचेंज केन्द्रों के सम्बन्ध में प्राय: निम्नांकित कथन कहे जाते हैं:

1. "स्टॉक एक्सचेंज केन्द्र निवेश एवं तरलता की सुविधा प्रदान करते है।"
2. "स्टॉक एक्सचेंज केन्द्र निवेश एवं सुरक्षा प्रदान करते है।"
3. "स्टॉक एक्सचेंज केन्द्र निवेश एवं सट्टा दोनों की सुविधा प्रदान करते है"

निवेश की सुविधा
(Faclitates/Helps Investment)

स्टॉक एक्सचेंज केन्द्र सदैव ही निवेश की सुविधा प्रदान करते रहे हैं क्योंकि इनके जन्म का एक प्रमुख कारण भी निवेश ही है। सामान्यत: ये केन्द्र निम्नांकित सूचनाएँ एवं सुविधाएँ प्रदान करते हैं जिससे निवेशकों को अपना धन निवेश करने में सुविधा होती हैं:

1. इन केन्द्रों के पंजीकृत दलाल, उपदलाल आदि नवीन कम्पनियों के अंशों एवं ऋणपत्रों की जानकारी उपलब्ध कराते है। वे इनके लिए आवेदन फार्म भी उपलब्ध करते हैं। कभी कभी वे आवश्यक सलाह देते है या सूचनापत्र प्रकाशित करते हैं। इस प्रकार निवेशकों को निवेश में काफी सुविधा मिल जाती है।

2. पंजीकृत दलाल एवं उप दलाल सूचीकृत एवं अनुमति प्राप्त (Listed and permitted) प्रतिभूतियों के सम्बन्ध में सलाह एव सूचनाएं देते हैं। फलत: निवेशकों को अच्छी प्रतिभूतियों में निवेश करने में सहायता मिलती है।

3. स्टॉक एक्सचेंज केन्द्र कम्पनियों के सम्बन्ध में सभी महत्वपूर्ण एवं मूल्यों पर प्रभाव डालने वाली (Price sensitive) सूचनाएँ विधिवत एवं यथासमय प्राप्त करते हैं तथा उन्हें प्रकाशित करते हैं। इससे निवेशक विवेकपूर्ण निवेश निर्णय कर सकता है। उदाहरण के लिए बोनस अंशों एवं अधिकार अंशों के निर्गमन, लाभांश की घोषणा, प्रबन्ध एवं उसकी नीतियों में परिवर्तन, सामयिक परिणामों की घोषणा आदि से सम्बन्धित सूचनाएँ यथासमय मिलने से निवेशक सही निवेश निर्णय कर पाता है।

4. ये केन्द्र दैनिक मूल्य सूची (Quotation List) प्रकाशित करते हैं । इन्हें देखकर निवेशक निर्णय करते हैं ।
5. ये केन्द्र मूल्यों में सर्वाधिक एवं न्यूनतम उतार चढ़ाव वाली प्रतिभूतियों के नाम भी प्रकाशित करते हैं। इनसे निवेशक सतर्क रहता है।
6. ये केन्द्र उन प्रतिभूतियों की सूची भी प्रकाशित करते हैं जिनका लेन देन सर्वाधिक या न्यूनतम हुआ है। इनसे भी निवेशक के निर्णय में सहायता मिलती है।
7. ये केन्द्र ऐसा साहित्य भी प्रकाशित करते हैं जिसका अध्ययन कर निवेशक निवेश निर्णय कर सकते हैं ।
8. ये केन्द्र प्रतिभूतियों के दैनिक मूल्यों में उतार चढ़ाव को सीमित रखने हेतु भी (By circuit breaker and margin system) प्रयास करते हैं।
9. ये केन्द्र प्रतिभूतियों के मूल्यों के सूचकांक भी तैयार करते हैं और उन्हें प्रकाशित करते हैं। इनसे बाजार की प्रवृत्ति का ज्ञान होता है और निवेश निर्णय में सुविधा होती है।
10. ये केन्द्र पारदर्शी कम्प्यूटर आधारित कार्यप्रणाली को अपनाने लगे हैं। इससे प्रतिक्षण बाजार स्थिति एवं मूल्यों का ज्ञान हो जाता है। फलत: निवेश निर्णय में सुविधा होती है।

उपर्युक्त विवरण से स्पष्ट है कि स्टॉक एक्सचेंज केन्द्र निवेश की सुविधा उपलब्ध करते हैं।

निवेश तरलता
(Liquidity to Investments)

स्टॉक एक्सचेंज केन्द्र निवेशकों के निवेश को तरलता प्रदान करने में सहायक है। इन केन्द्रों की निम्नलिखित सेवाएँ एवं सुविधाएँ निवेशकों को तरलता की सेवा उपलब्ध करती है:

1. इन केन्द्रों के पंजीकृत दलाल एवं उप-दलाल देश के कई शहरों में विद्यमान हैं। इनके माध्यम से कोई भी निवेशक कभी भी अपने अंशों, ऋणपत्रों आदि का विक्रय कर धन प्राप्त कर सकता है।
2. ये केन्द्र प्रतिदिन कार्य समय में निरन्तर टर्मिनल पर मूल्यों का प्रदर्शन करते है। इन मूल्यों को देखकर निवेशक अपनी प्रतिभूतियों का प्रचलित मूल्य पर विक्रय करके निवेश को तरल बना सकता है।
3. स्टॉक एक्सचेंज केन्द्रों के टर्मिनल राष्ट्रव्यापी होने से अंशों, ऋणपत्रों आदि का विस्तृत बाजार हो गया। फलत: प्रत्येक प्रतिभूति के क्रेता-विक्रेता प्राय: सदैव मिल ही जाते है। इससे प्रतिभूतियों को कभी कभी बेचना सम्भव हो जाता है।

4. अब ओ.टी.सी. एक्सचेंन्ज सामान्य सत्र के साथ-साथ सायंकालीन सत्र भी चलाने लगा है जिसमें सायं 4.30 से 7.30 बजे तक कार्य होता है। इतना ही नहीं, इस केन्द्र पर शनिवार को भी कारोबार होता है। फलतः निवेशकों को अपने निवेश को तरल बनाने की और सुविधा हो गई है।
5. डिपोजिटरीज स्वयं अपने जमा अंशों, ऋणपत्रों आदि को बेचने की सुविधा दे रही है। डिपोजिटरी अपने खातेदारों के आदेश से अंशों, ऋणपत्रों आदि को बेच कर तत्काल भुगतान (तरलता) की सुविधा उपलब्ध कर रही है।
6. केन्द्र पारदर्शिता के साथ अपना कार्य करते हैं। अतः निवेशक प्रतिभूतियों को उचित मूल्य बेचकर धन प्राप्त करने में सक्षम है।
7. इन केन्द्रों पर बेची गई प्रतिभूतियों का मूल्य निश्चित समय पर प्राप्त हो जाता है। अतः निवशेक को तरलता प्रप्ति का समय पहले सही ज्ञात रहता है।
8. इन केन्द्रों पर बेची गई प्रतिभूतियों का मूल्य निर्धारित समाशोधन बैंक के माध्यम से होता है। फलतः चैकों के अनादरण का भय नहीं रहता है।
9. स्टॉक एक्सचेंज केन्द्रों पर सूचीकृत प्रतिभूतियों पर बैंकों से ऋण भी प्राप्त किया जा सकता है। इससे भी निवेश की तरलता प्राप्त की जा सकती है। आजकल तो डिपोजिटरी स्वयं अपने पास अभौतिक रूप से जमा अंशों, ऋणपत्रों आदि पर बैंकों से ऋण उपलब्ध करवा देती है।

इस प्रकार स्पष्ट है कि स्टॉक एक्सचेंज केन्द्र निवेशकों को अपने निवेश की तरलता बनाये रखने में बहुत सुविधा प्रदान कर रहे है।

निवेश की सुरक्षा
(Safety or Security to Investment)

स्टॉक एक्सचेंज केन्द्र निवेशकों के निवेश की सुविधा ही उपलब्ध नहीं करते अपितु उनके निवेश को सुरक्षा भी प्रदान करते हैं। ऐसा निम्नांकित कारणों से सम्भव हो पाता है:

1. स्टॉक एक्सचेंज केन्द्रों पर केवल सूचीबद्ध या अनुमति प्राप्त प्रतिभूतियों का ही लेनदेन होता है। फलतः इनमें निवेश किया गया धन सुरक्षित रहता है।
2. इन केन्द्रों पर केवल पंजीकृत दलाल या उप दलाल ही कार्य करते हैं। अतः इन्हें दिया गया धन या सौंपी गयी प्रतिभूतियाँ प्रायः सुरक्षित ही रहती है।
3. इन केन्द्रों पर अभौतिक प्रतिभूतियों का लेन-देन प्रारम्भ हो गया है। फलतः क्रय-विक्रय की जाने वाली प्रतिभूतियाँ सीधे ही डिपोजिटरी खातें में जमा होती है या सुपुर्दगी की जाती है। फलतः प्रतिभूतियों के खोने या उनमें हेरा फेरी का भय नहीं रहता है और निवेश सुरक्षित रहता है।
4. इन केन्द्रों पर प्रतिभूतियों की कड़ी छानबीन के बाद सुपुर्दगी ली या दी जाती है। फलतः जाली प्रतिभूतियों की जोखिम प्रायः नहीं रहती है। अतः निवेशक सुरक्षित रहता है।

5. इन केन्द्रों पर सभी कार्य नियमानुसार होते है। फलतः निवेशकों के साथ कपट होने की सम्भावना बहुत कम हो जाती है।
6. इन केन्द्रों पर सभी भुगतान एवं प्राप्तियाँ समाशोधन बैंक के माध्यम से होती है। फलतः धन के देने लेने में भी सुरक्षा बनी रहती है।
7. इन केन्द्रों पर निवेशक सुरक्षा कोष भी स्थापित है। अतः किसी दलाल या उप दलाल के दिवालिया होने पर भी निवेशकों को प्रायः सुरक्षा मिल जाती है।
8. इन केन्द्रों पर निरन्तर पारदर्शी कारोबार व्यवस्था के कारण निवेशक अपनी स्वेच्छा से प्रतिभूतियों में परिवर्तन कर सकता है। जिन प्रतिभूतियों पर उसे विश्वास नहीं रहा हो उन्हें बेच सकता है और जिनमें विश्वास जागृत हो गया हो उनमें धन निवेश कर सकता है।
9. बाजार की अस्थिरता के समय वह अपनी प्रतिभूतियों को बेच कर अपने निवेश को अधिक हानि से बचा सकता है।
10. निवेशक अपने निवेश की सुरक्षा हेतु सुरक्षा के सौदें भी कर सकता है। इसमें निवेशक एक ही प्रतिभूति एक केन्द्र में बेचता है (जहाँ मूल्य अधिक हो) तथा दूसरे एक्सचेंन्ज में (जहाँ मूल्य कम हो) खरीदता है और अपने आपकों हानि से सुरक्षित कर लेता है।

इस प्रकार स्पष्ट है कि स्टॉक एक्सचेंज केन्द्र निवेशकों को उनके निवेश की सुरक्षा भी उपलब्ध करता है। इसीलिए यह कहा भी जाता है कि "स्टॉक एक्सचेंज केन्द्र निवेशकों के हितों के लिए रखवाली करने वाले कुत्ते की भाँति कार्य करता है।"

सट्टे की सुविधा

(Facilitates Speculation)

सट्टा तब कहलाता है जब कोई व्यक्ति प्रतिभूतियों की सुपुर्दगी नहीं लेता है बल्कि प्रतिभूतियों के मूल्यों के अन्तर के आधार पर सौदों का निपटारा कर देता है। स्टॉक एक्सचेंज केन्द्र निम्नांकित प्रकार से सट्टे की सुविधा उपलब्ध करता है:

1. ये कन्द्र किसी सौदे को निपटान अवधि में बराबर करने करने की छूट देते हैं। फलतः कई लोग निपटान अवधि के किसी भी कारोबारी दिन में प्रतिभूतियाँ खरीद या बेच लेते हैं। इससे जो भी लाभ-हानि होती है उसका सम्बन्धित पक्षकार उत्तरदायी रहता है।
2. एक निपटान अवधि में बराबर किये गये सौदों पर दलाली भी केवल एक ही बार देनी पड़ती है। केवल खरीदने या बेचने पर एक ही बार दलाली देनी पड़ती है।
3. कई व्यक्ति दो स्टॉक एक्सचेंज केन्द्रों के मूल्यों पर नजर रखते हैं और कम मूल्य वाले केन्द्र पर खरीद लेते हैं तथा अधिक मूल्य वाले केन्द्र पर बेच देते है। इस प्रकार वे भी सट्टे का लाभ उठा लेतें है।

4. प्राय: सभी केन्द्रों पर 'वायदे के सौदे तथा बदला कारोबार' (Carry forward Deals) होता है। इस कारोबार को आजकल कई नये नामों से भी पुकारा जाने लगा है जैसे ALBM or Automated Lending and Borrowing Mechanism. बदला कारोबार में सौदों की सुपुर्दगी की तिथि अगली निपटान अवधि तक आगे बढ़ा दी जाती है या बदल दी जाती है। इस हेतु पक्षकारों को बदला शुल्क देना पड़ता है। इस प्रकार वायदे के सौदे एवं बदला कारोबार स्वयं सट्टे के ही रूप है।

5. कई स्टॉक एक्सचेंज केन्दों पर सट्टे के लिए कई नये तरीके या उत्पाद विकसित किये हैं। भारत में वर्तमान में सेन्सेक्स फ्यूचर्स एवं निफ्टी फ्यूचर्स (Sensex futures and Nifty futures) में कारोबार होता है।

इस प्रकार स्पष्ट है कि स्टॉक एक्सचेंज केन्द्र सट्टे को प्रोत्साहित करते हैं तथा सट्टे की सुविधा प्रदान करते हैं।

भारत में स्टॉक एक्सचेंज केन्द्रों का उदभव एवं विकास
(Origin and Development of Stock Exchanges in India)

भारत में स्टॉक एक्सचेंज केन्द्र की स्थापना 1875 में ही हो गयी थी, जबकि बम्बई के कुछ शेयर दलालों ने मिलकर एक स्टॉक एक्सचेंज केन्द्र की स्थापना का निर्णय लिया। इस स्टॉक एक्सचेंज केन्द्र का नाम "नैटिव शेयर एण्ड स्टाँक ब्राकर्स एसोसिएशन (Native Share and Stock Brokers' Association) रखा गया। इसकी स्थापना के समय इसके कुल 318 सदस्य पंजीकृत थे। इन सदस्यों के एक रूपया सदस्याता शुल्क के रूप में वसूल किया गया। इस ऐसोसिएशन (केन्द्र) की सदस्यता में निरन्तर वृद्धि होती गई, जो सन् 1896 में 333, 1916 में 362 तथा 1920 में 478 हो गई। समय के साथ साथ इस ऐसोसिएशन का प्रवेश शुल्क भी बढ़ा दिया गया। 1877 में इसे एक रू. से बढ़ाकर 5 रू., 1896 में 1000 रू., 1916 में 2500 रू. तथा 1920 में 48000 रू. कर दिया गया। सन् 1957 में इस संघ का नाम बदल कर, 'बम्बई स्टॉक एक्सचेन्ज' कर दिया गया तथा इसी वर्ष सरकार ने इसे प्रतिभूति (अनुबन्ध) नियमन अधिनियम के अधीन स्थायी मान्यता भी प्रदान कर दी थी।

सन् 1894 में अहमदाबाद के कुछ दलालों ने मिलकर भी एक संघ बनाया, जिसका नाम "दि अहमदाबद शेयर एण्ड स्टॉक ब्राकर्स एसोसिएशन" (The Ahmedabad Share and Stock Brokers' Association) रखा। इस केन्द्र को केन्द्रीय सरकार ने सितम्बर, 1957 में मान्यता प्रदान कर दी थी।

जून, 1908 में कलकत्ता के दलालों ने "दि कलकत्ता स्टॉक एक्सचेन्ज एसोसिएशन" (The Calcutta Stock Exchange Association) की स्थापना की। इस स्टॉक एक्सचेंज केन्द्र में प्रारम्भ में 150 सदस्य पंजीकृत थे। इसे सरकार ने अक्टूबर, 1957 में मान्यता प्रदान कर दी थी।

तत्पश्चात् अप्रैल, 1920 में "मद्रास स्टॉक एक्सचेन्ज" (Madras Stock Exchange) का गठन किया गया। किन्तु, यह केन्द्र ज्यादा दिन नहीं चला और अन्तत:

इसका समापन हो गया। किन्तु सितम्बर, 1937 में एक नये केन्द्र की स्थापना हुई, जिसका नाम "मद्रास स्टॉक एक्सचेन्ज एसोसिएशन (प्रा.) लि." (Madras Stock Exchange Association (Pvt.) Ltd.) रखा गया। इसकी स्थापना के समय इसके केवल पाँच सदस्य थे। इस केन्द्र का भी अप्रेल, 1957 में पुनर्गठन किया गया और इसके नाम में थोड़ा संशोधन कर "मद्रास स्टॉक एक्सचेंज" (Madras Stock Exchange) रख दिया गया। इसे भी अक्टूबर 1957 में भारत सरकार ने मान्यता प्रदान कर दी थी।

सन् 1934 में लाहौर में भी एक स्टॉक एक्सचेंज केन्द्र स्थापित हो गया, जिसे अन्ततः "पंजाब स्टॉक एक्सचेंन्ज लि." में मिला दिया गया। सन् 1938 तक देश में कुल आठ स्टॉक एक्सचेंज केन्द्र स्थापित हो गये थे।

द्वितीय विश्व युद्ध के बाद देश में स्टॉक एक्सचेंज केन्द्रों की संख्या में वृद्धि हुई। गुजरात, मध्यप्रदेश, हैदराबाद एवं बम्बई में भी कई नये केन्द्र बनाये गये। लाहौर में भी तीन नये केन्द्र स्थापित किये गये। कलकत्ता में भी एक नया केन्द्र स्थापित किया गया। इन्हीं दिनों दिल्ली में भी दो केन्द्र बनाये गये, जिनका नाम क्रमशः "दिल्ली स्टॉक एण्ड शेयर ब्रॉकर्स एसोसिएशन लि." तथा "दिल्ली स्टॉक्स एण्ड शेयर्स एक्सचेन्ज लि." रखा गया। किन्तु जून, 1947 में इन दोनों को मिलाकर एक नया केन्द्र "दिल्ली स्टॉक एक्सचेंज एसोसिएशन लि." (Delhi Stock Exchange Association Ltd.) बना दिया गया। इस केन्द्र को केन्द्र सरकार ने दिसम्बर, 1957 को पहली बार मान्यता प्रदान कर दी थी।

स्वतन्त्रता प्राप्ति के पूर्व देश में कुछ स्टॉक एक्सचेंज केन्द्रों का एकीकरण एवं संविलयन हुआ। फलतः सन् 1946 में देश में स्टॉक एक्सचेंज केन्द्रों की संख्या 7 हो गयी। स्वतन्त्रता प्राप्ति के कुछ वर्षों तक नये केन्द्रों की स्थापना नहीं हुई। किन्तु, धीरे धीरे देश में औद्योगिक विकास का वातावरण बनने लगा। सन् 1956 में देश में नया कम्पनी अधिनियम बना। तभी देश में पहली बार प्रतिभूति अनुबन्ध (नियमन) अधिनियम, 1956 भी बनाया गया। इस अधिनियम के अधीन स्टॉक एक्सचेंज केन्द्रों की स्थापना तथा मान्यता सम्बन्धी प्रावधान बनाये गये। अब हमारे देश में इसी अधिनियम के अधीन स्टॉक एक्सचेंज केन्द्रों को मान्यता प्रदान की जाती है।

मान्यता प्राप्त स्टॉक एक्सचेंज केन्द्रों की सूची

क्रमांक	केन्द्र का नाम	प्रथम बार मान्यता का वर्ष
1.	बम्बई स्कन्ध विनिमय केन्द्र	1957
2.	अहमदाबाद स्टॉक एक्सचेंज केन्द्र	1957
3.	कलकत्ता स्टॉक एक्सचेंज केन्द्र संघ लि.	1957
4.	मद्रास स्टॉक एक्सचेंज केन्द्र लि.	1957
5.	दिल्ली स्टॉक एक्सचेंज केन्द्र संघ लि.	1957
6.	हैदराबाद स्टॉक एक्सचेंज केन्द्र	1958

7.	मध्य प्रदेश स्टॉक एक्सचेंज केन्द्र, इन्दौर	1958
8.	बैगलौर स्टॉक एक्सचेंज लि.	1963
9.	कोची स्टॉक एक्सचेंज केन्द्र लि. अर्नाकुलम	1979
10.	उत्तर प्रदेश स्टॉक एक्सचेंज केन्द्र संघ लि., कानपुर	1982
11.	पुणे स्टॉक एक्सचेंज कन्द्र लि.	1982
12.	लुधियाना स्टॉक एक्सचेंज संघ लि.	1983
13.	गौहाटी स्टॉक एक्सचेंज केन्द्र, गौहाटी	1984
14.	कनारा स्टॉक एक्सचेंज केन्द्र, मैगलौर	1985
15.	मगध स्टॉक एक्सचेंज संघ, पटना	1986
16.	जयपुर स्टॉक एक्सचेंन्ज लि.	1983
17.	भुवनेश्वर स्टॉक एक्सचेंन्ज लि.	1989
18.	सौराष्ट्र स्टॉक एक्सचेंन्ज लि.	1989
19.	ओ.टी.सी. एक्सचेंन्ज ऑफ इण्डिया लि.	1989
20.	बड़ोदरा स्टॉक एक्सचेंन्ज लि.	1990
21.	कोयम्बटूर स्टॉक एक्सचेंन्ज लि.	1991
22.	मेरठ स्टॉक एक्सचेंन्ज लि.	1991
23.	नेशनल स्टॉक एक्सचेंन्ज, बम्बई	1994
24.	इन्टर-कनेक्टेड स्टॉक एक्सचेंन्ज ऑफ इण्डिया लि.	1998

इस अधिनियम के सन् 1957 में लागू होने के बाद देश में तत्समय विद्यमान एवं कार्यरत बम्बई, अहमदाबाद, कलकत्ता, मद्रास तथा दिल्ली के पाँच स्टॉक एक्सचेंज केन्द्रों को मान्यता दी गई। हैदराबाद तथा इन्दौर स्टॉक एक्सचेंज केन्द्रों को 1958 में मान्यता प्रदान की गई। सन् 1957 में बैगलौर स्टॉक एक्सचेंज केन्द्र की स्थापना हुई, जिसे केन्द्रीय सरकार से सन् 1963 में मान्यता मिली। इसके बाद स्टॉक एक्सचेंज केन्द्रों के गठन का दौर करीब दो दशकों तक रूका रहा। सन् 1978 में कोचीन में पुनः एक स्टॉक एक्सचेंज केन्द्र की स्थापना हुई, जिसे 1979 में मान्यता मिली। इसके बाद तो भारत में निरन्तर स्टॉक एक्सचेंज केन्द्रों की स्थापना होती चली गयी। आज भारत में नेशलन स्टॉक एक्सचेंज, ओवर दी काउण्टर एक्सचेंन्ज तथा इन्टरकनेक्टेड स्टॉक एक्सचेंन्ज ऑफ इण्डिया लि., (NSE and OTCEI, ICSEI) सहित देश में 24 स्टॉक एक्सचेंज केन्द्र स्थापित है। भारत में स्टॉक एक्सचेंज केन्द्रों के विकास की स्थिति का अनुमान नीचे के शीर्षक में दिये गये कुछ तथ्यों से लगाया जा सकता है।

भारत के स्टॉक एक्सचेंज केन्द्रों की प्रगति/नवीन प्रवृत्तियाँ

(Progress/Recent Trends in Indian Stock Exchanges)

भारत में प्रतिभूति बाजार का स्वरूप पिछले एक दशक से बहुत अधिक परिवर्तनशील रहा है। 1991 के बाद, जब से आर्थिक उदारीकरण की प्रक्रिया प्रारम्भ हुई है, इसके आधारभूत परिवर्तन दिखायी देने लगे हैं। इस शताब्दी के अन्तिम दशक के प्रारम्भ से ही इसका तीव्र गति से विकास भी हुआ है। निम्न शीर्षकों में वर्णित तथ्यों से भारत के प्रतिभूति बाजार के विकास या उसकी नवीन प्रवृत्तियों का ज्ञान हो जाता है:

1. प्रदत्त पूँजी (Paid-up Capital): भारत में सूचीबद्ध कम्पनियों की प्रदत्त पूँजी 1946 से 1961 के बीच 270 करोड़ रू से बढ़कर 753 करोड़ रू हो गयी थी, किन्तु 1998 के अन्त तक यह 1,75,000 करोड़ रू. के लगभग हो गई है।

2. सूचीबद्ध कम्पनियों की संख्या (No of Listed Companies) : 1946 से 1961 के बीच के 15 वर्षो में स्टॉक एक्सचेंज केन्द्रों में सूचीबद्ध कम्पनियों की संख्या 1125 से 1203 हो गयी थी। किन्तु सन् 1998 के अन्त में सूचीबद्ध कम्पनियों की संख्या आठ हजार के लगभग थी।

3. सूचीबद्ध प्रतिभूतियों की संख्या (No. of Listed Securities) : देश के स्टॉक एक्सचेंज केन्द्रों में 1946 में 1506 प्रतिभूतियाँ सूचीबद्ध थी, किन्तु 1998 में लगभग 12,500 प्रतिभूतियाँ सूचीबद्ध थी।

4. सूचीबद्ध प्रतिभूतियों का बाजार मूल्य (Market Price of Listed Securities): भारत के स्टॉक एक्सचेंज केन्द्रों में सूचीबद्ध प्रतिभूतियों का बाजार मूल्य 1946 में 971 करोड़ रू. था जो 1994 में 5,41,050 करोड़ रू. हो गया। किन्तु पिछले कुछ वर्षों से मंदी के कारण इसमें कमी हुई थी। किन्तु, मार्च 1998 से पुनः इसमें वृद्धि होने लगी है। मुम्बई स्टॉक के अनुमान के अनुसार मार्च, 1999 को देश के सभी स्टॉक एक्सचेंज केन्द्रों में सूचीबद्ध प्रतिभूतियों का बाजार मूल्य 5,74,061 करोड़ रू. था।

5. प्रतिभूति निर्गमन (Issue of Securities): उदारीकरण की प्रक्रिया में नवीन कम्पनियों ने ही नहीं, बल्कि विद्यमान कम्पनियों ने भी अंश निर्गमित किये। फलतः 1990 से 1994 के बीच निर्गमनों की धूम रही। 1994 में तो 1016 निर्गमनों के द्वारा 24,398 करोड़ के अंशों/ऋणपत्रों का निर्गमन किया। किन्तु 1995 तथा 1996 में मंदी के दौर के कारण इनमें अचानक बहुत गिरावट आयी है। वर्ष 1997-98 में मात्र 111 प्रतिभूतियों का निर्गमन किया गया जिनसे केवल 4570 करोड़ रू. ही प्राप्त किया जा सका।

6. निर्गमन के औसत आकार में वृद्धि (Increase in Average Size of Issues): स्टॉक एक्सचेंज केन्द्रों में एक प्रवृत्ति यह भी देखी गई है कि अब निर्गमनों का औसत आकार भी बड़ा हो गया है। 1980-81 में समता अंशों के निर्गमनों का औसत आकार 35 लाख रू. होता था, वही 1990-91 में निर्गमनों का औसत आकार 4.77 करोड़ रू. का हो गया है। इसी प्रकार ऋणपत्रों के निर्गमनों का औसत आकार भी इस अवधि में 11 करोड़ रू. से बढ़कर 27 करोड़ रू. से भी अधिक का हो गया है। वर्तमान में निर्गमनों का औसत आकार लगभग 43 करोड़ रू. है।

7. अंशधारियों की संख्या (No. of Shareholders): अंशधारियों की बढ़ती हुई संख्या के आधार पर भारत में स्टॉक एक्सचेंज केन्द्रों के विकास का अनुमान लगाया जा सकता है। कुछ संस्थाओं द्वारा किये गये सर्वेक्षण से यह ज्ञात हुआ है कि सन् 1980 में देश में लगभग 10 लाख परिवारों के 24 लाख व्यक्ति अंशधारि थे, जबकि 1992 में 39 लाख परिवारों में 90 लाख व्यक्ति अंशधारी थे। वर्तमान में अंशधारियों की संख्या एक करोड़ को पार कर गई है।

8. सहयोग निधियाँ (Mutual Funds): भारत में पिछले कुछ वर्षों में सहयोग निधियों की स्थापना की जा रही है। सहयोग निधियाँ सार्वजनिक क्षेत्र एवं निजी क्षेत्र दोनों में ही स्थापित की जा रही है। 31 मार्च, 1998 को 'सेबी' के पास दोनों ही क्षेत्रों की कुल 34 सहयोग निधियाँ पंजीकृत थी। इन सभी निधियों ने 31 मार्च, 1998 तक अपनी 259 योजनाओं के अन्तर्गत 97,228 करोड़ रू. एकत्र कर लिया था। इनके विकास से देश में स्टॉक एक्सचेंज केन्द्रों के निरन्तर विकास की आशा की जा सकती है।

9. स्टॉक एक्सचेंज केन्द्रों की संख्या में वृद्धि (Increase in Number of Stock Exchange): भारत में स्टॉक एक्सचेंज केन्द्रों की संख्या में विस्मयकारी वृद्धि हुई है। 1980 में देश में केवल नौ स्टॉक एक्सचेंज केन्द्र मान्यता प्राप्त थे जबकि आज उनकी संख्या 24 हो गई है। अब देश में एक नया इन्टरकनेक्टैड स्टॉक एक्सचेंज ऑफ इण्डिया भी स्थापित किया गया है। इसकी स्थापना देश के 14 क्षेत्रीय स्टॉक एक्सचेंज केन्द्रों ने मिलकर की है। इसने फरवरी 1999 से कार्य करना प्रारम्भ कर दिया है। इससे प्रतिभूतियों की तरलता में वृद्धि होगी और देश के आर्थिक विकास में सहयोग मिलेगा।

10. सदस्यों की संख्या में वृद्धि (Increase in Number of Members): आज देश में 6000 से भी अधिक व्यक्ति मान्यता प्राप्त स्टॉक एक्सचेंज केन्द्रों के सदस्य है जबकि दो दशक पूर्व इनकी संख्या एक हजार भी नहीं थी। इनके अतिरिक्त कई दलाल तथा उप दलाल भी हैं जिनमें कुछ का सेबी के पास पंजीयन हो चुका है तथा शेष अपंजीकृत रूप से तत्काल सुपुर्दगी के सौदे करते हैं।

भारत में स्कन्धविनिमय केन्द्रों के विकास के कारण तथा प्रयास

(Causes and Efforts made for Development of Indian Stock Exchanges)

भारत में स्टॉक एक्सचेंज केन्द्रों का विकास अनेक प्रयासों एवं कारणों से सम्भव हुआ है। इनमें से कुछेक प्रमुख प्रयास एवं कारण निम्नानुसार है:

1. अधिनियमों का निर्माण (Enactment of Laws): भारत में स्टॉक एक्सचेंज केन्द्रों के विकास के लिए सरकार ने अनेक अधिनियमों का निर्माण किया है। कम्पनी अधिनियम, प्रतिभूति अनुबन्ध (नियमन) अधिनियम तथा सेबी अधिनियम आदि का निर्माण किया है। इन अधिनियमों के निर्माण से स्टॉक एक्सचेंज केन्द्रों के विकास में बहुत सहायता मिली है। इन अधिनियमों के प्रावधानों द्वारा प्रतिभूतियों के निर्गमन, हस्तान्तरण, लेन-देन आदि को नियन्त्रित किया जाता है। विनियोजकों के हितों को सुरक्षित रखने के लिए इन अधिनियमों के प्रावधानों को लागू किया जाता है। इन सबके परिणामस्वरूप, भारत में स्टॉक एक्सचेंज केन्द्रों का नियमित एवं नियंत्रित ढंग सं विकास संभव हो रहा है।

2. विशिष्ट वित्तीय संस्थाओं की स्थापना (Establishment of Special Financial Institutions): भारत में कुछ विशिष्ट वित्तीय संस्थाओं की स्थापना की गई है। इनमें औद्योगिक वित्त निगम, औद्योगिक विकास बैंक, यूनिट ट्रस्ट, राज्य वित्त निगम प्रमुख हैं। ये विशिष्ट वित्तीय संस्थाएँ कई नये उपक्रमों को ऋण प्रदान करती हैं, उनकी प्रतिभूतियों को खरीदती हैं, उनका अभिगोपन करती हैं। इनके इन सभी प्रयासों से भारत के स्टॉक एक्सचेंज केन्द्रों के विकास में बहुत सहायता मिली है।

3. वित्तीय संस्थाओं का राष्ट्रीयकरण (Nationalisation of Financial Institutions0: कुछ वित्तीय संस्थाओं के राष्ट्रीयकरण से भी भारत में प्रतिभूति बाजार का विकास हुआ है। सन् 1969 में 14 प्रमुख बैंकों का, 1972 में सामान्य बीमा व्यवसाय का तथा 1980 में पुन: 6 और बैंकों का राष्ट्रीयकरण किया गया है। इन सबके परिणामस्वरूप, देश में स्टॉक एक्सचेंज केन्द्रों के विकास में महत्वपूर्ण सफलता मिली है।

4. अभिगोपन सेवाओं का विस्तार (Expansion of Underwriting Facilities): हमारे देश में पिछले कुछ दशकों में प्रतिभूतियों के अभिगोपन की सेवाओं में पर्याप्त विस्तार हुआ है। इन सेवाओं में अभिवृद्धि मूलत: सार्वजनिक वित्तीय संस्थाओं के कारण सम्भव हुई है। पिछले एक दशक के आंकड़े यह बताते है कि हमारे देश में सार्वजनिक निर्गमनों की 70 से 95 प्रतिशत राशि के बीच अभिगोपन की जाती रही है।

5. विनियोजकों की सुरक्षा (Protection to Investors): भारत में पिछले कुछ वर्षों में स्टॉक एक्सचेंज केन्द्रों के विकास में एक सबसे बड़ा कारण यह भी रहा है कि विनियोजकों की सुरक्षा के लिए अनेक उपाय किये गये हैं। कम्पनी अधिनियम में संशोधन करके अंशों के हस्तान्तरण के नियमों में संशोधन किया गया है। विनियोजकों की शिकायतों को दूर करने के लिए स्टॉक एक्सचेंज केन्द्रों में परिवेदना निवारण खण्ड (Grievance handling cell) भी स्थापित किये गये हैं। अब सेबी ने विनियोजकों की सुरक्षा के लिये अनेक उपाय करने प्रारम्भ किये हैं। इन सभी प्रयासों से विनियोजकों का प्रतिभूति बाजार में विश्वास उत्पन्न हुआ है।

6. आधुनिक संचार प्रणालियों का उपयोग (Use of Modern Communication System): स्टॉक एक्सचेंज केन्द्रों में आधुनिक संचार प्रणालियों का उपयोग किया जाने लगा है। इससे किसी एक केन्द्र के भावों की जानकारी अनेक केन्द्रों पर तत्काल पहुँच जाती है। इसने सभी केन्द्रों के कार्यक्षेत्र को बढ़ा दिया है। दूसरे शब्दों में, इन साधनों से विनियोजक केन्द्रों के बीच की दूरी कम हो गयी है। अत: वे अधिक विश्वास के साथ प्रतिभूतियों के क्रय विक्रय का कार्य कर लेते हैं।

7. स्टॉक एक्सचेंज केन्द्रों की संख्या में अभिवृद्धि (Increase in Number of Stock Exchange): भारत में प्रतिभूति बाजार का तीव्र विकास होने का एक कारण यह है कि भारत में मान्यता प्राप्त स्टॉक एक्सचेंज केन्द्रों की संख्या में भी वृद्धि हुई है। आज देश में 24 स्टॉक एक्सचेंज केन्द्र हैं, जबकि एक दशक पूर्व इनकी संख्या मात्र 9 थी। इनके अतिरिक्त, अब इन्टर-कनेक्टेड स्टॉक एक्सचेन्ज ऑफ इण्डिया ने भी कार्य करना प्रारम्भ कर दिया है।

8. जनता के ज्ञान एवं जानकारी में अभिवृद्धि (Increase in Knowledge and Informations to Public): पिछले कुछ वर्षों में भारतीय जनता की स्टॉक एक्सचेंज केन्द्रों संबंधी जानकारी तथा ज्ञान में अभिवृद्धि हुई है। ऐसा कई कारणों से संभव हो सका है। प्रथम, अधिकांश दैनिक समाचार पत्रों ने स्टॉक एक्सचेंज केन्द्रों से संबंधित समाचारों का नियमित प्रकाशन प्रारम्भ कर दिया है। द्वितीय, स्टॉक एक्सचेंज केन्द्रों सम्बन्धी कई दैनिक, साप्ताहिक, पाक्षिक, मासिक पत्र-पत्रिकाओं का प्रकाशन होने लग गया है। इनमें स्टॉक एक्सचेंज केन्द्रों के विभिन्न पहलूओं के सम्बन्ध में समाचार तथा लेख प्रकाशित होते हैं। तृतीय, स्टॉक एक्सचेंज केन्द्रों तथा अन्य संस्थाओं ने विनियोजकों को प्रतिभूति बाजार सम्बन्धी जानकारी देने के लिए सेमिनार, गोष्ठियाँ, प्रशिक्षण कार्यक्रम आयोजित किये हैं। विनियोजकों के ज्ञान तथा जानकारी में अभिवृद्धि से स्टॉक एक्सचेंज केन्द्रों के विकास को बहुत गति मिल रही है।

9. आयकर में राहत (Exemption in Income Tax): आयकर अधिनियम की विभिन्न व्यवस्थाओं का भी स्टॉक एक्सचेंज केन्द्रों के विकास में योगदान रहा है। कम्पनी के अंशों में विनियोग करने, अंशों पर लाभांशों की आय, धारित ऋणों के विक्रय से प्राप्त पूँजीगत लाभ आदि के सम्बन्ध में आयकर में छुट के कई प्रावधान हैं। इनके अतिरिक्त, लाभांश तथा ब्याज की राशि के भुगतान के समय स्त्रोत पर आयकर काटने की भी कुछ दशाओं में छूट दी गयी है। इन सब कारणों से कई लोग स्टॉक एक्सचेंज केन्द्रों की ओर आकर्षित हुए हैं। फलतः सकन्ध विनिमय केन्द्रों का विकास हुआ है।

10. आर्थिक नीतियों का उदारीकरण (Liberalisation of Economic Policies): पिछले लगभग एक दशक में तो भारत सरकार ने आर्थिक नीतियों को बहुत ही उदार बनाया है। औद्योगिक नीति तथा लाइसेंसिंग नीति, कराधान नीति, आयात निर्यात नीति, आदि में आमूल चूल परिवर्तन करके इन्हें अधिक उदार बनाया गया है। फलतः उद्योगों के विकास एवं विस्तार को अवसर मिला है। इसी से स्टॉक एक्सचेंज केन्द्रों का भी स्वतः विकास होता जा रहा है।

11. सहयोग निधियों की स्थापना (Establishment of Mutual Funds): भारत में सहयोग निधियों की स्थापना ने भी स्टॉक एक्सचेंज केन्द्रों के विकास में योगदान दिया है। 1980 के दशक में इन निधियों की स्थापना की जाने लगी। आज यूनिट ट्रस्ट, जीवन बीमा निगम तथा कई राष्ट्रीयकृत बैंकों द्वारा सहयोग निधियाँ स्थापित की गयी है। निजी क्षेत्र में भी कुछ सहयोग निधियाँ स्थापित हुई है। दोनों क्षेत्रों में पंजीकृत निधियों की संख्या 43 हो गई है। ये निधियाँ जनता की बचतों को एकत्र कर कम्पनियों की प्रतिभूतियों में विनियोग कर देती है। इससे विनियोजकों को परोक्ष रूप से स्टॉक एक्सचेंज केन्द्रों का लाभ मिल जाता है।

12. कम्पनियों तथा संस्थाओं को स्टॉक एक्सचेंज केन्द्रों में सदस्यता (Membership of Companies and Institutions in Stock Exchanges): भारत में कुछ वर्षों पूर्व तक वैयक्तिक रूप से ही स्टॉक एक्सचेंज केन्द्र की सदस्यता मिलती थी। किन्तु, पिछले कुछ वर्षों से कम्पनियों तथा वित्तीय संस्थाओं को भी इन केन्द्रों में सदस्यता देने का मार्ग खोल दिया गया है। अब वे कम्पनियाँ भी इन केन्द्रों में सदस्यता प्राप्त कर सकती

है। इसी प्रकार सार्वजनिक वित्तीय संस्थाओं तथा सहयोग निधियों को भी इन केन्द्रों में सदस्यता दे दी गयी है। इन प्रयासों के कारण भी भारत के प्रतिभूति बाजार के विकास में सहयोग मिल रहा है।

13. अभिदान तथा आवंटन सम्बन्धी नियमों का निर्माण तथा संशोधन (Formulation and Amendment in Rules Related to Subscription and Allottment) : भारत सरकार ने अंशों के अभिदान एवं आवंटन सम्बन्धी नये नियमों का निर्माण किया है तथा पुराने नियमों में संशोधन किया है। इन नियमों तथा संशोधनों के परिणामस्वरूप भी विनियोजकों का स्टॉक एक्सचेंज केन्द्रों के प्रति झुकाव बढ़ा है।

14. प्रतिभूति बाजार विकास संस्थाओं की स्थापना (Establishment of Institutions Related to Security Market): भारत में स्टॉक एक्सचेंज केन्द्रों के विकास के लिए कुछ विशिष्ट संस्थाओं की स्थापना की गई है। भारतीय प्रतिभूति एवं एक्सचेंज बोर्ड (SEBI), स्टॉक होल्डिंग कारपोरेशन ऑफ इण्डिया (SHCOI), रेटिंग इन्फोर्मेशन सर्विसेज ऑफ इण्डिया लि. (CRISIL), आदि प्रमुख संस्थाएँ स्थापित होने से भी देश में स्टॉक एक्सचेंज केन्द्रों के विकास को बल मिला है।

15. अधिग्रहण संहिता (Takeover Code) **का निर्माण** : स्टॉक एक्सचेंज केन्द्रों से कम्पनियों को एक बड़ी समस्या यह रही है कि कोई भी व्यक्ति किसी भी कम्पनी के बड़ी संख्या में अंश खरीदकर उस कम्पनी को अधिग्रहीत या हथिया लेता है। किन्तु अब सेबी ने अधिग्रहण संहिता का निर्माण कर दिया है। समय समय पर इसमें संशोधन भी किया है। अत: स्टॉक एक्सचेंज केन्द्रों पर सूचीबद्ध कम्पनियों को अब कोई खतरा नहीं रहा है। इस संहिता के प्रावधानों के अनुसार कोई भी व्यक्ति किसी कम्पनी के एक निर्धारित संख्या से अधिक अंश खरीदेगा तो उसे स्टॉक एक्सचेंज केन्द्र को सूचित करना पड़ेगा। फलत: कोई भी कम्पनी आनन–फानन में अधिग्रहीत नहीं की जा सकती है।

16. अंशों के पुन: खरीद (Buy-back) **की सुविधा** : कम्पनी अधिनियम में संशोधन करके सूचीबद्ध कम्पनियों को यह अधिकार दे दिया गया है कि वे अपने ही अंशों को पुन: खरीद सकती है। इस प्रकार जिन कम्पनियों की आर्थिक स्थिति अच्छी है, किन्तु उनके अंशों का बाजार मूल्य किसी भी कारण से कम है तो वह कम्पनी अपने अंशों को पुन: खरीद कर अपने अंशों के मूल्य को उचित स्तर पर बनाये रख सकती है। इससे स्टॉक एक्सचेंज केन्द्रों में मूल्यों में अनावश्यक उतार चढ़ाव में कुछ कमी आयेगी।

17. अभौतिक या प्रलेख विहिन लेन देन को प्रोत्साहन : भारतीय स्टॉक एक्सचेंज केंन्द्रों में अब अभौतिक या प्रलेख विहिन लेन देन (Dematerialised or Paperless trading) का युग प्रारम्भ हो गया है। इससे अंशों की दूषित सुपुर्दगी (Bad Delivery) अंशों की चोरी या अंशों के गुम होने की समस्या से मुक्ति तो मिलेगी ही, साथ ही अंशों का शीध्र अन्तरण भी किया जा सकेगा। इससे स्टॉक एक्सचेंज केन्द्रों के सुदृढ़ विकास को बल मिलेगा।

भारतीय स्टॉक एक्सचेंज केन्द्रों की कमियां

(Drawbacks of Stock Exchanges in India)

भारतीय स्टॉक एक्सचेंज केन्द्रों के कार्यो में कई कमियां है। इन कमियों के परिणास्वरूप ही स्टॉक एक्सचेंज केन्द्रों में अनुचित सट्टो को प्रोत्साहन मिला है, और अंश बाजार जुए के स्थान बन गये है। सामान्यत: भारतीय स्टॉक एक्सचेंज केन्द्रों में निम्नलिखित प्रमुख कमियां पाई जाती हैं :

1. स्टॉक एक्सचेंज केन्द्रों में कपटपूर्ण एवं धोखेबाजी के व्यवहार होते हैं, और स्टॉक एक्सचेंज केन्द्र उनको रोकने में सक्षम नहीं है।
2. स्टॉक एक्सचेंज के सदस्य एवं उनकी प्रबन्ध समितियां अपने अधिकारों का कड़ाई से पालन नहीं करती है। वे नियमों का सदुपयोग करके आसानी से सट्टे को रोक सकते हैं जिससे सट्टा जुँए का रूप धारण नही कर सके।
3. स्टॉक एक्सचेंज केन्द्रों में कार्य करने वाले तरावनी वाले व्यक्ति भी होते है। ये लोग वास्तव में दलाल नहीं होते। किन्तु दलालों की भांति ही कार्य करते हैं। प्रतिभूतियों के मूल्यों में थोड़ा भी उतार-चढ़ाव होता है तो ये तत्काल क्रय विक्रय कर लेते हैं। इसका प्रतिभूतियों के मूल्य पर बहुत बुरा प्रभाव पड़ता है तथा विनियोजकों को हानि उठानी पड़ती है। ये लोग दलालों की देखा-देखी करते हैं और थोड़े से अन्तर पर ही व्यापार करने लग जाते हैं तथा जूए को बढ़ावा देते है।
4. स्टॉक एक्सचेंज केन्द्र व्यापार करते समय अन्तर राशि (Margin Money)निक्षेप के रूप में नहीं रखते हैं। अतएव अनुचित सट्टे को प्रोत्साहन मिलता है।
5. बहुत से सौदे स्टॉक एक्सचेंज केन्द्र में दर्ज कराये बिना ही पूरे कर दिये जाते हैं। इससे अनुचित सट्टे को प्रोत्साहन मिलता है।
6. निरंक हस्तातंतरणों (Blank-transfers) पर पूर्णत: रोक नहीं लगाई गई है। अत: निरंक हस्तांतरण होते हैं और वे किसी प्रकार से लाभप्रद नहीं होते हैं।
7. स्टॉक एक्सचेंज केन्द्रों में कई सौदे उधार पर होते हैं। ऐसा होने से भी अनुचित सट्टे के सौंदों को प्रोत्साहन मिलता है।
8. कई स्टॉक एक्सचेंज केन्द्रों में सदस्यों के अधिकृत लिपिक अपने नाम से व्यवहार करते हैं।

इस प्रकार भारतीय स्टॉक एक्सचेंज केन्द्रों में कई दोष हैं। प्रतिभूति अनुबंध (नियमन) अधिनियम के द्वारा इन दोषों को समाप्त करने का प्रयास किया गया है, किन्तु इन दोषों को समाप्त करने में कई कठिनाइयां है। प्रथम, व्यवहार में सट्टे एवं जुए में अन्तर करना अत्यन्त कठिन होता है। अतएव अनुचित सट्टे को रोकने के लिये उचित सट्टे को भी रोकना पड़ता है, जो उचित नहीं है। द्वितीय, इन नियमों में भी कई कमियां रह जाती हैं,

अतएव जुआ करने वाले लोग इन कमियों का लाभ उठाकर अपने आपको बचा लेते हैं। इससे जुए पर रोक नहीं लग पाती है। इस प्रकार स्पष्ट है कि यह अधिनियम अभी भी इन दोषों को दूर करने में समर्थ नहीं है।

स्टॉक एक्सचेंज केन्द्रों में प्रयुक्त शब्दावली

(Terms used in Stock Exchanges)

स्कन्ध (Stock): जब कम्पनी के अंशों का पूरा भुगतान हो जाता है तब उन अंशों को स्कन्ध में बदला जा सकता है। एक अंश को छोटे अथवा आंशिक रूप में परिवर्तन न करने की असुविधा को दूर करने के लिये अंश को स्टॉक में परिवर्तित कर देते हैं। सरल शब्दों में यह कहा जा सकता है कि स्कन्ध से तात्पर्य पूर्ण प्रदत्त अंशों की एकत्रित रकम से है जिसे बाद में किसी भी राशि के छोटे छोटे टुकड़ों में विभक्त किया जा सकता है ताकि अंशों की किसी भी राशि को हस्तांतरित करने में कठिनाई न हो।

प्रतिभूतियाँ (Securities): अंश बाजार में जिन अंशों ऋण पत्रों, सरकारी अथवा अर्द्ध सरकारी ऋण पत्रों, बांड्स इत्यादि का क्रय विक्रय किया जाता है, इन्हें प्रतिभूतियों की संज्ञा प्रदान की जाती है। इन्हें निम्न भागों में बांटा जा सकता है:

(1) सरकारी प्रतिभूतियां (Government Securities) : सरकारी प्रतिभूतियों से आशय ऐसी पूतिभूतियों से है जो केन्द्रीय सरकार अथवा राज्यों की सरकारों द्वारा ऋणपत्र प्राप्त करने के लिये जारी की जाती है, इन सरकारों को सार्वजनिक कार्यों के लिये ऋण की आवश्यकता पड़ती है और इन प्रतिभूतियों का निर्गमन भी होता रहता है। इन पर विनियोजित मूलधन व ब्याज की राशि पूर्णतः सुरक्षित होती है। इसी कारण इन्हें प्रथम श्रेणी की प्रतिभूतियां भी कहा जाता है। कुछ इन्हें स्वर्ण के किनारों की प्रतिभूतियां भी कहते है क्योंकि इनमें विनियोजित धन स्वर्ण में विनियोजित धन के समान सुरक्षित रहता है।

ये प्रतिभूतियां जब जारी की जाती है, उस समय ही इन प्रतिभूतियों की अवधि तथा ब्याज की दर आदि घोषित कर दी जाती है। साथ ही इन प्रतिभूतियों को उसी नाम से पुकारा जाता है, जिस वर्ष में इनका भुगतान किया जाना होता है। उदाहरणार्थ, 7 प्रतिशत ब्याज की दर पर सरकार ऋण लेती है और उसे 1985 में चुकायेगी तो उन प्रतिभूतियों को हम "7 प्रतिशत सरकारी प्रतिभूतियां, 1985" के नाम से पुकारते हैं।

यद्यपि उन प्रतिभूतियों से आय कम प्राप्त होती है, परन्तु विनियोजित धन की पूर्ण सुरक्षा रहती है। इसी गुण से इनका विदेशी बाजारों में भी क्रय विक्रय होता है।

(2) अर्द्ध-सरकारी प्रतिभूतियां (Semi Government or Semi-Gilt edged Securities): ये वे प्रतिभूतियां होती हैं जो अर्द्ध सरकारी संस्थाओं द्वारा निर्गमित की जाती है। इन अर्द्ध-सरकारी संस्थाओं द्वारा निर्गमित प्रतिभूतियों पर विनियोजित धन तथा ब्याज के लिये सरकार द्वारा गारण्टी प्रदान की जाती है। इस प्रकार इनमें भी सुरक्षा का तत्त्व पर्याप्त रूप में पाया जाता है, परन्तु फिर भी विनियोग सुरक्षा सरकारी प्रतिभूतियों की अपेक्षा कम पाई जाती है। इस प्रकार की प्रतिभूतियों को निर्गमित करने वाली संस्थायें, प्रायः राष्ट्रीयकृत बैंक, सार्वजनिक उपयोग की संस्थायें, जैसे बिजली कम्पनियां, नगरपालिका आदि होती है।

(3) विनियोग प्रतिभूतियां (Investment Securities): वे प्रतिभूतियां, जिनका ब्याज अथवा उन पर प्राप्त होने वाली आय अपेक्षाकृत स्थिर रहती है, उन्हें विनियोग प्रतिभूतियां कहते हैं। विनियोजक इनमें धन का विनियोग करने में अधिक सुरक्षा अनुभव करते हैं। ऐसी प्रतिभूतियों में विनियोजन अधिकतर दीर्घकाल के लिये ही किया जाता है, क्योंकि इनमें आय की स्थिरता का गुण पाया जाता है। इनके खरीदने का उद्देश्य शीघ्र विक्रय नहीं होता है।

(4) सट्टे की प्रतिभूतियां (Speculative Securities): सट्टे की प्रतिभूतियों से आशय उन प्रतिभूतियों से है, जिनका क्रय विक्रय भावों की घट बढ़ से लाभ कमाने के उद्देश्य से किया जाता है। इनमें वे सभी प्रतिभूतियां सम्मिलित की जाती है जिनके मूल्यों में स्थिरता नहीं पाई जाती है। इनके मूल्यों में परिवर्तन होने पर क्रय विक्रय होता है। सटोरिये इनके लिये वायदे के सौदे भी करते हैं।

(5) प्रन्यास प्रतिभूतियां (Trustee Securities): ये वे प्रतिभूतियां होती हैं, जिनमें प्रन्यास वैधानिक रूप में धन का विनियोजन कर सकती है। प्रन्यास प्रतिभूतियों में प्रन्यासों का धन प्रन्यास अधिनियम के अन्तर्गत स्वीकृत प्रतिभूतियों में ही विनियोजित किया जा सकता है। अत: दूसरे शब्दों में, वे सभी प्रतिभूतियां जिनकों प्रन्यास अधिनियम में सम्मिलित किया गया है, प्रन्यास प्रतिभूतियां कही जाती है।

(6) वाहक प्रतिभूतियां (Bearer Securities) : वाहक प्रतिभूतियां वे प्रतिभूतिया होती है जिनके हस्तान्तरण मात्र से ही स्वामित्व बदल जाता है। दूसरे शब्दों में ये प्रतिभूतियां जिस किसी व्यक्ति के पास होती है, वहीं इनका मालिक होता है। इनके स्वामित्व के हस्तान्तरण के लिये किसी लिखित प्रलेख की आवश्यकता नहीं होती है।

(7) पंजीकृत प्रतिभूतियां (Registered Securities): जिन प्रतिभूतियों के स्वामियों का नाम व पता निर्गमित करने वाली संस्था के निर्गमन रजिस्टर में लिखा हुआ है, वे प्रतिभूतियां रजिस्टर्ड प्रतिभूतियां कहलाती है। ऐसी प्रतिभूतियों के हस्तान्तरण के लिये निश्चित नियमों का पालन करना होता है। इसके क्रय विक्रय में कुछ असुविधा अवश्य होती है, परन्तु जालसाजी की सम्भावना नहीं होती है।

ऐसी प्रतिभूतियों का ब्याज अथवा लाभाँश उन्हीं को मिलता है, जिनके नाम से प्रतिभूतियां निर्गमित की गई है, या निश्चित नियमों के अनुसार हस्तान्तरण की गई है।

(8) बाजारू प्रतिभूतियाँ (Market Securities) : बाजारू प्रतिभूतियाँ वे प्रतिभूतियां होती हँ, जिनका क्रय-विक्रय खुले बाजारों में होता है। इनमें अंश, ऋण पत्र, बाँण्ड आदि सभी सम्मिलित होते है।

(9) अन्तर्राष्ट्रीय प्रतिभूतियां (International Securities) : वे प्रतिभूतियां जिनका क्रय विक्रय विभिन्न देशों के बाजारों में होता है, अन्तर्राष्ट्रीय प्रतिभूतियां कहलाती है।

अंकित मूल्य (Face Value): किसी भी अंश, ऋण पत्र व अन्य प्रतिभूति पर जो मूल्य लिखा होता है, वह उसका अंकित मूल्य कहालाता है। अंकित मूल्य सदैव स्थिर रहता है। बाजार मूल्य अंकित मूल्य से प्राय: भिन्न होते हैं।

बाजार मूल्य (Market Price): जिस मूल्य पर अंश, ऋण पत्र व प्रतिभूतियां बाजार में क्रय तथा विक्रय के लिये उपलब्ध हों वह उनका बाजार मूल्य कहलाता है। बाजार मूल्य कभी स्थिर नहीं रहते है। यदि बाजार मूल्य व अंकित मूल्य बराबर हों तो सम-मूल्यों (At par) की स्थिति कही जाती है। यदि बाजार में प्रचलित मूल्य उनके अंकित मूल्य से अधिक होता है तो उसे प्रीमियम पर (At Premium) प्रतिभूतियों का विक्रय कहा जाता है तथा इसके विपरीत यदि बाजार मूल्य से अंकित मूल्य अधिक हो तो उन सौदों को कटौती के सौदे (At Discount)कहा जाता है।

गली का मूल्य (Street Price): स्टॉक व शेयर बाजार के बाहर (बन्द होने के बाद अथवा छुट्टी होने के दिन) भी कुछ सौदे होते है। जिस मूल्य पर ये सौदे किये जाते हैं, उन्हें गली का मूल्य कहा जाता है। ये बाजार संगठित बाजार नहीं होते।

प्राप्ति (Yield): प्रत्येक विनियोजक का उद्देश्य अधिक से अधिक आय प्राप्त करना होता है। प्रतिभूतियों में धन विनियोग करने वाले का भी यही उद्देश्य होता है। साथ ही साथ वह आय स्थायी रूप से भी प्राप्त करना चाहता है। इन विनियोगों पर जो लाभांश अथवा ब्याज प्राप्त होता है उसे ही प्राप्ति कहते हैं। अंश व प्रतिभूति की प्राप्ति उसके अंकित मूल्य पर प्रदर्शित की जाती है। अंश का बाजार मूल्य परिवर्तित होता रहता है। परिणामस्वरूप प्राप्ति भी बदलती रहती है।

उदाहरण : किसी प्रतिभूति का अंकित मूल्य 100 रू. है और इस पर मिलने वाला ब्याज 5 रू. है। इस दशा में प्राप्ति 5 रू. है। मान लीजिये कि बाजार का मूल्य बढ़कर 125 रू. हो जाता है, फिर भी मिलने वाला ब्याज 5 रू. ही रहेगा। परन्तु प्राप्ति की रकम अब 4 प्रतिशत ही रह जावेगी। इस प्रकार स्पष्ट है कि प्राप्ति, क्रय मूल्य पर निकाली जाती है।

लाभांश सहित या ब्याज सहित (Cum-Dividend; Cum Right of C.D.): लाभांश सहित शब्द का प्रयोग प्रतिभूतियों के साथ किया जाता है। प्राय: प्रतिभूतियों पर ब्याज 6 महीने की अवधि के अन्तर से प्राप्त होता है। जो व्यक्ति लाभांश सहित प्रतिभूति खरीदता है, उसको सम्पूर्ण बकाया अवधि (6 महीने) का ब्याज मिल जाता है। चाहे प्रतिभूति उसके पास सम्पूर्ण अवधि में चल रही हो अथवा नहीं। इसका तात्पर्य यह नहीं कि क्रेता को लाभ होता है। विक्रेता प्रचलित दर से पहले ही उतना ब्याज प्रतिभूति के मूल्य में जोड़ लेता है, जितना कि क्रेता को अतिरिक्त मिलता है, दूसरे शब्दों में, क्रेता को प्रतिभूति के लिये उतना अधिक मूल्य देना पड़ता है जितना कि उसे अतिरिक्त ब्याज अथवा लाभांश के रूप में प्राप्त होता है। ऐसी दशा में न क्रेता को लाभ होता है तथा न विक्रेता को हानि। अत: संक्षेप में कहा जा सकता है कि लाभांश सहित विक्रय ऐसा विक्रय है जिसमें प्रतिभूति के क्रेता को सम्पूर्ण अवधि का बकाया ब्याज प्राप्त करने का अधिकार प्राप्त हो जाता है चाहे वह प्रतिभूति उस सम्पूर्ण समय के लिये उसके पास रही हो अथवा नहीं।

उदाहरण :

ब्याज प्राप्त होने की तारीख = 30 जून तथा 31 दिसम्बर

प्रतिभूति का प्रचलित मूल्य = 1000 रूपये

प्रतिभूति पर मिलने वाले ब्याज की दर = 6 प्रतिशत

प्रतिभूति पर 6 महिने में मिलने वाला ब्याज होगा

क्रेता ने प्रतिभूति खरीदी = 30 सितम्बर

क्रेता के पास प्रतिभूति रहने का समय = 3 माह

क्रेता को ब्याज मिलेगा = 6 माह अर्थात् 3 माह का अतिरिक्त ब्याज मिलेगा जो 15 रू. होता है।

क्रेता प्रतिभूति का मूल्य देगा 1000 + 15 = 1015 रूपये।

इस प्रकार क्रेता को 15 रूपये अतिरिक्त ब्याज प्राप्त होता है, वह राशि विक्रेता को मूल्य के साथ ही चुका देता है।

लाभांश रहित (Ex-Dividend or E.D.): लाभांश रहित वह शर्त होती है जिसके अन्तर्गत किसी प्रतिभूति के विक्रय के तत्काल पश्चात् प्रथम ब्याज मिलने वाली तिथि पर प्राप्त ब्याज की राशि प्रतिभूति के विक्रेता को प्राप्त होगी चाहे प्रतिभूति विक्रेता के पास कितने ही समय रही हो। इससे यह अर्थ नहीं लगाना चाहिये कि विक्रेता को अतिरिक्त अधिक लाभ मिल रहा है क्योंकि इस स्थिति में विक्रेता प्रतिभूति के मूल्य में से उतनी ही राशि कम कर देता है, जितनी अतिरिक्त ब्याज के रूप में प्राप्त होगी।

उदाहरण –उपर्युक्त उदाहरण के अनुसार 31 दिसम्बर, को 30 रूपये ब्याज मिलेगा, इस स्थिति पर ब्याज प्रतिभूति विक्रेता को ही प्राप्त होगा–परन्तु क्रेता प्रतिभूति के लिये 15 रूपये कम लेगा अर्थात् (1000–15 = 985) रूपये ही लेगा।

नव-रहित (Ex-New) : जब प्रतिभूतियों के मूल्यों के साथ इन शब्दों का प्रयोग किया जाता है तो उसका अर्थ यह होता है कि क्रेता को नये अंशें में परिवर्तन कराने का अधिकार नहीं है।

सब-रहित (Ex-All): जब प्रतिभूति के मूल्यों के साथ इन शब्दों का प्रयोग किया जाता है तो यह प्रकट होता है कि क्रेता को अंश स्वामित्व के अतिरिक्त कोई अधिकार प्राप्त नहीं है।

सब-सम्पूर्ण (Cum-All): इन शब्दों के प्रयोग से प्रकट होता है कि क्रेता को अंश के सम्बन्ध में आगामी लाभांश के अतिरिक्त वे सभी अधिकार प्राप्त हैं जो एक अंशधारी को होने चाहिये।

फीता मूल्य (Tape Price): बड़े बड़े सटोरियों के यहां बिजली चालित एक स्वचालित यन्त्र लगा रहता है जिसे 'टेलीप्रिन्टर' कहते हैं। इस यन्त्र में एक फीता लगा रहता है। जिसमें विशेषकर विदेशों से सूचित किए हुए भाव अंकित होते हैं। ये भाव बहुत ही महत्वपूर्ण होते हैं। इन भावों के आधार पर मूल्यांतर के सौदे किये जाते हैं। इन भावों को फीता मूल्य कहने का मुख्य कारण इनका फीते पर छपना है।

रूक्का (Scrip): अंश जब तक पूर्ण प्रदत्त नहीं हो जाते हैं तब तक अंश प्रमाण पत्र जारी नहीं किये जाते हैँ। अत: अंश की आंशिक राशि चुकाने पर एक अलग प्रमाण पत्र दिया जाता है उसे 'रूक्का' कहते हैँ। इसे 'अपक्व' प्रमाण पत्र भी कहते है। इसका क्रय विक्रय भी किया जा सकता है। अंश की अन्तिम किश्त चुकाने के बाद रूक्का वापस लेकर कम्पनी अंश प्रमाण पत्र जारी कर देती है।

न्यून परिमाण (Small Lots) : अंश बाजार में विभिन्न प्रकार की प्रतिभूतियों का क्रय-विक्रय करने के लिए इकाइयां निश्चित होती है। उदाहरणार्थ कलकत्ता अंश बाजार के जूट मिल्स के सौदों के लिए 100 अंशों की इकाई निर्धारित है। कभी कभी इस निर्धारित सीमा से कम संख्या में सौदे हो जाते है परन्तु संख्या की सम भाग होती है जैसे 5, 25, 20, 10, 5 इत्यादि। जिस मूल्य पर इकाई से कम अंशों का सौदा होता है उस मूल्य के साथ न्यून परिमाण शब्द जोड़ देते है। इससे व्यापार की मात्रा कम होना प्रकट हो जाता है।

संक्षेप में कहा जा सकता है कि जब किसी प्रतिभूति के सौदे उनकी इकाई से कम मात्रा में होते हैं, जो उस इकाई का समभाग हो तो ऐसे सौदों को न्यून या सूक्ष्म व्यापार कहते हैं।

न्यून विषम परिमाण (Small Odd Lots): जहाँ अंशों का सौदा एक निश्चित इकाई में न होकर कम मात्रा में होता है तथा वह मात्रा असम होती है जैसे 13, 17, 21, 33 आदि। इन प्रतिभूतियों के मूल्यों के आगे न्यून विषम परिमाण शब्द जोड़ देते है। यह शब्द बाजार के अनिश्चित रूख को प्रकट करेगा।

कई लेखक न्यून परिमाण तथा न्यून विषम परिमाण का अन्तर नहीं करते। परन्तु इनमें कूछ अन्तर है। S.L. शब्द से यह स्पष्ट होता है कि किसी समय विशेष में व्यापार की मात्रा कम थी। S. L. शब्द मूल्यों का रूख प्रकट करने वाला नहीं माना जाता जबकि S.O.L. बाजार के अनिश्चित रूख को प्रदर्शित करता है।

अधिक्रय बाजार (Over-bought Market): यह किसी बाजार की वह स्थिति है जिसमें व्यापारी तथा सटोरिये अपनी क्षमता से अधिक माल का क्रय कर लेते हैं। ऐसा बाजार प्राय: तेजड़ियों द्वारा किया जाता है। ऐसे बाजार को दुर्बल बाजारों की संज्ञा प्रदान की जाती है।

अधिविक्रय बाजार (Oversold Market): यह बाजार की वह स्थिति है जिसमें सटोरिये अपनी सामर्थ्य से भी अधिक मात्रा में विक्रय कर देते हैं। दूसरे शब्दों में यह वह स्थिति है जब बाजार में क्रय के सौदे अधिक होते हैं। ऐसे बाजारों को दृढ़ बाजार के नाम से भी पुकारते है।

बदला (Carry Over or Switch Over): जब सुपूर्दगी तिथि तक भी भाव सटोरिये के पक्ष में नहीं होने की सम्भावना होती है तो इसी सुपूर्दगी तिथि पर सौदा पूरा करना हानिप्रद हो सकता है। अत: वह इस हानि से बचने के लिए इस सुपुर्दगी तिथि को किसी अन्य तिथि के लिए स्थगित कर सकता है। इसे ही बदली कहते है। वह सुपुर्दगी भविष्य के लिए इस आशा से स्थगित करता है कि अगली तिथि तक तो भाव अवश्य ही उसके पक्ष में आयेंगे तब लाभ कमा लूंगा।

इस बदली के लिए उसे सर्वप्रथम पहला सौदा रद्द करना पड़ता है जो पक्षकार बदली का इच्छुक होता है। उस पक्षकार को दूसरे पक्ष को कुछ शुल्क देना पड़ता है उसे 'बदली' शुल्क कहते हैं। जब बदली तेजड़ियों की इच्छा पर की जाती है तो उनके द्वारा दिये जाने वाले 'बदली शुल्क' को स्थगन शुल्क या पूर्वागमन शुल्क कहते हैँ। यदि वह बदली मंदडिये की इच्छानुसार की जाती है तो उसके द्वारा दिये जाने वाली बदली शुल्क को पृष्ठागमन कहते है।

भावी विकास हेतु सुझाव

(Suggestions for Further Growth)

भविष्य में स्टॉक एक्सचेंज केन्द्रों के निरन्तर एवं निर्बाध गति से विकास के लिए निम्नलिखित सुझावों पर ध्यान देना चाहिए:

1. **नयी कम्पनियों के मूल्याकंन की व्यवस्था :** प्रत्येक नई कम्पनी की परियोजना के मूल्याकंन की व्यवस्था की जानी चाहिए। यह व्यवस्था वैधानिक रूप से लागू की जानी चाहिए। इससे विनियोजकों को प्रवर्तकों के धोखे से बचाया जा सकेगा।

2. **शिक्षा तथा प्रशिक्षण :** विनियोजकों को स्टॉक एक्सचेंज केन्द्रों के बारे में जानकारी देने के लिए शिक्षण और प्रशिक्षण कार्यक्रम आयोजित करने चाहिए। स्टॉक एक्सचेंज केन्द्रों के द्वारा लघु पुस्तकें तथा पत्रिकाएँ प्रकाशित करनी चाहिए, जिसमें स्टॉक एक्सचेंज केन्द्रों के नवीनतम नियमों तथा परिस्थितियों की जानकारी हो।

3. **आयकर में राहत सीमा में वृद्धि :** वर्तमान में बाजार में विनियोग तथा उस पर प्राप्त आय पर आयकर अधिनियम में कुछ राहत दे रखी है। किन्तु, इनमें समय समय पर वृद्धि करने पर विचार करना चाहिए।

4. **सौदों के निपटारे तथा भूगतान में शीघ्रता :** स्टॉक एक्सचेंज केन्द्रों में सौदों के निपटाने तथा भुगतान करने की प्रक्रिया इतनी लम्बी है कि प्रतिभूतियों के विक्रेता को लम्बे समय तक भुगतान प्राप्त नहीं होता है। अत: सौदे के निपटारे (Settlement) की अवधि कम करनी चाहिए।

5. **असूचीकृत अंशों** (Unlisted shares) के लेनदेन का नियमन करना चाहिए।

6. **आन्तरिक सूचनाओं** पर आधिारित सौदों (Insider trading) को अवैध घोषित कर देना चाहिए।

7. **कम्पनियों द्वारा वितरित लाभांश** पर लगाया गया कर हटा देना चाहिये।

8. **देश में स्टॉक एक्सचेंज केन्द्रों की संख्या** बढ़ानी चाहिए। इनकी संख्या छोटे राज्यों में कम से कम एक तथा बड़े राज्यों में आवश्यकतानुसार दो या अधिक होनी चाहिए।

9. **उद्योगों से संबंधित नीतियों** के उदारीकरण की प्रक्रिया जारी रखनी चाहिए।

10. विदेशी विनियोजकों को देश में **पूँजी विनियोग** के लिए प्रोत्साहित करना चाहिए।

11. व्यापारिक बैंकों को **अंशों/ऋणपत्रों पर उदारता** से ऋण उपलब्ध करना चाहिए।

राष्ट्रीय स्कन्ध विनिमय केन्द्र/एन.एस.ई.
(National Stock Exchange/NSE)

राष्ट्रीय स्कन्ध विनिमय केन्द्र एक नवीन स्वचालित केन्द्र है, जो राष्ट्रव्यापी प्रतिभूति व्यापार की सेवाएँ उपलब्ध करने के उद्धेश्य से स्थापित किया गया है।

राष्ट्रीय स्टॉक एक्सचेंज की उत्पत्ति फेरवानी अध्ययन दल 1991 की सिफारिश के आधार पर हुई। अध्ययन दल द्वारा राष्ट्रीय स्टॉक एक्सचेंज की स्थापना के अतिरिक्त राष्ट्रीय स्टॉक बाजार भी स्थापित करने की सिफारिश कि थी। फेरवानी अध्ययन दल द्वारा भारतीय स्टॉक बाजार में प्रमुख रूप से छः कमजोरिया/बुराईयां अनुभव कि गयी। ये कमजोरियाँ है:

(1) अधिकांश बाजारों की गहनता तथा विस्तृतता के सन्दर्भ में तरलता का अभाव,

(2) ऋण के लिए बाजार विकसित करने की आयोग्यता,

(3) आधारभूत सूविधाओं का अभाव प्राचीन व्यवहार तंत्र,

(4) व्यवहार में पारदर्शिता (Transparency) जो विनियोक्ता के आत्मबल को प्रभावित करता है।

(5) पुरानी निपटारा प्रणाली जो पूँजी बाजार के आकार के अनुरूप व्यवहार करने में अक्षम था जिसके फलस्वरूप विलम्ब होता है,

(6) विभिन्न स्टॉक एक्सचेजों के वैधानिक संगठन तथा विनिमन्त्राक फ्रेमवर्क (Regulatory Framework) में विभिन्नता के कारण विभिन्न स्टाँक एक्सचेंजों की सामंजस्यतापूर्ण कार्य प्रणाली में एकल बाजार का अभाव।

इन घटको द्वारा राष्ट्रीय स्टॉक एक्सचेंज स्थापना को प्रोत्साहित किया।

राष्ट्रीय स्टॉक एक्सचेंज की स्थापना, उद्देश्य, सदस्यता तथा कार्यप्रणाली सम्बन्धी प्रमुख बातों की जानकारी निम्नांकित शीर्षकों में दी जा रही है :

1. स्थापना तथा संगठन का प्रारूप (Establishment and Form of Organisation): राष्ट्रीय स्कन्ध विनिमय केन्द्र की स्थापना फेरवानी समिति (Ferwani Committee) की सिफारिशों पर नवम्बर, 1992 में की गई थी। यह केन्द्र कम्पनी अधिनियम, 1956 की धारा 25 के अधीन एक गैर लाभ उद्देश्य वाली कम्पनी के रूप में स्थापित किया गया था। इसका पंजीकृत कार्यालय मुम्बई में है। वर्तमान में इसकी छः शाखाएँ भी हैं जो अहमदाबाद, बैंगलौर, बड़ौदा, कोलकाता, चेन्नई, दिल्ली, हैदराबाद तथा पूणे में स्थित हैं।

2. प्रवर्तक (Promotion): इस कम्पनी का प्रमुख प्रवर्तक (Lead promoter) भारतीय औद्योगिक विकास बैंक है। इसके अतिरिक्त, इसके प्रवर्तकों में औद्योगिक साख एवं विनियोग निगम, भारतीय औद्योगिक वित्त निगम, साधारण बीमा निगम, भारतीय जीवन बीमा निगम, एस. बी. आई केपीटल मार्केट्स, स्टॉक होल्डिंग कॉरपोरेशन ऑफ इण्डिया तथा इन्फ्रास्ट्रक्चर लीजिंग एण्ड फाइनेन्सियल सर्विसेज लि. सम्मिलित है।

3. मान्यता (Recognition): इस स्कन्ध विनिमय केन्द्र को प्रतिभूति अनुबन्ध (नियमन) अधिनियम के अधीन केन्द्रीय सरकार द्वारा मान्यता प्रदान की गई है। इसे प्रथम बार मान्यता अप्रेल, 1993 में पाँच वर्षो के लिए दी गई, जिसे पुनः बढ़ा दिया गया है।

4. उद्देश्य (Objectives): इसकी स्थापना के प्रमुख उद्देश्य इस प्रकार हैं :

(अ) अंशों एवं प्रतिभूतियों के व्यापार के लिए राष्ट्रव्यापी बाजार उपलब्ध करना।

(ब) अंशों एवं प्रतिभूतियों के व्यापार में कुशलता, निष्पक्षता तथा पारदर्शिता लाना।

(स) सभी निवेशकों को उच्च किस्म की व्यापार सेवा उपलब्ध करना।

(द) स्कन्ध विनिमय केन्द्र को सभी निवेशकों की पहुँच में लाना।

(य) सौदों का शीघ्र निपटान करके निवेशकों को शीघ्र भुगतान उपलब्ध करना।

(र) भारतीय पूँजी बाजार को अन्तर्राष्ट्रीय स्तर पर बढ़ाना।

(ल) अन्य स्कन्ध विनिमय केन्द्रों के लिए आदर्श प्रस्तुत करना।

5. प्रबन्ध व्यवस्था (Management): इस केन्द्र की प्रबन्ध व्यवस्था के लिए एक संचालक मण्डल का गठन किया गया है। संचालक मण्डल में 15 संचालक है। प्रबन्ध संचालक इसके दैनिक कार्यों का प्रबन्ध एवं संचालक करता है। परामर्श एवं सहायता के लिए संचालक मण्डल ने सात उप समितियाँ भी बनायी हैं। ये समितियाँ निम्नानुसार हैं :

(1) कार्यकारिणी समिति, (2) निपटारा समिति, (3) विवाद निवारण समिति, (4) आरोप निवारण समिति, (5) सूचीयन परामर्श समिति, (6) ऋण बाजार विकास समिति, (7) कार्यप्रणाली सुधार समिति।

6. सदस्यता (Membership): इस केन्द्र की सदस्यता के लिए वे सभी योग्यताएँ तो होनी ही चाहिये, जो किसी अन्य स्कन्ध विनिमय केन्द्र की सदस्यता प्राप्त करने के लिए अनिवार्य हैं। किन्तु इस केन्द्र की सदस्यता के लिए निम्नांकित अतिरिक्त विशेष योग्यताएँ/आवश्यकताएँ भी होती हैं :

(अ) आवेदक कम से कम स्नातक हो। कम्पनी या निगमों की दशा में उसके संचालकों का स्नातमक होना अनिवार्य है।

(ब) उसके पास आधारभूत साधन, जैसे : कम्प्यूटर, सेटेलाइट डिस्क तथा ऐसे ही अन्य इलेक्ट्रोनिक्स उपकरण होने चाहिये।

(स) एकाकी सदस्यों की शुद्ध सम्पत्तियाँ (Net worth) कम से कम 50 लाख रू. तथा निगमीय सदस्यों की 75 लाख रू. (जमा सहित) होनी चाहिये।

7. सदस्यता शुल्क तथा जमा राशि (Membership Fee and Deposits): संस्थागत सदस्यों के लिए प्रवेश शुल्क 75 लाख रू. है तथा उन्हें एक करोड़ रू. की जमा भी देनी होती है। एकाकी सदस्यों की दशा में प्रवेश शुल्क 25 लाख रू. है तथा 25 लाख रू. जमा भी कराने पड़ते हैं। निगमीय सदस्यों को 25 लाख रू. प्रवेश शुल्क देना होता है जबकि जमा के रूप में 50 लाख रू. देने पड़ते है।

8. कार्य प्रभाग (Working Divisions): इस केन्द्र के दो कार्य प्रभाग (Work segments) हैं :

(अ) **थोक ऋण बाजार प्रभाग** (Wholesale Debt market): यह प्रभाग बैंकों, वित्तीय संस्थाओं, वित्तीय विनियोजकों संस्थाओं तथा मध्यस्थों को सार्वजनिक उपक्रमों के बाण्डों, यूनिटों, ट्रेजरी बिलों, सरकारी प्रतिभूतियों तथा काल मनी (Call money) के भारी राशि के सौदे करने के लिए सुविधाएँ प्रदान करता है।

(ब) **पूँजी बाजार प्रभाग** (Capital market) : यह प्रभाग कम्पनियों द्वारा जारी किये गये अंशों, ऋणपत्रों, परिवर्तनीय ऋणपत्रों तथा अन्य प्रतिभूतियों के लेन–देन के लिए सुविधाएँ प्रदान करता है।

9. कार्यप्रणाली (Working): इस केन्द्र में सदस्य ही कार्य कर सकते हैं। अत: कोई भी निवेशक, जो इस केन्द्र में लेन देन करना चाहता है, उसे इस केन्द्र के अधिकृत सदस्य से सम्पर्क कर सर्वप्रथम उसे अपना आदेश लिखना होता है। सदस्य उस आदेश को अपनी आदेश पुस्तिका में लिख लेता है। इसके बाद सदस्य अपने कम्प्यूटर के स्क्रीन को राष्ट्रीय स्कन्ध विनिमय केन्द्र के मुख्यालय के कम्प्यूटर टर्मीनल से जोड़ता है। ऐसा वह इलेक्ट्रोनिक्स संचार माध्यमों (सेटेलाइट डिस्क आदि से) से कर सकता है। इसमें निरन्तर द्विमार्गी भाव प्रदर्शित होते रहते है। तत्पश्चात् वह अपने ग्राहक के आदेश की अपने कम्प्यूटर में प्रविष्टि करता है। ज्यों ही ग्राहक के अंशों तथा भाव का अन्य ग्राहक से मिलान हो जाता है, सौदा हो जाता है। इसकी प्रविष्टि भी तत्काल मुख्यालय के कम्प्यूटर टर्मीनल में भी हो जाती है।

इस केन्द्र पर सौदों के निपटारे की दो व्यवस्थाएँ हैं :

(1) साप्ताहिक निपटारा व्यवस्था, तथा

(2) निरन्तर या अनवरत निपटारा व्यवस्था।

साप्ताहिक निपटारा (Weekly settlement) व्यवस्था के अन्तर्गत प्रत्येक कारोबारी सप्ताह प्रत्येक बुधवार से मंगलवार तक की अवधि का होता है। इस कारोबारी सप्ताह के समाप्त होते ही अगले दिन अर्थात् बुधवार को प्रत्येक सदस्य को उसके पिछले कारोबारी सप्ताह के सौदों का विवरण उसे दे दिया जाता है। इस विवरण में इस बात का स्पष्ट उल्लेख किया जाता है कि उस सदस्य को कितनी प्रतिभूतियों की सुपूर्दगी देनी है या लेनी है तथा कितनी राशि भुगतान दिवस को चुकानी है या प्राप्त करनी है।

तत्पश्चात प्रत्येक सदस्य अपने द्वारा बेची गयी प्रतिभूतियों की सुपुर्दगी अगले सोमवार तक दे सकता है। मंगलवार को उसके माध्यम से क्रय की गई प्रतिभूतियों की सुपुर्दगी उसे दे दी जाती है जिनका उसे उसी दिन भुगतान करना पड़ता है। बुधवार को भुगतान दिवस होता है तब सभी सदस्यों को केन्द्र द्वारा देय शुद्ध राशि का भुगतान कर दिया जाता है।

इस प्रकार इस व्यवस्था में सप्ताह के प्रथम दिन प्रतिभूतियों का विक्रय करने पर 14 वें दिन (सौदे के 13 दिन बाद) तथा अन्तिम दिन विक्रय करने पर 9 वें दिन (आठ दिन बाद) भुगतान प्राप्त हो जाता है। यह व्यवस्था अब समाप्त कर दी गई हैं।

निरन्तर या अनवरत निपटारा (Rolling settlement) व्यवस्था के अन्तर्गत सौदों का निरन्तर निपटारा होता रहता है। इसमें प्रत्येक कारोबारी दिन के अन्त में बकाया सौदों का निरन्तर निपटारा करना पड़ता है। पहले इसमें प्रत्येक सौदे को पॉचवे दिन (T + 5) निपटाया जाता था किन्तु अब प्रत्येक सौदे को आगामी दो दिनों (T + 2) में निपटाया जाता है। इस हेतु कारोबारी दिन (T) के बाद अगले 2 दिनों में (T + 2) अंशों/प्रतिभूतियों की सुपूर्दगी प्रस्तुत करनी पड़ती है अथवा खरीदी गई प्रतिभूतियों के मूल्य का भुगतान करना पड़ता है। इस प्रकार इस व्यवस्था में यदि सोमवार को सौदा किया गया है तो बुधवार को और यदि मंगलवार को किया गया है तो गुरूवार को सौदे का निपटान हो जाता है। किन्तु इन दो दिनों की गिनती करते अवकाश के दिनों अर्थात् शनिवार, रविवार या अन्य घोषित अवकाश के दिनों को नहीं गिना जाता है।

10. केन्द्रीय प्रतिभूति संग्रहालय (Central securities depository) : देश में केन्द्री; प्रतिभूति संग्रहालय की स्थापना कर दी गई है। जिन कम्पनियों ने अपने अंशों का हस्तांतरण इनके माध्यम से स्वीकार कर लिया है, उन प्रतिभूतियों के क्रेताओं विक्रेताओं को प्रतिभूतियों की भौतिक सुपूर्दगी देने लेने की आवश्यकता नहीं पड़ती है। ये संग्रहालय या डिपोजिटरी की रसीद के आधार पर सुपूर्दगी देते या लेते है। इस प्रकार इस केन्द्र पर प्रमाणपत्रविहीन व्यापार (Scripless trading) का युग प्रारम्भ हो चुका है।

इसके अतिरिक्त, अब इस केन्द्र पर राष्ट्रीय निपटारा व्यवस्था (National settlement system) भी प्रारम्भ की जाने वाली है।

सदस्यों/दलालों की योग्यताएँ
(Qualification of Members/Brokers)

राष्ट्रीय स्कन्ध विनिमय केन्द्र में केवल इसके सदस्य ही कार्य करने के लिए अधिकृत होते है। ये सदस्य सेबी द्वारा दलालों (Stock brokers) के रूप में भी पंजीकृत होते है। इस केन्द्र में एकाकी व्यक्तियों, साझेदारी फर्मों, कम्पनियों, निगमों आदि को सदस्य बनाया जा सकता है। इनकी प्रमुख योग्यताएँ निम्नानुसार हैं :

1. एकाकी व्यक्ति (Sole Person): निम्नलिखित को छोड़कर प्रत्येक व्यक्ति स्कन्ध विनिमय केन्द्र का सदस्य बन सकता है :

(1) जिसकी उम्र 21 वर्ष से कम है।

(2) जो भारत का नगारिक नहीं है।

(3) जो दिवालिया सिद्ध किया जा चुका है।

(4) जो दिवालिया घोषित किया हुआ है।

(5) जिसने अपने ऋणदाताओं से ऋण के भुगतान में समझौता किया है।

(6) जो किसी कपट या बेईमानी के लिए अपराधी ठहराया गया है।

(7) प्रतिभूतियों के अतिरिक्त किसी व्यवसाय में नियोक्ता (Principal) अथवा कर्मचारी के रूप में लगा हुआ है।

(8) यदि किसी अन्य स्कन्ध विनिमय केन्द्र का सदस्य है।

(9) यदि वह किसी ऐसी कम्पनी का संचालक, साझेदार या कर्मचारी है जिसका प्रमुख कार्य प्रतिभूतियों में लेन देन करना है।

(10) यदि किसी व्यक्ति को प्रतिभूतियों के व्यापार का कम से कम दो वर्ष का अनुभव नहीं है। उसे यह अनुभव एक काम सीखने वाले व्यक्ति या किसी सदस्य के साझेदार या अधिकृत सहायक या लिपिक या रेमिजियर के रूप में प्राप्त हो सकता है।

2. साझेदारी फर्म या प्रतिनिधि सदस्य (Partnership Firm): साझेदारी फर्म किसी स्कन्ध विनिमय केन्द्र की सदस्य बन सकती है किन्तु उसके प्रत्येक साझेदार की योग्यताओं के सम्बन्ध में वे ही नियम लागू होंगे जो ऊपर एकाकी व्यक्ति के लिए दिये गये हैं। इसी प्रकार किसी सदस्य का प्रतिनिधि भी स्कन्ध विनिमय केन्द्र में कार्य करने हेतु नियुक्त किया जा सकता है। किन्तु इसके लिए प्रबन्ध समिति से पूर्वानुमति लेना अनिवार्य है।

3. कम्पनी (Company): केन्द्रीय सरकार के नवीनतम आदेश के अनुसार निम्न विशेषताओं वाली कम्पनियों को भी स्कन्ध विनिमय केन्द्र की सदस्यता दी जा सकती है:

(अ) वह कम्पनी, कम्पनी अधिनियम की धारा 322 के अनुसार स्थापित की गई है। इस धारा के अनुसार बनी सीमित कम्पनी के प्रत्येक संचालक, प्रबन्धक, प्रबन्ध संचालक का दायित्व असीमित होता है।

(ब) ऐसी कम्पनी के अधिकांश संचालक उस कम्पनी के अंशधारी हैं तथा उस स्कन्ध विनिमय केन्द्र के सदस्य भी हैं तथा

(स) उस कम्पनी के संचालक जो उस स्कन्ध विनिमय केन्द्र के सदस्य भी हैं, का दायित्व असीमित है।

4. निगम, सरकारी कम्पनी या संस्थाएँ (Corporation, Government Company or Institutions): केन्द्रीय सरकार के नवीनतम आदेश के अनुसार भारतीय औद्योगिक वित्त निगम, जीवन बीमा निगम, भारतीय औद्योगिक विकास बैंक, भारतीय साधारण बीमा निगम, यूनिट ट्रस्ट ऑफ इण्डिया, भारतीय औद्योगिक साख तथा विनियोग निगम तथा इनकी सहायक कम्पनियों, भारतीय स्टेट बैंक की सहायक कम्पनियों, राष्ट्रीयकृत

बैंकों की मर्चेण्ट बैंकिंग की सेवाएँ प्रदान करने वाले तथा अंशों का लेन-देन करने वाले राष्ट्रीयकृत बैंकों को भी सदस्यता दी जा सकती है।

5. विदेशी वित्तीय संस्थाएँ (Foreign Financial Institutions): जो विदेशी वित्तीय संस्थाएं सेबी के पास पंजीकृत हैं, उन्हें भी स्कन्ध विनिमय केन्द्र में सदस्यता प्रदान की जा सकती है।

प्रगति (Progress)

राष्ट्रीय स्कन्ध विनिमय केन्द्र ने अल्प अवधि में ही बहुत अच्छा कार्य किया है। इसने भारतीय पूँजी बाजार के सभी स्कन्ध विनिमय केन्द्रों में प्रथम स्थान प्राप्त कर लिया है। इस स्कन्ध विनिमय केन्द्र की प्रगति को दर्शाने वाले कुछ प्रमुख बिन्दु (मार्च 1998) तक निम्नानुसार हैं :

1. **भौगौलिक क्षेत्र** (Geographical Area): इस केन्द्र के कारोबार का भौगोलिक क्षेत्र 206 शहरों में फैल चुका है।

2. **वीसेटों की संख्या** (Number of VSATs) : इस केन्द्र के द्वारा 206 शहरों में 1767 वीसेट स्थापित किये जा चुके हैं।

3. **कारोबार की राशि** (Volume of Business): इस केन्द्र का वर्ष 1997-98 में 3,69,934 करोड़ रू. का कारोबार था जबकि सम्पूर्ण भारत के सभी स्कन्ध विनिमय केन्द्रों का कारोबार 9,08,691 करोड़ रू. का था। इस प्रकार इसने देश के कुल कारोबार को 41 प्रतिशत का योगदान दिया था।

4. **दैनिक एवं मासिक कारोबार** (Daily and Monthly Business): इस केन्द्र का दैनिक एवं मासिक कारोबार भी अन्य केन्द्रों की तुलना में बहुत अधिक है। उदाहरणार्थ, जुलाई 1998 के माह में 29,531 करोड़ रू. का करोबार हुआ था जबकि इस महीने में औसत कारोबार लगभग 1300 करोड़ रू. का था। प्रतिदिन लगभग 2.25 लाख सौदे हुए हैं।

5. **बाजार मूल्य** (Market Price): इस केन्द्र पर सूचीबद्ध प्रतिभूतियों का बाजार मूल्य 4,16,290 करोड़ रू. था।

6. **बाजार सूचकांकों का प्रकाशन** (Publication of Market Indices): यह स्कन्ध विनिमय केन्द्र बाजार सूचकांकों की गणना करता है तथा उनका प्रकाशन भी करता है। इस हेतु इस केन्द्र ने 'क्रिसिल' के साथ मिलकर 'इण्डिया इन्डैक्स सर्विसेज एण्ड प्राडक्टस लि. (IISL) की स्थापना की है। वर्तमान में यह कम्पनी तीन प्रकार के सूचकांकों [(i) S & P CNX NIFTY, (ii) CNX NIFY JUNIOR, and (iii) S & P CNX DEFTY] की गणना एवं उनका प्रकाशन कर रही है।

7. **राष्ट्रीय प्रतिभूति समाशोधन निगम को मान्यता** (Recognition to National Security Clearing Corporation): इस केन्द्र द्वारा स्थापित 'राष्ट्रीय प्रतिभूति समाशोधन निगम (National Securities Clearing

Corporation Ltd.) को सैद्धान्तिक मान्यता प्राप्त हो गई है। इसके माध्यम से निवेशक अपनी प्रतिभूतियों को दलालों को उधार दे सकेंगे। फलत: सुपुर्दगी तिथि पर अंशों की सुपुर्दगी अधिक हो सकेगी।

इस प्रकार स्पष्ट है कि राष्ट्रीय स्कन्ध विनिमय केन्द्र देश का सर्वाधिक महत्वपूर्ण केन्द्र बनता जा रहा है।

आधुनिक प्रवृत्तियाँ
(Recent Trends)

राष्ट्रीय स्टॉक एक्सचेंज द्वारा अपने कार्य परिचालन में प्रत्येक वह प्रयास किया गया है जिससे यह भारत की एक गौरवपूर्ण संस्था के रूप में उभर कर निवेशकों के सम्मुख प्रस्तुत हो सके। राष्ट्रीय स्टॉक एक्सचेंज द्वारा नेटवर्क के विस्तार, बाजार में अपने कार्य संचालन भाग, किये गये कार्य के आकार, तरलता उपलब्धि तथा समाशोधन गतिविधयों का सफलतम संचालन किया गया है। राष्ट्रीय स्टॉक एक्सचेंज की कतिपय आधुनिक प्रवृत्तियां निम्नलिखित है:

(1) विस्तार (Expansion): मुम्बईं में अपने कार्य परिचालन की स्थापना के पश्चात् राष्ट्रीय स्टॉक एक्सचेंज द्वारा अपने कार्य परिचालन का फैलाव अन्य शहरो में करना प्रारम्भ किया है। राष्ट्रीय स्टॉक एक्सचेंज द्वारा सम्पूर्ण देश के 317 शहरों में 2580 VSATS की स्थापना कि है।

(2) गुणवता (Quality) : राष्ट्रीय स्तरीय पर बाजार के संग्रहीकरण (Consolidation) के साथ ही राष्ट्रीय स्टॉक एक्सचेंज की व्यवहार लागत में कमी के साथ ही डूबत सुपूर्दगी की संख्या में महत्त्वपूर्ण कमी हुयी है। अंशों के डिमेटराइलेजसन द्वारा डूबत सुपुर्दगी में कमी हुयी है। राष्ट्रीय प्रतिभूति समाशोधन निगम लि. (National Securities Clearing Corporation Limited) द्वारा प्रभावपूर्ण कार्य संचालन इसका अन्य प्रमुख कारण रहा है।

(3) अधिक तरलता (More Liquidity): स्वयं की ऑन लाईन प्रणाली तथा त्वरित व्यापार सुविधा के विकास के कारण राष्ट्रीय स्टॉक एक्सचेंज द्वारा पूँजी बाजार में कुछ तरलता उपलब्धि में संफलता प्राप्त कि है।

(4) कम दलाली (Low Brokerage): राष्ट्रीय स्टाँक एक्सचेंज में पारदर्शिता के कारण दलाली शुल्क कम करने, बाजार प्रभावि लागत तथा निपटारा लागत कम करने में सफलता प्राप्त हुई है। मुम्बई के बाहर मुम्बई स्टॉक एक्सचेंज के टर्मीनल पर दलाली शुल्क व्यवहारित मूल्य का 0.5 प्रतिशत है। राष्ट्रीय स्टॉक एक्सचेंज पर व्यवहारित मूल्य का यह 0.1 प्रतिशत है।

(5) जोखीम के विरूद्ध बीमा (Insurance Against Risk) : जब कोई विनियोक्ता किसी दलाल से सम्पर्क करता है अथवा दो दलाल आपस में व्यवहार करते है तो इस बात की सम्भावना व्यक्त कि जा सकती है कि व्यवहार में सम्मिलित कोई भी पक्षकर भुगतान में चुक कर सकता है। राष्ट्रीय प्रतिभूति समाशोधन निगम राष्ट्रीय स्टॉक एक्सचेंज की

एक सम्पूर्ण स्वामित्व सहायिका है जो उपर्युक्त वर्णित जोखीम के विरूद्ध संरक्षक प्रदान करती है। 1996 के तक इस प्रकार की जोखीम के सम्बन्ध में कोई प्रावधान नहीं था।

(6) त्वरित समाशोधन तथा निपटारा (Quick Clearing and Settlement): राष्ट्रीय स्टॉक एक्सचेंज द्वारा सम्पूर्ण समाशोधन गृह सुविधा की उपलब्धि कि है। प्रतिभूतियों के भाग का साधारण क्षेत्रीय समाशोधन केन्द्रों (देहली, चेन्नई तथा कोलकाता) पर हो जाता है। वर्तमान में उपलब्ध करवाई जा रही अन्त: क्षेत्रीय समाशोधन सुविधा से सदस्यों की समय से सुपुर्दगी प्राप्त न होने अथवा अंशों के मार्ग में गायब हो जाने की जोखीम में कमी हुई है। यह अपेक्षा कि जा सकती है कि इससे सुपूर्दगी आधारित व्यवहार (Delivery Based Trading) में वृद्धि हुई।

(7) विदेशी संस्थागत निवेशक व्यवहार (Foreign Institutional Investors Trading): दलाल का परिचय तब तक प्रकाश में नहीं आता जब तक कि व्यवहार क्रियान्वित न हो जाय। विदेशी संस्थागत निवेशक व्यवहार में गोपनीयता अनिवार्य है। इस प्रकार की गोपनीयता मुम्बई स्टॉक एक्सचेंज में अनुपलब्धता विदेशी संस्थागत निवेशकों को राष्ट्रीय स्टॉक एक्सचेंज के साथ व्यवहार करने हेतु प्रेरीत करती है। इसके कारण राष्ट्रीय स्टॉक एक्सचेंज की निगम सदस्यता में महत्त्वपूर्ण वृद्धि हुई है। मार्च 2000 में राष्ट्रीय स्टॉक एक्सचेंज के कुल 780 सदस्यों में 668 निगम सदस्य (Corporate Members) थे।

ऑवर दा काउन्टर एक्सचेंज ऑफ इण्डिया
(Over the Counter Exchange of India-OTCEI)

भारत में लगभग 125 वर्षों से स्टॉक एक्सचेंज केन्द्र बनते एवं कार्य करते रहे हैं। उन सब में परम्परागत ढंग से प्रतिभूतियों का लेन-देन या क्रय-विक्रय होता रहा है। किन्तु, आधुनिक इलेक्ट्रोनिक्स कम्प्यूटरों तथा संचार साधनों के विकास ने स्टॉक एक्सचेंज केन्द्रों की प्राचीन अवधारणा में ही आमूलचूल परिवर्तन कर दिया है। भारत में पिछले कुछ वर्षों में ऐसे ही कुछ आधुनिक स्टॉक एक्सचेंज केन्द्रों का जन्म हुआ है, जिन्हें *ओ.टी.सी.ई.आई.* तथा *एन.एस.ई.* के नाम से जाना जाता है। प्रस्तुत अध्ययन में सर्वप्रथम हम इन दोनों ही का संक्षिप्त परिचय प्राप्त करेंगें।

ओवर द काउन्टर एक्सचेन्ज ऑफ इण्डिया /ओ.टी.सी.इ.आई.
(Over the Counter Exchange of India/OTCEI)

एक पूर्णत: सुसंगठित बाजार प्रतिभूतियों को सुगम एवं त्वरित विपणन योग्यता प्रदान करता है जो कि तरलता भी आश्वस्त करता है। ऑवर दा काउन्टर एक्सचेन्ज ऑफ इण्डिया एक बहु-स्तरिय बाजार है जो प्रतिभूतियों हेतु अनुकूल तथा लाभदायक है। ओवर द काउन्टर एक्सचेन्ज ऑफ इण्डिया को ''ओटीसी एक्सचेन्ज ऑफ इण्डिया'' (OTC Exchange of India) के नाम से भी जाना जाता है। ऑवर द काउन्टर एक्सचेन्ज शब्द की उत्पत्ति 18 वीं शताब्दी की देन है तथा यह संयुक्त राज्य अमेरिका में लगभग प्रतिभूति व्यापार के साथ ही विकसित हुआ। 1789 में संयुक्त राज्य सरकार द्वारा 80 मिलियन डॉलर के सरकारी बॉण्ड निर्गमित किये गये। इसके साथ ही अनेक कम्पनियों ने भी सार्वजनिक

निर्गमन के द्वारा कोषों का संग्रहण प्रारम्भ किया। इसके साथ ही प्रतिभूतियों में व्यापार कॉफी हाउस जैसे स्थान पर मुँह के शब्दों तथा समाचार पत्र में विज्ञापन के माध्यम से प्रारम्भ हुआ। ऑवर दॉ काउन्टर एक्सचेंज ऑफ इण्डिया की स्थापना का प्राथमिक उद्देश्य छोटे आकार की कम्पनियों तथा छोटे विनियोक्ताओं की पूँजी बाजार से सेवाओं को प्रदान करना है। इस एक्सचेंज में पारदर्शिता, त्वरित निपटारे तथा देश के किसी एकान्त का कोने में पहुँचने की क्षमता आदि गुणों की विद्यमानता ने इसे भारत का एक उत्कृष्ट तथा पृथक एक्सचेंज से व्यवहार में विनियोक्ता को सहज पहुँच तथा स्पष्ट व्यवहार की तथा छोटे आकार की कम्पनियों को स्टाक बाजार में प्रवेश हेतु सुरक्षित मार्ग की प्राप्ति होती है। प्रस्तुत अध्याय में हम आगे इसे ''ओटीसी एक्सचेन्ज'' (OTC Exchange) के नाम से ही सम्बोधित करेंगे।

ओटीसी एक्सचेन्ज की प्रेरणा

(Inspiration of the OTCE)

भारत में ओटीसी एक्सचेन्ज की प्रेरणा अमेरिका के 'NASDAQ' or 'National Association of Security Dealers Automated Quotation' से ली गई है। अमेरिका में इसका जन्म अचानक ही तब हुआ, जबकि अमरीका सरकार अपने देश में असूचीबद्ध (Unlisted) प्रतिभूति बाजार के नियमन एवं नियन्त्रण के उपाय खोज रही थी। किन्तु आज 'NASDAQ' ओटीसी बाजार का कुल कारोबार न्यूयार्क, टोकियों तथा कोरिया के स्टॉक एक्सचेंज केन्द्रों के कारोबार के बाद सर्वाधिक है। सन् 1991 में इसका वार्षिक कारोबार लगभग 670 बिलियन डालर्स का था, जो न्यूयार्क स्टॉक एक्सचेन्ज के उस वर्ष के कारोबार के लगभग 70 प्रतिशत के बराबर था। ओटीसी एक्सचेन्ज 'NASDAQ' का ही भारतीय संस्करण है, जिसमें भारतीय परिस्थितियों तथा आवश्यकताओं के अनुरूप कुछ परिवर्तन किया गया है।

स्टॉक एक्सचेन्जों के सुधार पर जी. एस. पटेल समिति तथा पूँजी बाजार पर आबादि हुसैन प्रतिवेदन तथा 'NASDAQ' संयुक्त राज्य अमेरिका की तथा इसके ब्रिटेन तथा जापान में सहभागीयों की प्रेरणा के आधार पर ऑवर द काउन्टर एक्सचेंज ऑफ इण्डिया का भारत में जन्म हुआ।

स्थापना

(Establishment)

ओटीसी एक्सचेन्ज की स्थापना कम्पनी अधिनियम, 1956 की धारा 25 के अधीन एक ऐसी कम्पनी के रूप में की गई है, जिसका उद्देश्य लाभ कमाना नहीं है। इसका प्रवर्तन भारत के प्रमुख वित्तीय संस्थाओं के एक संघ द्वारा किया जिसमें प्रमुखत: भारतीय यूनीट प्रन्यास, भारतीय औद्योगिक विनियोग एवं साख निगम, भारतीय औद्योगिक वित्त निगम, जीवन बीमा निगम, स्टेट बैंक ऑफ इण्डिया केपीटल मार्केट, साधारण बीमा निगम तथा इसकी सहायिकाएं तथा केन बैंक वित्तीय सेवाएँ लि. आदि सम्मिलित है। ऑवर द काउन्टर एक्सचेंज ऑफ इण्डिया एक मान्यता प्राप्त स्टाक एक्सचेंज है जिसके संचालन पर प्रतिभूति नियन्त्रण (विनियमन) अधिनियम भी प्रभावी होती है। इसके द्वारा 1992 में अपना कार्य संचालन प्रारम्भ किया गया। यह भारत का प्रथम एक्सचेंज है जिसके द्वारा स्क्रीन आधारित व्यवहार की व्यवस्था लागू कि गयी जो कि स्वाचालित रिंग विहिन प्रणाली पर अधारित है।

जो भी कम्पनी ऑवर दा काउन्टर एक्सचेंज ऑफ इण्डिया के साथ सूचिबद्ध कम्पनियों को सूचियन वही दर्जा प्राप्त होता है देश में किसी भी स्टॉक एक्सचेंज के साथ सूचिबद्ध कम्पनी को प्राप्त होता है। यद्यपि कोई भी कम्पनी जो ओ.टी.सी. आई. के साथ पंजिकृत होती है वह अन्य स्टॉक एक्सचेंज में सूचिबद्ध/व्यवहार नहीं कर सकती है। यह एक समामेलित संस्था है, जिसका अपना एक पृथक अस्तित्व है। यह दूसरे पर तथा दूसरे इस पर वाद प्रस्तुत कर सकते है। यह अपनी सम्पत्तियाँ खरीद, बेच या रख सकती है। इसकी अधिकृत अंश पूँजी दस करोड़ रू. तथा चुकता पूँजी आठ करोड़ रू. है, जो इसके प्रवर्तकों द्वारा जुटायी गई है। इस एक्सचेन्ज का प्रवर्तन देश की चोटी की वित्तीय एवं विनियोजन संस्थाओं ने किया है। उनके नाम एवं उनके द्वारा धारित पूँजी इस प्रकार है:

संस्थाओं के नाम	धारित पूँजी का प्रतिशत
1. भारतीय यूनिट ट्रस्ट (UTI)	20
2. भारतीय औद्योगिक साख एवं विनियोग निगम (ICICI)	20
3. भारतीय औद्योगिक विकास बैंक (IDBI)	17
4. भारतीय औद्योगिक वित्त निगम (IFCI)	8
5. भारतीय जीवन बीमा निगम (LIC)	8
6. भारतीय साधारण बीमा निगम तथा इसकी सहायता कम्पनियाँ (GICI and its Subsidiaries)	8
7. एस. बी.आई. केपिटल मार्केट्स (SBI Capital Market)	11
8. केनबैंक फाइनेन्सियल सर्विसेज (Canbank Financial Serivices)	8

मान्यता

(Recognition)

ओटीसी एक्सचेन्ज को प्रतिभूति अनुबन्ध (नियमन) अधिनियम के अधीन ठीक उसी प्रकार मान्यता प्राप्त है, जिस प्रकार देश के अन्य स्टॉक एक्सचेंज केन्द्रों को प्राप्त है। प्रथम बार इसे अगस्त 1989 में पाँच वर्षों के लिए ही मान्यता दी गई थी, जिसे पुनः बढ़ा दिया गया है। ओटीसी एक्सचेन्ज को सरकार से मान्यता 23 अगस्त, 1989 को ही मिल गई थी किन्तु इसने अपना कार्य नवम्बर, 1992 में ही प्रारम्भ किया था। प्रारम्भ में इसने अपना कार्य बम्बई तक ही सीमित रखा। किन्तु इसके बाद इसने चेन्नई, कलकत्ता तथा दिल्ली में अपने क्षेत्रीय कार्यालय खोल दिये।

उद्देश्य

(Objectives)

ओटीसी एक्सचेन्ज की स्थापना के प्रमुख उद्देश्य निम्नानुसार थे :

1. लघु एवं मध्यम आकार की पूँजी वाली कम्पनियों के अंशों के सूचीयन की सुविधा प्रदान करना।

2. ऐसी कम्पनियों को कम निर्गम लागत (Issue expenses) पर पूँजी प्राप्ति में सहयोग करना।
3. प्रायोजकों को सम्पूर्ण सार्वजनिक निर्गम के अंशों को बेचकर (Through boughtout deals) कम्पनियों को तत्काल पूँजी प्राप्ति में सहायता करना।
4. विनियोजकों को प्रतिभूतियों के लेन-देन के लिए कुशल एवं पारदर्शी वैकल्पिक व्यवस्था उपलब्ध करना।
5. सौदों के निपटारे (Settlement) में होने वाली देरी से निवेशकों को मुक्ति दिलाना। दूसरे शब्दों में, त्वरित सुपुर्दगी एवं भुगतान को सुनिश्चित करना।
6. सभी प्रतिभूतियों को समुचित तरलता (Liquidity) प्रदान करना।
7. प्रतिभूतियों के क्रय विक्रय के लिए राष्ट्रव्यापी (Nationwide) बाजार उपलब्ध करना।
8. निवेशकों को राष्ट्रव्यापी डीलरों/सदस्यों तथा प्रतिनिधि कार्यालय में उपलब्ध सर्वश्रेष्ठ मूल्य की जानकारी देना तथा उन्हें प्रतिभूतियों के क्रय विक्रय के निर्णय में सुविधा प्रदान करना।
9. क्रय-विक्रय के आदेशों को शीघ्र पूरा करने में सहयोग करना।
10. परम्परागत स्टॉक एक्सचेंज केन्द्रों के स्थान पर आधुनिक तकनीक आधारित स्टॉक एक्सचेंज केन्द्र का विकास करना।

ओटीसी एक्सचेन्ज : अर्थ एवं परिभाषा

(OTC Exchange : Meaning and Definition)

ओटीसी एक्सचेन्ज भी एक स्टॉक एक्सचेंज केन्द्र ही है, जिसे अन्य केन्द्रों के समान ही प्रतिभूति अनुबन्ध (नियमन) अधिनियम के अधीन मान्यता प्रदान की गई है। किन्तु इसकी व्यापार एवं कार्यप्रणाली में कुछ भिन्नता है। अत: यह एक विशिष्ट प्रकार का एक्सचेन्ज है।

वास्तव में, ओटीसी एक्सचेन्ज कोई परम्परागत स्टॉक एक्सचेंज केन्द्र नहीं है, बल्कि यह आधुनिक इलेक्ट्रोनिक्स उपकरणों एवं संचार साधनों की सहायता से संचालित प्रतिभूतियों के क्रय-विक्रय की एक विधि है।

मधु टरडल (Madhu Terdal, Group Executive, Canbank Financial Services, Bombay) ने लिखा है कि "ओटीसी एक्सचेन्ज को व्यापार मंचविहिन (Trading Floorless) एक्सचेन्ज के रूप में परिभाषित किया जा सकता है। इसका कोई एक निश्चित भौतिक बाजार स्थान नहीं होता है, अर्थात् इसका बाजार एक्सचेन्ज के अनेक परिचालकों के काउण्टरों के माध्यम से सम्पूर्ण देश में फैला हुआ होता है।"

वस्तुत: हमारी दृष्टि में, "ओटीसी एक्सचेन्ज पत्र या प्रमाणपत्रविहिन या प्रलेखविहीन (Scripless or paperless), परिधिरहित (Ringless), इलेक्ट्रोनिक्स एक्सचेन्ज है जिसमें सतत् संचार माध्यमों से प्रतिभूतियों की क्रय विक्रय की राष्ट्रव्यापी व्यवस्था संचालित की जाती है।"

विशेषताएँ
(Characteristics)

ओटीसी एक्सचेन्ज की प्रकृति को भली प्रकार से समझने के लिए हम इसकी प्रमुख विशेषताओं का अध्ययन करते हैं। इसकी कुछ प्रमुख विशेषताएँ निम्नानुसार हैं :

1. परिधिविहीन एक्सचेन्ज (Ringless exchange): ओटीसी एक्सचेन्ज एक परिधिविहीन एक्सचेन्ज है। जहाँ-जहाँ ओटीसी एक्सचेन्ज मान्यता प्राप्त डीलर या सदस्य है या प्रतिनिधि कार्यालय हैं, वहाँ वहाँ इस एक्सचेन्ज का विस्तार है।

2. भौतिक व्यापार मंचविहीन एक्सचेन्ज (Physical trading floorless exchange): इस एक्सचेन्ज का परम्परागत स्टॉक एक्सचेंज केन्द्रों की भाँति कोई भौतिक व्यापार मंच भी नहीं होता है। सभी डीलरों/सदस्य अपने कार्यालयों से कार्य करते हैं।

3. कम्पयूटर स्क्रीन आधारित व्यापार (Computer screen-based trading): इस एक्सचेन्ज का व्यापार कम्पयूटर स्क्रीन की सहायता से किया जाता है। दूसरे शब्दों में, इस एक्सचेन्ज के प्रत्येक डीलर/सदस्य तथा प्रतिनिधि कार्यालय में कम्प्यूटर लगे होते है तथा ये देशव्यापी आधार पर एक-दूसरे से जुड़े होते हैं। सतत संचार (Online system) व्यवस्था से इन कम्प्यूटरों पर सम्पूर्ण देश के बाजार के सदस्यों/प्रतिनिधि कार्यालयों की सभी सम्बन्धित सूचनाएँ उपलब्ध हो जाती है। इन सूचनाओं के आधार पर डीलर/सदस्य आराम से अपने कार्यालय में बैठा हुआ सम्पूर्ण देश में कहीं भी सौदा कर सकता है।

4. सतत् संचार व्यवस्था से व्यापार (Trading through online system): ओटीसी एक्सचेन्ज का व्यापार सतत् संचार माध्यमों की व्यवस्था से चलता है। यह एक्सचेन्ज सेटेलाइट संचार माध्यमों की सहायता से कार्य करता है। इन सतत संचार माध्यमों से सम्पूर्ण देश में प्रतिभूतियों के मूल्यों तथा सौदों का निरन्तर प्रसारण होता रहता है।

5. अधिकृत व्यापारी/सदस्य तथा प्रतिनिधि कार्यालय द्वारा संचालन (Operation by authorised dealers/members and representative offices): ओटीसी एक्सचेन्ज के काउण्टरों का संचालन उसके अधिकृत व्यापारियों या सदस्यों तथा प्रतिनिधि कार्यालयों द्वारा किया जाता है। ये ही निवेशकों के साथ सौदे करते हैं तथा उन्हें आवश्यक सेवाएँ उपलब्ध करते हैं।

6. देशव्यापी व्यापार (Nationwide trading): ओटीसी एक्सचेन्ज का जाल इसके सदस्यों, व्यापारियों तथा प्रतिनिधि कार्यालयों के काउण्टरों के माध्यम से सम्पूर्ण देश में फैला हुआ है। अत: निवेशक सम्पूर्ण देश में जहाँ भी सर्वाधिक अच्छा मूल्य उपलब्ध हो, वहीं पर अपनी प्रतिभूतियों का क्रय या विक्रय कर सकता है।

7. निर्गम प्रायोजक (Issue sponsor): ओटीसी एक्सचेन्ज में प्रतिभूतियों के सूचीयन के लिए आवश्यक है कि उन प्रतिभूतियों के सार्वजनिक निर्गम से पूर्व उनके प्रायोजकों की नियुक्ति की जाय। अत: प्रत्येक कम्पनी को प्रतिभूतियों के निर्गमन से पूर्व निर्गम प्रायोजक नियुक्त करना होता है। यह प्रायोजक ही उस कम्पनी की परियोजना का पूर्णत: मूल्यांकन करता है। फलत: बाजार में अच्छी कम्पनियों के निर्गम आने की सम्भावना बनी रहती है।

8. बाजार निर्माता (Market maker): उक्त प्रायोजक ही प्रतिभूति के सूचीयन के बाद उस प्रतिभूति का बाजार निर्माता ''मार्केट मेकर'' का कार्य करता है। बाजार निर्माता प्रतिदिन उस प्रतिभूति के दोहरे भाव या मूल्य (Two-way quote) देता है, जिन पर वह प्रतिभूतियों का क्रय विक्रय करता है। इन भावों को वह तब तक नहीं बदल सकता है, जब तक वह उन भावों पर (न्यूनतम बाजार लॉट में) कम से कम एक सौदा नहीं कर लेता है।

इस प्रयोजक बाजार निर्माता (जो कि अनिवार्य रूप से होता है) के अतिरिक्त, ओटीसी एक्सचेन्ज में एक अतिरिक्त बाजार निर्माता भी होता है। इसके अतिरिक्त, कुछ स्वैच्छिक रूप से भी बाजार निर्माता हो सकते हैं। ये सभी क्रय-विक्रय के लिए दोहरे या द्विमार्गी भाव देते रहते हैं तथा उन पर प्रतिभूतियों का क्रमश: क्रय या विक्रय करते है। किन्तु अब बाजार निर्माता की व्यवस्था को समाप्त करने के लिए सेबी से अनुमति मांगी गई है।

9. पारदर्शिता (Transparency): ओटीसी एक्सचेन्ज की एक विशेषता यह भी है कि इसमें किये जाने वाले लेन-देनों में पूर्णत: पारदर्शिता होती है। प्रत्येक ग्राहक अपनी प्रतिभूति के राष्ट्रभर में न्यूनतम एवं अधिक मूल्य को कम्प्यूटर के पर्दे पर देख सकता है।

10. प्रतिभूतियों का राष्ट्रव्यापी सूचीयन (Nationwide listing of securities) : ओ.टी.सी. एक्सचेन्ज की एक प्रमुख विशेषता यह भी है कि इस एक्सचेन्ज के एक प्रतिनिधि कार्यालय में प्रतिभूति का सूचीयन करवा लेने से सम्पूर्ण देश में ओटीसी कार्यालयों में स्वत: सूचीयन हो जाता है। अत: किसी प्रतिभूति का एक जगह सूचीयन होते ही सम्पूर्ण देश में डीलरों/सदस्यों/प्रतिनिधि कार्यालयों के माध्यम से उसका लेन देन किया जा सकता है।

11. दोहरा सूचीयन नहीं (No dual listing) : ओटीसी एक्सचेन्ज की प्रतिभूतियों का किसी अन्य सकन्ध विनिमय केन्द्र में सूचीयन नहीं करवाया जा सकता है। इसी प्रकार ओटीसी एक्सचेन्ज भी उन प्रतिभूतियों का सूचीयन नहीं करता है, जो किसी अन्य स्कन्ध विनिमय केन्द्र में पंजीकृत हैं। किन्तु, ओटीसी एक्सचेन्ज अन्य केन्द्रों की सूचीबद्ध प्रतिभूतियों के लेन-देन की अनुमति अवश्य दे सकता है।

12. प्रतिभूति प्रमाणपत्र की भौतिक या अभौतिक सुपुर्दगी (Physical or non-physical delivery of the security certificate): प्रारम्भ में ओटीसी एक्सचेन्ज में क्रय विक्रय की गई प्रतिभूतियों के प्रमाणपत्रों की भौतिक सुपुर्दगी नहीं दी जाती थी। क्रेता एवं विक्रेता को केवल काउण्टर रसीद (CR) दी जाती थी। किन्तु, अब प्रतिभूतियों की सुपुर्दगी अभौतिक रूप में डिपोजिटरी के माध्यम से (Dematerialised shares की दशा में) अथवा प्रमाण पत्र के माध्यम से दी जाती है।

13. प्रतिभूति प्रमाणपत्र की अभिरक्षा (Possession of security certificates) : पहले ओटीसी एक्सचेन्ज में प्रतिभूति प्रमाणपत्र एक्सचेंज के अभिरक्षक (Custodian) की अभिरक्षा में रहते थे। अभिरक्षक काउण्टर रसीद के आधार पर उनके हस्तांतरण की कार्यवाही करता रहता था। किन्तु अब अंश या तो डिपोजिटरी के पास जमा रहते हैं या फिर अंशधारी के पास ही रह सकते हैं।

14. निवेशकों का पंजीयन (Registration of investors): ओटीसी एक्सचेन्ज पर लेन-देन करने वाले प्रत्येक निवेशक का पंजीवन किया जाता है। पंजीयन के बाद प्रत्येक निवेशक को एक कोर्ड भी दिया जाता है जिसे इनवेस्ट ओटीसी कार्ड (Invest OTC Card) कहते हैं। प्रत्येक पंजीकृत निवेशक का एक्सचेन्ज के अभिरक्षक के पास उसके द्वारा धारित प्रतिभूतियों का लेखा रहता है।

15. सत्र एवं कार्य के घण्टे (Sessions and working hours) : यह एक्सचेन्ज प्रतिदिन दो सत्रों में कार्य रकता है। प्रथम सत्र को सामान्य सत्र कहते हैं जो 10 बजे से 3.30 बजे तक चलता है। द्वितीय सत्र को सायंकालीन सत्र कह सकते हैं किन्तु इसे अधिकारिक रूप से 'ओटीसीआई हाई ट्रेड मार्केट' (OTCEI Hi-trade Market or OHM) कहते हैं। कुछ लोग इसे बाद के घण्टों का व्यापार (After hours trading) भी कहते हैं। यह सत्र वर्तमान में सायं 4.30 से 7.30 बजे तक चलता है। भविष्य में इसे 10 बजे तक बढ़ाने की योजना है। इस सायंकालीन सत्र से बाजार बन्द होने के बाद किये जाने वाले उन वैधानिक सौदों (Kerbdeals) के रूकने की सम्भावना होती है।

16. निपटारा अवधि (Settlement period) : इस एक्सचेन्ज की साप्ताहिक निपटारा अवधि अन्य एक्सचेन्जों से भिन्न है। इसकी निपटारा अवधि शुक्रवार से गुरूवार तक की है। पहले यह अवधि शनिवार से शुक्रवार तक थी।

ओटीसी एक्सचेन्ज की क्रियाएँ
(Activities)

ओटीसी एक्सचेन्ज अपनी अनेक क्रियाओं से अपने सदस्यों/डीलरों को सेवाएँ उपलब्ध कर रहा है। उनमें से कुछ प्रमुख निम्नानुसार हैं :

1. नई कम्पनियों के अंश निर्गमन (IPO) की सुविधा प्रदान करता है।
2. ओटीसीआई सिक्यूरिटीज लि. के माध्यम से राष्ट्रीय स्टॉक एक्सचेंज केन्द्र में लेनदेन की सुविधा प्रदान करता है।
3. यह एक्सचेन्ज शनिवार को सौदे करने की नियमित सुविधा प्रदान करता है।
4. इस एक्सचेन्ज में निजी तौर पर आबण्टित की गई ऋण प्रतिभूतियों (Debt securities) का सूचीयन एवं लेन देन होता है।
5. इस एक्सचेन्ज ने निपटारा गारण्टी कोष (Settlement Guarantee fund) स्थापित किया है जिससे किसी भी सदस्य द्वारा त्रुटी करने पर भी निवेशकों एवं अन्य सदस्यों को हानि नहीं होती है।
6. यह सूचीबद्ध एवं अनुमति प्राप्त प्रतिभूतियों के सौदे की सुविधा प्रदान करता है।
7. यह एक्सचेन्ज दो सत्रों में कार्य करता है। सामान्य सत्र के अतिरिक्त सायंकालीन सत्र भी प्रारम्भ कर दिया गया है।

ओटीसी एक्सचेन्ज तथा अन्य एक्सचेन्जों में अन्तर

(Distinction between OTC Exchange and Other Exchanges)

ओटीसी एक्सचेन्ज की स्थापना के समय इसमें तथा अन्य एक्सचेन्जों में बहुत अधिक भिन्नताएँ थी। अब कुछ भिन्नताएँ समाप्त हो गई तथा कुछ नये अन्तर आ गये हैं। हम ओटीसी एक्सचेंज तथा अन्य एक्सचेंजों में निम्न अन्तर है:

ओटीसी एक्सचेंज तथा अन्य एक्सचेंजों में अन्तर

अन्तर का आधार	ओटीसी एक्सचेन्ज	अन्य एक्सचेन्ज
1. उद्देश्य	ओटीसी एक्सचेन्ज छोटी कम्पनियों या छोटे एवं नये उद्यमियों की कम्पनियों के अंशों/ऋणपत्रों के लेन-देन को सुलभ बनाने के लिये स्थापित किया गया है।	अन्य एक्सचेन्ज मध्यम एवं बड़ी कम्पनियों के अंशों/ऋणपत्रों के लेन-देन की सुविधा प्रदान करने के लिये स्थापित किये गये है।
2. सूचीयन	इसमें न्यूनतम 30 लाख रू. की निर्गमित पूँजी वाली कम्पनियों का सूचीयन किया जा सकता है।	इसमें न्यूनतम तीन/पाँच करोड़ रू. की निर्गमित पूँजी वाली कम्पनियों का सूचीयन किया जा सकता है।
3. दोहरा सूचीयन	इस एक्सचेन्ज में पहले से सूचीबद्ध प्रतिभूति का अन्य एक्सचेन्जों में सूचीयन नहीं करवाया जा सकता है। अर्थात दोहरा सूचीयन सम्भव नहीं है।	अन्य एक्सचेन्जों की दशा में किसी भी प्रतिभूति का एक से अधिक एक्सचेन्जों में सूचीयन सम्भव है।
4. अधिकतम पूँजी सीमा	इसमें सूचीयन के लिए कम्पनियों की निर्गमित पूँजी अधिकतम 25 करोड़ रू. हो सकती है।	इनमें सूचीयन के लिए कम्पनियों की निर्गमित पूँजी की कोई अधिकतम सीमा नहीं है।
5. निर्गम प्रायोजक	इसमें सूचीबद्ध की जाने वाली कम्पनी के सार्वजनिक निर्गम के लिए एक निर्गम प्रायोजक होना अनिवार्य है।	इनके लिए इसकी कोई आवश्यकता नहीं होती है।
6. निजी तौर पर निर्गमित प्रतिभूतियों का लेनदेन	इस एक्सचेन्ज में निजी तौर पर निर्गमित प्रतिभूतियों (Privately placed securities) का लेन-देन होता है।	अन्य किसी एक्सचेन्ज में निजी तौर पर निर्गमित प्रतिभूतियों का लेन-देन नहीं हो सकता है।

7. सत्र	इसमें प्रतिदिन दो सत्रों में कार्य होता है।	इनमें प्रतिदिन केवल एक ही सत्र होता है।
8. निपटान सप्ताह	इसमें सूचीबद्ध प्रतिभूतियों का निपटान सप्ताह शुक्रवार से गुरूवार तक चलता है।	किसी भी अन्य एक्सचेन्ज में सूचीबद्ध प्रतिभूतियों का निपटान अनवरत निपटान (Rolling settlement) व्यवस्था के अनुसार होता है।

ओटीसी एक्सचेन्ज के प्रमुख अभिनेता/संघटक

(Key Players/Constituents in the OTC Exchange)

ओटीसी एक्सचेन्ज के प्रमुख अभिनेता या संघटक निम्नानुसार हैं :

1. ओटीसी एक्सचेन्ज की सूचीबद्ध कम्पनियाँ (Companies Listed with OTC) : इस एक्सचेन्ज की सर्वप्रमुख संघटक इकाई वे कम्पनियाँ हैं, जो इसमें सूचीबद्ध होती है। इन कम्पनियों का अन्य कहीं भी सूचीयन नहीं किया जा सकता है।

2. प्रायोजक (Sponsors) : ये इस एक्सचेन्ज की प्रतिभूति के निर्गमन के लिए प्रायोजक होते हैं। ये प्रतिभूतियों के निर्गमन में महत्वपूर्ण भूमिका निभाते हैं।

3. बाजार निर्माता (Market Maker) : यह सूचीबद्ध प्रतिभूतियों के क्रय-विक्रय के द्विमार्गी भाव उपलब्ध करता है तथा उन भावों पर प्रतिभूतियों का क्रय तथा विक्रय करता है। किन्तु, अब बाजार निर्माता की अनिवार्यता समाप्त करने हेतु अनुमति माँगी गई है।

4. सदस्य/व्यापारी तथा प्रतिनिधि कार्यालय (Member/dealers and representative office) : ये इस एक्सचेन्ज की कार्य प्रणाली के प्रमुख नायक हैं, जो ओटीसी की क्रियाओं का संचालन करते हैं। ये केन्द्रीय ओटीसी कम्प्यूटर से सीधे जुड़े होते हैं। ये ही अपने काउण्टरों पर निवेशकों के लिए सौदे करते हैं तथा उन्हें अन्य आवश्यक सेवाएँ उपलब्ध करते हैं।

5. निवेशक (Investors) : ये वे व्यक्ति हैं, जो ओटीसी एक्सचेन्ज की सेवाओं का उपयोग कर लाभ प्राप्त करते हैं।

6. रजिस्ट्रार (Registrar): यह ओटीसी एक्सचेन्ज में प्रतिभूति हस्तान्तरण तथा अन्य सम्बन्धित कार्यों को करता है। रजिस्ट्रार ही अभिरक्षक (Custodian)के रूप में कार्य करता है और अंश प्रमाणपत्रों को अपनी अभिरक्षा (Custody) में रखता है।

7. अवस्थापक/व्यवस्थापक (Settler): यह एक्सचेन्ज का वह अभिनेता है, जिसके पास काउण्टर पर तैयार किये गये सभी प्रलेख अभिलेख बनाने हेतु आते हैं। यही व्यक्ति अभिलेखों के लाने ले जाने या आवागमन (Movement) पर निगरानी भी रखता है।

8. समाशोधन बैंक (Settlement bank) : यह वह बैंक हैं, जो विभिन्न काउण्टरों के बीच भुगतानों का समाशोधन करता है।

9. समाशोधन गृह (Clearing house): समाशोधन गृह अनुमोदित प्रतिभूतियों की सुपूर्दगी लेने या देने की व्यवस्था करता है।

10. काउण्टर (Counter): निवेशक जहाँ आकर डीलरों या सदस्यों से सम्पर्क करते हैं, काउण्टर कहलाता है। काउण्टर का संचालन सदस्यों/डीलरों द्वारा किया जाता है।

ओटीसी एक्सचेन्ज में व्यवहार करने की विधि (Method of trading)

ओटीसी एक्सचेन्ज में व्यवहार करने की विधि को हम दो वर्गों में विभक्त कर सकते हैं :

I प्राथमिक बाजार या नवीन प्रतिभूतियों के लिए आवेदन करने की दशा में आबण्टन ; तथा

II सूचीबद्ध प्रतिभूतियों को क्रय करने की दशा में।

I. **प्राथमिक बाजार या नवीन प्रतिभूतियों के लिए आवेदन करने की दशा में आबण्टन** (Allotment in Case of Applied for Primary Market or New Issues): प्राथमिक बाजार अथवा नवीन प्रतिभूतियों का निर्गमन करने में ओटीसी एक्सचेन्ज में दो विधियाँ अपनायी जाती हैं। प्रथम, प्रत्यक्ष रूप से प्रविवरण जारी करके जनता को अंश प्रस्तावित करना तथा द्वितीय, निर्गम प्रायोजक (Sponsor) के माध्यम से अप्रत्यक्ष रूप से जनता को अंश बेचना।

प्रथम विधि में तो कम्पनी जनता से सीधे ही अंश आवेदनपत्र आमंत्रित करती है तथा आवेदकों को आनुपातिक आधार पर अंशों का आबण्टन करती है। *द्वितीय विधि* में कम्पनी अपने सम्पूर्ण सार्वजनिक निर्गम के अंशों को निर्गम प्रायोजक को इस शर्त पर बेच देती (under boughtout deal) है कि वह इन्हें जनता को निर्गमित कर देगा। ऐसी स्थिति में निर्गम प्रयोजक कम्पनी से किसी भी मूल्य पर अंश क्रय कर सकता है तथा किसी दूसरे अधिक मूल्य पर अंशों को जनता को निर्गमित कर सकता है। यदि अंशों का पूरा अभिदान नहीं होता है तो उसकी जोखिम भी वही उठाता है, किन्तु दोनों ही विधियों में जनता के लिए आवेदन एवं आबण्टन की विधि समान ही रहती है। सामान्य जनता आवेदनपत्र भरकर बैंकों में चैक आदि के साथ जमा कराती है तथा अभिदान के अनुसार ही अंशों का आबण्टन कर दिया जाता है तत्पश्चात् अंश भौतिक रूप में या अभौतिक रूप में अंशधारियों को निर्गमित किये जाते हैं। अभौतिक रूप में (Dematerialised) अंश निर्गमित करने की दशा में अंशों को 'डिपोजिटरी' में जमा करा दिया जाता है जो अंशधारियों के खाते में उन अंशों को जमा कर लेती है तथा अंशधारियों को सूचित कर देती है।

यह उल्लेखनीय है कि फरवरी, 1999 तक ओटीसी के माध्यम से जारी किये जाने वाले अंशों के लिए अंशधारियों को प्रारम्भिक काउण्टर रसीद (Initial Counter Receipt) ही भेजी जाती थी। अंश प्रमाणपत्र अभिरक्षक के पास सुरक्षित जमा रहते हैं, जिन्हें आबण्टी कभी भी प्राप्त कर सकता है अथवा विक्रय करने पर क्रेता को हस्तांतरित करवा सकता है। किन्तु 1999 में सभी काउण्टर रसीदों (CRs) को अंश प्रमाणपत्रों में बदलना अनिवार्य कर

दिया था। अंशधारी अंशों को भौतिक रूप में अपने पास रख सकता है, अब डिपोजिटरी खाते में जमा करवा सकता है।

II. **सूचीबद्ध प्रतिभूतियों** (Listed securities) **के क्रय विक्रय की दशा में :** कोई भी निवेशक ओटीसी एक्सचेन्ज में सूचीबद्ध किसी भी प्रतिभूति को खरीद सकता है। इस हेतु उसे निम्नांकित प्रक्रिया से गुजरना पड़ता है :

1. **काउण्टर पहुँचना** (Reached on Counter): सर्वप्रथम, ग्राहक को किसी ओटीसी काउण्टर पर जाना पड़ता है।

2. **मूल्यों को देखकर निर्णय करना** (Decide after Observe Price): तत्पश्चात् उसे कम्प्यूटर के स्क्रीन पर प्रदर्शित मूल्यों को देखकर यह तय करना पड़ता है कि उनमें से किन प्रतिभूतियों को खरीदना या बेचना है।

3. **सौदे का आदेश देना** (Order for Transactions): खरीदी या बेची जाने वाली प्रतिभूतियों को तय कर लेने के बाद ग्राहक को सम्बन्धित सदस्य/डीलर या प्रतिनिधि कार्यालय के कम्प्यूटर आपरेटर को अपनी ओर से सौदा करने के लिए कहना पड़ता है।

4. **आपरेटर द्वारा सौदा करना** (Perform Transaction by Operator): आपरेटर उस समय उपलब्ध सर्वोत्तम मूल्य पर उसके सौदे को कर देता है।

5. **तत्काल मूल्य का भुगतान तथा सुपुर्दगी** (Immediate Payment of Price or Delivery): तत्पश्चात् क्रेता को सौदे निपटान के समय मूल्य का भुगतान करना होता है तथा विक्रेता को प्रतिभूतियों की भौतिक अथवा अभौतिक सुपुर्दगी दी जा सकती है। किन्तु 1 मार्च 1999 के बाद किये गये सौदों के लिए काउण्टर रसीद (Counter Receipt or CR) द्वारा सुपुर्दगी देने की व्यवस्था समाप्त कर दी गई है।

6. **पुष्टि पत्रक जारी करना** (Issue Confirmation Letter): इसके साथ ही सौदे की पुष्टि का पत्रक (Confirmation note) तैयार करके भी ग्राहक को दे दिया जाता है, जिसमें मूल्य तथा दलाली की राशि को पृथक पृथक दर्शाया जाता है।

7. **सप्ताह के अन्त में भुगतान या सुपुर्दगी** (Delivery ant Payment at the Week End): क्रय की गयी प्रतिभूतियों की सुपुर्दगी अथवा विक्रय की गयी प्रतिभूतियों का मूल्य का भुगतान एक सप्ताह के भीतर किया जाता है। क्रेता को सूचीबद्ध प्रतिभूतियों की सुपुर्दगी प्रमाणपत्रों के द्वारा भौतिक रूप में अथवा डिपोजिटरी के माध्यम से अभौतिक रूप में दी जाती है।

III. **अनुमति प्राप्त प्रतिभूतियों** (Permitted Securities) **के क्रय विक्रय की दशा में :** सूचीबद्ध तथा अनुमतिप्राप्त प्रतिभूतियों के सौदों के लिए निम्नांकित दो प्रकार से आदेश दिये जा सकते हैं : प्रथम, सर्वोत्तम बाजार आदेश (Best market order), जिसमें ग्राहक का सौदा तत्समय प्रचलित सर्वोत्तम मूल्य पर कर दिया जाता है। द्वितीय, सीमाबद्ध आदेश (Limit Order), जिसमें ग्राहक प्रतिभूति को एक निश्चित मूल्य सीमा के भीतर क्रय या विक्रय करने का आदेश देता है। ऐसा आदेश तभी पूरा किया जाता है, जबकि सीमाबद्ध किया गया मूल्य उपलब्ध हो।

लाभ
(Advantages)

ओटीसी एक्सचेन्ज के लाभों को निम्नलिखित वर्गों में विभक्त करके अध्ययन किया जा सकता है :

(अ) कम्पनियों को लाभ
(Advantages to Companies)

कम्पनियों को इस एक्सचेन्ज से निम्नांकित लाभ है :

1. छोटी एवं मध्यम श्रेणी की कम्पनियों को पूँजी प्राप्त करने में सुविधा होती है। इसका कारण यह है कि इसमें न्यूनतम तीस लाख रूपये की निर्गमित पूँजी वाली कम्पनी का सूचीयन सम्भव है।
2. न्यूनतम लागत पर पूँजी प्राप्त की जा सकती है। निर्गमन प्रायोजक को सम्पूर्ण सार्वजनिक निर्गमन के अंश बेचकर सार्वजनिक निर्गम के व्ययों में कटौती की जा सकती है।
3. सम्पूर्ण अंशों को प्रायोजकों को बेचकर शीघ्र ही पूँजी प्राप्त की जा सकती है।
4. नये एवं प्रथम पीढ़ी के साहसियों (New and first generation entrepreneurs) को आसानी से पूँजी उपलब्ध हो जाती है।
5. सूचीयन शुल्क अन्य एक्सचेन्जों की तुलना में कम लगता है।
6. सूचीयन कम अवधि में ही सम्भव है।
7. इस एक्सचेन्ज में सूचीबद्ध कम्पनियों का अधिग्रहण (Takeover) करना कठिन होता है, क्योंकि प्रत्येक ''बाजार निर्माता'' को द्विमार्गी भाव उपलब्ध करने होते हैं। अत: कम्पनी के प्रबन्धक आसानी से अंश पुन: हथिया भी सकते है। इसके परिणामस्वरूप कम्पनी के प्रबन्ध में स्थायित्वता बनी रहती है।
8. इस एक्सचेन्ज का देशव्यापी जाल होने से विनियोगों की तरलता में सुविधा होती है। अत: ऐसी कम्पनियों को पूँजी आसानी से उपलब्ध हो जाती है।
9. सदस्यों को सौदे करने में जोर जोर से चिल्लाने या भाग दौड़ करने की आवश्यकता नहीं होती है। अत: उनकी शारीरिक शक्ति का अपव्यय नहीं होता है।

(ब) निवेशकों को लाभ
(Advantages to Investors)

ओटीसी एक्सचेन्ज से निवेशकों को निम्नलिखित लाभ होते हैं :

1. ऐसे एक्सचेन्ज का देशव्यापी जाल होने से निवेशक आसानी से किसी भी काउण्टर पर जाकर अपना सौदा आसानी से कर सकते हैं।

2. ''बाजार निर्माताओं'' के द्विमार्गी भावों के कारण विनियोगों की तरलता बनी रहती है।
3. कम्प्यूटरीकृत व्यवस्था से इनमें सौदे तत्काल हो जाते हैं।
4. इनमें सौदों में पारदर्शिता (Transparency) होती है। अत: निवेशक धोखे से बच जाते हैं तथा उनके हितों की सुरक्षा होती है।
5. निवेशकों को भुगतान तथा सुपुर्दगी अतिशीघ्र (सप्ताह भर में) मिल जाती है।
6. इनमें प्रतिभूतियों का तुरन्त हस्तांतरण हो जाता है।

(स) अर्थव्यवस्था को लाभ

(Advantages to Economy)

देश की अर्थत्र्यवस्था को औटीसी एक्सचेन्ज के विकास से निम्न लाभ हो सकते हैं :

1. देश में लघु एवं मध्यम आकार की कम्पनियों का विकास होगा।
2. छोटे एवं मध्यम आकार के श्रम प्रधान उद्योगों के विकास में योगदान मिलेगा।
3. छोटी एवं मध्यम आकार की कम्पनियों को गाँवों तथा कस्बों में भी स्थापित किया जा सकेगा जिससे गाँवों एवं कस्बों का विकास हो सकेगा।
4. देश में नवीन एवं प्रथम पीढ़ी के साहसियों का विकास होगा तथा बेरोजगारी की समस्या के समाधान में मदद मिलेगी।

प्रगति/कार्य परिणाम

(Progress)

औटीसी एक्सचेन्ज जिस आशा एवं उत्साह एवं भव्य उद्देश्यों के साथ प्रारम्भ किया गया था वे पूरे नहीं हो पाये। कई सदस्यों/डीलरों ने यहाँ पर काम करना ही प्रारम्भ नहीं किया। फलत: यहाँ पर कारोबार बहुत ही कम हुआ है। आंकड़ों से ज्ञात होता है कि मार्च 2000 में मात्र 73 करोड़ का कारोबार हुआ था। इस माह में सौदों का दैनिक औसत 14 था जबकि कारोबार की राशि का दैनिक औसत 3 करोड़ रू. के लगभग था। परन्तु, सन् 2000 से अनेक प्रयास किये गये हैं। निजी तौर पर निर्गमित किये गये अंशों/ऋणपत्रों का लेनदेन प्रारम्भ किया गया है। इसी प्रकार एक सहायक कम्पनी प्रारम्भ कर उसे राष्ट्रीय स्टॉक एक्सचेंज केन्द्र का सदस्य बनाया गया है और औटीसी एक्सचेन्ज के सभी सदस्यों का इसके उप दलाल बनाने का प्रस्ताव किया गया है। कार्य के घण्टे भी बढ़ाये हैं तथा कार्य के प्रतिदिन दो सत्र भी किये गये है। इन प्रयासों से इस एक्सचेन्ज की दशा सुधरने की आशा की जा सकती है।

ओटीसी एक्सचेन्ज को सक्रिय बनाने के प्रयास
(Efforts for Activation of OTC Exchange)

ओटीसी एक्सचेन्ज के निरन्तर असफल रहने पर इसको सक्रिय करने के लिए कुछ प्रयास किये गये। इसके कार्यक्षेत्र को विस्तृत कर कारोबार को बढ़ाने हेतु इसके सदस्यों को सक्रिय करने का प्रयास किया गया। इस हेतु ओटीसी एक्सचेन्ज ने अपनी एक सहायक कम्पनी बनायी है, इस कम्पनी का नाम है ओटीसीइआई सिक्यूरिटीज लि. या ओ एस एल (OTCE I Securities Ltd. or OSL)। इस कम्पनी का समामेलन 25 नवम्बर, 1999 को हुआ तथा इसे व्यापार प्रारम्भ करने का प्रमाणपत्र 14 जनवरी, 2000 को प्राप्त हुआ। सेबी ने दलाल के रूप में इस कम्पनी को 15 फरवरी, 2000 को पंजीकृत किया था। इस कम्पनी ने अपना कारोबार 15 मार्च 2000 से प्रारम्भ कर दिया था। इस कम्पनी को आगे हम ओ एस एल के नाम से ही सम्बोधित कर रहे हैं।

ओ एस एल की स्थापना का प्रमुख उद्देश्य ओटीसी एक्सचेन्ज के सदस्यों/डीलरों को राष्ट्रीय स्टॉक एक्सचेंज केन्द्र के विस्तृत बाजार क्षेत्र से लाभान्वित करना है। इस हेतु ओटीसी एक्सचेन्ज को यह कम्पनी बनाबर इसे राष्ट्रीय स्टॉक एक्सचेंज केन्द्र का सदस्य/दलाल बनाना पड़ा। नियमों के अनुसार कोई स्टॉक एक्सचेंज केन्द्र स्वयं दूसरे केन्द्र का सदस्य/दलाल नहीं हो सकता है किन्तु उसकी सहायक कम्पनी सदस्य/दलाल बन सकती है। फलत: इस सहायक कम्पनी को सदस्य बना दिया। अब यह कम्पनी ओटीसी एक्सचेन्ज के सदस्यों/डीलरों को अपना उप दलाल नियुक्त कर सकती है और राष्ट्रीय स्टॉक एक्सचेंज केन्द्र के लाभों में भागीदार बना सकती है। इस प्रकार इस कम्पनी के माध्यम से अप्रत्यक्ष रूप से ओटीसी एक्सचेन्ज के सदस्यों को सक्रिय करने का प्रयास किया गया है।

ओ एस एल की कार्यप्रणाली के कुछ पहलु (Some Aspects of OSL Working)

ओ एस एल राष्ट्रीय स्टॉक एक्सचेंज केन्द्र का सदस्य/दलाल है। इस कम्पनी की स्थापना ओटीसी एक्सचेन्ज के सदस्यों को राष्ट्रीय स्टॉक एक्सचेंज केन्द्र में लेन देन की सुविधा उपलब्ध करने के उद्देश्य से की गई है। अत: ओटीसी एक्सचेन्ज के सभी सदस्यों/डीलरों को इस कम्पनी के उप दलाल बनने तथा कार्य करने का प्रस्ताव किया गया है। इस कम्पनी की कार्यप्रणाली के कुछ प्रमुख पहलू निम्नानुसार है :

1. **योग्यता** (Eligibility) : ओएसएल के माध्यम से राष्ट्रीय स्टॉक एक्सचेंज केन्द्र में कार्य करने के लिए उप दलालों को निम्नांकित योग्यताएँ पूरी करनी होगी।

(i) वह व्यक्ति ओटीसी एक्सचेन्ज का सदस्य या डीलर हो तथा उसने ओ एस एल के उप दलाल के रूप में सेबी के पास पंजीयन करवा लिया हो।

(ii) उस व्यक्ति ने ओटीसी एक्सचेन्ज को देय सभी राशि का भुगतान कर दिया हो। जिस सदस्य पर कोई राशि बकाया है वह उप दलाल के रूप में पंजीयन कराने हेतु आवेदन नहीं कर सकता है।

2. **न्यूनतम आधार पूँजी** (Minimum Base Capital: सेबी के नियमों के अनुसार ओटीसी एक्सचेन्ज के सभी सदस्यों/डीलरों को उप दलाल के रूप में पंजीयन कराने

हेतु न्यूनतम आधार पूँजी की आवश्यकता पूरी करनी पड़ेगी। न्यूनतम आधार पूँजी 4 लाख रू. है। यह पूँजी निम्नांकित रूप में हो सकती है :

(i) कम से कम 25 प्रतिशत राशि नकद में ।

(ii) 25 प्रतिशत राशि स्थायी जमा के रूप में।

(iii) शेष राशि बैंक गारण्टी अथवा अभौतिक प्रतिभूतियों से (20 प्रतिशत मार्जिन पर) पूरी हो सकती है। किन्तु इस स्रोत से जुटाई गई पूँजी न्यूनतम आधार पूँजी की 50 प्रतिशत से अधिक नहीं हो सकती है।

ओ एस एल के उप दलाल के रूप में पंजीयन से पूर्व ही न्यूनतम आधार पर पूँजी की आवश्यकता पूरी करनी पड़ती है। न्यूनतम आधार पूँजी तब तक बनी भी रहनी चाहिये जब तक कोई उप दलाल ओ एस एल के साथ काम करना चाहता है।

3. सम्पर्क (Connectivity): प्रत्येक उप दलाल को टर्मिनल लगाने एवं उससे ओ एस एल से सम्पर्क जोड़ने की सुविधा दी जाती है। सम्पर्क जोड़ने के लिए ओ एस एल ने अपने नियम बनाये हैं। उनका पालन प्रत्येक उप दलाल को करना पड़ता है।

4. सौदे (Transactions): ओ एस एल के माध्यम से सुपुर्दगी के सौदे तो किये जा सकते ही है। साथ ही साथ निपटान अवधि में बराबर या चुकता करने वाले सौदे भी किये जा सकते हैं।

5. समाशोधन बैंक (Clearing bank) : ओ एस एल ने एच डी एफ सी बैंक को अपना समाशोधन बैंक बनाया है। धन का सम्पूर्ण लेन-देन इसी बैंक के माध्यम से ही होता है। अत: ओ एस एल के प्रत्येक दलाल को इसी बैंक में खाता खोलना पड़ता है। बैंक ने प्रत्येक उप दलाल को अपने खाते में 10,000 रू. का न्यूनतम शेष रखने की छूट दी है। जबकि सामान्यत: इस बैंक में प्रत्येक खाते में कम से कम 25,000 रू. का शेष रहना आवश्यक है।

प्रत्येक उपदलाल को इस बैंक में कुल तीन खाते खोलना आवश्यक है:

(i) भुगतान लेने एवं देने (Pay in and pay out) के लिए ओ एस एल समाशोधन (OSL Clearing A/c)खाता।

(ii) ग्राहक खाता (Client account)

(iii) ओ एस एल बकाया (Dues) खाता, जिसमें से सौदा शुल्क, दण्ड, ब्याज आदि का भुगतान किया जाता है।

ओ एस एल समाशोधन खाता तथा ओ एस एल बकाया खाता एच डी एफ सी बैंक की फोर्ट शाखा, मुम्बई में खोलना पड़ता है चाहे उप दलाल किसी भी अन्य शहर में क्यों न हो। ग्राहक खाता उपदलाल अपने शहर की एच डी एफ सी बैंक की शाखा में खोल सकता है।

6. डिपोजिटरी खाता (Depository account)**:** ओ एस एल ने स्टॉक होल्डिंग कार्पोरेशन को अपना समाशोधन एवं निपटान एजेण्ट (Clearing and Settlement agent) बनाया है। अत: सभी उप दलालों को इसी कार्पोरेशन में अपना डिपोजिटरी खाता (DP account) खोलना पड़ता है।

7. समाशोधन एवं निपटारा प्रक्रिया (Clearing and settlement procedure)**:** समाशोधन एवं निपटारा की प्रक्रिया मूलत: राष्ट्रीय स्टॉक एक्सचेंज केन्द्र की ही लागू होती है किन्तु, फिर भी ओ एस एल ने भुगतान देने लेने, दण्ड व्यवस्था इत्यादि के सम्बन्ध में नियम अवश्य बनाये हैं।

8. बीमा (Insurance)**:** ओ एस एल के प्रत्येक दलाल को अपना बीमा करवाना पड़ता है। वह ओरिएन्टल इन्श्योरेन्स कं., न्यू इण्डिया एश्योरेन्स कं. तथा नेशनल इन्श्योरेन्स कं. में से किसी से भी अपना बीमा करवा सकता है।

9. अभौतिक प्रतिभूतियों का लेन देन (Transaction in dematerialised securities) **:** ओ एस एल के माध्यम से केवल अभौतिक प्रतिभूतियों का ही लेन देन हो सकता है। इन लेनदेनों का निपटारा राष्ट्रीय स्टॉक एक्सचेंज केन्द्र के नियमों के अनुसार साप्ताहिक आधार पर या निरन्तर निपटारा आधार (Weekly or Rolling settlement) पर होगा। भौतिक रूप से या हस्तस्थ (By hand) सुपुर्दगी नहीं दी जा सकती है।

10. सौदों की सीमा (Transaction limit) **:** सौदे करने के लिए प्रत्येक उप दलाल को कम से कम तीन लाख रू. (जमानत के रूप में) जमा कराने पड़ते हैं जिन्हें सौदा बन्द करने पर लौटा दिया जाता है। प्रत्येक उपदलाल जमा करायी गई राशि के 8.5 गुणे तक सौदे खड़े (Exposure limit) रख सकता है। दूसरे शब्दों में प्रत्येक उप दलाल (न्यूनतम 3 लाख की जमा पर) अधिकतम 25.50 लाख रू. तक के सौदे खड़े कर सकता है।

इसी प्रकार कोई भी उप दलाल अधिकतम जमा राशि के 33.33 गुणे तक क्रय विक्रय (Turnover) कर सकता है। इस प्रकार न्यूनतम जमा राशि की दशा में प्रत्येक उप दलाल अधिकतम एक करोड़ रू. तक का लेन देन कर सकता है।

ज्यों ही किसी दलाल की ये दोनों ही सीमाएँ समाप्त हो जायेंगी तो वह तभी लेन देन कर सकेगा जबकि वह जमा राशि को बढ़ायेगा।

11. मार्जिन शेष (Margin money) **:** जितने सौदे खड़े रहते हैं उन पर मार्जिन राशि (सेबी के नियमों के अनुसार) जमा करनी पड़ती है। पाँच लाख रू. तक की मार्जिन राशि नकद में जमा करवानी पड़ती है। मार्जिन राशि पाँच लाख रू. से अधिक होने पर उप दलाल उस राशि का 30 प्रतिशत भाग नकद में तथा 70 प्रतिशत भाग बैंक गारण्टी द्वारा चुका सकता है।

ओ एस एल को अभी अपना कार्य प्रारम्भ किये लगभग एक वर्ष हुआ है। प्रगति की समीक्षा तभी की जा सकेगी जबकि प्रगति के आँकड़े उपलब्ध हो जायेंगे। किन्तु समाचार पत्रों की रिपोर्ट के अनुसार वर्तमान में ओ एस एल के माध्यम से अच्छा कार्य हो रहा है।

व्यवहार तंत्र

(Trading Mechanism)

ओटीसीआई में दो प्रकार की प्रतिभूतियों-सूचिबद्ध प्रतिभूतियों तथा अनुमति प्रतिभूतियों में व्यवहार किया जाता है। ओटीसीआई में होने वाला व्यवहार सूचिबद्ध प्रतिभूतियों तथा अनुमति प्रतिभूतियों के सम्बन्ध में अलग-अलग होता है। इधर हाल ही के वर्षो में अनुमति प्रतिभूतियों के सम्बनध में व्यवहार को सरल बना दिया गया है।

सूचिबद्ध प्रतिभूतियों के सम्बन्ध में व्यवहार व्यवस्था

(Trading Mechanism for Listed Securities)

सूचिबद्ध प्रतिभूतियों के सम्बन्ध में जनता तथा ओटीसी आई काउन्टर को देय अर्थात सदस्यों तथा डिलर को नोटिस देने के पश्चात् व्यवहार प्रारम्भ होता है। यह व्यवहार न्यूनतम आवश्यकता उद्धहरण प्रस्तुत करने वाले अनिवार्य मार्केट मेकर, अतिरिक्त मार्केट मेकर तथा /अथवा वैकल्पित मार्केट मेकर द्वारा प्रतिभूति के निर्गमित मूल्य के आधार पर किया जाता है। जिन परिस्थितियों में निर्गमन का मूल्य 50 रूपये है, उस स्थिति में मार्केट मेकर को कम से कम 10 मार्केट समूह का उद्धरण करना पड़ता है। अन्य स्थितियों में न्यूनतम आवश्यकता 5 बाजार समूह होती है।

सूचिबद्ध प्रतिभूतियों के अंश प्रमाण पत्रों का ओटिसीआई में व्यवहार नहीं किया जाता है। ओटिसीआई में सम्पन्न होने वाला समस्त व्यवहार काउण्टर रसीद के माध्यम से सम्पन्न होते है। काउण्टर रसीद एक बनायी गयी व्यवहार प्रपत्र होता है। प्रत्येक विनियोक्ता को जो कि अंश प्रमाण पत्रों का धारक है, उसे इन प्रमाण पत्रों में व्यवहार से पूर्व काउण्टर रसीद में परिवर्तित करवाना पड़ता है।

काउण्टर रसीद के प्रकार (सी आर)

(Types of Counter Receipt (CR))

ओटिसीआई में सम्पन्न होने वाले व्यवहार के (Trading) के सम्बन्ध में काउण्टर रसीद एक महत्त्वपूर्ण प्रपत्र है। काउण्टर रसीद तीन प्रकार की होती है:

(1) प्रारम्भिक काउण्टर रसीद-आई सी आर (Initial Counter Receipt-ICR) : इसका निर्गमन प्राथमिक अंशों के निर्गमन के समय प्रारम्भ में ही किया जाता है। डूबत सुपुर्दगी (Bad Delivery) से बचने के लिए प्रारम्भिक काउण्टर रसीद (आईसीआर) के साथ विक्रेता/हस्तान्तरणकर्त्ता द्वारा उपयुक्त निष्पादित हस्तान्तरण संलेख संलग्न किया जाता है।

(2) स्थायी काउण्टर रसीद -पी सी आर (Permanent Counter Receipt-PCR) : इसका द्वितीयक बाजार में विक्रय के समय निर्गमन किया जाता है। यद्यपि इस रसीद में विनियोक्ता के नाम का उल्लेख रहता है, इसके बावजूद भी यह एक अ-हस्तान्तरणिय काउण्टर रसीद होती है क्योंकि इसका इन्द्राज कम्पनी के सदस्यों के रजिस्टर में नही कि जाती है। स्थायी जमा रसीद के साथ हस्तान्तरण संलेख को संलग्न करना आवश्यक नहीं होता है।

(3) हस्तान्तरित स्थायी काउण्टर रसीद -टि आर पी सी आर (Transferred Permanent Counter Receipt-TR-PCR) : कम्पनी के रजिस्टर में विनियोक्ता द्वारा नाम हस्तान्तरण के सम्बन्ध में प्रार्थना करने के बाद इसका निर्गमन किया जाता है।

ओ टि सी आई ई के साथ व्यवहार में प्रयुक्त प्रलेख
(Documents Used in Trading on OTCEI)

ओ टि सी आई ई में प्रतिभूतियों के व्यवहार में उसी प्रकार की कार्यवाही होती है जैसी की अन्य मान्यता प्राप्त स्टॉक एक्सचेंजों में होती है। हॉलाकि इसमें कुछ भिन्नता भी देखी जा सकती है। इस भिन्नता के होने के कारण ओ टि सी आई ई के साथ व्यवहार में प्रयुक्त प्रलेखों के सम्बन्ध में भी कुछ अन्तर होता है। ओ टि सी आई ई में व्यवहार करते समय प्रमुख रूप से निम्न प्रलेखों का प्रयोग किया जाता है:

(1) हस्तातंरण संलेख (Transfer Deed-TD) : ओ टि सी आई ई व्यवहारों में हस्तान्तरण संलेख स्वरूप वही होता है जो अन्य स्टॉक एक्सचेंजों में प्रयुक्त होता है। हॉलाकि अन्य स्टॉक एक्सचेंज पर सम्पन्न हुए व्यवहारों में हस्तान्तरण संलेख पर हस्तांतरणकर्त्ता तथा हस्तान्तरण करवाने वाले दोनों एक हस्तांतरण संलेख पर ही हस्ताक्षर करते है, जबकि ओ टि सी आई ई में हस्तान्तरण संलेख पर दो पृथक हस्तान्तरण संलेख तैयार किये जाते है तथा दोनो पृथक-पृथक हस्ताक्षर करते है। सेवा निवेदन के समय विनियोक्ता हस्तान्तरण संलेख पर हस्तान्तरणकर्त्ता के रूप में हस्ताक्षर करता है। रजिस्ट्रार तथा कम्पनी के हस्तान्तरण एजेन्ट हस्तांतरण आवेदन को दोनों ही हस्तांतरण संलेख को मिलान करने के पश्चात् लागू करते है।

(2) विक्रय पुष्टिकरण पर्ची (Sale Confirmation Slip -SCS) : यह रसीद् काउण्टर रसीद विक्रेता को, काउण्टर द्वारा निर्गमित कि जाती है जो इस बात की पुष्टि करती है कि प्रतिभूति के विक्रय की प्रक्रिया पूर्ण हो चुकि है।

(3) प्रार्थना पत्र पावंती पर्ची (Application Acknowledgement Slip -AAS) : यह सम्बन्धित काउण्टर द्वारा विनियोजक को निम्न में से किसी भी निवेदन के साथ प्रस्तुत कि जाती है:

(अ) स्वयं के नाम से अंशों के हस्तान्तरण के सम्बन्ध में,

(ब) प्रतिभूतियों के हस्तान्तरण,

(स) सिफारिश अर्थात् अंशों के विभाजन तथा कन्सोलिडेसन के सम्बन्ध में,

(द) प्रारम्भिक काउण्टर रसीद का परिवर्तन अथवा स्थायी काउण्टर रसीद का अंश प्रमाण पत्र, प्रमाण पत्र में हस्तातंरण, तथा

(य) अंश प्रमाण पत्र का पुनः स्थायी काउण्टर रसीद में परिवर्तन।

उपर्युक्त वर्णित किसी निवेदन के फलस्वरूप प्रार्थना पत्र पावर्ती रसीद का सृजन होता है।

ऑवर दा काउण्टर एक्सचेंज ऑफ इण्डिया में व्यवहार के सौपान

(Steps of Transaction in OTCEI)

ऑवर दा काउण्टर एक्सचेंज ऑफ इण्डिया के साथ व्यवहार में निम्नलिखित सौपान सम्मिलित होते है:

1. अंश प्रमाप पत्र के बदले में काउण्टर रसीद निर्गमित कि जाती है।

2. काउण्टर रसीद का निर्गमन प्रारम्भिक सार्वजनिक निर्गमन के समय अथवा ओटिसीआई के काउण्टर पर प्रतिभूति क्रय करते समय निर्गमित कि जाती है। प्रत्येक काउण्टरं रसीद में निम्नलिखित सूचनाओं का समावेश होता है:

(अ) विनियोक्ता का नाम, अर्थात् क्रेता,

(ब) उस कम्पनी का नाम जिसके अंशों का काउण्टर पर विक्रय किया गया।

(स) अंशों की संख्या तथा मूल्य जिस पर अंशों का क्रय किया गया।

(द) अंशों के संरक्षक/धारक का नाम, पता तथा टेलीफोन नम्बर।

(य) व्यवहार का समय तथा दिनांक।

(र) व्यवहार का कुल मूल्य।

(ल) दलाली व्यय।

(व) विनियोक्ता के हस्ताक्षर।

(श) व्यवहार कोड–प्रत्येक व्यवहार के लिए पृथक कोड होता है।

(च) निर्गमन काउण्टर का नाम तथा कोड।

(छ) काउण्टर पर बैठे अधिकृत व्यक्ति का नाम, हस्ताक्षर तथा स्टाम्प।

उपरोक्त सूचनाओं के उल्लेख के पश्चात् इस बात के प्रमाणन की आवश्यकता नहीं रह जाती कि व्यवहार एक अधिकृत व्यवहार है।

3. काउण्टर रसीद निर्गमन करने से पूर्व क्रेता के हस्ताक्षर भी प्राप्त कर लिये जाते है। काउण्टर द्वारा विक्रेता के सम्बन्ध में समस्त जानकारी भर ली जाती है तथा उसके (विक्रेता) हस्ताक्षर प्राप्त कर लिये जाते है।

4. काउण्टर रसीद की तीन प्रतीया तैयार कि जाती है–एक काउण्टर क्रेता के लिए, एक काउण्टर के लिए तथा एक अंशों के संरक्षक हेतु।

5. यदि विनियोक्ता के हित में (नाम में) प्रतिभूति के हस्तान्तरण की प्रार्थना कि जाती है तो प्रार्थना पत्र पावर्ती स्लीप (Application Acknowledged-Gement Slip)भी तैयार की जाती है। पत्र पावर्ती स्लीप की भी तीन प्रतिलिपियाँ तैयार कि जाती है–एक काउण्टर क्रेता के लिए, एक काउण्टर के लिए तथा एक काउण्टर संरक्षक/रजिस्ट्रार के लिए। इसके अतिरिक्त विनियोक्ता काउण्टर पर स्टाम्प लगी हुयी प्रमाणित हस्तान्तरण संलेख (Stamped and Attested Transfer Deed-TD) भी प्रस्तुत करता है।

6. प्रत्येक दिवस के अन्त में सभी हस्तान्तरण संलेख साथ में काउण्टर रसीद तथा प्रार्थना पत्र पावर्ती स्लीप को अभिरक्षक को भेजा जाता है।

7. रजिस्ट्रार/अभिरक्षक हस्तान्तरण को प्रभावी बनाता है तथा विनियोक्ता द्वारा प्रार्थना करने पर काउण्टर रसीद के बदले वास्तविक अंश प्रमाण पत्र निर्गमित करता है।

8. ओटीसीआई समस्त ओटिसीआई सदस्यों के प्रयोजनार्थ एक मार्गदर्शिका सम्पादित तथ नवीनीकरण करता है जिसमें ओटीसीआई काउण्टर तथा काउण्टर कोड पर व्यवहार करने वाले अधिकृत प्रतिनिधि का नाम, पता, हस्ताक्षर होते है। इस मार्गदर्शिका की प्रति समस्त सदस्यों तथा डिलर को भी भेजी जाती है।

9. कोई विनियोक्ता जो अपनी प्रतिभूतियों का विक्रय करना चाहता है, उसे काउण्टर रसीद को को काउण्टर पर प्रस्तुत करना पड़ता है। काउण्टर रसीद पर सम्पूर्ण विवरण का सत्यापन करने तथा मूल्य का निपटारा करने के पश्चात् व्यवहार पूरा हो जाता है तथा विनियोक्ता को विक्रय पुष्टिकरण पर्ची दे दी जाती है। उस स्थिति में जबकि अंशों का हस्तान्तरण विक्रेता के नाम में होता है, तब उसे विक्रय पुष्टिकरण प्रमाण पत्र प्राप्त करने से पूर्व एक हस्तान्तरण संलेख तैयार करके चैक के साथ प्रस्तुत करना पड़ता है। विक्रय पुष्टिकरण प्रमाण पत्र में निम्न विवरण सम्मिलित किया जाता है:

(अ) विनियोक्ता/क्रेता का नाम,

(ब) कम्पनी का नाम जिसके अंशों को काउण्टर द्वारा क्रय किया गया है,

(स) अंशों की संख्या तथा मूल्य जिस पर अंशों का क्रय काउण्टर द्वारा किया गया है,

(द) कमीशन प्राप्त किया गया,

(य) स्टाम्प शुल्क,

(र) व्यवहार का कुल मुल्य,

(ल) काउण्टर का नाम, पता कोड नम्बर,

(व) व्यवहार की दिनांक तथा समय,

(श) तत्सम्बन्धि काउण्टर रसीद नम्बर,

(ह) काउण्टर के प्राधिकृत हस्ताक्षरकर्त्ता का नाम तथा हस्ताक्षर।

10. विक्रय पुष्टिकरण प्रमाण पत्र की तीन प्रतियाँ तैयार कि जाती है–एक प्रति विनियोक्ता क्रेता के लिए तथा अन्य रजिस्ट्रार के प्रेषण हेतु।

11. प्रत्येक दिवस के अन्त में समस्त काउण्टर रसीद, विक्रय पुष्टिकरण स्लीप तथा सम्बन्धित हस्तान्तरण संलेख को रजिस्ट्रार को प्रेषित कर दिया जाता है जिससे उनके पास नवीनतम जानकारी उपलब्ध रह सके।

12. प्रत्येक दिवस के अन्त में प्रत्येक काउण्टर ओटिसीआईई को स्वयं के द्वारा निर्गमित समस्त काउण्टर रसीद, विक्रय पुष्टिकरण पर्ची तथा कम्पनी अनुसार कन्सोलिडेटेड स्टेटमेन्ट प्रेषित करेगा।

13. प्रायोजक/कम्पनी आवधिक अंशधारियों की नवीनतम सूचि रजिस्ट्रार को प्रेषित करेंगें।

14. काउण्टर द्वारा रजिस्ट्रार को विक्रेता द्वारा भरा गया हस्तान्तरण संलेख भी प्रस्तुत करेंगें। वे अपने नाम में प्रतिभूति का हस्तान्तरण नहीं कर सकेंगे। यदि उन प्रतिभूतियों का पुनः विक्रय किया जाय तो क्रेता का सम्पूर्ण विवरण प्रत्यक्षतः एक पृथक हस्तांतरण संलेख पर भरे जायेंगे तथा रजिस्ट्रार को प्रेषित किया जायेगा। रजिस्ट्रार द्वारा विक्रेता द्वारा प्रस्तुत हस्तान्तरण संलेख तथा क्रेता द्वारा प्रस्तुत संलेख में सम्मिलित सूचनाओं का मिलान कर व्यवहार को पूर्ण किया जाता है।

15. प्रत्येक काउण्टर रसीद एक पूर्ण संख्या में (प्रति 10,000 अंशो तक एक काउण्टर रसीद) विनियोक्ता द्वारा किये गये अंशों के सम्बन्ध में निर्गमित कि जाती है। यदि विनियोक्ता काउण्टर रसीद में धारित अंशो का एक भाग ही विक्रय करना चाहता है, तो उसे पूर्व में निर्गमित काउण्टर रसीद के स्थान पर नवीन काउण्टर रसीद का निर्गमन करवाकर ही आगे की कार्यवाही करनी होगी।

16. यदि निर्धारित विशिष्ट आकार (संख्या) में अंश धारण का मामला हो तो हस्तान्तरणकर्त्ता के पक्ष में सात दिन की सीमा में स्वचलित हस्तान्तरण की व्यवस्था भी है। इस सम्बन्ध कम्पनी की समता पर 0.5 प्रतिशत अथवा वह जो ओटिसीआई निर्धारित करे, वह प्रभार लगता है। यदि विनियोक्ता द्वारा धारित अंशो की संख्या इससे अधिक हो तो काउण्टर द्वारा हस्तान्तरण संलेख को सम्बन्धित कम्पनी को पृष्ठाकंन के लिए भेजता है। कोई भी व्यवहार जो 900 से अधिक अंशों से सम्बन्धित हो, उसकी सूचना उसी दिन कम्पनी को प्रेषित करनी पड़ती है।

17. प्रत्येक काउण्टर द्वारा स्वयं द्वारा निर्गमित काउण्टर रसीद निर्गमित करने के सम्बन्ध में रिकार्ड मिलान करने के पश्चात् रजिस्ट्रार सप्ताह में एक बार प्रत्येक काउण्टर को कन्सोलिटेड विवरण भेजता है।

18. कम्पाइलेसन तथा मिलान की सम्पूर्ण प्रक्रिया कम्प्यूटराइजड होती जिससे बिना किसी विलम्ब के कम्पाईलेसन तथा त्वरित मिलान का सम्पन्न होना सम्भव होता है।

प्रश्न

1. स्टॉक एक्सचेंज केन्द्र से आपका क्या तात्पर्य है? एक स्टॉक एक्सचेंज केन्द्र के कार्यों का वर्णन कीजिए।

   What do you mean by a Stock Exchange? Describe the functions of a Stock Exchange.

2. "स्टॉक एक्सचेंज केन्द्र किसी देश की समृद्धि का मापक यन्त्र है।" इस कथन की विवेचना कीजिए तथा स्टॉक एक्सचेंज केन्द्रों के महत्व की विवेचना कीजिये।

   "Stock Exchange is a barometer of a country's prosperity." Comment on the statement and discuss the importance of Stock Exchanges.

3. स्कन्ध विपणी से आपका क्या तात्पर्य है? स्कन्ध विपणि द्वारा कौन-कौनसे आर्थिक कार्य सम्पन्न किये जाते हैं?

   What do you mean by Stock Exchange? What economic functions are performed by a Stock Exchange?

4. स्टॉक एक्सचेंज केन्द्र से आप क्या समझते हैं? एक देश की अर्थव्यवस्था में इनके महत्व को स्पष्ट कीजिये।

   What do you mean by a Stock Exchange? Clarify their importance in a nation's economy.

5. भारत में स्टॉक एक्सचेंज केन्द्रों की प्रगति का वर्णन कीजिये। इसके विकास के लिए हाल ही के वर्षों में किये गये प्रयासों की चर्चा कीजिये।

   Describe the progress of stock exchanges in India/ Discuss the efforts made for its development in recent years.

6. भारत में स्टॉक एक्सचेंज केन्द्रों की प्रगति तथा विकास के प्रयासों की समीक्षा कीजिये तथा इसके भावी विकास के लिये सुझाव दीजिये।

   Examine the progress and efforts made for the development of stock exchanges in India and also give suggestions for its further growth.

7. स्कन्ध विपणी क्या है? इसकी विशेषताएँ एवं राष्ट्रीय अर्थव्यवस्था में इसके महत्व को समझाइये।

   What is a Stock Exchange ? Explain its characteristics and its importance in national economy.

□□□

3

लाभांश नीति
(Dividend Policy)

लाभांश नीति को प्रभावित करने वाले तत्व

सामान्यतया सभी कम्पनियों का उद्धेश्य अपने श्रेष्ट कार्य संचालन द्वारा अंशधारियों को निरन्तर उचित लाभांश प्रधान भुगतान करना होता है। यद्यपि इस उद्धेश्य का व्यवहारिक पक्ष जितना सरल है व्यवहारिक महत्व उतना ही जटिल है । कोई भी कम्पनी इस उद्धेश्य कद्ध पूर्ति एक सुनिश्चित लाभांश नीति अपना कर ही कर सकती है। लगभग समस्त कम्पनियाँ ऐसा ही करना चाहती हे, किन्तु चाहते हुए भी अनेक कम्पनियाँ ऐसा नहीं कर पाती क्यों अनेक आन्तरिक एवं बाह्य तत्व उन्हें ऐसा करने से रोक सकते है। लाभांश नीति पर जिन तत्वों का प्रभाव पड़ सकता है उनमें प्रमुख निम्नलिखित है।

1. व्यवसाय की प्रकृति – नियमित लाभांश का भुगतान केवल उन्हीं कम्पनियों द्वारा किया जाना सम्भव है जिनकी आय में नियमितता का गुण विद्यमान हो। कम्पनी की आय में नियमितता, कम्पनी की कार्य पद्धति पर निर्भर करती है। जन उपयोगी कार्यो में संलग्न कम्पनियों के अपने सदस्यों को नियमित रूप से लाभांश देना सम्भव होता है। इसके विपरीत ऐसी कम्पनीयां जिनका उत्पादन विकास की वस्तुओं से सम्बन्धित होता है, उनके द्वारा नियमित लाभांश दिया जाना सम्भव नहीं होता।

2. कम्पनी कोषों में तरलता – सामान्यत: लाभांश का भुगतान नकद ही किया जाता है। किन्तु अनेक बार पर्याप्त लाभ अर्जित करने के बावजूद भी, यह सम्भव है कि किसी कम्पनी नकद स्थिति ऐसी ना हो कि वह नकद लाभांश का भुगतान कर सके। इस स्थिति में नकद लाभांश के बजाय स्कन्ध लाभांश वितरित किया जाना उचित होगा। यदि लाभांश भुगतान के लिए बैंक आदि से ऋण लेना पड़े तो, वित्तीय दृष्टि से इसे वांछनीय नहीं कहा जा सकता।

3. कम्पनी की आयु - सामान्यतया नवीन कम्पनीयों के लिए यह सम्भव नहीं होता कि वे निरन्तर अनेक वर्षो तक उचित लाभांश का भुगतान अपने सदस्यों को कर सके। प्रारम्भिक वर्षो में प्रत्येक कम्पनी को विकास के लिए पर्याप्त पूँजी की आवश्यकता होती है जिसे वे सरलता से बाजार में प्राप्त नहीं कर सकती तथा विवशतावश आन्तरिक वित्तीय साधनों का ही सहारा लेना पड़ता है। आन्तरिक वित्तीय सुदृढ़ता प्राप्त करने के लिए भी नवीन कम्पनी द्वारा प्रारम्भिक कुछ वर्षो तक कठोर लाभांश नीति अपनाया जाना उपयुक्त रहता है। इसके विपरीत पुरानी कम्पनियों को अपेक्षाकृत कम पूँजी की आवश्यकता हो सकती है जिसे बाजार से पूरा किया जा सकता है। इस प्रकार पुरानी कम्पनियों के पास पर्याप्त संचित कोष आदि होने के कारण वे अधिक लाभांश दे सकती है।

4. भविष्य में पूँजी की आवश्यकता - कम्पनी की लाभांश नीति का निर्धारण कम्पनी की भावी विकास योजनाओं पर भी निर्भर करता है। यदि कम्पनी के पास विकास के लिए कोई निश्चित योजना उपलब्ध है तथा वह अपने व्यापार का विस्तार करना चाहती है सम्पत्तियों का नवीनीकरण एवं प्रतिस्थापन करना चाहती तथा यह सब काम वह आन्तरिक पूँजी से ही करना चाहती है। तो ऐसी कम्पनी लाभांश के विषय में विवश होकर थोड़ी कठोर नीति का पालन करेगी जिससे अतिरिक्त पूँजी की आन्तरिक साधनो से पर्याप्त व्यवस्था किया जाना सम्भव हो सके। ऐसी स्थिति में लाभ की पुनर्विनियोग को अधिक महत्व प्रदान किया जायेगा।

5. पुरानी लाभांश दरें - लाभांश घोषित करने से पूर्व प्रबन्धकों द्वारा विगत वर्षो में घोषित लाभांश की दरों को ध्यान में रखना भी उपर्युक्त होगा। यदि लाभांश की दर यकायक बढ़ा दी जाये तो इससे अंशों के मूल्य में सट्टे की प्रवृत्ति प्रोत्साहित होगी। अतः लाभांश दर को स्थिर रखने का प्रयास किया जाना चाहिए। यदि कम्पनी की मंशा अधिक लाभाश भुगतान की हो तो अधिक लाभांश अथवा विशिष्ट लाभांश का वितरण किया जा सकता है।

6. लाभों की स्थिति - चूँकि लाभांश, आय एवं उपार्जन से ही वितरित किये जाते है, अतः प्रबन्धकों द्वारा इस बात को विशेष महत्व दिया जाना चाहिए कि उस वर्ष का लाभ पर्याप्त है अथवा नहीं। यह देखना होगा कि उपार्जन का कितने प्रतिशत भाग लाभांश के रूप में वितरित किया जा सकता है, इसे भुगतान अनुपात (Payout Ratio) कहा जाता है। यह अनुपात इस प्रकार निर्धारित किया जाये जिससे स्वामियों की सम्पदा अधिकतम हो और कम्पनी को अपने विकास तथा विस्तार के लिए पर्याप्त कोष उपलब्ध हो सके। अनेक बार प्रति अंश लाभांश (Dividend Per Share) और लाभांश की दर को स्थिर बनाये रखने के लिए भुगतान अनुपात में आवश्यक परिवर्तन किया जाता है।

7. स्वामित्व का ढाँचा - यदि कम्पनी का स्वामित्व केवल कुछ ही व्यक्तियों के हाथों में केन्दित है तो कम्पनी प्रबन्ध द्वारा इस बात पर सहमति प्राप्त की जा सकती है कि स्वयं कम्पनी तथा उसके अंशधारियों के दीर्घकालीन हित में कुछ वर्षों तक कठोर लाभांश नीति का अनुसरण किया जाये। किन्तु यदि कम्पनी के अंशधारि अधिक संख्या में है अथवा विभाजित है, तो ऐसी स्थिति में अंशधारियों द्वारा उदारनीति की मांग की जा सकती है। इसके अतिरिक्त लाभांश पर कर बचाने की दृष्टि से भी वे (थोड़े से व्यक्ति) लाभांश धोषणा तथा वितरण को स्थगित करा सकते है।

8. अंशधारियों की प्रत्याक्षा - कम्पनी के अंशों का क्रय करते समय अंशधारियां की कम्पनी के लाभांश प्राप्ति के सम्बन्ध में कतिपय प्रत्याक्षाओं का होना स्वाभाविक है। यदि कम्पनी इन प्रत्याक्षाओं को ध्यान में रखते हुए लाभांश का वितरण नहीं करती तो उसे भविष्य में पूँजी एकत्रित करने में कठिनाई का सामना करना पड़ सकता है। अत: कम्पनी के प्रबन्धकों को इस बात का सदैव ध्यान रखना चाहिये कि अंशधारियों की प्रत्याक्षाओं का सम्मान होता रहे। तेजी एवं समृद्धि के दौरान प्रत्येक कम्पनी के अंशधारी अधिक लाभांश प्राप्ती हेतु प्रत्याक्षा रखते हैं।

9. व्यापार चक्रों का प्रभाव - व्यापार चक्रों के घटित होने के कारण लाभांश नीति में परिवर्तन हो जाता है। मन्दीकाल में लाभ की मात्रा में कमी हो जाती है। इस कारण कम्पनियाँ लाभांश की दरों में कमी करने हेतु बाध्य हो जाती है । कुछ कम्पनियां जिनके पास लाभांश भुगतान कोष पर्याप्त मात्रा में होते है, ऐसी विकट परिस्थितियों का सरलता से सामना कर लेते हैं। ऐसी कम्पनियां लाभांश की ऊँची दर को बनाये रखते हुए अपनी साख को नहीं गिरने देते। तेजी के समय अधिक लाभांश घोषणा दिशा में प्रतिस्पर्धा होने लगती है। अत: ऐसी स्थिति में कम्पनी द्वारा इस बात का विशेष ध्यान रखा जाना चाहिए कि लाभांश का भुगतान प्रचलित दरों से कम ना किया जाये।

10. वैधनिक और अनुबन्धात्मक प्रतिबन्ध - वैधानिक और अनुबधात्मक प्रतिबन्धों का लाभांश भुगतान में विशेष महत्व होता है तथा जिनका लाभांश नीति पर महत्तवपूर्ण प्रभाव होता है । उदाहरणार्थ - भारतीय कम्पनी अधिनियम 1956 के अनुसार एक कम्पनी को लाभांश देने से पूर्व अपनी सभी अचल सम्पत्तियों पर ह्रास की व्यवस्था करना अनिवार्य है। किसी भी स्थिति में लाभांश का भुगतान पूँजी में से भी नहीं किया जा सकता। यदि कम्पनी द्वारा अपने कुछ अंशधारियों से कोईं विशेष समझौता किया गया हो तो उसे पालन किया जाना चाहिए। पूर्वाधिकार अंशों पर लाभांश देने का आश्वासन इसी प्रकार के अनुबन्धित समझौते का उदाहरण है।

11. मुद्रा प्रसार - मुद्रा प्रसार के कारण अनेक बार कम्पनी के सयन्त्रों पर संकलित ह्रास उसकी प्रतिस्थापन के लिए अपर्याप्त सिद्ध होता है। ऐसी स्थिति में उपर्युक्त यही होगा कि कम्पनी कठोर लाभांश नीति अपनाकर फर्म में रोके गये लाभों से इस अपर्याप्तता की पूर्ति करे।

12. ऋणो का भुगतान - पुराने ऋणों का भुगतान किये जाने के सम्बन्ध में कम्पनी के समक्ष दो विकल्प उत्पन्न होते हैं - (अ) ऋण पत्रों के निर्गमन द्वारा, तथा (ब) आय से व्यवस्था द्वारा। यदि कम्पनी आय से ऋणों का भुगतान करने की नीति अपनाती है तो ऐसी दशा में उसे कठोर लाभांश नीति का अनुसरण करना पड़ेगा।

13. अर्जनों में स्थयित - स्थायी आय अर्जित करने वाली कम्पनियां आय में उच्चावचन होने वाली कम्पनियों की तुलना में आय का अधिक भाग लाभांश के रूप में वितरित करती है। इसके वितरित अस्थायी आय अर्जित करने वाली संस्थायें अपनी आय के विषय में निश्चित रूप से अनुमान लगाने में सक्षम नहीं होती है। ऐसी कम्पनियां में भविष्य में कम आयु होने पर स्थायी दर से लाभांश देने की व्यवस्था करने के लिए आय का अधिकतम भाग लाभांश के समानीकरण कोष या किसी अन्य कोष में स्थानान्तरित करती है।

14. पूँजी बाजार विचार - यदि कोई कम्पनी अपनी आवश्यकता के समय सुगमतद्म पूर्वक बाजार से आवश्यकत कोष प्राप्त करने की स्थिति में होती है तो वह उदार लभांश नीति का अनुसरण कर सकती है। इसके विपरीत स्थिति में उसे कठोर वित्तीय लाभांश नीति अपनानी चाहिए।

15. लोकमत - कम्पनी की लाभांश नीति पर लोकमत तथा सार्वजनिक प्रतिक्रिया का भी विशेष प्रभाव पड़ता है। यदि कम्पनी अधिक मात्रा में लाभांश का भुगतान करती है तो इसका आलोचना सभी क्षेत्रों में होने लगती है । यही नहीं अधिक लांभाश वितरित करने वाली कम्पनियां संवय अपने कर्मचारियों, उपभोक्ताओं तथा जन साधारण के सन्देह का कारण बन जाती है। इन वर्गो द्वारा स्वामियों को प्राप्त होने वाली अधिक आय को गलत तरिकों से अर्जित आय समझा जाता है। ऐसी स्थिति से प्रेरित होकर उपभोक्ता माल के मूल्य में कमी अथवा श्रमिक अपने वेतन में वृद्धि करने लगते है। यहाँ तक की कम्पनी के कर्मचारी एवं अधिकारी ही अधिक वेतन एवं बोनस की माँग कर सकते है।

16. आर्थिक नीति में परिवर्तन - सरकार की आर्थिक, औद्योगिक एवं श्रम सम्बन्धी नीतियों का विपरीत प्रभाव कम्पनी की आय पर पड़ सकता है इससे कम्पनी के लाभ में गिरावट हो जाती है। उदाहरण के लिए यदि बैंक दर में वृद्धि हो जाये तो बैंकों से मिलने वाली ऋण सुविधा महँगी हो जायेगी। इसी प्रकार वेतन मण्डलों द्वारा समय समय पर दिये गये सुझावों के आधार पर श्रमिको के वेतनों में पर्याप्त वृद्धि किये जाने तथा सामाजिक सुरक्षा के अन्तर्गत किये जाने वाली दायित्वों में वृद्धि के परिणामस्वरूप पड़ने वाले प्रभावों का भी संस्था की आय पर प्रभाव पड़ता है।

17. कर नीति - कम्पनियां द्वारा अपनायी जाने वाली लाभांश नीति का सरकारी कर नीति से भी गहरा सम्बन्ध है। निगम कर की दर में वृद्धि वितरण के लिए उपलब्ध लाभ की राशी कम कर देती है। निगम कर अति-कर एवं लाभांश कर आदि का भार भी कई बार इतना अधिक होता है कि लाभ के पुनर्विनियोग एवं लाभांश के लिए पर्याप्त व्यवस्था करना कठिन होता है। इसी प्रकार लाभांश से आय को वैयक्तिक करारोपण में छूट मिलने पर भी कम्पनियों को अधिक लाभांश देने की प्रेरणा मिलती है तथा वैयक्तिक कर बढ़ने पर कम्पनी अपने लाभों को रोके रखने की नीति अपना सकतो है। इस प्रकार सरकार की कर नीति कम्पनियों की लाभांश नीति को अनेक प्रकार से प्रभावित कर सकती है।

लाभांश नीति एवं फर्म के मूल्य में आपसी सम्बन्ध

विभिन्न वित्त विशेषज्ञों द्वारा लाभांश नीति और फर्म के मूल्य के सम्बन्ध में विभिन्न विचार व्यक्त किये गये है। इन विचारों को अध्ययन की दृष्टि से दो वर्गों में विभाजित किया जा सकता है। *प्रथम,* लाभांश नीति की असम्बद्धता का विचार, तथा *द्वितीय,* लाभांश नीति की सम्बद्धता का विचार।

1. लाभांश नीति की असम्बद्धता का विचार - यइ विचारधारा लाभांश नीति और फर्म के मूल्य से असम्बद्धता व्यक्त करती है। इस विचारधारा के अनुसार लाभांश नीति एवं फर्म का मूल्य स्वतन्त्र होते है और इन दोनों तत्वों का आपस में कोई सम्बन्ध नहीं होता। अन्य शब्दों में फर्म के मूल्य को अधिकतम करने में लाभांश सम्बन्धि निर्णय का कोई महत्व

नहीं है और यह फर्म के मुल्य को प्रभावित करने की दृष्टि से अप्रासांगिक अथवा महत्वहीन है। वस्तुत: फर्म के मूल्य को लाभांश नीति के बजाय उसकी विनियोग नीति प्रभावित करती है। इस नीति के प्रमुख समर्थक श्री मोदीग्लिआनी एवं मिलर है। इनके दृष्टिकोण को एम. एम. विचारधारा के नाम से भी जाना जाता है।

मोदीग्लिआनी एवं मिलर विचारधारा
(M.M.Hypothesis)

मोदीग्लिआनी एवं मिलर के लाभांश वितरण का सिद्धान्त – यह सिद्धान्त इस मान्यता पर आधारित है कि एक कम्पनी की लाभांश नीति अप्रासांगिक है और यह अंशधारियों के धन (विनियोग मूल्य) को प्रभावित करती है। इस नीति के अनुसार अंशधारी लाभांश अथवा पूँजीगत लाभ के रूप में प्राप्त होने वाले प्रत्याय के प्रति सदैव तटस्थ रहते है। अंशधारियों का यह विश्वास होता है कि निश्चितता की दशा में तथा कर लाभ के अभाव में इस दृष्टि से कोई अन्तर नहीं होना चाहिए कि फर्म आय को रोक लेती है अथवा लाभांश के रूप में वितरित कर देती है। यह सिद्धान्त इस मान्यता पर आधारित है कि फर्म का मूल्य इसकी आय पर निर्भर करता है और यह आय फर्म की विनियोग नीति से प्रभावित होती है। अत: यह स्पष्ट है कि जिस समय किसी फर्म की विनियोग नीति बनाई जाती है, उस समय वितरित लाभांश और रोकी हुई आय का अंशों के मूल्य निर्धारण के लिए अत्यन्त ही कम महत्व होता है।

सिद्धान्त की मान्यताएँ

मोदीग्लिआनी एवं मिलर के लाभांश वितरण का सिद्धान्त कतिपय मान्यताओं पर आधारित है। इस सिद्धान्त की प्रमुख मान्यताएँ निम्नलिखित है :

1. व्यवसाय एक पूर्ण पूंजी बाजार के अन्तर्गत संचालित हो रहा है, जिसमें सभी विनियोगत्ताओं द्वारा विवेकपूर्ण व्यवहार किया जाता है।
2. सभी वर्गों को कम्पनी के कार्यकलापों के सम्बन्ध में निशुल्क सुचनांए उपलब्ध रहती है।
3. व्यवसायिक लेनदेन तुरन्त एवं बिना किसी लागत को वहन किये हुए संचालित होते है।
4. प्रतिभूतियों का असीमित रूप से विभाजन संभव है।
5. फर्म के लिये किसी प्रकार की चल लागत भी उत्पन्न नहीं होती।
6. इस सम्बन्ध में पूँजीबाजार का अभिप्राय यह भी है कि कोई भी विनियोगता इतना महत्वपूर्ण नहीं है कि जो बाजार की शक्तियों एवं अंशों के बाजार मूल्यों को किसी प्रकार से प्रभावित कर सके।
7. इस सिद्धान्त की एक महत्वपूर्ण मान्यता यह भी है कि करो के भुगतान होने की आवश्यकता नहीं है। इसका आशय यह है कि लाभांश, आय अथवा पूँजीगत लाभ पर लागूकी गयी दर में कोई अन्तर विद्यमान नहीं है।

8. फर्म द्वारा अपनी स्वयं की स्थायी विनियोग नीति होती है।
9. फर्म यह मानकर कार्य करती है कि बाजार में कोई जोखिम विद्यमान नहीं है अर्थात विनियोगता को भावी कीमत, लाभ और लाभांश का पूर्वानुमान करने में किसी प्रकार की कठिनाई नहीं होती है।

सिद्धान्त की व्याख्या
(Explanation)

यह सिद्धान्त इस मत का समर्थक है कि लाभांश देने वाली फर्म सदैव बाहर से ही वित्त प्राप्त करेगी। जब लाभांश का भुगतान किया जाता है तो अंशो का अन्तिम मूल्य गिरता है जबकि अंशधारियों के कुल धन में कोई परिवर्तन नहीं होता है। इसका प्रमुख कारण लाभांश और अंशो का अन्तिम मूल्य पुनः अंशधारियों के कुल धन के बराबर हो जाता है । किसी अवधि के प्रारम्भ में अंशो के बाजार मूल्य को अंत में भुगतान किये गये लाभांश का वर्तमान मुल्य तथा अंशो के अन्तिम बाजार मूल्य के योग के समान परिभाषित किया जा सकता है।

मोदीग्लिआनी एवं मिलर इस तथ्य को स्वीकार करते है कि यदि कोष अंशो के अतिरिक्त ऋणो से भी प्राप्त किया जाये तो लाभांश की असम्बद्धता किसी प्रकार से प्रभावित नहीं होती। इनके अनुसार अनिश्चितता की दशा में भी लाभांश नीति का विशेष महत्व होता है यद्यपि यह निष्कर्ष इनके मनमाने तर्क पर आधारित है। दो समान व्यवसायिक, समान भावी आय की सम्भावनाएं तथा समान विनियोग नीति वाली फर्म का बाजार मूल्य भी यद्यपि समान होगा यदि बाजार में प्रत्येक विनियोगता विवेकपूर्ण व्यवहार करता है। उपर्युक्त स्थिति में वर्तमान और भावी लाभांश नीति मे अन्तर दो बाजारों के मूल्य को प्रभावित नहीं कर सकता क्योंकि भावी लाभांश का वर्तमान मूल्य और अन्तिम मूल्य समान है।

सिद्धान्त का मुल्यांकन

निसःन्देह मोदीग्लिआनी और मिलर का उपर्युक्त वर्णीत सिद्धान्त कतिपय सरल किन्तु अप्रचलित मान्यताओं पर आधारित है किन्तु यदि इसकी मान्यताएँ सशक्त होती तो यह सिद्धान्त अत्यन्त प्रभावी सिद्ध होता । इस सिद्धान्त की अनेक मौलिक विशेषताओं भी अवास्तविक है जैसे एक अंशधारी लाभांश एवं पूँजीगत लाभ के प्रति तटस्थ नहीं रहता, इसे अप्रभावी सिद्ध करता है। इस सिद्धान्त की आधारभूत मान्यताएँ काल्पनिक है क्योकि (अ) करो में अन्तर की विद्यमानता, (2) चल लागत की विद्यमानता, (स) अपूर्ण पूँजी बाजार, तथा (द) समान आधारभूत एवं सम्बन्धित सुचनाओं के अभाव की स्थिति व्यवहार में विद्यमान रहती है। विनियोगताओं की चालू आय को प्राप्त करने की उत्सुकता, विनियोगताओं के विचारों में परिवर्तन तथा लाभांश नीति की अनिश्चितता मोदीग्लिआनी एवं मीलर के सिद्धान्त को सर्वथा अप्रचलित सिद्ध करती है। यही कारण है कि वर्तमान वित्त विशेषज्ञो का इस सिद्धान्त के विरूद्ध स्पष्ट मान्यता है कि लाभांश वितरण की असम्बद्धता का विचार वर्तमान परिस्थितियों में पूर्णतया अप्रचलित एवं अनुपयुक्त सिद्ध हो चुका है।

अंशों के मुल्यांकन के M-M मौडल को निम्न प्रकार प्रस्तुत किया जा सकता है।

$$P_0 = \frac{D_1 + P_1}{1 + CR}$$

$$P_1 = P_0 (1 + CR) - D_1$$

Where, P_0 = Market price at the beginning or at the 0 period.

P_1 = Market price at the end of period 1.

CR = Capitalisation rate of the firm.

D_1 = Dividend per share at the end of period 1.

Illustration 1.

A Automobile Co. currently has outstanding 1,00,000 shares selling at Rs. 100 each. The firm is thinking of declaring a dividend of Rs. 5 per share at the end of the current year. The capitalisation rate of this type of firm is 10%.

(1) What will be the price of the share at the end of the year if (i) a dividend is not declared and (ii) a dividend is declared.

(2) Explain that as per M M approach the wealth of shareholders is equal whether dividend is paid or not.

एक ऑटोमॉबाइल कम्पनी के वर्तमान में 100 रू. प्रति अंश मूल्य वाले 1,00,000 अंश अदत्त है। फर्म चालू वर्ष के अन्त में 5 रू. प्रति अंश लाभांश के भुगतान करने का विचार कर रही है। फर्म की वर्तमान पूँजीकरण दर 10 प्रतिशत है। बतलाइये कि यदि

(1) वर्ष के अन्त में अंश का मूल्य क्या होगा।

(अ) यदि लाभांश घोषित नही किया जाता है, तथा

(ब) यदि लाभांश घोषित किया जाता है

(2) स्पष्टत: समझाइये कि फर्म चाहे लाभांश का भुगतान करे अथवा नहीं एम. एम. मौडल के अनुसार अंशधारियों का धन समान ही क्यों कर रहता है।

Solution : इस प्रश्न में

Here P_0 = Rs. 100, D_1 = Rs. 5, CR = 10%, or .1, P_1 = ?

(i) If dividend is not declared यदि लाभांश की घोषण नहीं कि जाती है :

$$P_0 = \frac{D_1 + P_1}{1 + CR}$$

$$100 = \frac{0 + P_1}{1 + .1}$$

$$P_1 = 100 \times 1.1$$

$$= \text{Rs. } 110$$

अथवा

$P_1 = P_0 (1 + CR) - D1$

$= 100 (1+0.1)-0$

$= 110-0$

= Rs.110

(ii Dividend is declared and paid)यदि लाभांश की घोषणा तथा भुगतान किया जाता है।

$$P_0 = \frac{D_1+P_1}{1 + CR}$$

$$100 = \frac{5+P_1}{1+0.1}$$

$110 - 5 = P_1$

$P_1 =$ Rs. 105

अथवा

$P_1 = P_0 (1+CR)-D_1$

$= 100 (1+0.1)-5$

$= 110-5$

Rs.105

It can be observed that whether dividend is paid or not the wealth of shareholders is equal. When the dividend is not paid, the shareholders will get Rs. 110 by way of the price per share at the end of the current year. On the other hand, when dividend is paid, the shareholders will realise Rs. 105 by way of price per share at the end of current year plus Rs. 5 as dividend.

उपर्युक्त उदाहरण से भली भाँति यह निष्कर्ष निकाला जा सकता है चाहे लाभांश का भुगतान किया जाये अथवा नहीं अंशधारियों का अर्जन समान ही रहता है। यदि लाभांश का भुगतान नहीं किया जाता, तब चालु वर्ष के अन्त में अंशधारियों को प्रति अंश भुगतान के रूप में 110 रू. प्राप्त होते है। इसके विपरीत यदि लभांश भुगतान किया जाता है तो चालू वर्ष के अन्त में अंशधारियों को प्रति अंश मूल्य के रूप में 105 रू. वसूल तथा इसके अतिरिक्त 5 रू. लाभांश के रूप में प्राप्त होते है।

2. लाभांश नीति की सम्बद्धता का विचार - लाभांश नीति की सम्बद्धता का विचार व्यक्त करने वाले वित्त विशेषज्ञों ने प्रमुख सर्वश्री इजरा सोलोमन, जेम्स ई. वाल्टर, गिटमैन तथा गोर्डटेन आदि प्रमुख है। इस विचारधारा के अनुसार लाभांश नीति का फर्म के मूल्य को अधिकतम करने में महत्वपूर्ण स्थान है। अन्य शब्दों में फर्म के लाभाश के रूप में वितरित की जाने वाली राशि और भावी साधन हेतु रोके हुए लाभ की मात्रा के अनुपात में

परिवर्तन से अंशों के बाजार मूल्यों में परिवर्तन हो जाता है। इसका स्पष्ट अर्थ यह है कि फर्म की उधार अथवा कठोर लाभांश नीति का फर्म के मूल्य (अंशों के बाजार मूल्य) में अन्यन्त ही घनिष्ट सम्बन्ध पाया जाता है। इस सम्बन्ध में जेम्स ई. वाल्टर द्वारा एक गणितिय फार्मुले का प्रतिपादन किया गया है जिसे वाल्टर फार्मूले के नाम से जाना जाता है।

वाल्टर फार्मूला

(Walater's Model)

इस फार्मूले के आधार पर कम्पनी के प्रबंन्धक लाभांश नीति का निर्धार.ा इस प्रकार से कर सकते है कि जिससे कि कम्पनी के अंशधारियों द्वारा अंशों में किये गये पूँजी विनियोग के मूल्यों में अभिवृद्धि हो सके। ''इस सिद्धान्त का मूल आधार यह है कि दीर्घकाल में अंशों कें बाजार मूल्य, भविष्य में प्राप्त संभावित लाभांश के वर्तमान मूल्यों का प्रतिनिधित्व करते है; तथा प्रतिधारित आय की सीमा अंशो के बाजार मूल्यों को इसलिये प्रभावित करती है; क्योंकि उसके स्वयं का प्रभाव भावी लाभांशों पर पड़ता है। [1]

वाल्टर के सिद्धान्त की प्रमुख मान्यतयाएँ

इस सूत्र के अनुसार कम्पनी प्रबंन्धक लाभांश नीति का निर्धारण इस प्रकार कर सकते है कि कम्पनी के अंशधारियों द्वारा किये गये पूँजी विनियोग के मूल्य में पर्याप्त वृद्धि हो सके। वाल्टर का सूत्र प्रमुखतः निम्न मान्यतओं पर आधारित है :

1. अशों के बाजार मूल्य भविष्य में सम्भावित लाभांशों के वर्तमान मूल्य द्वारा प्रतिबन्धित/प्रभावित होते है।
2. व्यवसाय में प्रतिधारित आय भविष्य में होने वाले लाभांश प्रभावित करती है और इस प्रकार अंशों के बाजार/मूल्य पर इसका प्रभाव पड़ता है।
3. प्रतिधारित अर्जनों की आंतरिक उत्पादकता (Internal Productivity of Earning i.e. Ra) एव बाजार में प्रचलित पूँजीकरण की दर स्थिर रहती है।
4. व्यवसाय के लिए नवीन पूँजी अंशों या ऋणपत्रों द्वारा एकत्रित नहीं की जाती वरन प्रतिधारित अर्जनों से प्राप्त की जाती है अर्थात नवीन विनियोग अवसरों का वित्त पोषण केवल प्रतिधारिज अर्जनों से ही किया जाता है।
5. सम्पूर्ण लाभों का पुनर्विनियोग या लाभांश के रूप में वितरण शीघ्र ही कर दिया जाता है।

---

1 "The fundamental premise on which this theory rests is that, over longer periods, stock prices, reflects the present values of expected dividends and retained earnings influence stock prices principally through their effect upon future dividends: _ James E. Walter, "*Dividend Policies & Common Stock Price.*" The Journal of Finance, March, 1956.

6. यद्यपि प्रारम्भिक आय एवं लाभांश में कोई परिवर्तन नहीं होता किन्तु प्रति अंश अर्जन (Earning Per Share i.e. E) एवं प्रति अंश लाभांश (Dividend Per Share i.e.'D') में परिणाम निर्धारण हेतु परिवर्तन हो सकता है।

7. फर्म का अस्तित्व पर्याप्त दीर्घकालीन एवं अनिश्चित है।

वाल्टर के सूत्र के आधार पर लाभांश और अंश के मूल्य के बीच सम्बन्ध निम्न प्रकार है -

$$Ve = \frac{D + \frac{Ra}{Rc}(E-D)}{Rc}$$

Where:

Ve= Theoretical market value of the company's ordinary share.
(कम्पनी के साधारण अंश का सैद्धान्तिक बाजार-मूल्य)

Ra = Internal Productivity of Rctained earnings.

(प्रतिधारित आय की आन्तरिक उत्पादकता)

Rc = Rate of capitalisation in the market

(बाजार में प्रचलित पूँजीकरण की दर)

E = Earnings Per Share (प्रति अंश आय)

D = Dividend Per share (प्रति अंश लाभांश)

उपर्युक्त फार्मूले को निम्न उदाहरण की सहायता से अधिक स्पष्टत: समझा जा सकता है:

उदाहरण:

यदि एक कम्पनी के साधारण अंशों का सम मूल्य (Per Value) 100 रू प्रति अंश है, तथा कम्पनी की प्रति अंश आय (E.P.S.) 10 रू. है। कम्पनी में प्रतिधारित आय की उत्पादकता (Ra) 15 प्रतिशत है तथा बाजार में प्रचलित पूँजीकरण की दर (Rc) 10 प्रतिशत है। इस स्थिति में लाभांश के वितरण के विषय में प्रबन्धकों के समक्ष निम्न चार विकल्प विचाराधीन हैं :

(i) भुगतान अनुपातन (Payout Ratio) 60 प्रतिशत रखा जाय; अथवा

(ii) भुगतान अनुपात (Payout Ratio)40 प्रतिशत रखा जाय; अथवा

(iii) भुगतान अनुपात (Payout Ratio)20 प्रतिशत रखा जाय; अथवा

(iv) भुगतान अनुपात (Payout Ratio) 0 रखते हुए भी समस्त आय व्यवसाय में ही धारित (retain) की जाय।

बतलाइये कि उपयुक्त दशाओं में लाभांश वितरण के विषय में किस विकल्प को आप सर्वोत्तम समझते है।

उत्तर –

(i) $$Ve = \frac{D + \frac{Ra}{Rc}(E-D)}{Rc} = \frac{6 + \frac{.15}{.10} \times (10-6)}{.10} = \text{Rs. } 120$$

(ii) $$Ve = \frac{D + \frac{Ra}{Rc}(E-D)}{Rc} = \frac{4 + \frac{.15}{.10} \times (10-4)}{.10} = \text{Rs. } 130$$

(iii) $$Ve = \frac{D + \frac{Ra}{Rc}(E-D)}{Rc} = \frac{2 + \frac{.15}{.10} \times (10-2)}{.10} = \text{Rs. } 140$$

(iv) $$Ve = \frac{D + \frac{Ra}{Rc}(E-D)}{Rc} = \frac{6 + \frac{.15}{.10} \times (10-0)}{.10} = \text{Rs. } 150$$

उपर्युक्त उदाहरण में यह स्पष्ट है कि सैद्धान्तिक दृष्टि से चारो उपलब्ध विकल्पों में विकल्प (iv) सर्वोत्तम रहेगा। इसका प्रमुख कारण यह है कि यदि कम्पनी समस्त आय व्यवसाय में प्रतिधारित करती है तथा लाभांश का वितरण नही करते है तो ऐसी स्थिति में बाजार में कम्पनी के अंशों का मूल्य सर्वाधिक हो जायेगा जैसा कि विकल्प (iv) में दर्शाया गया है। इसके अतिरिक्त प्रतिधारित आय का अनुपात कम्पनी द्वारा जितना ही अधिक रखा जायेगा, बाजार में कम्पनी के अंशो का सैद्धान्ति मूल्य उतना ही अधिक बढ़ जायेगा तथा उसी अनुपात में अंशधारियों के पूँजी विनियोजन के मूल्य में भी अभिवृद्धि हो जायेगी। ऐसा प्रमुखत: इस कारण संभव होगा क्योंकि उपर्युक्त वर्णित दशाओं में व्यवसाय में प्रतिधारित आय की आन्तरिक उत्पादकता (Ra) बाजार में प्रचलित पूँजीकरण की दर (Rc) से अधिक है। अत: अंशधारियों के अधिकतम हित को ध्यान में रखते हुए यह अधिक लाभप्रद सिद्ध होगा कि सम्पूर्ण आय को अथवा आय की अधिकतम भाग को नगद लाभांश वितरित करने में प्रयुक्त करने की अपेक्षा व्यवसाय में ही प्रतिधारित (Retained) किया जाय।

उपर्युक्त स्थिति को एक अन्य प्रकार से भी स्पष्ट किया जा सकता है कि ''उद्योग की औसत लाभदायकता की तुलना में यदि कम्पनी में लाभदायकता की दर अधिक है, तो आय के प्रतिधारण से कम्पनी और उसके अंशधारियों के लाभों में अभिवृद्धि होगी। किन्तु यदि कम्पनी में प्रतिधारित आय की लाभदायकता में कमी की जाये तो ऊचे भुगतान–अनुपात का सुझाव श्रेयकर रहेगा; क्यों कि इस दशा में अंशधारी अन्य वैकल्पिक विनियोगो में धन

का उपयोग करके अधिक लाभान्वित हो सकेंगे। अत: यह कहना अत्यन्त उचित प्रतित होता है कि ''लाभांश नीति का चयन व्यवसाय के मुल्यांकन को सदैव प्रभावित करता है। 2

उदाहरण

यदि हम एक अन्य स्थिति पर विचार करे जिसके अन्तर्गत अन्य बाते समान रहते हुए यह मान लिया जाये कि बाजार में प्रचलित पूँजीकरण की दर (Rc) 10 प्रतिशत है और व्यवसाय में प्रतिधारित आय की उत्पादकता (Ra) भी 10 प्रतिशत है। इस स्थिति में विचारधधीन चारों विकल्पों में से प्रत्येक की स्थिति समान रहेगी जिससे की निम्न प्रकार स्पष्ट किया जा सकता है।

विकल्प

(i) $$Vc = \frac{D+\frac{Ra}{Rc}(E-D)}{Rc} = \frac{6+\frac{.10}{.10}\times(10-6)}{.10} = \text{Rs. } 100$$

(ii) $$Vc = \frac{D+\frac{Ra}{Rc}(E-D)}{Rc} = \frac{4+\frac{.10}{.10}\times(10-4)}{.10} = \text{Rs. } 100$$

(iii) $$Vc = \frac{D+\frac{Ra}{Rc}(E-D)}{Rc} = \frac{2+\frac{.10}{.10}\times(10-2)}{.10} = \text{Rs. } 100$$

(iv) $$Vc = \frac{D+\frac{Ra}{Rc}(E-D)}{Rc} = \frac{6+\frac{.10}{.10}\times(10-0)}{.10} = \text{Rs. } 100$$

उपर्युक्त विवेचन का स्पष्ट अर्थ यह है कि जब प्रतिधारित आय की उत्पादकता तथा बाजार में प्रचलित पुँजीकरण की दर समान हो, तो लाभांश के रूप में आय का अधिक भाग वितरित किया जाये अथवा कम भाग वितरित किया जाये, इसका अंशधारियों के पूँजी विनियोग के मूल्यांकन पर कोई प्रभाव नहीं पड़ता है। कम्पनी उपर्युक्त वर्णित चारों विकल्पों में से किसी भी विकल्प का चयन करने हेतु स्वतन्त्र है। इस स्थिति में कम्पनी के लाभांश

---

2 1. 'If the profitability of a company is higher as compared to the industry average, the retention of earnings will benefit the company and its stock holders. If the profitability of retained earnings is low, then a higher dividend payout is suggested since share owners can use the funds to better advantage in alternative investment."

2. "The choice of dividend policies almost always affects the value of the enterprise." — James Walter, Dividend Policy : Its Influence on the Value of the Enterprise, *The Journal of Finance*, May, 1963.

नीति एक और अतिरिक्त कोषों के लिए कम्पनी की अधिकतम माँग एवं दूसरी ओर अंशधारियों द्वारा लाभांश के रूप में नकद आय प्राप्त करने की अपेक्षाओं के मध्य संतुलन रखते हुए ही निर्धारित करना अधिक श्रेयकर सिद्ध होगा।

इस स्थिति में यह ध्यान रखना आवश्यक होगा कि यदि व्यवसाय में प्रतिधारित आय की उत्पादकता, बाजार में प्रचलित पूजीकरण की दर से कम हो जाये, तो लाभांश वितरण के सम्बन्ध में कौनसा विकल्प चयन करना उपर्युक्त रहेगा ? इसे निम्न उदाहर.ा में स्पष्ट किया गया है ।

उदाहरण

यदि उपर्युक्त उदाहरण में अन्य बातें समान रहते हुए यह मान लिया जाये कि बाजार में पूँजीकर.ा की दर 10 प्रतिशत है किन्तु व्यवसाय में प्रतिधारित आय की उत्पादकता केवल 5 प्रतिशत है, तो ऐसी स्थिति में निम्न निष्कर्ष परिलक्षित होंगे।

विकल्प

(i) $$Vc = \frac{D + \frac{Ra}{Rc}(E-D)}{Rc} = \frac{6 + \frac{.5}{.10} x\ (10-6)}{.10} = Rs.\ 80$$

(ii) $$Vc = \frac{D + \frac{Ra}{Rc}(E-D)}{Rc} = \frac{4 + \frac{.5}{.10} x\ (10-4)}{.10} = Rs.\ 70$$

(iii) $$Vc = \frac{D + \frac{Ra}{Rc}(E-D)}{Rc} = \frac{2 + \frac{.5}{.10} x\ (10-2)}{.10} = Rs.\ 60$$

(iv) $$Vc = \frac{D + \frac{Ra}{Rc}(E-D)}{Rc} = \frac{6 + \frac{.5}{.10} x\ (10-0)}{.10} = Rs.\ 50$$

उपर्युक्त उदाहरण में इस तथ्य का स्पष्टीकरण दर्शाया गया है कि ऐसी दशा में भुगतान अनुपात (Payout Ratio) जितना ही घटता जायेगा; अर्थात व्यवसाय में प्रतिधारित आय का अनुपात जितना ही बढ़ता जायेगा, ईक्विटी अंशों के सैद्धान्तिक बाजार मूल्यों में उतनी ही कमी होती चली जायेगी।

अन्तिम खाते
(Final Accounts)

अन्तिम खातों से आशय (Meaning)

अन्तिम खातों से आशय उन खातों से होता है जो कि वर्ष के अन्त में बनाये जाते हैं। ये खाते वर्ष के अन्त में लाभ-हानि तथा आर्थिक स्थिति का पता लगाने के लिए बनाये

जाते हैं। जर्नल खाताबही एवं तलपट बनाने के पश्चात् ही अन्तिम खाते बनाये जाते हैं। इसके निर्माण खाता, व्यापारिक खाता, लाभ-हानि खात तथा चिट्ठा बनाया जाता है। निर्माण खाता प्राय: वे ही व्यक्ति बनाते हैं जो किसी वस्तु का उत्पादन करते हैं। सभी के लिए इसे बनाना आवश्यक नहीं है।

अन्तिम खाते बनाने के उद्देश्य (Objects)

अन्तिम खाते तैयार करने के मुख्यत: दो उद्देश्य होते हैं - एक तो व्यापार का परिणाम अर्थात् लाभ-हानि ज्ञात करना और दूसरे व्यापार की आर्थिक स्थिति अर्थात् व्यापार की सम्पत्ति व लेनदारी और व्यापार की पूँजी व दायित्व का ज्ञान करना है। इन उद्देश्यों की पूर्ति हेतु अन्तिम खातों के अन्तर्गत व्यापारिक खाता (Trading Account), लाभ हानि खाता (Profit and Loss Account) और एक विवरण पत्र जिसे चिट्ठा (Balance Sheet) कहते हैं, बनाया जाता है। व्यापारिक खाता 'सकल लाभ' (Gross Profit) ज्ञात करने के लिए और लाभ-हानि खाता शुद्ध लाभ (Net Profit) ज्ञात करने के लिए बनाया जाता है। चिट्ठा व्यापार की आर्थिक स्थिति मालूम करने के लिए बनाया जाता है।

अन्तिम खाते तैयार करना

प्रश्न में दिये गये तलपट एवं समायोजनों के आधार पर व्यापारिक खाता, लाभ-हानि खाता एवं चिट्ठे का निर्माण किया जाता है।

(1) **निर्माणी खाता** (Manufacturing Account)

यह उन संस्थाओं द्वारा बनाया जाता है जोकि कच्चा माल खरीदकर निर्मित माल बनाती है। इस खाते से ज्ञात हो जाता है कि निर्मित माल में कौन-कौन से खर्च शामिल हैं। इसमें व्ययों को नाम पक्ष में लिखा जाता है, इसमें सामग्री, कच्चा माल तथा चालू कार्य के रूप में रहती है। इसका शेष व्यापार खाते में हस्तान्तरित किया जाता है। यहाँ पर सिर्फ निर्मित माल का लेखा किया जाता है। इसमें सिर्फ सामग्री के व्यय लिखे जो हैं।

प्रयुक्त सामग्री की गणना निम्न प्रकार की जाती हैं -

Raw material Consumed	Rs.
Opening stock	________
Add : Purchases	
________	
Add : Carriage Inward	________
Less : Closing Stocking	________
Raw Material Consumed	
	________

(2) व्यापारिक खाता (Trading Account)

व्यापारिक खाता, निर्माण खाते के बाद में बनाया जाता है जो व्यापारी निर्माण खाता नहीं बनाते, वे प्रारम्भ में व्यापारिक खाता ही बनाते हैं। यह खाता सिर्फ माल के क्रय-विक्रय तथा प्रारम्भिक एवं अन्तिम रहतिया का लेख करता है। इस खाते में समस्त प्रत्यक्ष नाम पक्ष में लिखे जाते हैं।

व्यापारिक खाते का प्रारूप इस प्रकार है-

व्यापार खाते का प्रारूप

(Proforma of Trading A/c)

For the year ended .....

Particulars	**Amount**	**Particulars**	**Amount**
To Opening stock Raw Material Work in prog. Finished goods To Purchase Less : return To wages To Carriage inward To Octroi To Manufacturing Exp. To Factory Exp. To Royalty To Light, Power & Fuel To Gross Profit c/d (if any)		By Sales Less Sales Return By Closing stock Raw material Work in Progress Finished goods By Gross loss c/d (if any)	
Total		**Total**	

(3) लाभ - हानि खाता (Profit and Loss Account)

व्यापार खाते के निर्माण के पश्चात् व्यापारी शुद्ध लाभ या हानि ज्ञात करने के लिए इसके नाम पक्ष में सकल हानि तथा अप्रत्यख व्यय लिखे जाते हैं जो कि व्यापार खाते में नहीं

लिखे जाते हैं तथा जमा पक्ष में सकल लाभ के साथ व्यापार में प्राप्त आय लिखी जाती है। खातों का शेष शुद्ध लाभ या शुद्ध हानि होता है। यदि जमा पक्ष का योग अधिक है तो नाम पक्ष में शुद्ध लाभ लिखकर योग बराबर कर दिया जाता है और यदि नाम पक्ष का योग अधिक है तो जमा पक्ष में शुद्ध हानि लिखकर योग बराबर कर दिया जाता है।

लाभ हानि खाते का प्रारूप

Particulars	Amount	Particulars	Amount
To Salary	______	By Gross Profit	______
To Rent	______	By Rent (Received)	______
To Insurance	______	By Interest (Received)	______
To General Expenses	______	By Commission (Received)	______
To Tax & Rates	______	By Discount (Received)	______
To Office expenses	______	By Other income	______
To Travelling Expenses	______		
To Discount (Dr.	______		
To Interest (Dr.)	______		
To Advertisement	______		
To Commission	______		
To Depreciation	______		
To Bad Debts	______		
To Selling Expenses	______		
To Post & Tel.	______		
To Stationary	______		

To Repairs	____			
To Electric	____			
To Carriage Outward	____			
To Interest on Capital	____			
To Manager Commi.	____			
To Net Profit	____			

चिट्ठा या स्थिति विवरण (Balance Sheet)

व्यवसाय का लाभ-हानि खाता बन जाने के पश्चात् आर्थिक स्थिति का पता लगाने के लिए चिट्ठा या स्थिति विवरण बनाया जाता है। यह एक ऐसा विवरण होता है जिसमें व्यापार की समस्त सम्पत्ति एवं दायित्व एक निश्चित स्थान पर होते हैं, लिखे जाते हैं। यह खाता नहीं वरन् एक विवरण के रूप में बनाया जाता है। चिट्ठे में बायीं ओर दायित्व पक्ष एवं दायीं ओर सम्पत्ति पक्ष होता है।

चिट्ठा सरलता के अनुसार एवं स्थायित्व के अनुसार दोनों प्रकार से तैयार किया जा सकता है। यह सम्पत्तियों एवं दायित्वों को लिखने का एक क्रम है।

चिट्ठे का प्रारूप

(Proforma of Balance Sheet)

(As On......)

Liabilities		**Amount**	**Assets**	**Amount**
Capital	____		Cash in Hand	____
Add : Net Profit	____		Cash at Bank	____
Or			Investment	____
Less : Net Loss	____		Bill Receivable	____
Less : Drawings	____	____	Debtors	____
	____		Stock	____
Loan		____	Furniture	____
Sundary Crditors		____	Plant & Machinery	____
Bills Payable		____	Land & Building	____

Unaccrued Income		____	Goodwill	______
Outstanding expenses		____	Accrued Income	_____
			Prepaid Expenses	____
	Total		Total	

अंतिम खाते बनाते समय महत्त्वपूर्ण समायोजनों का प्रभाव

समायोजन	व्यापार या लाभ-हानि खाते में	चिट्ठे में
1. अदत्त व्यय	सम्बन्धित व्यय में जोड़ना जैसे- अदत्त मजदूरी व्यापार खाते में मजदूरी के साथ जोड़ना	दायित्व पक्ष में लिखना
2. पूर्वदत्त व्यय	सम्बन्धित व्यय में से घटाना	सम्पत्ति पक्ष में लिखना
3. उपार्जित (अर्जित) आय	सम्बन्धित आय में से जोड़ना	सम्पत्ति पक्ष में लिखना
4. अनुपार्जित (अनार्जित) आय	सम्बन्धित आय में से घटाना	दायित्व पक्ष में लिखना
5. अन्तिम स्टॉक	व्यापार खाते के क्रेडिट में	सम्पत्ति पक्ष में
6. ह्रास	लाभ-हानि खाते के डेबिट में	सम्बन्धित सम्पत्ति में से घटाना
7. व्यापार के स्वामी द्वारा निकाला गया माल	क्रमय में घटाना	पूँजी में आहरण के रूप में घटाना
8. दान या नमूने में दिया गया माल	व्यापार खाते में क्रय में से घटाना एवं लाभ-हानि खाते में डेबिट में लिखना	-----
9. फर्नीचर, मशीन आदि स्थायी सम्पत्ति को भूल से क्रय में लिखने पर	फर्नीचर या मशीन की राशि क्रय में से कम करना	सम्बन्धित सम्पत्ति में बढ़ाना
10. फर्नीचर या मशीन का लेखा नहीं होने पर	ऐसी नई मशीन पर सम्बन्धित अवधि का ह्रास लगाना	दायित्व में लेनदार व सम्पत्ति पक्ष में सम्बन्धित सम्पत्ति बढ़ाना

11. माल आग से नष्ट होना	व्यापार खाते में मजदूरी कम करना	सम्पत्ति पक्ष में मशीन (सम्पत्ति) की कीमत बढ़ाना
12. देनदार से प्राप्त राशि भूल से विक्रय खाते में जमा होना	पूरी राशि क्रय में से घटाना एवं जितना बीमा क्लेम नहीं मिला हो, वह राशि लाभ-हानि खाते के में लिखना	बीमा क्लेम की राशि सम्पत्ति पक्ष में लिखना
13. देनदान से प्राप्त राशि भूल से विक्रय खाते में जमा होना	व्यापार खाते में विक्रय को कम करना	देनदार को कम करना
14. देनदार से प्राप्य विपत्र प्राप्त होना	------	देनदार घटाना एवं प्राप्त विपत्र में बढ़ाना
15. प्राप्य विपत्र अनादरित होना	------	देनदार बढ़ाना एवं प्राप्य विपत्र घटाना
16. विक्रय वापसी की शर्त पर माल बेचना	विक्रय में से विक्रय मूल्य घटाना एवं अन्तिम स्टॉक में लागत मूल्य जोड़ना	देनदारों में से विक्रय मूल्य घटाना एवं अतिम स्टॉक में लागत मूल्य जोड़ना
17. पूँजी पर ब्याज लगाना	प्रा. पूँजी पर ब्याज लाभ-हानि खाते में डेबिट लिखना	पूँजी में ब्याज जोड़ना
18. क्रय बिल लिखने से छूटना	क्रय बढ़ाना	लेनदार बढ़ाना
19. क्रय बही में क्रय लिख दिया हो, लेकिन माल प्राप्त नहीं होना	व्यापार खाते में क्रेडिट में मार्गस्थ माल लिखना	सम्पत्ति पक्ष में मार्गस्थ माल लिखना
20. डूबत ऋण संचय	लाभ-हानि खाते में डेबिट में लिखना	देनदार में से घटाना

अन्तिम खाते बनाते समय ध्यान में रखने योग्य बातें

(1) जो मद तलपट के अन्दर ही हो, उसका लेखा एक ही जगह होगा, या तो व्यापार एवं लाभ-हानि खाते में या चिट्ठे में।

(2) तलपट के बाहर दिये गये समायोजनों का प्रभाव निश्चित रूप से दो जगह होगा, एक तो व्यापार एवं लाभ-हानि खाते में और दूसरा चिट्ठे में। कुछ मदों के दोनों प्रभाव केवल व्यापार एवं लाभ-हानि में या केव चिट्ठे में होते हैं। जैसे - उधार क्रय की गयी मशीनरी का लेखा नहीं होने पर ट्ठे में एक तरफ लेनदार एवं दूसरी तरफ मशीन बढ़ेगी।

(3) यदि कोई अदत्त पूर्वदत्त व्यय या उपार्जित-अनुपार्जित आय तलपट में ही दे दी हो तो उसका प्रभाव एक जगह ही होगा।

(4) यदि तलपट की सीमा में वर्ष के प्रारम्भ का कोई समायोजन दिया हो, तो वह केवल व्यापार या लाभ-हानि खाते में सम्बन्धित मद में विपरीत रूप में लिखा जायेगा। जैसे - तलपट में अदत्त मजदूरी (1 जनवरी, 2000) दी है, तो यह राशि केवल व्यापार खाते में निम्न प्रकार लिखी जाएगी-

मजदूरी	....
— प्रारम्भिक अदत्त मजदूरी	....

(5) यदि तलपट की सीमा में वर्ष के अन्त का कोई समायोजन दिया हो तो केवल चिट्ठे में लिखा जायेगा। जैसे तलपट में उपार्जित ब्याज (31 दिसम्बर, 1999) दिया है, तो यह चिट्ठे में सम्पत्ति पक्ष में लिखा जायेगा।

(6) यदि तलपट में क्रय (स्कन्ध खातों द्वारा समायोजित) दिया हो, तो ऐसी स्थिति में प्रारम्भिक स्टॉक नहीं दिया रहेगा और अन्तिम स्टॉक तलपट में दिया रहेगा। अत: अन्तिम स्टॉक को केवल चिट्ठे में सम्पत्ति पक्ष में लिखेंगे, व्यापार खाते में नही लिखेंगे।

(7) कभी-कभी प्रश्न में अदृश्य समायोजन दे दिया जाता है, जैसे - तलपट में नामे पक्ष में 5 प्रतिशत सरकारी प्रतिभूतियाँ 60,000 रु. (1 जन. 2000) दी है और जमा पक्ष में ब्याज केवल 1,000 रु. दिया है, इसका अभिप्राय यह है कि 2,000 रु. ब्याज अर्जित (Accrued) हो गया है, अत: में जमा पक्ष में ब्याज 1,000 + 2,000 = 3,000 रु. लिखेंगे और चिट्ठे में सम्पत्ति पक्ष में अर्जित ब्याज 2,000 रु. लिखेंगे।

(8) यदि प्रबन्धक द्वारा ऐसे शुद्ध लाभ पर कमीशन देने को कहा गया हो, तो ऐसा कमीशन घटाने के बाद आए, तो ऐसी स्थिति में पहले कच्चे में शुद्ध लाभ ज्ञात कर लेंगे और उस पर निम्न सूत्र लगाकर कमीशन निकालेंगे -

$$\frac{\text{शुद्ध लाभ} \times \text{कमीशन की दर}}{100 + \text{कमीशन की दर}}$$

इस प्रकार जो कमीशन आयेगा उसे लाभ-हानि खाते में डेबिट में लिख देंगे और फिर शुद्ध लाभ निकालेंगे। इस कमीशन को चिट्ठे में दायित्व पक्ष में भी लिखेंगे।

(9) संदिग्ध ऋण संचय – देनदारों पर संदिग्ध ऋण संचय निकालने में विद्यार्थी को प्राय: परेशानी एवं भ्रम होता है। एक उदाहरण से इस बात को ज्यादा अच्छी तरह समझा जा सकता है–

जैसे – प्रश्न में तलपट में देनदार 32,800 रु. डूबत ऋण 1,500 रु एवं डूबत ऋण कोष 2,500 रु. दिया है और तलपट के बाहर समायोजन में 800 रु. डूबत ऋण और अपलिखित करने को कहा है, ऐसी स्थिति में यदि –

(1) संदिग्ध ऋण कोष 5 प्रतिशत तक बनाना हो तो

P & L **में (डेबिट पक्ष में)**		**चिट्ठे में (सम्पत्ति पक्ष में)**	
पुराना डूबत ऋण तलपट में दिया है)	1,500	देनदार	32,800
		– नया डूबत ऋण	– 800
+ नया डूबत ऋण (जो समायोजन में दिया है)	800		
+ नया डूबत ऋण संचय (शुद्ध देनदार पर)	1,600	– नया डूबत ऋण कोष	1,600
	3,900		30,400
– पुराना डूबत ऋण संचय (जो तलपट में दिया है)	2,500		
	1,400		

अत: लाभ-हानि खाते के Dr. में

बाहरी कॉलम में लिखेंगे 1,400 रु.

(2) संदिग्ध ऋण संचय 5 प्रतिशत से बढ़ाने (Increase by) **को कहा गया हो**

P & L **में**		**चिट्ठे में**	
केवल नया संचय लिखा जाएगा और कुछ नहीं – डूबत ऋण संचय	1,600	देनदार	32,800
		– नया डूबत ऋण	– 800
			32,000
		– डूबत ऋण संचय खाते का शेष	– 1,800
			30,200

नोट – डूबत ऋण संचय खाते का शेष निकालने के लिये निम्न सूत्र प्रयोग करना चाहिए:	
पूराना एवं नया संचय (2,500 + 1,600)	4,100
(–) पुराना एवं नया डूबत ऋण (1,500 + 800)	2,300
डूबत ऋण संचय खाते का शेष	1,800

नोट – यदि प्रश्न में डूबत ऋण संचय बढ़ाने (Increase) का कहा गया हो, लेकिन डूबत ऋण पुराने संचय से ज्यादा हो, तो ऐसी स्थिति में उपरोक्त (b) विकल्प की बजाय 5 प्रतिशत तक बनाए रखने वाला प्रथम विकल्प ही लागू होगा।

(10) कटौती संचय बनाना हो - यदि देनदारों पर कटौती संचय बनाने का कहा गया हो तो शुद्ध देनदारों में से डुबत ऋण संचय घटाने के बाद शेष देनदारों पर कटौती संचय ज्ञात करेंगे। इसे P & L में डेबिट में तथा चिट्ठे में सम्पत्ति पक्ष में देनदारों में से घटाएँगे। यदि लेनदारों पर कटौती संचय बनाना हो तो P & L क्रेडिट में लिखेंगे तथा लेनदारों में से घटाएँगे।

प्रश्न

1. लाभांश से आपका क्या अभिप्राय हैं? कम्पनियों द्वारा दिये जाने वाले विभिन्न प्रकार के लाभांशों का वर्णन कीजिए।

   What do you mean by dividend? Explain the different types of dividends generally declared by companies.

2. लाभांश नीति का अर्थ स्पष्ट कीजिए तथा एक समुचित लाभांश नीति के आवश्यक तत्त्वों को विस्तार से समझाइए।

   Explain the meaning of the term 'Dividend Policy' and critically examine the essentials of a sound dividend policy.

3. भारतीय कम्पनियों द्वारा लाभांश की घोषणा के विषय में भारतीय कम्पनी अधिनियम की प्रमुख व्यवस्थाओं की व्याख्या कीजिए।

   Explain the main provisions of Indian Companies Act in respect of declaration of dividend by companies in India.

4. यह समझाइए कि कम्पनियाँ बोनस अंश क्यों और कब निर्गमित करती हैं? बोनस अंशों के निर्गमन का प्रभाव क्या कम्पनी के अंशों के बाजार मूल्य पर पड़ता है?

Explain why and when companies issue bonus shares? What is the impact of the issue of bonus shares on the market price of equity shares of the company.

5. स्थिर लाभ-वितरण दर एवं समान लाभांश नीति का कम्पनी व उसके अंशधारियों पर क्या प्रभाव पड़ता है? विवेचना कीजिए

Discuss the effect of a constant pay-out ratio and a uniform dividend policy on the company and the shareholders.

6. तीन कम्पनियों ऐ. लिमिटेड, बी. लिमिटेड तथा सी. लिमिटेड के बारे में निम्न विवरण उपलब्ध हैं:

Following are the details regarding three companies A Ltd., B Ltd., and C Ltd.

A Ltd.	B Ltd.	C Ltd.
r = 15%	r = 5%	r = 10%
Ke = 10%	Ke = 10%	Ke = 10%
E = Rs. 8	E = Rs. 8	E = Rs. 8

इन कम्पनियों में प्रत्येक कम्पनी के एक समता अंश के मूल्य की गणना वाल्टर फार्मूले को लागू करके कीजिये जब लाभांश भुगतान अनुपात (अ) 25 प्रतिशत, (ब) 50 प्रतिशत, तथा (स) 75 प्रतिशत हो।

आप क्या निष्कर्ष निकालेंगे।

Calculate the value of an equity share of each of the above companies applying Walter's formula when dividend payout ratio is: (a) 25%, (b) 50%, (c) 75%.

What conclusions do you draw?

Ans. : Value of an equity share as per Walter's formula.

	A	B	C
(i) When D/P ratio is 25%	P=Rs.110	P=Rs.50	P=Rs.80
(ii) When D/P ratio is 50%	P=Rs.100	P=Rs.60	P=Rs.80
(iii) When D/P ratio is 75%	P=Rs.90	P=Rs.70	P=Rs.80

7. एक्स, वाई, जेड़ लिमिटेड की प्रति अंश आय 10 रुपये हैं तथा इसके लिए पूँजीकरण की लागू दर 10 प्रतिशत है। कम्पनी के सामने लाभांश भुगतान अनुपात 20 प्रतिशत अथवा 40 प्रतिशत अथवा 80 प्रतिशत अपनाने का विकल्प हैं। वाल्टर के फार्मूले का प्रयोग करते हुये कम्पनी के प्रति अंश का मूल्य ज्ञात कीजिये। यदि कम्पनी की प्रति धारित अर्जनों की उत्पादना (अ) 20 प्रतिशत, (ब) 10 प्रतिशत, तथा (स) 8 प्रतिशत हो।

The earnings per share XYZ Ltd. is 10 and rate of capitalization applicable to it is 10%. The company has before it options of adopting a payout of 20% or 40% or 80%. Using Walter's formula, compute the market value of the company's share if the productivity of retained earning is (i) 20%, (ii) 10% or (iii) 8%.

Ans. : Market price per share

	r = 20%	r = 10%	r = 8%
(i) When Payout Ratio 20%	p=Rs. 180	P= Rs.100	P=Rs.84
(ii) When Payout Ratio 40%	P=Rs.160	P=Rs.100	P=Rs.88
(iii) When Payout Ratio 80%	P=Rs.120	P=Rs.100	P=Rs.96

4

कोष प्रवाह विवरण
(Funds Flow Statement)

किसी व्यावसायिक संस्था की लाभार्जन शक्ति, वित्तीय स्थिति एवं कार्यक्षमता के विषय में लाभ-हानि खाता या आय विवरण तथा आर्थिक चिट्ठा या स्थिति विवरण मौलिक रूप से पूर्ण एवं महत्वपूर्ण सूचनाएँ प्रदान करते हैं, किन्तु वित्तीय विवरणों से सम्पत्तियों, देयताओं तथा स्वामियों की समता में परिवर्तन, जोकि दो लेखांकन अवधियों के मध्य घटित हुए हैं, का स्पष्ट ज्ञान नहीं हो पाता। अत: इन परिवर्तनों की व्याख्या करने के लिए कोष प्रवाह विवरण का प्रयोग किया जाता है।

कोष प्रवाह विवरण का अर्थ एवं परिभाषा

कोष प्रवाह विवरण से आशय ऐसे विवरण से है, जो दो अवधियों के आर्थिक चिट्ठों के मध्य विभिन्न सम्पत्तियों एवं देयताओं में हुए परिवर्तनों को प्रदर्शित करता है, दूसरे शब्दों में, कोष प्रवाह विवरण सारांश रूप में तैयार किया गया एक ऐसा विवरण है, जो दो तिथियों पर तैयार किए गए आर्थिक चिट्ठों को वित्तीय मदों में हुए परिवर्तनों को प्रकट करता है। प्रसिद्ध विद्वान फाउल्के के अनुसार, ''कोष की प्राप्ति एवं प्रयोग का विवरण एक तकनीकी साधन है, जो दो तिथियों के बीच किसी व्यावसायिक उपक्रम की वित्तीय स्थिति में हुए परिवर्तनों का विश्लेषण करने के लिए तैयार किया जाता है।'' इसी प्रकार एन्थौनी के अनुसार, ''कोष प्रवाह विवरण उन स्रोतों का वर्णन करता है, जिनसे अतिरिक्त कोष प्राप्त किए गए थे और जिनमें इन कोषों का प्रयोग किया गया।'' इस प्रकार स्पष्ट है कि कोष प्रवाह विवरण दो तिथियों के आर्थिक चिट्ठों में वर्णित सम्पत्तियों एवं देयताओं में हुए परिवर्तनों अथवा व्यवसाय की वित्तीय स्थिति में हुए परिवर्तनों का विश्लेषण हेतु तैयार किया जाता है।

कोष प्रवाह विवरण को अन्य नामों से भी पुकारा जाता है, जैसे - कोषों के स्त्रोतों एवं प्रयोगों का विवरण, कोष विवरण, कोषों की पूर्ति एवं प्रयोग का विवरण, कहाँ से आया और कहाँ गया विवरण आदि।

कोष प्रवाह विवरण द्वारा प्रबन्ध एवं बाह्य पक्षकारों (जैसे - अंशधारी, ऋणदाता, बैंकर्स आदि) को कम्पनी की कार्यशील पूँजी का अनुमान, कार्यशील पूँजी में परिवर्तन, वित्तीय नीतियों एवं वित्तीय सुदृढ़ता की पूर्ण एवं उपयोगी जानकारी प्राप्त होती है। वास्तव में कोष प्रवाह विवरणों से नही प्राप्त की जा सकती हैं।

क्योंकि कोष प्रवाह विवरण व्यवसाय की स्थिर-स्थिति को न दिखलाकर व्यवसाय की गतिशील को दर्शाता है। व्यवसाय के प्रबन्धक भी व्यवसाय की गतिशील स्थिति को अधिक महत्व प्रदान करते हैं।

कोष क्या है ?

विस्तृत अर्थ में, कोष या निधि का आशय समस्त आर्थिक स्त्रोतों से है तथा संकुचित अर्थ में कोष या निधि का आशय रोकड़ से लगाया जाता है। जबकि कोष प्रवाह विवरण तैयार करने के उद्देश्य से 'कोष' शब्द का मान्य अर्थ शुद्ध चालू सम्पत्तियाँ या ''शुद्ध कार्यशील पूँजी'' से है, अतः कुल चालू सम्पत्तियों एवं कुल चालू दायित्वों का अन्तर ही 'कोष' कहलाता है।

कोष शब्द को भली प्रकार समझने के लिए चालू सम्पत्ति, चालू दायित्व, गैर-चालू सम्पत्तियों एवं कुल चालू दायित्वों को जानना अनिवार्य है।

(अ) चालू सम्पत्तियाँ - चालू सम्पत्तियों से आशय रोकड़ एवं अन्य सम्पत्ति अथवा संसाधनों से है, जिन्हें अल्पकाल में नकद धन में परिवर्तित किया जा सकता है, अन्य शब्दों में, चालू सम्पत्तियों से तात्पर्य ऐसी सम्पत्तियों से है जिन्हें नकद धन से प्राप्त किया गया है और जिन्हें पुनः एक वर्ष की अवधि में नकद धन में परिवर्तित किया जा सकता है। इस प्रकार चालू सम्पत्तियाँ वे सम्पत्तियाँ हैं, जिन्हें व्यवसाय के सामान्य क्रिया चक्र में रोकड़ में वसूल किए जाने, बेचेजाने अथवा वसूल किए जाने की यथोचित रूप से सम्भावना होती है। चालू सम्पत्तियों के अन्तर्गत निम्नलिखित सम्पत्तियों को शामिल किया जाता है।

(1) रोकड़ एवं बैंक शैष

(2) पूर्वदत्त व्यय या अग्रिम भुगतान, जैसे-पूर्वदत्त किराया, बीमा के प्रीमियम का अग्रिम भुगतान आदि।

(3) पुस्तकीय ऋण या विविध देनदार

(4) प्राप्य विपत्र

(5) अर्जित आय, जो बकाया है।

(6) अल्पकालीन या अस्थायी विनियोग या विक्रय योग्य प्रतिभूतियाँ

(7) व्यापारिक स्कन्ध

(ब) चालू दायित्व - चालू दायित्व से आशय ऐसे ऋणों या अनु[illegible] से है जो माँग पर अथवा एक वर्ष के अन्दर देय हों और जिनका भुगतान वर्तमान चालू सम्पत्तियों में से अथवा नये चालू दायित्वों के सृजन से किया जाता है। सामान्यतया, चालू दायित्वों के अन्तर्गत निम्नलिखित को शामिल किया जाता है –

(1) व्यापारिक लेनदार,

(2) देय बिल या विपत्र,

(3) बैंक अधिविकर्ष,

(4) न माँगा गया लाभांश,

(5) करों के लिए आयोजन,

(6) अदत्त व्यय जैसे अदत्त वेतन, अदत्त मजदूरी आदि,

(7) पेशगी प्राप्त आय

(8) सहायक कम्पनी को देय रकम,

(9) अल्पकालीन ऋण,

(10) अशोध्य एवं संदिग्ध ऋण प्रावधान,

(11) देनदारों पर बट्टे के लिए प्रावधान।

(स) गैर-चालू सम्पत्तियाँ - गैर चालू सम्पत्तियों या स्थायी सम्पत्तियों से आशय उन सभी सम्पत्तियों से है, जो चालू सम्पत्तियाँ नहीं हैं, इन सम्पत्तियों के अन्तर्गत निम्नलिखित सम्पत्तियों को शामिल करते हैं –

(1) ख्याति या साख,

(2) भूमि एवं भवन,

(3) संयंत्र एवं मशीने,

(4) फर्नीचर एवं फिक्चर्स,

(5) पेटेण्ट्स अधिकार,

(6) व्यापारिक चिन्ह

(7) दीर्घकालीन विनियोग,

(8) मुद्रणाधिकार,

(9) सूत्र एवं लाइसेंस,

(10) लाभ-हानि खाते का डेबिट शेष,

(11) अंशों एवं ऋणपत्रों पर दी गई कटौती,

(12) प्रारम्भिक व्यय।

(द) गैर-चालू दायित्व - गैर-चालू दायित्वों से आशय ऐसे दायित्वों से है, जिनका भुगतान प्राय: एक वर्ष के बाद करना होता है, इन दायित्वों के अन्तर्गत निम्नलिखित दायित्वों को शामिल करते हैं -

(1) अंश पूँजी,

(2) ऋण पत्र या बॉण्डस,

(3) बन्धक पर ऋण,

(4) आरक्षित पूँजी,

(5) दीर्घकालीन बैंक ऋण,

(6) वित्तीय संस्थाओं से दीर्घकालीन ऋण,

(7) अंश प्रीमियम,

(8) लाभ-हानि खाता का क्रेडिट शेष,

(9) आगम एवं पूँजी संचितियाँ,

(10) प्रस्तावित लाभांश।

कोष प्रवाह क्या हैं?

'प्रवाह' शब्द का आशय 'परिवर्तन' से है। अत: कोष के सम्बन्ध में प्रवाह से आशय कोष में परिवर्तन से हैं। चूँकि कोष शब्द का आशय शुद्ध कार्यशील पूँजी से लगाया जाता है अत: शुद्ध कार्यशील पूँजी में परिवर्तन ही कोष प्रवाह कहलाता है। जब लेन देन के फलस्वरूप कोष में वृद्धि होती है, तो उसे कोष का स्रोत तथा जब लेनदेन के फलस्वरूप कोष में कमी होती है, तो उसे कोष का प्रयोग माना जाता है, इस प्रकार कोष प्रवाह द्वारा कार्यशील पूँजी में परिवर्तन ऐसे लेनदेनों से हो सकता है जो चालू सम्पत्तियों में तो वृद्धि लाते हैं, किन्तु चालू दायित्वों में कोई वृद्धि नहीं लाते हैं अथवा चालू सम्पत्तियों में कमी को प्रभावित करते हैं, किन्तु चालू दायित्वों में कोई कमी नहीं लाते हैं, यदि चालू सम्पत्तियों एवं चालू दायित्वों में समान दिशा एवं समान मात्रा में परिवर्तन होता है तो केवल चालू सम्पत्तियों एवं चालू दायित्वों के योग में ही परिवर्तन होता है और उनके अन्तर अर्थात् कार्यशील पूँजी पर कोई प्रभाव नहीं पड़ता है, तो इस स्थिति में कोष का प्रवाह नहीं होगा, जैसे - यदि देयबिल या लेनदारों का भुगतान किया जाय तो चालू सम्पत्ति एवं चालू दायित्व दोनों में कमी आ जाएगी। इसी प्रकार देनदारों से वसूली की जाती है तो देनदारों में कमी एवं रोकड़ शेष में वृद्धि का चालू सम्पत्ति के योग पर कोई प्रभाव नहीं पड़ेगा।

इस प्रकार यह कहा जा सकता है कि कोष प्रवाह केवल निम्नलिखित दशाओं में ही होगा -

(1) ऐसे लेनदेन जो चालू सम्पत्तियों एवं गैर चालू सम्पत्तियों के मध्य हों।

(2) ऐसे लेनदेन जो चालू सम्पत्तियों एवं गैर चालू दायित्वों के मध्य हों।

(3) ऐसे लेनदेन जो चालू दायित्वों एवं गैर चालू सम्पत्तियों के मध्य हो।

(4) ऐसे लेनदेन जो चालू दायित्वों एवं गैर चालू दायित्वों के मध्य हो।

यह भी स्पमरणीय है कि निम्नलिखित लेनदेनों से कोष प्रवाह नहीं होता –

(1) चालू सम्पत्तियों एवं चालू दायित्वों के मध्य लेनदेन।

(2) गैर चालू सम्पत्तियों एवं गैर चालू दायित्वों के मध्य लेनदेन।

किसी लेनदेन के फलस्वरूप कोष प्रवाह होगा अथवा नहीं होगा, इसको निम्नांकित चित्र द्वारा स्पष्ट किया जा सकता है –

कोष प्रवाह

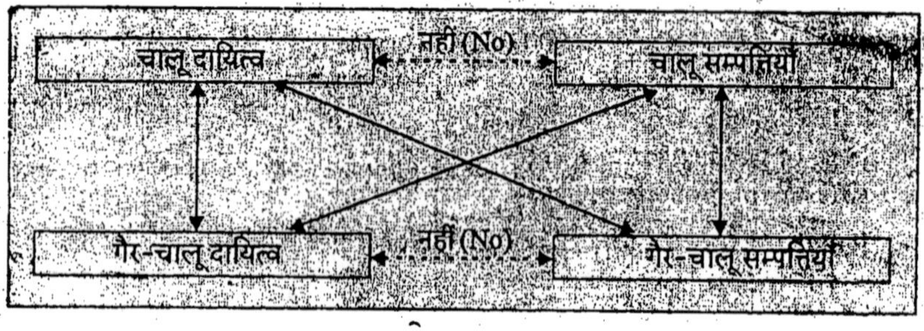

चित्र

उपर्युक्त चित्र के आधार पर यह कहा जा सकता है कि वे लेनदेन निम्नलिखित हैं, जिनसे कोष प्रवाह होगा अथवा नहीं होगा –

(अ) कोष प्रवाह होने वाले उदाहरण –

(1) भूमि, भवन, मशीनरी, फर्नीचर का नकद क्रय।

(2) भूमि, भवन, मशीनरी, फर्नीचर का उधार क्रय।

(3) भूमि, भवन, मशीनरी, फर्नीचर का नकद विक्रय।

(4) भूमि, भवन, मशीनरी, फर्नीचर का उधार विक्रय।

(5) अंशों एवं ऋणों पत्रों का रोकड़ के लिए निर्गमन।

(6) अंशों एवं ऋण पत्रों का स्टॉक क्रय के लिए निर्गमन।

(7) लाभ का अर्जन।

(8) संदिग्ध ऋणों के लिए आयोजन।

(9) लाभांश का नकद भुगतान।

(10) ऋण पत्रों एवं पूर्वाधिकार अंशों का नकद शोधन।

(ब) कोष प्रवाह न होने वाले उदाहरण

(1) लेनदारों एवं देय विपत्रों का नकद भुगतान,

(2) देनदारों एवं प्राप्त विपत्रों से प्राप्त रोकड़,

(3) सम्पत्तियों पर मूल्य ह्रास,

(4) स्थायी सम्पत्तियों को क्रय करने अंशों का निर्गमन,

(5) ख्याति का अपलेखन,

(6) लाभों में से संचिति का सृजन,

(7) शोधन कोष में हस्तान्तरण,

(8) ऋण पत्रों का अंशों में परिवर्तन,

(9) शोध्य पूर्वाधिकार अंशों को समता अंशों को समता अंशों में परिवर्तन।

कार्यशील पूँजी का विवरण पत्र

(Statement of Working Capital)

अभी तक कोष प्रवाह विवरण (Funds Flow Statement) से सम्पत्तियों एवं दायित्वों की व्यक्तिगत मदों में हुई वृद्धि अथवा कमी को दिखलायें जाने की प्रथा रही है। लेकिन अब कुछ वित्तीय विशेषज्ञों का यह मत है कि सम्पूर्ण चल सम्पत्तियों एवं चालू दायित्वों (Current Assets and Current Liabilities) के परिवर्तन को कोष प्रवाह विवरण में ही न दिखा कर अलग से कार्यशील पूँजी में परिवर्तन के विवरण पत्र (Statement of Changes in Working Capital) में दिखाना चाहिये। इस विवरण पत्र का शुद्ध परिणाम कोष प्रवाह विवरण में ले जाया जाय। कार्यशील पूँजी में परिवर्तन के विवरण पत्र को अलग से तैयार करके कार्यशील पूँजी में होने वाले शुद्ध परिवर्तनों को ज्ञात किया जा सकता है। इस विवरण पत्र में आयी कार्यशील पूँजी की शुद्ध वृद्धि (Net Increase in Working Capital) कोष का प्रयोग है और कार्यशील पूँजी में शुद्ध कमी (Net decrease in Working Capital) कोष का साधन है। इस विवरण पत्र को नीचे दिये गये प्रारूप में बनाया जा सकता है।

कार्यशील पूँजी में परिवर्तन का विवरण पत्र

	31 दिसम्बर		कार्यशील पूँजी में परिवर्तन	
	1967	1966	वृद्धि	कमी
	रू.			
चालू सम्पत्तियाँ				
(i) स्कन्ध शेष	....	....	....	
(ii) प्राप्य विपत्र	....	....	....	
(iii) देनदार	....	....	....	
(iv) हस्तथ्थ रोकड़	....	....		....
(v) बैंक में रोकड़	....	....		....
(vi) पूर्वदत्त व्यय	....	....	....	
	....	....		
चालू दायित्वः				
(i) अल्पकालीन ऋण	....	....	....	
(ii) देय विपत्र	....	....	....	
(iii) ऋणदाता (लेनदार)	....	....		....
(iv) अदत्त व्यय	....	....		....
	....	....		
कार्यशील पूँजी	....	....		
कार्यशील पूँजी में शुद्ध वृद्धि/कमी			....	

ऊपर दिये गये प्रारूप के आधार पर कार्यशील पूँजी के सम्बन्ध में निम्न मान्यतायें बनाई जा सकती है:

(i) चालू सम्पत्तियों में वृद्धि कार्यशील पूँजी की मात्रा में वृद्धि कर देती है।

(ii) चालू सम्पत्तियों की कमी कार्यशील पूँजी की मात्रा में कमी कर देती है।

(iii) चालू दायित्वों में वृद्धि कार्यशील पूँजी की मात्रा में कमी कर देती है।

(iv) चालू दायित्वों में कमी कार्यशील पूँजी की मात्रा में वृद्धि कर देती है।

कोष प्रवाह विवरण

कोष-प्रवाह (Fund Flow) का आशय किसी व्यवसाय में धन के उस प्रवाह से होता है जो विभिन्न व्यावसायिक क्रियाओं के माध्यम से निरन्तर अन्दर से बाहर की ओर अथवा बाहर से अन्दर की और होता रहता है। जैसे कच्चा माल क्रय करने से नकद धन कम होता है मगर स्कन्ध बढ़ जाता है, माल की बिक्री हो जाने पर स्टाक घट जाता है मगर

नकदी अथवा देनदार बढ़ जाते हैं। इस प्रकार व्यवसाय में नकदी का यह आवागमन का चक्र चलता ही रहता है। इस चक्र का अध्ययन और नियन्त्रण करना वित्तीय प्रबन्ध का एक मुख्य कार्य है। उपक्रम की शोधन क्षमता एवं लाभोत्पादकता बनाये रखने के लिये तथा साथ ही साथ महत्वपूर्ण वित्तीय समंकों का उपयोगी विश्लेषण करने के लिये इस प्रवाह चक्र का समुचित अध्ययन आवश्यक है।

कोष-प्रवाह का आधुनिक अर्थ : आधुनिक वित्तीय प्रबन्धक कोष प्रवाह को केवल नकद स्रोतों से ही सम्बद्ध नहीं करते अपितु वे कोष को कार्यशील पूँजी के अर्थ में प्रयोग करते हैँ और कोष प्रवाह को कोषों के निर्माण का पर्यायवाची मानते हैँ। उनके मतानुसार, कोष की प्राप्ति या प्रयोग की दशा में यह आवश्यक नहीं है कि नकदी का ही प्रयोग किया जाय। यह भी सम्भव है कि माल उधार खरीद लिया जाय। इस प्रकार उधार खाता भी एक प्रकार का कोष ही है जोकि नकदी मा काम देता है। इस प्रकार आजकल कोष प्रवाह का समुचित अर्थ कार्यशील पूँजी को प्रभावित करने वाले सभी व्यावसायिक व्यवहारों से है चाहे उनके परिमणामस्वरूप कार्यशील पूँजी में वृद्धि होती हो चाहे कमी होती हो।

कोष प्रवाह विवरण

(Funds Flow Statement)

यह एक ऐसा विवरण है जो किसी व्यवसाय के लेखा विधिकाल में रोकड़ स्रोतों की वृद्धि तथा उन स्रोतों के उपयोग को प्रदर्शित करने के हेतु बनाया जाता है। इस प्रकार यह एक ऐतिहासिक (बीते हुये समय का) विवरण है जो उपक्रम द्वारा पिछले समय में प्रयोग किये गये धन स्रोतों तथा धन उपयोगों (Sources & Application of Funds) पर प्रकाश डालता है। श्री फाउल्के के शब्दो में, कोष प्रवाह विवरण एक ऐसा तकनीकी साधन है जो दो तिथियों के बीच किसी व्यवसाय की वित्तीय दशा में हुए परिवर्तनों का विश्लेषण करने के लिये तैयार किया जाता है।

उद्देश्य (Objects) : कोष प्रवाह विवरण कार्यशील पूँजी के नियन्त्रण एवं नियोजन में एक महत्वपूर्ण प्रबन्धकीय औजार है। इसको बनाकर प्रबन्ध गति निश्चित समय में कार्यशील पूँजी में हुए परिवर्तनों का सच्चा चित्र प्राप्त कर सकता है। इसे प्राय: निम्न उद्देश्यों की पूर्ति के लिये बनाया जाता है:

(1) वित्तीय स्थिति का विश्लेषण (Analysis of Financial Position): इसे तैयार करने में प्रबन्ध का मुख्य उद्देश्य व्यवसाय की वित्तीय स्थिति का विश्लेषण करना होता है। वह इसकी सहायता से यह जान सकता है कि भूतकाल में उपक्रम में पूँजी का उपयोग कैसे कैसे हुआ और वह किन किन स्रोतों से प्राप्त की गई।

(2) भावी मार्ग दर्शन (Future Guidance) : यदि पिछले कई वर्षों के आधार पर कोष प्रवाह विवरण तैयार किया जाय तो उससे ऐसी कई महत्वपूर्ण सूचनायें प्राप्त हो सकती है जो पुराने वित्तीय प्रपत्रों (चिट्ठों आदि) से प्राप्त नहीं होती। उन सूचनाओं के आधार पर प्रबन्ध अपनी भावी वित्तीय रीति नीतियों का निर्माण कर सकता है।

(3) तुलनात्मक अध्ययन में सहायक (Aid in Comparative Study) : यह विवरण स्थिति विवरण तथा लाभ-हानि विवरण की तुलना करने में भी सहायक है।

(4) बाहरी पक्षकारों के लिये उपयोगी (Useful to Outsiders): इस विवरण की सहायता से बैंक, ऋणदाताओं तथा अन्य पक्षकारों को कुछ ऐसी महत्वपूर्ण सूचनायें प्राप्त हो जाती हैं कि उन्हें ज्ञात करने के लिये उन्हें प्रबन्धकों को तंग नहीं करना पड़ता । वास्तव में यह विवरण कम्पनी की वित्तीय नीतियों का बाह्य जगत के लिये अच्छा संवहनकर्त्ता है।

आर्थिक चिट्ठे एवं कोष प्रवाह विवरण में अन्तर (Difference between a B/s and Funds Flow Statement) : आर्थिक चिट्ठा उन सब खातों के शेषों का संग्रह है जो अवास्तविक खातों को व्यापार तथा लाभ हानि खाते में ले जाकर बन्द करने के उपरान्त शेष रह जाते हैं। इसका उद्देश्य एक निश्चित तिथि को व्यवसाय की आर्थिक स्थिति को बतलाना है। वह सम्पत्तियों की प्रकृति, उनके मूल्य, दायित्वों व ऋणों की प्रकृति एवं मात्रा तथा उसकी कार्यशील पूँजी की स्थिति बताता है। इस प्रकार यह एक चालू संस्था (Going Concern) की वित्तीय स्थिति का दर्पण है। लेकिन इसकी प्रकृति ऐतिहासिक होने के कारण इसकी उपयोगिता सीमित हो गई है। इसकी सहायता से यह तो ज्ञात किया जा सकता है कि व्यवसाय की अमुक तिथि को क्या आर्थिक स्थिति है लेकिन उससे यह पता नहीं चल सकता कि भावी स्थिति क्या होगी अथवा भविष्य में कार्यशील पूँजी की क्या स्थिति होगी। इस प्रकार चिट्ठे की प्रकृति स्थैतिक (Static) है जो व्यवसाय की गतिशील एवं प्रावैगिक (Dynamic) आवश्यकताओं की पूर्ति नहीं करती। यही कारण है कि आधुनिक वित्तीय प्रबन्धक व्यवसाय की आर्थिक स्थिति, लाभोत्पादकता तथा भावी पूँजी प्रवाह को ज्ञात करने के लिये अन्य तकनीकें काम में लाते हैं जैसे अनुपात अध्ययन आदि। कोष प्रवाह विवरण भी कार्यशील पूँजी के आवागमन को प्रदर्शित करने के लिये एक आधुनिक तकनीक है। वित्तीय प्रबन्ध इसकी सहायता से आन्तरिक कोष प्रवाह चक्र का अध्ययन कर सकते हैं और उपक्रम की अल्पकालीन एवं दीर्घकालीन शोधनक्षमता निश्चित कर सकते हैं।

एक उपक्रम की वित्तीय स्थिति के दो तत्त्व होते हैं : दीर्घकालीन और अल्पकालीन। अल्पकालीन वित्तीय स्थिति का आशय व्यवसाय की निकट भविष्य में ही तकनीकी शोधनक्षमता से है जबकि दीर्घकालीन वित्तीय स्थिति का आशय व्यवसाय के भावी वित्तीय संगठन (Financial Structure) से है। दोनों ही बातें परस्पर एक दूसरे पर निर्भर रहती है लेकिन दोनों के विश्लेषण का साधन एक नहीं है। अल्पकालीन वित्तीय स्थिति चिट्ठे से प्रदर्शित नहीं होती वह तो सम्पत्ति के केवल चालू संस्था मूल्य (Going Concern Value) को ही प्रदर्शित कर सकता है। इसके विपरीत कोष प्रवाह विवरण भावी वित्त प्रबन्धन के लिये कई उपयोगी मार्गदर्शन प्रदान करता है। यही कारण है कि इसे विभिन्न नामों से सम्बोधित किया जाता है, जैसे : Summary of Financial Operation, Statement of Changes in Financial Position, Financial Expansion and Replacement। वास्तवम में कोष प्रवाह विवरण कम्पनी की वित्तीय स्थिति का वर्णन नहीं है अपितु यह तो वित्तीय क्रियाओं, परिवर्तनों, प्रवाहों तथा गतिविधियों का एक प्रतिवेदन मात्र है।

कोष प्रवाह विवरण बनाने की विधि

कोष प्रवाह विश्लेषण की अवधि सामान्यत: एक वर्ष की होती है, यद्यपि यह दो, तीन या अधिक वर्षों के लिये भी किया जा सकता है। इस विवरण के लिये आवश्यक समंक

दोनों चिट्ठों (प्रारम्भिक व अन्तिम) से प्राप्त किये जाते हैं। कुछ पूरक सूचनायें अन्य खातों से भी ली जा सकती है। कोष प्रवाह विश्लेषण को आधुनिक तकनीक के अन्तर्गत दो विवरण तैयार किये जाते हैं: (1) कार्यशील पूँजी में परिवर्तन की अनुसूची और (2) कोष प्रवाह विवरण

कार्यशील पूँजी में परिवर्तन की अनुसूची (Schedule of Changes in Working Capital) :

कोष प्रवाह विवरण (Funds Flow Statement) : कोष प्रवाह विवरण के दो भाग होते हैं (1) कोषों के स्रोत (Sources of Funds), और (2) कोषों के प्रयोग। (Application of Funds) इन दोनों भागों का अन्तर शुद्ध कार्यशील पूँजी में परिवर्तन प्रदर्शित करता है। जब कोषों के स्रोत कोषों के प्रयोग में अधिक हो तो अन्तर कायशील पूँजी में वृद्धि तथा जब कोषों प्रयोग कोषों के स्रोत से अधिक हो तो अन्तर कार्यशील पूँजी में कमी कहालात है।

कोष प्रवाह विवरण में शुद्ध कार्यशील पूँजी को प्रभावित करने वाली मदं ही दिखलायी जाती है। जिन व्यावसायिक लेनदेनों के कारण शुद्ध कार्यशील पूँजी बढ़ जाती है। (जैसे भवन का नकद विक्रय, अंश पूँजी या ऋण पत्रों का जनता में निर्गमन आदि), उन्हें कोषों के स्रोत तथा जिन लेनदेनों के करण शुद्ध कार्यशील पूँजी कम हो जाती है। (जैसे भवन का नकद क्रय, अंश पूँजी या ऋणपत्रों का शोधन आदि) उन्हें कोषों के प्रयोग कहते हैं लेकिन यदि किसी लेनदेन से शुद्ध कार्यशील पूँजी में कोई परिवर्तन नहीं होता (जैसे लेनदारों को भुगतान, ऋणपत्रों का अंशों में परिवर्तन, बोनस अंशों का निर्गमन, अंश या ऋण पत्र निर्गमित करके भवन क्रय करना आदि) तो उसे कोष प्रवाह विवरण में नहीं दिखलाया जाता है। शुद्ध कार्यशील पूँजी में परिवर्तन केवल उन्हीं लेनदेनों द्वारा ही होते हैं जो कि एक और तो चालू सम्पत्ति/दायित्व को प्रभावित करते हैं और दूसरी ओर स्थायी सम्पत्ति/दायित्व/पूँजी को प्रभावित करते हैं। यह ध्यान रखना चाहिये कि वे मदें जो कि कार्यशील पूँजी की अनुसूची में सम्मिलित कर ली जाती है (अर्थात चालू सम्पत्तियों और चालू दायित्व) उन्हें कोष प्रवाह विवरण में नहीं दिखलाया जाता।

कोषों के स्रोत (Sources of Funds): जिन लेनदेनों के कारण कार्यशील पूँजी बढ़ जाती हैं, वे कोषों के स्रोत होते हैं। एक व्यावसायिक संस्था में कोषों के स्रोत निम्नलिखित हो सकते हैं:

(1) व्यवसाय संचालन से (From Operation): कोष प्राप्ति का यह सबसे महत्वपूर्ण स्रोत है। व्यावसायिक लाभों से सम्पत्तियों में वृद्धि या दायित्वों में कमी अथवा आंशिक रूप में सम्पत्तियों में वृद्धि और आंशिक रूप में दायित्वों में कमी होती है। कुल विक्रय आगम में से बेचे गये माल की लागत तथा अन्य व्यय घटाकर संचालन से शुद्ध आय या शुद्ध लाभ ज्ञात किया जाता है, किन्तु यह शुद्ध लाभ की राशि शायद ही कभी संचालन से कोष के बराबर होती है। इसका कारण यह है कि शुद्ध लाभ की गणना से लाभ हानि खाते में ऐसे बहुत से लेखे किये जाते हैं जो कि कार्यशील पूँजी को प्रभावित नहीं करते। अतः संचालन के कोष की गणना के लिये लाभ हानि खाते द्वारा दिखलाये गये शुद्ध लाभ में निम्नलिखित समायोजन किये जाते हैं:

(अ) शुद्ध लाभ में जोड़े जोने वाली मदें (Items to be Added Back to Net Profit): लाभ हानि खाते द्वारा प्रदर्शित शुद्ध लाभ की राशि में इन आगम कटौतियों (Revenue Deduction) को पुन: जोड़ देना चाहिये : (i) जिनसे कोषों का बहिर्वाह (Outflow of Funds) नही होता अर्थात् जिनसे चालू सम्पत्तियों में कमी या चालू दायित्वों में वृद्धि नहीं होती। इन्हें गैर कोष मदें (Non Funds Items) कह सकते हैं, अथवा (ii) जो व्यापारिक प्रभार (Trading Charge) या व्यापारिक हानि (Trading Loss) नहीं है। इन्हें गैर व्यापारिक प्रभार/हानि (Non-Trading Charges/Losses) कह सकते हैं।

(i) **गैर कोष मदें** (Non-Fund Item) : ऐसी मदें निम्नलिखित हो सकती हैं :

(क) ह्रास एवं नि:शेषण (Depreciation and Depletion) : वर्ष के ह्रास एवं नि:शेषण के लिये पुस्तकों में ह्रास खाता नाम तथा सम्बन्धित स्थायी सम्पत्ति का खाता अथवा ह्रास आयोजन खाता जमा किया जाता है। ये व्यय व्यापारिक प्रभार तो अवश्य है लेकिन इनसे व्यवसाय की चालू सम्पत्ति या चालू दायित्व प्रभावित नहीं होते (अर्थात कोषों का बहिर्वाह नही होता)। अत: संचालन से कोष की गणना में इन्हें शुद्ध लाभ में जोड़ दिया जाता है।

(ख) कृत्रिम एवं अमूर्त सम्पत्तियों की समाप्ति (Amortization of Fictious and Intangible Assets) : कृत्रिम सम्पत्तियों जैसे स्थगित व्यय (Deferred Expenses), प्रारम्भिक व्यय (Preliminary Expenses), विज्ञापन उचन्त खाता (Advertising Suspense Account), अंशों या ऋण पत्रों के निर्गमन पर कटौती (Discount on Issue of Shares or Debentures), शोध्य अंशों या ऋणपत्रों के शोधन पर प्रब्याज (Premium or Redemption of Redeemable Shares or Debentures) आदि तथा अमूत सम्पत्तियों जैसे ख्याति, पेटेन्ट अधिकार ट्रेड मार्क आदि के अपलेखन (Write Off) पर लाभ हानि खाता नाम तथा इन सम्पत्तियों के खाते जमा किये जाते हैं लेकिन इससे व्यवसाय की चालू सम्पत्तियाँ या चालू दायित्व प्रभावित नहीं होते। अत: संचालन से कोष की गणना के लिये इन्हें शुद्ध लाभ में जोड़ दिया जाता है।

(ग) भावी वर्षो में देय आय-करों के लिये भत्ता (Allowances for Income Taxes Payable in Future Years) : इससे कार्यशील पूँजी प्रभावित नहीं होती तथा व्यवसाय से कोषों का बर्हिवाह नहीं होता। अत: इसे शुद्ध लाभ में जोड़कर संचालन से कोष ज्ञात किये जायेंगे।

(ii) **गैर-व्यापारिक प्रभार/हानियाँ** (Non-Trading Charges/Losses): ये निम्नलिखित हो सकते हैं :

(क) प्रतिधृत अर्जनों के नियोजन (Appropriations of Retained Earnings) : लाभों से विभिन्न कोषों (जैसे सामान्य कोष, लाभांश समानीकरण कोष, सम्भाव्यताओं के लिये कोष, सिंकिंग फण्ड आदि) के लिये किये गये हस्तांतरण पर लाभ-हानि नियोजन खाता नाम तथा सम्बन्धित कोष खाता जमा होता है। इस लेखे से शुद्ध लाभ तो कम हो जाता है लेकिन ये नियोजन व्यापारिक प्रभार नहीं है। इसके अतिरिक्त इसका व्यवसाय की चालू सम्पत्तियों या चालू दायित्वों पर भी कुछ भी प्रभाव नहीं पड़ता। अत: इन्हें शुद्ध लाभ में पुन: जोड़कर संचालन से कोष ज्ञात किया जाता है।

(ख) अंशों पर लाभांश (Dividend on Shares): लाभांश घोषित करने पर लाभ हानि नियोजन खाते को नाम तथा लाभांश खाते को जमा किया जाता है। यह लाभांश लाभों का नियोजन है, व्यापारिक प्रभार नहीं। अत: संचालन से कोष की गणना में इसे शुद्ध लाभ में जोड़ा जायेगा।

(ग) स्थायी सम्पत्तियों के विक्रय से हानि (Loss on Sale of Non-Current Assets) : स्थायी सम्पत्तियों जैसे भूमि, भवन, मशीन, दीर्घकालीन विनियोग आदि के विक्रय से हुई हानि को सामान्यतया लाभ हानि खाते से अपलिखित कर दिया जाता है लेकिन यह हानि एक व्यापारिक हानि नहीं है और इससे व्यवसाय से कोषों का बर्हिवाह भी नहीं होता। अत: यदि ऐसी हानियों को लाभ-हानि खाते से अपलिखित कर दिया गया है तो संचालन से कोष की गणना में इन्हें शुद्ध लाभ में पुन: जोड़ा जायेगा।

(ब) शुद्ध लाभ से घटायी जाने वाली मदें (Items to be Deducted from Net Profit) : संचालन से कोष की गणना में शुद्ध लाभ की राशि में से उन आगम या अन्य आय की मदों को घटा देना चाहिये: (i) जिनसे कोष उत्पन्न नहीं होते अर्थात् जिनसे चालू सम्पत्तियों में वृद्धि या चालू दायित्वों में कमी नहीं होती अथवा (ii) जो व्यापारिक आय/लाभ नहीं है। ऐसी मदें निम्नलिखित हो सकती हैं:

(क) प्राप्त या प्राप्यनीय लाभांश (Dividends Received or Receivable): यद्यपि इससे चालू सम्पत्ति (रोकड़ या देनदार) बढ़ती है लेकिन यह आय एक व्यापारिक आय नहीं है। अत: संचालन से कोष की गणना से इसे शुद्ध लाभ से घटा देना चाहिये, किन्तु प्राप्त लाभांश को कोष प्रवाह विवरण में कोष के सोत के रूप में दिखलाया जायेगा तथा प्राप्यनीय लाभांश को चालू सम्पत्तियों के अन्तर्गत दिखलाया जायेगा।

(ख) आधिक्य आयोजनों का पुन: हस्तांतरण (Retransfer of Excess Provisions) : कर, ह्रस, संदिग्ध ऋण आदि के लिये किये गये आयोजन यदि आवश्यकता से अधिक है तो इन्हें पुन: लाभ हानि खाते में हस्तांतरिक कर दिया जाता है। यह हस्तांतरण केवल एक लेखांकन लेखा (Accounting Entry) है: इससे व्यवसाय की चालू सम्पत्तियों या चालू दायित्वों में कोई परिवर्तन नहीं होता और साथ ही यह कोई व्यापारिक आय भी नहीं है। अत: संचालन से आय की गणना में इसे शुद्ध लाभ से घटा दिया जाता है।

(ग) स्थायी सम्पत्तियों के विक्रय से लाभ (Profit on Sale of Non Current Assets) ऐसे लाभ को यदि लाभ हानि खाते में हस्तान्तरिक कर दिया गया है तो संचालन से आय की गणना में इसे शुद्ध लाभ से घटा दिया जाता है क्योंकि यह एक व्यापारिक लाभ नहीं हैं।

(घ) स्थायी सम्पत्तियों में मूल्य वृद्धि (Appreciation in Fixed Assets):: स्थायी सम्पत्तियों के पुनर्मूल्याकंन पर हुई वृद्धि को शुद्ध लाभ से घटा दिया जायेगा, यदि वृद्धि की राशि लाभ हानि खाते में हस्तान्तरित की गई है।

संचालन के कोष की गणना (Calculating Funds from Operations): संचालन से कोष की गणना निम्न दो रूपों में की जा सकती है:

(अ) विवरण रूप (Statement Form): इनमें एक विवरण तैयार किया जाता है।

प्रारूप:

Net Profit for the current year

Add Non-fund Items and Non-trading Charges

already debited to P. &. L. a/c:

Depreciation

Preliminary Expenses written off

Goodwill, Patents etc. written off

Discount on Issue written off

Premium on Redemption written off

Proposed Dividend

Transfer to Reserves

Loss on sale of Buildings written off

Less Non-fund Items and Non-trading Income

already credited to P. &. L. a/c:

Dividends Received

Excess Provision for Taxation written back

Trading Profit or Funds from Operations

(ब) खाता रूप (Account Form): इसमें एक समायोजित लाभ हानि खाता (Adjusted Profit and Loss Account) तैयार किया जाता है जिसका शेष अंक संचालन से आय प्रदर्शित करता है।

प्रारूप:

Adjusted Profit and Loss a/c

	Rs		**Rs**
To Depreciation		By Opening Balance of P. & L. Appropriation a/c	
To Preliminary Exp.written off		By Dividends Received	
To Goodwill written off		By Over-provision for taxation	
To Premium on Redemption		By Trading Profit or Funds from Operations (being balancing figure)	
To Transfer to Sinking Fund			
To Loss on Sale of Buildings			
To Closing Balance of P.& L.			

(2) दीर्घकालीन ऋणों से (From Long Term Loans): दीर्घकालीन ऋण, सार्वजनिक जमायें, रोकड़ में निर्गमित ऋण पत्र आदि से कार्यशील पूँजी में वृद्धि होती है क्योंकि इनसे चालू दायित्व प्रभावित नहीं होते। अत: ये कोष के स्रोत माने जायेगें। यह ध्यान रहे कि ऋण पत्रों से प्राप्त शुद्ध राशि (अर्थात सममूल्य से कटौती घटाकर तथा प्रब्याज जोड़कर प्राप्त राशि) ही कोष का स्रोत कहलायेगी। नकदी के अतिरिक्त किसी अन्य प्रतिफल में (जैसे स्थायी सम्पत्ति के बदले में) निर्गमित ऋण पत्रों से कोषों की प्राप्ति नहीं होती।

(3) अंश पूँजी में वृद्धि से (From Increase in Share Capital) : अंश पूँजी के निर्गमन से प्राप्त शुद्ध राशि (कटौती घटाकर तथा प्रब्याजि जोड़कर) कोषों का स्रोत होती है क्योंकि इससे बिना चालू दायित्वों में परिवर्तन हुए चालू सम्पत्तियों में वृद्धि होती है अर्थात् कार्यशील पूँज़ी बढ़ जाती है। लेकिन किसी स्थायी सम्पत्ति के क्रय के लिये निर्गमित अंश पूँजी में वृद्धि कोषों का स्रोत नही होगी।

(4) स्थायी सम्पत्तियों के विक्रय से (From Sale of Non-Current Assets): यदि किसी स्थायी सम्पत्ति जैसे भूमि, भवन, संयन्त्र, दीर्घकालीन विनियोग (जैसे व्यापारिक विनियोग आदि) को बेचा जाता है तो इससे स्थायी सम्पत्तियों में कमी तथा बिना चालू दायित्वों में वृद्धि हुए चालू सम्पत्तियों (रोकड़ या देनदारों में वृद्धि होती है। अत: इनके विक्रय से प्राप्त राशि (विक्रय पर शुद्ध लाभ व शुद्ध हानि को सम्मिलित करते हुए) कोषों के स्रोत के रूप में दिखलायी जायेगी।

(5) गैर-व्यापारिक प्राप्तियों सें (From Non-Trading Receipts): गैर-व्यापारिक क्रियाओं से प्राप्त राशि जैसे विनियोगों से आय, प्राप्त लाभांश, दान, उपहार, मुकदमें में प्राप्त हर्जाना आदि कोषों के स्रोत के रूप में दिखलायी जाती है।

(6) निर्माण कार्य अथवा ऋण निवृत्ति के लिये रखी नकदी (Cash set aside for building purposes and debt retirement): इसे कभी कभी स्थायी सम्पत्ति के रूप में दिखलाया जाता है। ऐसी स्थिति में निर्दिष्ट कार्य के पूरा हो जाने पर बकाया नकदी कोषों के स्रोत के रूप में दिखलायी जायेगी।

(7) कार्यशील पूँजी में कमी Decrease in Working Capital): यदि कोषों के प्रयोग कोषों के स्रोतों से अधिक है तो अन्तर कार्यशील पूँजी में कमी कहलाता है। इसे कोषों के स्रोत वाले भाग में दिखलाकर दोनों भागों का योग मिला दिया जाता है।

संक्षेप में, अंशधारियों की समताओं [दीर्घकालीन ऋण, अंश पूंजी, प्रतिवृत अंर्जने (Retained Earnings)] में वृद्धि तथा सम्पत्तियों में कमी कोषों के स्रोत होते हैं। (Sources of Funds are indicated by increases in equities and decreases in assets).

कोषों के प्रयोग (Applications or Uses of Funds): जिन लेन देनों के कारण शुद्ध कार्यशील पूँजी कम हो जाती है, उन्हें कोषों के प्रयोग कहते हैं। ये निम्नलिखित हो सकते हैं :

(1) व्यवसाय संचालन से हानि (Loss from Operations): संचालन से हुई हानि से सम्पत्तियों में कमी या दायित्वों में वृद्धि होती है। दूसरे शब्दों में, व्यापारिक हानि के

कारण कोषों की मात्रा में कमी आती है। अत: इसे या तो कोषों के प्रयोग के अन्तर्गत दिखलाया जाये या कोषों के स्रोत के योग में से घटा दिया जाय।

(2) स्थायी सम्पत्तियों का क्रय (Purchase of Non-Current Assets): भूमि, भवन, सयन्त्र, दीर्घकालीन विनियोग आदि स्थायी सम्पत्तियों के क्रय से चालू दायित्वों में कमी आये बिना चालू सम्पत्तियों में कमी आती है अर्थात् इससे कार्यशील पूँजी कम हो जाती है। अत: ऐसा प्रत्येक क्रय कोषों का प्रयोग कहलायेगी।

(3) स्थायी दायित्वों का भुगतान (Repayment of Non-Current Labilities): स्थायी ऋण व ऋण पत्रों के भुगतान से चालू सम्पत्तियों में कमी आती है। इन भुगतानों में भुगतान की गयी वास्तविक राशि (शोधन पर प्रब्याज सम्मिलित करके) ही कोषों का प्रयोग होगी।

(4) अंश पूँजी का शोधन (Redemption of Share Capital) : शोध्य अंश पूँजी के शोधन से चालू सम्पत्तियों में कमी आती है। इसमें शोधन पर प्रब्याजि सहित भुगतान की वास्तविक राशि ही कोषों का प्रयोग होगी।

(5) लाभाँश का भुगतान (Payment of Dividend): इससे कार्यशील पूँजी में कमी आती है। अत: यह कोषों का प्रयोग माना जायेगा। यह ध्यान रखना चाहिये कि लाभांश का भुगतान (न की लाभांश की घोषणा) कोषों का प्रयोग होता हैं। केवल नकद लाभांश ही कोषों का प्रयोग कहलायेगा।

(6) अन्य प्रयोग (Other Applications): गबन के कारण हानि, मुकदमें में व्यय अथवा मुकदमा हारने पर दिया गया हर्जाना, दान आदि से कार्यशील पूँजी में कमी (चालू सम्पत्तियों में कमी के कारण) आती है। अत: ये कोषों के प्रयोग के रूप में दिखलाये जायेंगे।

(7) कार्यशील पूँजी में वृद्धि (Increase in Working Capital): कार्यशील पूँजी की अनुसूची से ज्ञात कार्यशील पूँजी में वृद्धि को कोषों के प्रयोग में ही दिखलाया जाता है क्योंकि यह कोषों के स्रोत के योग का कोषों के प्रयोग के योग पर आधिक्य होता है।

संक्षेप में, सम्पत्तियों में वृद्धि तथा अंशधारियों की समताओं में कमी कोषों के प्रयोग होते हैं। (Uses of Funds are indicated by increases in assets and decreases in equities).

कोष प्रवाह विवरण का प्रारूप (Form of Funds Flow Statement): कोष प्रवाह विवरण का कोई एक सर्वमान्य प्रारूप नहीं है। व्यवहार में इसके लिये कोई भी ऐसा प्रारूप प्रयोग किया जा सकता है जिसमें आवश्यक सूचनायें स्पष्ट रूप से दिखलायी गई हों। सामान्यत: यह विवरण दो रूपों में तैयार किया जाता है: प्रतिवदेन के रूप में (Report Form) और खातों के रूप में (Account Form)। ये दोनों ही विधियाँ व्यवहार में पर्याप्त प्रचलित है। प्रतिवेदन रूप में पहले कोषों के सभी स्रोतों को दिखलाया जाता है और उसके नीचे कोषों के प्रयोग दिखलाये जाते हैं जबकि खाता रूप में कोषों के स्रोतों को बायीं और तथा कोषों के प्रयोगों को दायीं और दिखलाया जाता है।

कोष प्रवाह विवरण का प्रारूप – (प्रतिवदेन रूप में)

Funds Flow Statement

Sources of Funds:	
(i) From Operations (Trading Profits) (ii) Issue of Share Capital (iii) Issue of Debentures (iv) Long Term Loans (v) Sale of Non-Current Assets (vi) Non-trading Receipts, e.g., dividends received, donations received etc.	
Total	
Application of Funds	
(i) Trading Loss (ii) Redemption of Preference Share Capital and Debentures (iii) Repayment of Long Term Loans (iv) Purchase of Non-Current Assets (v) Non-trading Payments e.g, dividend paid.	
Total	
Increase/Decrease in Working Capital (as per Schedule of Changes in Working Capital)	

कोष प्रवाह विवरण का प्रारूप – (लेखे के रूप में)

Funds Flow Statement

Sources of Funds	Rs	Application of Funds	Rs
(1) From Operations (2) Issue of Share Capital (3) Issue of Debentures (4) Long term Loans (5) Sale of Non-Current Assets (6) Non-Trading Receipts (7) Decreate in Working Capital (if any)		(1) Trading Loss (2) Redemption of preference Share Cap. (3) Repayment of Loans (4) Purchase of Non-Current Assets (5) Non-trading Payments (6) Increase in Working Capital	

रोक प्रवाह विवरण

(Cash Flow Statement)

कोष प्रवाह विवरण की तरह रोक प्रवाह विवरण भी एक विवरण होता है। इसे वार्षिक, मासिक, सात्ताहिक या किसी अन्य निश्चित समय के अन्तर से तैयार किया जा सकता है। यह किन्हीं दो अवधियों के बीच व्यवसाय के रोकड़ शेष में हुए परिवर्तन के कारणों की व्याख्या करता है।

रोक-प्रवाह विवरण तैयार करना (Preparing a Cash Flow Statement: यह विवरण आर्थिक चिट्ठा, आय विवरण तथा दी गयी अन्य सूचनाओं की सहायता से तैयार किया जाता है। इस विवरण के तैयार करने में ध्यान देने योग्य मुख्य बात यह है कि इसके लिए आय विवरण में दिखलायी गई मदों की रोकड़ आधार (Cash Basis) पर गणना करनी होगी जो कि अब तक उपार्जन आधार (Accrual Basis) पर दिखलायी गई होती है। जिन लेन देनों से संस्था के रोकड़ शेष में वृद्धि होती है, उन्हें रोकड़ के स्रोत (Sources of Cash) अथवा रोकड़ अन्तर्वाह (Cash Inflows) के अन्तर्गत तथा जिन लेन देनों से संस्था के रोकड़ शेष में कमी आती है, उन्हें रोकड़ के प्रयोग (Applications of Cash) अथवा रोकड़ बर्हिर्वाह के अन्तर्गत दिखलाया जाता है।

रोकड़ के स्रोत या रोकड़ अन्तर्वाह (Sources of Cash or Cash Inflows) : रोकड़ के प्रमुख स्रोत निम्नलिखित होते हैं–

(1) संचालन से रोकड़ (Cash from Operations) : संचालन से रोकड़ की गणना दो भिन्न प्रकारों से की जाती है:

(अ) संचालन से रोकड़ की गणना की सर्वोत्तम विधि यह है कि नकद विक्रय से नकद क्रय तथा अन्य सभी नकद कार्यकरण व्ययों को घटा देना चाहिये अर्थात –

Cash from Operations = Cash Sales —(Cash Purchases + Cash Operating Expenses)

नकद विक्रय की राशि ज्ञात करने के लिये कुल विक्रय में से उधार विक्रय (देनदारों और प्राप्य बिलों की राशियों में हुई वृद्धि) को घटा दिया जाता है किन्तु देनदारों या प्राप्य बिलों की राशियों में हुई कमी को कुल विक्रय में जोड़कर इन्हें देनदारों/प्राप्य बिलों से उगाही (Collections from Debtors/Bills Receivable)के नाम से रोकड़ के स्रोतों के अन्तर्गत पृथक दिखलाना चाहिये।

नकद क्रय की राशि ज्ञात करने के लिये कुल क्रयों में से उधार क्रय (लेनदारों और देय बिलों में हुई वृद्धि) को घटा दिया जाता है किन्तु लेनदारों और देय बिलों में हुई कमी को लेनदारों/देय बिलों का भुगतान (Payments to Creditors/Bills Payable)के नाम से राकड़ के प्रयोगों के अन्तर्गत दिखलाना चाहिये। यदि आय विवरण में कुल क्रय के स्थान पर बेचे गये माल की लागत दी गई हो तो इसमें वर्ष में स्कन्ध में हुई वृद्धि को जोड़कर या स्कन्ध में हुई कमी को घटाकर कुल क्रय की राशि ज्ञात की जा सकती है।

विक्रय से केवल रोकड़ कार्यकरण व्ययों को ही घटाया जाता है, अपलिखित ह्रास, ख्याति, ट्रेडमार्क, स्थगित व्यय आदि गैर रोकड़ मदों को नहीं घटाया जाता है। जब तक इसके विपरीत स्पष्ट प्रमाण न हो, आय विवरण में दिये गये व्ययों को रोकड़ी व्यय ही मानना चाहिये। यदि चिट्ठे में अदत्त व्यय (Outstanding or Accured Expenses) अथवा पूर्वदत्त व्यय (Prepaid Expenses) दिये हो तो सम्बन्धित व्यय में अदत्त व्यय में हुई कमी तथा पूर्वदत्त व्यय में हुई वृद्धि को जोड़ देना चाहिये तथा अदत्त व्यय में हुई वृद्धि तथा पूर्वदत्त व्यय में हुई कमी को घटा देना चाहिये।

संचालन से रोकड़ की गणना का नमूना :

Sales		XXXX
Less-Increase in Accounts Receivables		XXX
Cash Sales		XXXX
Less: Purchases	XXX	
Less Increase in Accts. Payable	XX	
Cash Paid to Creditors	XXX	
Cash Operating Expenses (After adjusting accruals and prepayments)	XXX	XXX
Cash from Operations		XXX

लाभ की राशि से भी संचालन से रोकड़ ज्ञात की जा सकती है। विशेषकर यदि प्रश्न में विक्रय की राशि न दी हो तो इस विधि का प्रयोग किया जाता है। इसके लिये शुद्ध लाभ की राशि में अपलिखित ह्रास, स्थायी सम्पत्ति के विक्रय पर हानि, अमूर्त सम्पत्ति, स्थगित व्यय, लाभाँश आदि गैर-रोकड़ तथा गैर व्यापारिक व्ययों व हानियों और लेनदार देय बिल, अदत्त व्यय आदि में वृद्धि तथा पूर्वदत्त व्ययों व अदत्त आय में कमी को जोड़ देना चाहिये, तथा सभी गैर रोकड़ एवं गैर व्यापारिक आयों व लाभों और देनदारों, प्राप्य बिलों, स्कन्ध, अदत्त आय, पूर्वदत्त व्ययों में हुई वृद्धि तथा अदत्त व्ययों में हुई कमी को घटा देना चाहिये।

नमूना :

Net Profit (as per Income Statement)		XXX
Add : Depreciation	XX	
Loss on sale of machinery written off	XX	
Goodwill written off	XX	
Advertising Suspense a/c Written off	XX	
Dividend Paid	XX	
Increase in Accounts Payables	XX	
Increase in Outstanding Exp.	XX	XXX

			XXXX
Less:	Income from Investments	XX	
	Increase in Accounts Receivables	XX	
	Increase in Inventory	XX	
	Increase in Prepaid Expenses	XX	
	Decrease in Outstanding Expenses	XX	XXX
Cash from Operations			XXX

(ब) कुछ लोग संचालन से रोकड़ के स्थान पर कोष प्रवाह विवरण की भाँति ज्ञात किये गये संचालन से लाभ (Operating Profit) को दिखलाते हैं। यह माना जाता है कि लाभों से रोकड़ शेश में ही वृद्धि होती है। इस स्थिति में संचालन से लाभ ज्ञात करते समय चालू सम्पत्तियों या चालू दायित्वों में हुए परिवर्तनों का समायोजन शुद्ध लाभ में नहीं किया जाता है बल्कि स्कन्ध, देनदारों व प्राप्य बिलों में हुई वृद्धि और लेनदारों व देय बिलों में हुई कमी को रोकड़ के प्रयोगों में तथा लेनदारों व देय बिलों में वृद्धि और स्कन्ध, देनदारों व प्राप्य बिलों में कमी को रोकड के स्त्रोतों में दिखलाया जायेगा। इस विधि के अपनाने से रोक प्रवाह विवरण के योग में पहली विधि से अन्तर आयेगा।

(2) अंश पूँजी, ऋण पत्र तथा स्थायी व चालू दायित्वों में वृद्धि (Increase in Share Capital, Debentures and Fixed and Current Liabilities): इनके निर्गमन से प्राप्त वास्तविक राशियाँ रोकड़ के स्त्रोतों में दिखलायी जायेगी। यदि इन्हें किसी स्थायी सम्पत्ति के क्रय में या दायित्व के भुगतान में निर्गमित किया जाता है तो इससे रोकड़ अन्तर्वाह न होने के कारण ये रोकड़ के स्त्रोत नहीं कहलायेगी।

(3) सम्पत्तियों में कमी या सम्पत्तियों की बिक्री (Reduction in or Sale of Assets): स्थायी सम्पत्तियों के विक्रय से प्राप्त वास्तविक रोकड़, रोकड़ का स्त्रोत माना जायेगा। इनके आधार विक्रय से रोकड़ अन्तर्वाह नहीं होता। इसी तरह देनदारों, प्राप्य बिलों आदि की राशियों में हुई कमी भी रोकड़ का स्त्रोत मानी जायेगी।

रोकड़ के प्रयोग या रोकड़ बहिर्वाह (Applications of Cash or Cash Outflows): इसके अन्तर्गत निम्न मदें दिखलायी जाती है:

(1) संचालन से हानि (Opeating Loss): व्यापारिक हानि को व्यवसाय में उतनी ही राशि से रोकड़ का कम हो जाना या रोकड़ का प्रयोग माना जाता है।

(2) स्थायी सम्पत्तियों में वृद्धि या क्रय (Increase in or Purchase of Fixed Assets) : स्थायी सम्पत्तियों में वृद्धि को स्थायी सम्पत्तियों का नकद क्रय माना जायेगा लेकिन यदि किसी स्थायी सम्पत्ति को उधार क्रय किया जाता है या इसके भुगतान में अंश या ऋण पत्र निर्गमित किये जाते हैं तो इस लेन देन से रोकड़ बहिर्वाह नहीं होता।

(3) शोध्य अंशों या ऋण पत्रों का शोधन (Redemption of Redeemable Shares or Debentures) : इनके शोधन में दी गई वास्तविक रोकड़ की राशि को रोकड़

का प्रयोग माना जायेगा लेकिन यदि किसी पूर्वाधिकार अंश या ऋण पत्र का शोधन साधारण अंशों के निर्गमन द्वारा होता है तो इससे रोकड़ बहिर्वाह नहीं होता है।

(4) ऋणों में कमी या भुगतान (Decrease in or Repayment of Loans): व्यवसाय में ऋणों (दीर्घकालीन व अल्पकालीन दोनों) के भुगतान से रोकड़ बहिर्वाह होता है।

(5) अन्य भुगतान (Other Payments): लाभांश, आय-कर आदि के भुगतान में दी गयी राशियों को रोकड़ के प्रयोग में दिखलाया जायेगा।

रोक-प्रवाह विवरण का प्रारूप (Form of Cash Flow Statement): रोक प्रवाह विवरण के प्रारूप के सम्बन्ध में बहुत भिन्नतायें पाई जाती हैं। कोष प्रवाह विवरण की भाँति इस विवरण के लिय भी रिपोर्ट प्रारूप अथवा खाता प्रारूप का प्रयोग किया जा सकता है। दोनों ही प्रारूपों में से कोई भी विधि अपनायी जा सकती है। दोनों की संक्षिप्त प्रारूप रेखा निम्न प्रकार से हैं :

Cash Flow Statement
(Report Form)

Cash Balance in the begining			XXX
Add:	Sources of Cash (Or cash inflows):		
	Cash from Operations	XX	
	Collection from debtors or Decrease in Debtors	XX	
	Sale of Investments	XX	
	Issuance of Share Capital	XX	
	Loan	XX	XXX
Total Cash Available			XXX
Less:	Applications of Cash (Or cash outflows):		
	Purchase of Machinery	XX	
	Dividend Paid	XX	
	Decrease in Accounts Payables	XX	
	Repayment of Bank Loan	XX	
	Redemption of Debentures	XX	
Total Cash Payments			XXX
Cash Balance at the end			XXX

Cash Flow Statement
(Account Form)

	Rs		Rs
Cash Balance in the beginning	XX	Applications of Cash (or Cash Outflows):	
Sources of Cash (or Cash Inflows):		Decrease in Accounts Payables	XX
From Operations	XX	Purchase of Machinery	XX
Sale of Investments	XX	Repayment of Bank Loan	XX
Issue of Shares	XX	Redemptio of Debentures	XX
Loan	XX	Cash Balance at the end	XX
Collection from debtors	XX		
	XXX		XXX

Illustration 1. Following are the comparative Balance Sheets of Wented India Ltd. for the year ended 31st December 1996 and 31st December 1997:–

	1996	*1997*
	Rs.	*Rs.*
Cash	43,000	58,000
Prepaid Expenses	2,000	2,000
Debtors	80,000	90,000
Stock	32,000	40,000
Investments (Long-term)	50,000	30,000
Machinery (at cost)	25,000	40,000
Buildings (at cost)	75,000	90,000
Land	10,000	10,000
	3,17,000	3,60,000
Provision for Doubtful Debts	2,000	3,000

Accumulated Depreciation		
Machinery	3,000	7,500
Buildings	12,000	18,000
Creditors	33,000	40,000
Outstanding Expenses	3,500	4,500
Debentures		40,000
35,000		
Equity Share Capital	2,00,000	2,00,000
Profit and Loss a/c (Cr.)	23,500	52,000
	3,17,000	3,60,000

Additional information :

(i) Dividend paid during 1997 was Rs. 26,500.

(ii) Investments costing Rs. 20,000 were sold in 1997 for Rs. 25,000.

(iii) Machinery costing Rs. 5,000, on which Rs. 1,000 depreciation has been accumulated, was sold for Rs. 6,000 in the year 1997.

(iv) The provision for doubtful debts charged to profit was Rs. 1,500.

Prepare a Cash Flow Statement for the year 1997

Solution:

Cash Flow Statement

	Rs.		Rs.
Cash Balance on 1-1-97	43,000	Dividend Paid	26,500
Cash from Operations	50,500	Machinery Purchased	20,000
Sales of Investments	25,000	Buildings Purchased	15,000
Sale of Machinery	6,000	Debentures Redeemed	5,000
		Cash Balance on 31-12.97	58,000
	1,24,500		1,24,500

Workings

(1) Cash from Operations:

	Rs.	Rs.
Increase in Profit		28,500
Add: Provision for Doubtful Debts	1,500	
Depreciation on Machinery	5,500	
Depreciation on Buildings	6,000	
Increase in Creditors	7,000	
Increase in Outstanding Expenses	1,000	
Dividend Paid	26,500	47,500
		76,000
Deduct: Increase in Debtors	10,500	
Increase in Stock	8,000	
Profit on Investments	5,000	
Profit on Machinery	2,000	25,500
Cash from Operations		50,550

(2) Provision from Doubtful Debts:

Provision for Doubtful Debts in the beginning	2,000
Add Increase during the year	1,500
	3,500
Less Provision for Doubtful Debts at the end	3,000
Bad Debts during the year	5,00

(3) Increase in Debtors:

Debtors at the end as per B/S	90,000
Add Bad Debts written off	500
	90,500
Less Debtors at the end as per B/S	80,000
Increase in Debtors	10,500

Cash Flow Statement

	Rs.		Rs.
Cash Balance on 1-1-97	43,000	Cash Outflows:	
Cash Inflows:		Dividend Paid	26.500
Operating Profit	62,000	Machinery Purchased	20,000
Sale of Investments	25,000	Buildings Purchased	15,000
Sale of Machinery	6,000	Debentures redeemed	5,000
Increase in Creditors	7,000	Increase in Debtors	10,500
		Increase in Stock	8,000
		Cash Balance on 31-12-97	58,000
	1,43,000		1,43,000

Alternatively: Increases in Creditors, debtors and stock can be shown directly in Cash Flow Statement as follows:

Workings: Operating Profit:

			Rs.
Increase in Profit			28,500
Add : Provision for Doubtful Debts			1,500
Depreciation on Machinery			5,500
Depreciation on Buildings			6,000
Increase in Outstanding Expenses			1,000
Dividend Paid			26,500
			69,000
Less: Profit on Investments		5,000	
Profit on Machinery		2,000	7,000
Operating Profit			62,000

Illustration 2. From the following information, you are required to prepare a Cash Flow Statement of M/s Standard Batery Ltd. for the year ended 31st December, 1997:

Balance Sheets

as at 31st December............

Liabilities	*1996* *Rs.*	*1997* *Rs.*	*Assets*	*1996* *Rs.*	*1997* *Rs.*
Share Capital	70,000	70,000	Plant & Machinery	50,000	91,000
Secured Loan	–	40,000			
(Repayable in			Inventory	15,000	40,000
2002)	14,000	39,000	Debtors	5,000	20,000
Creditors	1,000	3,000	Cash	20,000	7,000
Tax Payable	7,000	10,000	Prepaid General Exp.	2,000	4,000
P&L a/c					
	92,000	1,62,000		92,000	1,62,000

P&L Account

for the year ended 31st Dec. 1996

	Rs.		*Rs.*
To Opening Inventory	15,000	By Closing Inventory	40,000
To Purchases	98,000	By Sales	1,00,000
To Gross Profit c/d	27,000		
	1,40,000		1,40,000
To General Expenses	11,000	By Gross Profit b/d	27,000
To Depreciation	8,000		
To Taxes	4,000		
To Net Profit c/d	4,000		
	27,000		27,000
To Dividend	1,000	By Balance b/f	7,000
To Balance c/d	10,000	By Net Profit b/d	4,000
	11,000		11,000

Solution:

Cash Flow Statement

Sources	*Rs.*	*Application*	*Rs.*
Cash Balance on 1-1-97	20,000	Cash lost in Operations	1,000
Loan raised	40,000	Purchase of Plant etc.	49,000
		Tax Paid	2,000
		Dividend Paid	1,000
		Cash Balance on 31-12-97	7,000
	60,000		60,000

Calculation of Cash from Operations

By Cash Sales Method:			Rs.
To Sales			1,00,000
Less Increase in Debtors			15,000
Cash from Debtors (Cash Sales)			85,000
Less Cash Operating Expenses:			
Purchases		98,000	
Less: Increase in Creditors		25,000	
Cash Purchase		73,000	
General Expenses	11,000		
Add: Increase in Prepaid			
General Expenses	2,000		
Cash Expenses		13,000	86,000
Cash Lost in Operations			- 1,000

By Net Profit Method:	Rs.	Rs.
Profit for the year		4,000
Add: Depreciation	8,000	
Increase in Creditors	25,000	
Provision for Taxation	4,000	37,000
		41,000

Less: Increase in Inventory	25,000	
Increase in Debtors	15,000	
Increase in Prepaid Gen. Exp..	2,000	42,000
Cash Lost in Operations		– 1,000

Alternatively, Operating profit can be shown in cash flow statement in place of cash lost in operations as follows:

Cash Flow Statement

	Rs.		Rs.
Cash Balance on 1-1-97	20,000	Purchase of Plant etc.	49,000
Operating Profit	16,000	Tax Paid	2,000
Loan raised	40,000	Dividend paid	1,000
Increase in Creditors	25,000	Increase in Debtors	15,000
		Increase in Inventory	25,000
		Increase in Prepaid Exp.	2,000
		Cash Balance on 31-12-97	7,000
	1,01,000		1,01,000

Calculation of Profit from Operations:

	Rs.
Profit for the year	4,000
Add Non-Cash and Non-operating Charges:	
Depreciation	8,000
Provision for Taxation	4,000
Profit from Operations	16,000

Illustration 3. Surya Roshni Ltd. had statements of financial position, as at January 1, 1997 and December 31, 1991 as follows:

	1-1-1997	31-12-1997
	Rs.	Rs.
Cash	25,000	40,000

Accounts Receivable	15,000	10,000
Supplies	5,000	1,000
Equipment (after depreciation)	90,000	85,000
Building (after depreciation)	5,00,000	4,80,000
	6,35,000	6,16,000
Accounts Payable	8,5000	4,000
Owners' Equity	6,26,500	6,12,000
	6,35,000	6,16,000

Assume that the Company made sale of Rs. 21,85,000 during the year, that no withdrawals were made by the owners and that no changes took place affecting equipment and building except for 1991 depreciation.

Using the above information, prepare a funds statement for cash changes.

Solution:

Cash Flow Statement

	Rs.		Rs.
Cash Balance on 1-1-97	25,000	Cash Outflows:	
Add Cash Inflows:		Expense during the year	21,99,500
Sales	21,85,000	Less Depre. on Equipment and Buildings not resulting cash outflows	25,000
Decrease in Accounts Receivable	5,000	Cash Expenses	21,74,500
Decrease in Supplies	4,000	Decrease in Accounts Payable	4,500
		Cash Balance on 31-12-97	40,000
	22,19,000		22,19,000

Expenses During the Year— This is not given in the question. But the comparison of capitals in the beginning and at the end reveals that it has been reduced by Rs. 14,500 (6,26,500–6,12,000). In the absence of withdrawals it must be the trading loss during the year. This loss is possible only when the cost of goods sold exceeds sales by Rs. 14,500. Hence, payments for supplies and expenses will be Rs. 21,99,500 (21,85,000 + 14,500).

Note: Alternatively— Cash from Operations amounting to Rs. 10,500 (21,85,000 + 14,500) may be shown on the debit side of the above statement in place of sales and cash expenses figures.

Illustration 4. A company finds on 1st January, 1996, that it is short of funds with which to implement its programme of expansion. On 1st January, 1995 it had a credit balance of Rs. 1,80,000. From the following information prepare a statement for the Board of Directors to show how the overdraft of Rs. 68,750 as at 31st December, 1995 has arisen:

Figures as per Balance Sheet as at 31st December

	1995	1996
	Rs.	Rs.
Fixed Assets	7,50,000	11,20,000
Stock and Stores	1,90,000	3,30,000
Debtors	3,80,000	3,35,000
Bank Balance	1,80,000 (Cr.)	68,750 (B/O)
Trade Creditors	2,70,000	3,50,000
Share Capital		
(in shares of Rs. 10 each)	2,50,000	3,00,000
Bills Receivable	87,500	95,000

The Profit for the year ended 31st December, 1996 before charging depreciation and taxation amounted to Rs. 2,40,000.

The 5,000 shares were issued on 1st January, 1996 at a premium of Rs. 5 per share, Rs. 1,37,500 were paid in March 1996 by way of income-tax. Dividend was paid as follows:

1995 (final) on the capital on 31-12-1995 at 10 per cent less tax at 25 per cent.

1996 (interim) 5 per cent free of tax.

Cash Flow Statement

	Rs.		Rs.
Cash Balance on 1-1-96	1,80,00	Cash Outflows:	3,70,000
Add Sources of Cash Inflows:		Purchase of Fixed Assets	1,37,500
		Income tax paid	18,750
Issue of Shares including Premium	75,000	Final Div. for 1995	15,000
	45,000	Interim Div. for 1997	–
Decrease in or collection of Debtors	1,72,500		
Cash from Operations	68,750		
Bank Overdraft on 31-12-96			
	5,41,250		5,41,250

Notes: (a) It is assumed that the figure of income-tax paid, *i.e.*, Rs. 1,37,500 includes income-tax deducted at source from final dividend of 1995 and interim dividend of 1996.

(2) Cash from operations has been calculated thus:

		Rs.
Operating Profit		2,40,000
Less: Increase in Stock	1,40,000	
Increase in B/R	7,500	1,47,500
		92,500
Add Increase in Creditors		80,000
Cash from Operations		1,72,500

(3) *Alternatively,* the increase in stock and B/R can be shown as outflows of cash and increase in creditors as inflow of cash. In that case operating profit of Rs. 2,40,000 will be shown in place of cash from operations of Rs. 1,72,500.

Illustration 5. Swil Ltd. had the following figures on 1st January 1997:

	Rs.
Fixed Assets	6,00,000
Less Depreciation	2,10,000
	3,90,000
Bank Balance	35,000
Current Assets other than Bank Balance	2,50,000
Capital (Share of Rs. 100 each)	3,00,000
Current Liabilities	1,00,000

The company made the following estimates for 1997:–

(a) The profit would be Rs. 55,000 after depreciation of Rs. 60,000.

(b) The company will acquire fixed assets costing Rs. 1,00,000 after selling one machine for Rs. 20,000 costing Rs. 50,000 and on which depreciation provided amounted to Rs. 35,000.

(c) Current assets and current liabilities other than bank balance at the end of 1991 are expected to be Rs. 2,95,000 and Rs. 1,30,000 respectively.

(d) The company will pay free of tax dividend of 10%, the rate of tax being 25%.

Ascertain the bank balance (overdraft) of Swil Ltd. at the end of 1997.

Solution **Cash-Flow Statement**

	Rs.		Rs.
Cash Balance on 1-1-97	35,000	Purchase of Fixed Assets	1,00,000
Cash from Operations	95,000	Bank balance on 31-12-97 (balancing figure)	50,000
Sale of Machinery	20,000		
	1,50,000		1,50,000

Cash from Operations:

		Rs.
Profit for the year		55,000
Add: Depreciation	60,000	

Increase in Current Liabilities	30,000	90,000
		1,45,000
Less: Profit on Machinery	5,000	
Increase in Current Assets	45,000	50,000
Cash from Operations		95,000

रोक-प्रवाह विवरण के उपयोग (Uses of Cash Flow Analysis) : रोक प्रवाह विवरण संस्था के अल्पकालीन वित्तीय परिवर्तनों की जाँच की एक महत्वपूर्ण युक्ति है। इसके प्रमुख लाभ निम्नलिखित हैं:

(1) यह संस्था की वित्तीय नीतियों और वर्तमान रोकड़ स्थिति के मूल्यांकन में सहायक होता है। यदि अगली लेखा अवधि के अनुमानों के आधार पर रोक प्रवाह विवरण तैयार किया जाता है तो यह विवरण प्रबन्ध को संस्था के वित्तीय कार्यकलापों के नियोजन और समन्वय में भी उपयोगी होगा। इस विवरण की सहायता से संस्था का रोकड़ बजट भी तैयार किया जा सकता है। इसमें रोकड़ के प्रयोग रोकड़ भुगतान तथा अतिरिक्त वित्तीय व्यवस्था को छोड़कर रोकड़ के स्रोत की अन्य सर्वें रोकड़ प्राप्तियाँ कहलायेगी। दोनों पक्षों का अन्तर रोकड़ की आवश्यकता अथवा आधिक्य प्रदर्शित करेगा।

(2) यह प्रबन्ध के लिये एक नियन्त्रण युक्ति भी है। रोक प्रवाह विवरण की रोकड़ बजट से तुलना करके बजट के मौलिक पूर्वानुमानों का विवरण के वास्तविक परिणामों से अन्तर ज्ञात किया जा सकता है। अर्थात इस तुलना से प्रबन्ध यह निश्चित कर सकता है कि संस्था के वित्तीय साधनों को किस सीमा तक योजनानुसार उत्पन्न तथा प्रयुक्त किया गया है।

(3) इस विवरण से संचालन से रोकड़ की राशि ज्ञात करके आन्तरिक वित्तीय प्रवन्धक दीर्घकालीन दायित्वों के चुकता करने और स्थायी सम्पत्तियों के विस्तार या पुनर्स्थापन की सम्भावनाओं पर विचार कर सकता है।

(4) यह विवरण प्रबन्ध को उन तथ्यों से अवगत कराता है जिनके कारण व्यवसाय में लाभ होने पर भी रोकड़ शेष में कमी हुई है अथवा हानि होने पर भी रोकड़ शेष में वृद्धि हुई है।

(5) इस विवरण का अल्पकालीन वित्तीय निर्णयों में विशेष महत्व है जैसे यदि प्रबन्ध संस्था की एक माह बाद दायित्व शोधन क्षमता का पता लगाना चाहता है तो ऐसा रोक प्रवाह विवरण की सहायता से ही हो सकता है, कोष प्रवाह विवरण की सहायता से नहीं। संस्था का मासिक रोक-विवरण तैयार करके इसकी दायित्व शोधन क्षमता का अनुमान लगाया जा सकता है। वस्तुत: वित्तीय विश्लेषण का समय जितना अल्प होता है, इस विवरण का उतना ही अधिक महत्व बढ़ जाता है।

प्रश्न

1. कोष प्रवाह विश्लेषण से आपका क्या आशय है? इसके बनाने के क्या उद्देश्य है? आर्थिक चिट्ठे एवं इसमें अन्तर स्पष्ट कीजिये।

   What is funds flow statement? What are its objects? Distinguish it from Balance Sheet.

2. फण्ड प्रवाह विश्लेषण से आप क्या समझते हैं? इसके उद्देश्य एवं तकनकों की व्याख्या कीजिये।

   What do you understand by 'Fund Flow Analysis'? Discuss its objectives and techniques.

3. कोष प्रवाह विवरण का कार्यशील पूँजी पर प्रभाव बताइये तथा इसकी व्यावहारिक उपयोगिता का वर्णन कीजिये।

   State the effect of funds flow statement on working capital and discuss the practical utility of it.

□□□

5

अंशों का निर्गमन एवं हरण तथा ऋणपत्रों का निर्गमन

(Issue and Forefeiture of Shares and Issue of Debentures)

अभी तक अपने एकल व्यापारी, साझेदारी, संयुक्त साहस, लाभार्जन के उद्देश्य से नहीं बनाई गई संस्थाओं आदि के वित्तीय व्यवहारों के लेखांकन की रीतियों का अध्ययन किया है। एक कम्पनी का संगठन स्वामित्व जो संरचना, व्यापारिक आकार, व्यवहारों की विविधता, देश के विभिनन अधिनियमों द्वारा नियन्त्रण, आदि के दृष्टिकोण से भिन्न होता है।

अधिक पूँजी नियोजन, विशाल एवं जोखिम पूर्ण उद्योगों, विवेकपूर्ण प्रबन्ध, अधिमतम सामाजिक लाभ व सेवा के लिए नये प्रकार के व्यावसायिक संगठन का प्रादुर्भाव हुआ, इसे संयुक्त पूँजी कम्पनी संगठन कहा जाता है। एक कम्पनी संगठन की मुख्य विशेषताएँ असीमित पूंजी साधन, सदस्यों का सीमित दायित्व तथा पृथक अस्तित्व हैं। इसे कृत्रिम व्यक्ति भी कहा जाता है, जिसका जन्म अधिनियम द्वारा होता है तथा जिसका अस्तित्व स्थायी होता है। सामान्यतः इसकी पूँजी हस्तान्तरणीय अंशों में विभक्त होती है तथा इसकी सार्वमुद्रा होती है। यह संगठन बहु–स्वामित्व वाली संस्था है। इसकी पूँजी निश्चित मूल्य के अंशों में विभाजित होती है।

आधुनिक युग में उद्योग एवं वाणिज्य की बढ़ती हुई आवश्यकताओं को एकल स्वामित्व एवं साझेदारी द्वारा पूर्ण नहीं किये जाने के कारण व्यवसाय के संगठन के ढाँचे में एक नवीन अवधारणा को जन्म दिया गया जिसे वर्तमान समय में कम्पनी के नाम से सम्बोधित किया जाता है। कम्पनी का अभिप्राय अनेक व्यक्तियों के एक ऐसे संगठन से है जिसके संयुक्त स्कन्ध (Joint Stock) में किसी सामूहिक उद्देश्य की पूर्ति करने हेतु वे मुद्रा या मुद्रा के तुल्य अंशदान करते हैं। इस प्रकार अभिदत्त सामूहिक स्कन्ध मुद्रा में व्यक्त किया

जाता है तथा इसे ही कम्पनी की पूँजी कहते हैं। वे व्यक्ति जो इस पूँजी में अंशदान करते हैं, अथवा जो व्यक्ति इस पूँजी के स्वामी होते हैं, कम्पनी के सदस्य (Members` कहलाते हैं तथा पूँजी का वह आनुपातिक भाग जिसका कम्पनी का प्रत्येक सदस्य स्वामी होता है, अंश (Share) कहलाता है।

कम्पनी शब्द का अर्थ ऐसे व्यक्तियों के समूह से होता है जो किसी सामान्य उद्देश्य के लिए (जैसे व्यवसाय, क्लब, धर्मार्थ प्रन्यास, स्पोर्टस एसोसिएशन, अनुसंधान संस्थान आदि) संगठित होते हैं। लेकिन व्यावसायिक क्षेत्र में कम्पनी शब्द अपना एक पृथक वैधानिक आशय व्यक्त करता है, जो सामान्यत: एक ऐसे संगठन की ओर संकेत करता है जिसका निर्माण कानून द्वारा होता है जिसके सदस्यों का दायित्व सीमित होता है, जिसका अस्तित्व उसके सदस्यों से पृथक होता है एवं जिसकी अपनी एक सार्वमुद्रा भी होती है। व्यक्तियों का संघ या संगठन कब कम्पनी के रूप में माना जाये? इसके लिए यह प्रावधान है कि वह एक कम्पनी के रूप में समामेलित हो। इससे यह निष्कर्ष निकलता है कि समामेलित संगठन या संघ को ही कम्पनी की संज्ञा दी जा सकती है। कम्पनी के रूप में किसी संगठन के समामेलित होने की अनिवार्यता इस तथ्य को स्पष्ट करती है कि कम्पनी का सदस्यों से अलग अपना निजी वैधानिक अस्तित्व होता है। इस आधार पर यह कहा गया है कि कम्पनी एक स्थायी उत्तराधिकार वाले व्यक्ति के रूप में कृत्रिम, अदृश्य एंव अमूर्त है तथा उसका अस्तित्व विधान की दृष्टि में ही विद्यमान होता है, जिसकी अपनी एक सर्वमान्य मुहर होती है।

परिभाषा

भारतीय कम्पनी अधिनियम 1956 की धारा 3 (1) (अ) के अनुसार, ''कम्पनी से आशय इस अधिनियम के अन्तर्गत निर्मित तथा रजिस्टर्ड कम्पनी से है या एक विद्यमान कम्पनी से है।'' धारा 3 (1) (ब) के अनुसार विद्यमान कम्पनी से आशय एक ऐसी कम्पनी से है जिसका निर्माण एवं रजिस्ट्रेशन किसी पूर्व के कम्पनी अधिनियम के अन्तर्गत हुआ हो।

कम्पनी की उक्त वैधानिक परिभाषा कम्पनी शब्द के लक्षणों की ओर संकेत नहीं करती। अत: कम्पनी का आशय समझने के लिए यह आवश्यक है कि विभिन्न न्यायाधीशों द्वारा दी गई परिभाषाओं का अध्ययन किया जाय।

न्यायाधीश जेम्स के अनुसार, ''कम्पनी का आशय व्यक्तियों के उस समूह से लगाया जाता है जो कि एक सामान्य उद्देश्य के लिए एकत्रित हुए हों।''

न्यायाधीश लिण्डले के अनुसार, ''कम्पनी का आशय एक ऐसे संगठन से है जिसमें बहुत से व्यक्ति धन अथवा धन में मूल्य रखने वाली सम्पत्तियाँ अंशदान करते हैं, जिनका प्रयोग किसी व्यापार में किया जाता है तथा वे व्यक्ति उस व्यापार से उत्पन्न होने वाले लाभ का आपस में विभाजन करते हैं .... कम्पनी की समस्त पूँजी निर्धारित मूल्य के अंशों में विभक्त होती है। सामान्यत: अंश हस्तान्तरणशील होते हैं और कुछ दशाओं में यह अधिकार सीमित भी होता है।''

हैने के अनुसार, ''कम्पनी राजनियम द्वारा निर्मित एक कृत्रिम व्यक्ति है जिसका पृथक् वैधानिक अस्तित्व, निरन्तर उत्तराधिकार एवं सर्वमान्य सार्वमुद्रा होती है।''

संक्षेप में, एक कम्पनी अकृत्रिम (Natural) व्यक्तियों का एक ऐच्छिक संगठन है जो उनके द्वारा दी गई पूँजी से किसी लाभ, अर्थात् सामूहिक हित, के उद्देश्य से किसी व्यवसाय को चालने के लिए निर्मित किया जाता है। इस प्रकार के संगठन को एक समामेलित निगम माना जाता है, जिसकी विशेषताएँ हैं :

(1) वैधानिक व्यक्ति जिसका अपना अलग अस्तित्व होता है,

(2) निरन्तर अस्तित्व अर्थात् जिसकी विद्यमानता अविच्छिन्न या स्थायी होती है,

(3) सीमित दायित्व अर्थात् इसके सदस्यों का दायित्व सीमित होता है,

(4) स्वामित्व का प्रन्ध से अलग होना अर्थात् इसके सदस्य, जो कम्पनी के स्वामी होते हैं, प्रबन्ध व्यवस्था से सर्वथा अलग रहते हैं, प्रबन्ध व्यवस्था उनके प्रतिनिधियों द्वारा गठित संचालक मण्डल द्वारा की जाती है।

(5) हस्ताक्षरों के स्थान पर कम्पनी के नाम की सर्वमान्य मुहर (Common Seal) का होना, जिसका अर्थ यह है कि यह मुहर ही कम्पनी को अपने सदस्यों से अलग एक कानूनी अस्तित्व प्रदान करती है, जिस आधार पर उसे अपने नाम से व्यापार करने, अभियोग चलाये जाने तथा चलाये गये अभियोग के विरूद्ध अपना बचाव करने आदि के सम्बन्ध में व्यापक अधिकार प्रप्त होते हैं।

कम्पनी अधिनियम में कम्पनी की परिभाषा

कम्पनी अधिनियम, 1956 की धारा 3(1) (अ) के अन्तर्गत कम्पनी को "इस अधिनियम के अधीन संगठित एवं पंजीकृत अथवा किसी विद्यमान कम्पनी के रूप में परिभाषित किया गया है।" विद्यमान कम्पनी से आशय किसी ऐसी कम्पनी से है जिसका निर्माण एवं पंजीयन सन् 1956 के अधिनियम के पूर्व के किसी कम्पनी अधिनियम के अधीन किया गया हो। इस प्रकार पंजीकृत एवं स्थापित संघ या संस्था को ही 'समामेलित कम्पनी' (Incorporated Company) कहते हैं।

कम्पनियों का वर्गीकरण
(Classification of Companies)

कम्पनी अधिनियम के अन्तर्गत कम्पनियों के निम्न स्वरूप हो सकते है:

1. असीमित दायित्व वाली कम्पनियाँ (Unlimited Liability Companies) - जिन कम्पनियों के सदस्यों का दायित्व फर्म के साझेदारी के दायित्व की भाँति असीमित होता है, वे कम्पनियाँ असीमित दायित्व वाली कम्पनियाँ कहलाती है।

2. गारन्टी द्वारा सीमित कम्पनियाँ (Companies Limited by Guarantee)- जिन कम्पनियों का उद्देश्य लाभ कमाना नहीं होता है तथा जिसके सदस्य कम्पनी स्थापित होत समय अंशदान नहीं करते हैं और कम्पनी के विघटन के समय ही एक निश्चित रकम देने का वचन देते हैं, ऐसे कम्पनियों को गारन्टी द्वारा सीमित कम्पनियाँ कहते हैं।

3. अंशों द्वारा सीमित दायित्व वाली कम्पनियाँ (Companies Limited by Shares)- जिन कम्पनियों में सदस्यों का दायित्व उसके द्वारा क्रय किये गये अंशों पर देय

राशि तक सीमित होता है, उन कम्पनियों को अंशों द्वारा सीमित दायित्व वाली कम्पनियाँ कहते हैं। यदि सदस्य द्वारा क्रय किये गये अंशों पर देय सम्पूर्ण राशि दे दी जाती है, तो वह वर्तमान में किसी अतिरिक्त दायित्व से मुक्त हो जाता है।

स्पष्टीकरण : समिति दायित्व वाली कम्पनी की पूँजी समान मूल्य वाले अंशों में विभक्त कर दी जाती है। प्रत्येक अंश के निर्धारित मूल्य को ही उसका अंकित या समंक मूल्य (Nominal Value or Par Value) कहते हैं। कम्पनी के अंश/अंशों को क्रय करने वाला व्यक्ति कम्पनी का सदस्य या अंशधारी माना जाता है। ऐसे प्रत्येक सदस्य का दायित्व उसके द्वारा क्रय किये गये अंशों के लिए न चुकाई गई राशि तक सीमित रहता है। अंशों के अंकित मूल्य अथवा उन पर माँगी गई राशि का पूर्ण भुगतान कर देने पर उस सदस्य का दायित्व समापत हो जाता है। उदाहरणार्थ, यदि राम ने 10 रु. वाले अंश क्रय किये हैं, तो जब तक वह 100 रु. (10 × 10 रु.) का भुगतान नहीं कर देता है तब तक उसका दायित्व 100 रु. तक बना रहेगा। यदि वह 80 रु. चुका देता है, तो उसका दायित्व 20 रु. तक ही सीमित रहेगा। जैसे ही वह शेष 20 रु. का भुगतान कर देगा, उसका दायित्व समाप्त हो जावेगा। अत: यह स्पष्ट है कि राम से 100 रु. से अधिक राशि वसूल नहीं की जायेगी।

पंजीकृत कम्पनियों के प्रकार (Types of Registered Companies)

अंशों द्वारा सीमित दायित्व वाली कम्पनियाँ भी दो प्रकार की होती है: (1) निजी (Private), तथा (2) सार्वजनिक (Public)।

1. निजी कम्पनी (Private Company : निजी कम्पनी वह है जिसकी स्थापना के लिए कम सेककम दो व्यक्तियों की आवश्यकता होती है तथा जो अपने अन्तर्नियमोंद्वारा :

(अ) अपने अंशों के हस्तान्तरण के अधिकार पर प्रतिबन्ध लगा देती है।

(ब) निम्नलिखित को छोड़कर अपने सदस्यों की संख्या 50 तक सीमित करती है:

(क) ऐसे व्यक्तियों को जो कम्पनी के कर्मचारी हैं, तथा

(ख) ऐसे व्यक्तियों को जो पहले कम्पनी के कर्मचारी होते हुए कम्पनी के सदस्य थे और अब कम्पनी के कर्मचारी न रहते हुए भी उसके सदस्य हैं।

(स) कम्पनी के अंशों अथवा ऋण पत्रों की खरीदने के लिए जनता को आमन्त्रित करने का निषेध करती है।

(2) सार्वजनिक कम्पनी (Public Company): सार्वजनिक कम्पनी का आशय किसी ऐसी कम्पनी से है जो कि निजी कम्पनी नहीं है।

स्पष्टीकरण : कम्पनी अधिनियम में सार्वजनिक कम्पनी की कोई परिभाषा नहीं दी गई है। इसके सम्बन्ध में केवल यह स्पष्ट किया गया है कि ऐसी कम्पनी की स्थापना करने के लिए कम से कम सात सदस्यों का होना आवश्यक है। अत: यह स्पष्ट है कि कोई भी कम्पनी, जिसके सदस्यों की संख्या कम से कम सात है और जो निजी कम्पनी नहीं है,

सार्वजनिक कम्पनी कहलाती है। कम्पनी अधिनियम के अन्तर्गत यह प्रावधान है कि सीमित दायित्व वाली निजी कम्पनी को अपने नाम के अन्त में 'प्राइवेट लिमिटेड' तथा सार्वजनिक कम्पनी को 'लिमिटेड' शब्द लगाना आवश्यक है।

सरकारी कम्पनी

(Government Company)

भारतीय कम्पनी अधिनियम, 1956 की धारा 617 के अनुसार 'सरकारी कम्पनी' से आशय ऐसी कम्पनी से है जिसकी प्रदत्त पूँजी (Paid-up Capital) के कम से कम 51 प्रतिशत भाग पर केन्द्रीय सरकार, किसी राज्य सरकार या राज्य सरकारों अथवा दोनों का अधिकार हो।

कम्पनी बनाना

कम्पनी बनाने का कार्य करने वाले व्यक्ति को प्रवर्तक कहते हैं। प्रवर्तक द्वारा नई कम्पनी के निर्माण की रूपरेखा तैयार की जाती है, उसके लिए आवश्यक प्रलेख तैयार किये जाते हैं, प्रथम संचालकों का चयन किया जाता है, तथा प्रारम्भिक व्यय किये जाते हैं। प्रवर्तक कम्पनी का पंजीयन कराने हेतु कम्पनी रजिस्ट्रर के कार्यालय में निम्नलिखित प्रलेख जमा कराता है:

(1) पार्षद सीमा नियम (Memorandum of Association),

(2) पार्षद अन्तर्नियम (Articles of Association),

(3) संचालकों का विवरण (Particulars of Directors),

(4) संचालकों की लिखित सहमति (Written Consent of Directors)

(5) संचालकों के साथ आवश्यक योग्यता अंश खरीदने के लिए हुआ लिखित अनुबन्ध (Written Contract with Directors for Purchase of Qualifying Shares),

(6) प्रबन्ध संचालक या प्रबन्धक के साथ हुए समझौते की प्रति (Copy of Agreement with the Managing Director or Manager)

(7) सांविधिक घोषणा (Statutory Declaration)।

कम्पनी रजिस्ट्रार के पास यह घोषणा कि कम्पनी रजिस्ट्रेशन सम्बन्धी सभी वैधानिक औपचारिकताओं की पूर्ति हो गई है। इस घोषणा पर किसी एडवोकेट, चार्टर्ड अकाउन्टेन्ट, प्रस्तावित संचालक, प्रबन्धक या सचिव के हस्ताक्षर होने चाहिए।

निजी कम्पनी को सूचना (v) व (vi) देनी आवश्यक नहीं है। कम्पनी का पंजीकरण या निगमन कम्पनी रजिस्ट्रार के कार्यालय से निगमन का प्रमाण पत्र (Certificate of Incorporation) मिलने के साथ ही हो जाता है। यह कम्पनी के वैधानिक जन्म का प्रतीक है। इसी के साथ सार्वजनिक कम्पनी अंश पूँजी निर्गमित करने की कार्यवाही प्रारम्भ कर देती है।

सार्वजनिक कम्पनी की पूंजी संरचना

(Capital Structure of a Public Company)

सार्वजनिक कम्पनी अपनी अचल व चल सम्पत्तियों को प्राप्त करने के लिए वित्तीय साधन जुटाती है। वित्तीय साधनों में अंश पूँजी तथा ऋण पूँजी प्रमुख है। अंश पूँजी जनता में अंश निर्गमित करके तथा ऋण पूँजी जनता में ऋण पत्र निर्गमित करके प्राप्त की जाती है। इन दोनों का सामान्य अनुपात 2 : 1 श्रेष्ठ समझा जाता है। अंश निर्गम से प्राप्त पूँजी को स्वामित्व पूंजी (Owned Capital) तथा ऋण पत्र निर्गम से प्राप्त पूँजी के ऋण पूँजी (Debt Capital) कहते है।

पूँजी की संरचना (Capital Structure) करने से अभिप्राय अंश पूँजी व ऋण के पारस्परिक अनुपात का निर्धारण करना है। वित्तीय आयोजन में इसके अतिरिक्त पूँजीकरण तथा पूँजीकरण प्रशासन भी सम्मिलित किया जाता है। पूँजीकरण का अभिप्राय आवश्यक पूँजी की मात्रा का अनुमान लगाना है। पूँजीकरण में अंश पूँजी, ऋण, पूँजी के साथ लाभ के पुनर्विनियोजन के लिए संचित राशियों को भी सम्मिलित करते हैं। पूँजी की मात्रा आवश्यकता से अधिक होने पर अति पूँजीकरण (Over-capitalisation) व आवश्यकता से कम होने पर अब पूंजीकरण (Under-capitalisation) कहा जाता है। ये दोनों ही दशाएं व्यवसाय के लिए घातक होती हैं, अतः आदर्श मात्रा ही सर्वोत्तम है। प्रत्येक सार्वजनिक कम्पनी की पूँजी सामान्यतः दोप्रकार की होती हैं:

(1) स्वामियों की पूँजी तथा

(2) ऋणदाताओं की पूँजी। स्वामियों की पूँजी को अंश पूँजी (Share Capital) तथा उधार ली गई पूँजी को ऋण पूँजी भी कहा जाता है।

किसी भी कम्पनी के पूँजीकरण की योजना का निर्माण करते समय इस तथ्य पर विचार करना आवश्यक होता है कि व्यवसाय के संचालन के लिए कितनी धन राशि की आवश्यकता होगी तथा उसकी पूँजी संरचना में कितनी पूँजी अंश पूँजी के रूप में और कितनी ऋण पूँजी के रूप में होगी। पूँजी की आवश्यक मात्रा एवं उसके रूप को निश्चित करने के पश्चात् ही पूँजी प्राप्त करने की व्यवस्था की जाती है।

यहाँ अंश पूँजी के प्रकार (Kind of Share Capital), अंशों के प्रकार (Kinds of Share) , अंशों का निर्गम (Issue of Shares), अंशों का समपहरण (Forfeiture) आदि व्यवहारों का विश्लेषण एवं उनके लेखांकन की प्रक्रिया बताई जायगी।

अंश पूँजी अंशों के निर्गमन द्वारा ऋण पूँजी ऋण पत्रों (Debentures) के निर्गमन द्वारा प्राप्त की जाती है। एक सार्वजनिक कम्पनी ही अपने अंशों तथा ऋण पत्रों का जनता में निर्गमन कर सकती है जिसका अभिप्राय यह है कि कम्पनी जनता को अपनी अंश पूँजी तथा ऋण पूँजी में अंशदान देने के लिए आमन्त्रित करती है। जनता द्वारा अपनी आर्थिक क्षमता के अनुसार पूँजी में अंशदान दिया जा सके, इसके लिए अंश पूँजी अथवा ऋण पूँजी समान मूल्य के टुकड़ों में विभक्त कर दी जाती है, जिन्हें अंश या ऋण पत्र कहते हैं। उदाहरणार्थ, यदि कोई कम्पनी 50,000 रु. की अंश पूँजी तथा 20,000 रु. ऋण पूँजी जनता से एकत्र करना चाहती है और वह 5,000 रु. की अंश पूँजी को 10 रु. वाले समान मूल्य के टुकड़ों में तथा

20,000 रु. की ऋण पूँजी को 50 रु. के समान मूल्य वाले ऋण पत्रों में विभक्त करे तो 50,000 रु. की अंश पूँजी के 10 रु. के समान मूल्य वाले 5,000 टुकड़ों को और 20,000 रु. की अंश पूँजी के 50 रु. के समान मूल्य वाले 400 टुकड़ों को ऋण पत्र कहेंगे। कम्पनी इन अंशों एवं ऋण पत्रों के माध्यम से ही अंश पूँजी अथवा ऋण पूँजी एकत्र करेगी। इस प्रकार यह स्पष्ट है कि (अ) अंश का निर्गमन करने पर प्राप्त धन राशि को अंश पूँजी कहते है, तथा (ब) ऋण पत्रों का निर्गमन करने पर प्राप्त धन राशि को ऋण पूँजी कहते हैं। इस अध्याय में अंश पूँजी की संरचना का वर्णन किया गया है। इसके अन्तर्गत

(अ) अंश पूँजी की श्रेणियों,

(ब) उन अंशों के प्रकार जिनमें अंश पूँजी विभक्त की जा सकती है,

(स) इन अंशों तथा ऋण पत्रों के निर्गमन,

(द) दोषी अंशधारियों के अंशों के हरण सम्बन्धी व्यवहारों के लेखे करने की विधियाँ समझाई गई है।

कम्पनी अंश-पूँजी के प्रकार

(Kinds of Share Capital)

अंश पूँजी को कम्पनी अधिनियम, 1956 की छठी अनुसूची (Schedule VI) के भाग 1 में दिये गये चिट्ठे में प्रदर्शित करने के आधार पर, निम्नलिखित श्रेणियों में विभाजित किया जा सकता है:

1. अधिकृत पूँजी (Authorised Capital)- पार्षद सीमानियम में पूँजी की जो अधिकतम राशि व्यक्त की जाती है उसे ही अधिकृत पूँजी कहते हैं। इससे अधिक पूंजी का निर्गम कम्पनी नहीं कर सकती। इसी के आधार पर निगमन के समय पूंजी शुल्क लिया जाता है और कम्पनी पंजीकृत होती है इसलिए इसे पंजीकृत पूंजी भी कहते हैं। सामान्यतया इस पूंजी की मात्रा अधिक रखी जाती है और पूंजी निर्गम इससे कम राशि का करते है। यह पूँजी की वह अधिकतम राशि है जो कम्पनी अपने जीवनकाल में निर्गमन कर सकती है। इसे हम पंजीकृत पूँजी (Registered Capital) या नाममात्र की पूँजी (Nominal Capital) भी कहते हैं।

2. निर्गमित पूँजी (Issued Capital)- अधिकृत पूँजी के उस भाग को जो जनता को नकद धन या अन्य किसी प्रतिफल के बदले में निर्गमित किया जाता है, निर्गमित पूँजी कहते हैं। ऐसी पूँजी जितने अंशों में विभक्त होती है उन्हें निर्गमित अंश (Issued Shares) कहते हैं। अधिकृत पूँजी का वह शेष भाग जो निर्गमित नहीं किया जाता है, अनिर्गमित पूँजी (Unissued Capital) कहलाती हैं। जितने अंशों में निर्गमित पूँजी विभक्त रहती है, उनको अनिर्गमित अंश (Unissued Shares) कहते हैं। ये अतिरिक्त अंश पूँजी की आवश्यकता होने पर ही निर्गमित किये जाने हैं।

3. प्रार्थित या अभिदत्त पूँजी (Subscribed Capital)- निर्गमित पूँजी या अंश पूँजी के उस भाग को, जिसका अभिदान जनता द्वारा किया जाता है, अर्थात् जिसके लिए जनता द्वारा आवेदन पत्र दिये जाते हैं, प्रार्थित या अभिदत्त पूँजी कहते हैं। जिनते अंशों के

लिए आवेदन पत्र आते हैं, उतने अंशों को अभिदत्त अंश (Subscribed Shares) कहते हैं। ध्यान रहे कि कम्पनी केवल उतने अंशों का ही आवंटन कर सकती है जितने अंशों का उसने निर्गमन किया है। यदि समस्त निर्गमित पूँजी के लिए प्रार्थना पत्र प्राप्त नहीं होते हैं, तो निर्गमित पूँजी के इस भाग को न अभिदत्त की गई पूँजी (Unsubscribed Capital) कहते हैं।

चिट्ठे में दिखाई गई प्रार्थिक या अभिदत्त पूँजी का विश्लेषण दो उपवर्गों में किया जा सकता है:

(1) माँगी गई पूँजी (Called-up Capital)- कम्पनी द्वारा अंशधारियों से निर्गमित अंशों पर जितनी राशि माँगी जाती है, उसे माँगी गई पूँजी कहते हैं। माँगी गई पूँजी का जितना भाग माँगने के लिए शेष रहता है, उसे न माँगी गई पूँजी (Uncalled Capital) कहते हैं।

(2) प्रदत्त पूँजी (Paid-up Capital) - माँगी गई पूँजी का जो भाग प्राप्त हो जाता है, उसे प्रदत्त पूँजी कहते हैं। यदि माँगी गई समस्त राशि का भुगतान अंशधारियों द्वारा कर दिया जाता है, तो माँगी गई तथा प्रदत्त पूँजी एक ही होगी। परन्तु यदि माँगी गई राशि का कुछ भाग अंशधारियों द्वारा देय तिथि तक नहीं चुकाया जाता है, तो इस भाग को बकाया न दी गई माँग राशियाँ (Calls in arrear or Calls Unpaid) कहते हैं। बहुत से अंशधारी बार-बार माँगी जाने वाली राशियों का भुगतान करने की असुविधा से छुटकारा पाने के लिए अपने अंशों का पूर्ण या शेष मूल्य एक साथ दे देते हैं। जो राशि किसी माँग से पूर्व ही प्राप्त हो जाती है, उसे अग्रिम माँग (Calls in Advances) कहते हैं।

उदाहरणार्थ - एक कम्पनी का पंजीयन 25,00,000 रु. अधिकृत पूँजी के साथ हुआ जो 50 रु. मूल्य वाले अंशों में विभक्त है। इसमें से 35,000 अंशों को सर्वप्रथम जनता में क्रय करने के लिए प्रस्तुत किया गया। जनता ने 30,000 अंशों के लिए आवेदन पत्र दिये। संचालकों ने इस सभी अंशों का आवंटन कर दिया। प्रत्येक अंश पर पूरी रकम माँग ली गई। एक माह बार 2,000 अंशों को छोड़कर, जिन पर 15 रु. प्रति अश के हिसाब से अन्तिम माँग का भुगतान नहीं हुआ, शेश सभी अंशों पर समस्त माँगी गई राशि प्राप्त हो गई। कम्पनी को विभिन्न प्रकार की पूँजी राशियाँ बतलाइए।

विभिन्न प्रकार की पूँजी तथा पर प्राप्त राशियाँ

Authorised Capital (अधिकृत पूँजी)		
50,000 Shares of Rs. 50 each (50 ,000 x Rs. 50)		25,00,000
Issued Capital (निर्गमित पूँजी)		
35,000 Shares of Rs. 50 each (35,000 x Rs. 50)		17,50,000
Subscribed Capital (प्राथित पूँजी)		
30,000 Shares of Rs. 50	Rs.	
fully called up (30,000 x Rs. 50)	15,00,000	
Less : Calls in Arrear (2,000 x Rs. 15)	30,000	
Paid up Capital (प्रदत्त पूँजी)		14,70,000

4. संचित पूँजी (Reserve Capital)- कम्पनी को निर्गमित अंशो पर न माँगी गई राशि को अंशधारियों से कभी भी माँगने का अधिकार होता है। परन्तु कभी कभी एक सीमित दायित्व वाली कम्पनी विशेष प्रस्ताव द्वारा यह निश्चित कर देती है कि 'न माँगी गई पूँजी' का एक निश्चित भाग केवल कम्पनी के समापन के समय ही माँग जायेगा। 'न माँगी गई पूँजी' के उस भाग को जो भविष्य में समापन के समय माँगने के लिए सुरक्षित कर दिया जाता है, संचित पूँजी कहते हैं। उपर्युक्त उदाहरण में यदि कम्पनी के अंशधारियों ने विशेष प्रस्ताव पास करके 10 रु. प्रति अंश समापन के समय माँगे जाने के लिए आरक्षित कर दिया है तो 35,000 × 10 रु. = 3,50,000 रु. संचित पूँजी मानी जावेगी। इस प्रकार की व्यवस्था कम्पनी के ऋणदाताओं की सुरक्षा तथा उनमें विश्वास स्थापित करने के उद्देश्य से की जाती है। ऐसा करने से कम्पनी की साख बढ़ जाती है तथा उसे ऋण प्राप्त करने में सुविधा होती है।

अंशों के प्रकार
(Types of Shares)

एक सार्वजनिक कम्पनी दो ही प्रकार के अंश निर्गमित कर सकती है:

(1) अधिमान या पूर्वाधिकार अंश (Preference Shares), तथा

(2) सामान्य अंश (Equity Shares)।

कम्पनी अधिनियम, 1956 के लागू होने के पूर्व एक सार्वजनिक कम्पनी को उक्त दो प्रकार के अंशों के अलावा आस्थगित अंश और निर्गमित करने का अधिकार था, किन्तु अब केवल उक्त दो प्रकार के अंश ही निर्गमित करने का अधिकार है। अर्थात् अब उन्हें आस्थगित अंश निर्गमित करने का अधिकार नहीं है।

1. अधिमान अंश (Preference Shares)- अधिमान अंशों से आशय ऐसे अंशों से है जिनके धारकों को एक पूर्व निश्चित दर से लाभांश प्रात करने का अधिकार होता है तथा कम्पनी के समापन पर ऐसे अंशधारियों को उनके द्वारा दी गई पूँजी वापस प्रास करने का प्रथम अधिकार भी प्रास होता है। यहाँ यह ध्यान रखना चाहिए कि अधिमान अंशधारियों को लाभांश घोषित होने पर साधारण अंशधारियों से पहले प्रास करने का पूर्वाधिकार है। लेकिन यदि कम्पनी के द्वारा लाभांश ही घोषित नहीं किया जाय तो लाभांश प्रास करने का अधिकार नहीं है। पूर्वाधिकार अंशधारियों को प्राप्य लाभांश की दर पहले से ही घोषित होती है तथा अंश के नाम के साथ दी हुई होती है जैसे 8 प्रतिशत अधिमान अंश। कुछ विशेष अधिकारों के आधार पर अधिमान अंश निम्नलिखित प्रकार के हो सकते हैं:

(1) **संचयी अधिमान अंश** (Cumulative Preference Share)- यदि कम्पनी किसी वर्ष लाभ अपर्यास होने के कारण इन अंशों पर लाभ देने में असमर्थ रहती है, तो न दिया गया लाभांश संचित ही रहता है और जब कभी कम्पनी को लाभ होता है और लाभांश वितरित करने का निश्चय किया जाता है, तो उन लाभों में से सबसे पहले संचयी अधिमान अंशों पर पूर्वसंचित लाभांश चुकता कर देने के बाद ही उस वर्ष के लिए लाभांश दिये जाते हैं। प्राय: कम्पनी के सभी अधिमान अंश संचयी अधिमान अंश होते हैं, जब तक कि कम्पनी के अन्तर्नियमों में इसके विपरीत कुछ व्यवस्था न दी गई हो।

(2) **असंचयी अधिमान अंश** (Non-Cumulative Preference Shares)- ऐसे अधिमान अंशों को जिन पर कम्पनी के लाभांश देने में असमर्थ होने पर न दिये गये लाभांश को भविष्य के लाभ में से प्रापत नहीं किया जा सकता, असंचयी अधिमान अंश कहते हैं।

(3) **भागी अधिमान अंश** (Participating Preference Shares)- भागी अधिमान अंश के धारकों को निश्चित दर से एक लाभांश पाने का पूर्वाधिकार तो होता ही है, परन्तु इसके अतिरिक्त सामान्य अंशधारियों को निश्चित लाभ देने के बाद भी यदि लाभ शेष बचता है, तो उसमें से भी उन्हें भागीदार बनाने का अधिकार प्राप्त होता है। कम्पनी अन्तर्नियमों में इस प्रकार की व्यवस्था होने पर ही अधिमान अंश भागी अधिमान अंश माने जावेंगे अन्यथा नहीं।

(4) **गैर-भागी अधिमान अंश** (Non-participating Preference Shares)- जिन अधिमान अंशों के धारकों को एक निश्चित दर से ही लाभांश प्राप्त करने का पूर्वाधिकार होता है तथा शेष लाभ में से अतिरिक्त लाभांश प्राप्त करने का अधिकार नहीं होता है उन्हें गैर भागी अधिमान अंश कहते हैं।

(5) **शोध्य अधिमान अंश** (Redeemable Preference Shares)- वे अधिमान अंश जिनका निर्गमन एक निश्चित अवधि के लिए किया जाता है और उस अवधि के समाप्त होने पर कम्पनी के जीवनकाल में ही उनका भुगतान इनके अंशधारियों को कर दिया जाता है, शोध्य अधिमान अंश कहलाते हैं। कोई भी कम्पनी यदि उसे अपने अन्तर्नियमों द्वारा यह अधिकार प्राप्त हो, शोध्य अधिमान अंशों का निर्गमन कर सकती है। इन अंशों का शोधन (भुगतान) कम्पनी अधिनियम, 1956 की धारा 80 के अनुसार ही किया जा सकता है। इस धारा का उल्लेख इन अंशों के शोधन के सन्दर्भ में किया गया हैं।

(6) **अशोध्य अधिमान अंश** (Irredeemable Preference Shares)- वे अधिमान अंश जिनका शोधन अर्थात् भुगतान कम्पनी के जीवनकाल में नही होता है बल्कि कम्पनी के समापन के समय ही किया जाता है, अशोध्य अधिमान अंश कहलाते हैं।

2. सामान्य अंश (Equity Shares)- कम्पनी अधिनियम के अनुसार जो अंश अधिमान अंश नहीं हैं वे सामान्य अंश अर्थात् साधारण अंश कहलाते हैं। इन अंशों पर लाभांश की दर पूर्व निश्चित नहीं होती है तथा अधिमान अंशों के लाभांश का भुगतान हो जाने के पश्चात् ही इन्हें लाभांश दिया जाता है। यदि किसी वर्ष लाभ कम होने की स्थिति में अधिमान अंशधारियों को लाभांश देने के पश्चात् लाभ नहीं बचता तो इन्हें लाभांश नहीं दिया जाता। कम्पनी के समापन के समय भी इनकी पूँजी अधिमान अंशों का भुगतान हो जाने के बाद ही लौटाई जाती है। कम्पनी अधिनियम, 1956 के अनुसार, 'सामान्य अंश' वे अंश है जो अधिमान अंश नहीं है। ऐसे अंशों का स्वामी या धारक उसी समय लाभांश प्राप्त करने का अधिकारी होता है जब अधिमान अंशधारी अपना निश्चित लाभांश प्राप्त कर चुकते हैं। इसी प्रकार कम्पनी की समापन की दशा में ऐसे अंशों की पूँजी अधिमान अंशों की पूँजी वापस करने के पश्चात् ही लौटायी जाती है।

सार्वजनिक कम्पनी की पूँजी संरचना
(Capital Structure of a Public Company)

प्रत्येक सार्वजनिक कम्पनी की पूँजी में स्वामियों की पूँजी तथा ऋणदाताओं की पूँजी सम्मिलित होती है। व्यवसाय संचालन की योजना बनाते समय इस बात पर भी विचार करना आवश्यक होता है कि व्यवसाय संचालन के लिए कितनी धन राशि की आवश्यकता होगी तथा वह किन-किन साधनों से प्राप्त की जायेगी।

एक सार्वजनिक कम्पनी ही अपने अंशों एवं ऋण पत्रों को जनता में निर्गमन कर सकती है। वह अंशों एवं ऋणपत्रों में अंशदान करने के लिए जनता को आमंत्रित करती है। इस प्रकार अंश पूँजी निर्गमन करके अंश पूँजी प्राप्त करती है तथा ऋण पत्रों का निर्गमन करके ऋण पूँजी प्राप्त करती है।

कम्पनी की अंश पूँजी के प्रकार
(Kinds of Share Capital)

कम्पनी अधिनियम, 1956 की छठी अनुसूची (Schedule VI) के भाग 1 में दिये गये चिट्ठे के प्रारूप में प्रदर्शित अंश पूँजी के विवरण के आधार पर, अंश पूँजी को निम्नांकित श्रेणियों में विभाजित किया जा सकता है।

1. अधिकृत पूँजी (Authorised Capital) - यह पूँजी वह अधिकतम राशि है जिसे अपने जीवनकाल में निर्गमन करने का अधिकार कम्पनी को होता है। इसे हम पंजीकृत पूंजी (Registered Capital) अथवा नाम मात्र की पूंजी (Nominal Capital) भी कहते हैं। इसका विवरण पार्षद सीमा नियम में दिया जाता है।

2. निर्गमित पूँजी (Issued Capital) - अधिकृत पूँजी के जिस भाग को जनता में नकद प्रतिफल के बदले अथवा अन्य किसी प्रतिफल के बदले में निर्गमित किया जाता है, उसे निर्गमित पूँजी कहते हैं।

3. अभिदत्त पूँजी (Subscribed Capital)- कम्पनी द्वारा निर्गमित की गई पूँजी में से जिस भाग के लिए जनता द्वारा प्रार्थना पत्र दिये जाते हैं, उसे अभिदत्त पूँजी अर्थात प्रार्थित पूँजी कहते है।

अभिदत्त पूँजी में से जितनी राशि माँग ली जाती है, वह माँग गई पूँजी (Called up Capital) कहलाती है। यदि मांगी गई समस्त राशि का भुगतान अंशधारियों द्वारा नहीं किया जाता तो अंशधारियों द्वारा भुगतान की गई राशि प्रदत्त पूँजी (Paid up Capital) कहलाती है। माँगी गई राशि का जो भाग अंशधारियों द्वारा नहीं चुकाया जाता, उसे बकाया माँग राशि (Calls in Arrears) कहते है।

कभी-कभी कोई अंशधारी अपने अंशों से सम्बन्धित समस्त राशि एक साथ चुका देते हैं। जो राशि माँगी जाने से पूर्व ही चुका दी जाती है उसे अग्रिम माँग (Calls in Advance) कहते हैं। यह बिना माँगे ही प्राप्त होती है अत: अन्तर्नियमों में प्रावधान होने पर ही कम्पनी अग्रिम माँग राशि को स्वीकार कर सकती है। तालिका (Table A) के अनुसार संचालक मण्डल प्राप्त अग्रिम माँग राशि पर 6 प्रतिशत वार्षिक दर से ब्याज दे सकता है। अधिक दर से ब्याज देने के लिए साधारण सभा में प्रस्ताव पारित होना आवश्यक है।

उदाहरणार्थ – एक कम्पनी का पंजीयन 40,00,000 रु. की अधिकृत पूँजी के साथ हुआ जो 50 रु. के मूल्य वाले सामान्य अंशों में विभक्त है। इसमें से 30,000 अंशों को सर्वप्रथम जनता में क्रय करने के लिए निर्गमित किया गया। जनता ने 25,000 अंशों को क्रय करने के लिए आवेदन पत्र दिये। संचालकों ने इन सभी अंशों का आबंटन कर दिया। प्रत्येक अंश पर पूरी रकम माँग ली गई। एक अंशधारी, जिसने 500 अंशों के लिए प्रार्थना पत्र दिये थे, 10 रु. प्रति अंश के हिसाब से अन्तिम माँग का भुगतान नहीं कर पाया। कम्पनी की विभिन्न प्रकार की पूँजी की राशियाँ बतलाइए।

कम्पनी की विभिन्न पूँजी राशियाँ निम्न प्रकार की होगी :

अधिकृत पूँजी:	40,00,000 रु.
	(80,000 अंश, प्रति अंश मूल्य 50 रु.)
निर्गमित पूँजी	30,000 × 50 रु. = 15,00,000 रु.
अभिदत्त पूँजी	25,000 × 50 रु. = 12,50,000 रु.
घटाओं बकाया माँग राशि	500 × 10 रु. = 5000 रु.
प्रदत्त पूँजी	अभिदत्त पूँजी (घटाइये) बकाया माँग राशि
(12,50,000 × 5000 रु.)	= 12,45,000 रु.

अंश पूंजी का चिट्ठे में निरूपण

कम्पनी के चिट्ठे में उक्त तीनों प्रकार की अंश पूँजी को दिखाया जाता है। इसमें अधिकृत अंश पूँजी तथा निर्गमित अंश पूँजी को केवल सूचनार्थ दिखाया जाता है और चिट्ठे के जोड़ में सम्मिलित नहीं किया जाता है। उपरोक्त उदाहरण में पूँजी सम्बन्धी मदों को चिट्ठे में निम्न प्रकार से दिखाया जायेगा।

Balance Sheet as at .....

(Liabilities Side Only)

		Rs.
Authorised Capital		
80,000 Equity Shares of Rs. 50 each		40,00,000
Issued Capital		
30,000 Equity Shares of Rs. 50 each		15,00,000
Subscribed Capital		
25,000 Equity Shares of Rs. 50 each	Rs.	
fully called up	12,50,000	
Less : Calls unpaid	5,000	
Paid up Capital		12,45,0000

इस प्रकार यह स्पष्ट हो जाता है कि अधिकृत पूँजी तथा निर्गमित पूँजी की राशियों को जोड़ में सम्मिलित नहीं किया जाता। इन राशियों के नीचे एक रेखा लगाकर इन्हें अन्य मदों से अलग कर दिया जाता है।

यदि निर्गमित पँजी तथा अभिदत्त पूँजी एक हो तो दोनों को एक साथ दिया जाता है।

4. संचित पूँजी (Reserve Capital)– जो पूँजी कम्पनी द्वारा निर्गमित की जाती है, उसमें से न माँगी गई राशि को कभी भी माँगने का अधिकार कम्पनी को होता है। परन्तु एक सीमित दायित्व वाली कम्पनी विशेष प्रस्ताव पारित करके यह निश्चय कर सकती है कि न माँगी गई पूँजी का एक विशिष्ट भाग केवल कम्पनी के समापन के समय ही माँगा जायेगा। न माँगी गई पूँजी के इस भाग को जिसे कम्पनी के समापन के समय माँगने के लिए सुरक्षित कर दिया गया है, संचित पूँजी कहते हैं। उपर्युक्त उदाहरण में यदि कम्पनी के अंशधारियों ने विशेष प्रस्ताव पारित करके 5 रु. प्रति अंश समापन के समय माँगे जाने के लिए सुरक्षित कर दिया है तो 30,000 × 5 रु. = 1,50,000 रु. संचित पूँजी मानी जावेगी। इस प्रकार की व्यवस्था कम्पनी के ऋणदाताओं की सुरक्षा के उद्देश्य से की जाती है जिससे कम्पनी की साख बढ़ती है तथा उसे ऋण प्राप्त करने में सुविधा होती है। संचित पूँजी को चिट्ठे में नोट के रूप में दिखाते हैं।

अधिमान अंश पूँजी व साधारण अंश पूँजी

(Preference Share Capital and Equity Share Capital)

चूँकि एक कम्पनी दो प्रकार के अंशों का निर्गमन कर सकती है। अत: अधिमान अंशों से सम्बन्धित पूँजी अधिमान अंश पूँजी (Preference Share Capital) तथा साधारण अंशों से सम्बन्धित पूँजी साधारण अंश पूँजी (Equity Share Capital) कहलाती है। उपर्युक्त वर्णित पूँजी के प्रकार को चिट्ठे में दिखाते समय इन दोनों की पूँजियों की राशि को अलग अलग दिखाया जावेगा यथा–

Balance Sheet of a Company

	Rs.
Authorised Capital	
10,000 8% Pref. Share of Rs. 100 each	10,00,000
20,000 Equity Share of Rs. 1,000 each	2,00,00,000
Issued Capital:	
10,000 8% Pref. Shares of Rs. 100 each	10,00,000
10,000 Equity Shares of Rs. 1,000 each	1,00,00,000

अंश पूँजी प्राप्त करने की प्रक्रिया

एक सार्वजनिक कम्पनी द्वारा पूँजी एकत्र करने के सम्बन्ध में जो प्रक्रिया अपनाई जाती है, उसके अन्तर्गत निम्नलिखित कार्यवाहियों की जाती है:

1. प्रविवरण (Prospectus) का निर्गमन,
2. अंशों के लिए आवेदन पत्र प्राप्त करना,
3. अंशों का आवंटन (Allotment) करना, तथा
4. अंशों पर माँग (Calls on Shares) की राशियाँ प्राप्त करना।

प्रविवरण का निर्गमन तथा अंशों के लिए आवेदन पत्र प्राप्त करना

समामेलन का प्रमाण पत्र प्राप्त करने के पश्चात् सार्वजनिक कम्पनी अंशो को क्रय करने के लिए जनता को आमन्त्रित करती है। इसके लिए वह प्रविवरण निर्गमित करती है। प्रविवरण के अन्त मे एक छपा हुआ आवेदन पत्र नत्थी रहता है। प्रविवरण में कम्पनी के बैंक का नाम, आवेदन पत्र के साथ भेजी जाने वाली रकम (Application Money) , आवेदन पत्र भेजने की अन्तिम तिथि, आदि सूचनाएँ भी दी रहती हैं जिससे कि भावी अंशधारी आवेदन पत्र में आवश्यक बातें भर कर उसे आवश्यक रकम के साथ कम्पनी के बैंक के पास जमा कर दे।

प्रविवरण को पढ़ने के पश्चात् जो व्यक्ति अंश खरीदना चाहे वह प्रविवरण के साथ लगे हुए प्रार्थना पत्र के फार्म को भरकर निर्धारित प्रार्थना पत्र राशि के साथ कम्पनी के बैंकर्स को भेज देता है। इस कार्य के लिए आवेदन राशि (आवेदन पत्र सहित) कम्पनी के बैंक में एक निश्चित तिथि तक जमा करानी होती है। बैंक राशियों का विवरण एवं समस्त आवेदन पत्रों को कम्पनी के पास भेज देता है।

कम्पनी का बैंक इच्छुक विनियोजकों के आवदेन पत्र एकत्र करता है प्राप्त की गई रकमों के लिए आवेदकों को आवश्यक रसीद देता है तथा उनका लेखा अंश आवेदन खाते में तिथिवार करता है। कम्पनी के सूचनार्थ बैंक समय-समय पर पास बूक तथा प्राप्त आवेदन पत्रों की सूची आवेदन पत्रों सहित कम्पनी के प्रधान कार्यालय को भेजता रहता है। जो आवेदन पत्र आवेदन राशि सहित सीधे कम्पनी के कार्यालय को प्राप्त होते हैं, वे भी कम्पनी द्वारा बैंक को भेज दिये जाते हैं। बैंक ऐसी प्राप्तियों की प्रविष्टि भी 'अंश आवेदन खाते' में करता है तथा इन आवेदन पत्रों के साथ कम्पनी के प्रधान कार्यालय को भेज देता है।

निर्धारित अन्तिम तिथि तक जितने आवेदन पत्र प्राप्त होते हैं, कम्पनी के कार्यालय में उनकी जाँच की जाती है और यह देखा जाता है कि क्या कम्पनी द्वारा निर्गमित अंशों से अधिक के लिए आवेदन पत्र प्राप्त तो नहीं किये गये हैं। इस सम्बन्ध में ध्यान रहे कि कम्पनी प्रविवरण में उल्लिखित निर्गमित अंशों से अधिक अंश जनता को नहीं बेच सकती है। अत: यदि निर्गमित अंशों से अधिक के लिए आवेदन पत्र प्राप्त किये गये हैं, तो प्राप्त आवेदन पत्र में से अनियमित एवं अपूर्ण आवेदन पत्रों को अस्वीकृत कर दिया जाता है। इसके पश्चात् आवेदकों को नामों के वर्ग क्रम में सम्बन्धित आवेदन पत्रों से आवश्यक सूचनाएँ 'अंश आवेदन तथा आवंटन पुस्तक' (Share Application and Allotment Book) में दर्ज कर

ली जाती है। आवेदन पत्रों से इस पुस्तक में लेखा करने पर यह ज्ञात होता है कि प्रत्येक आवेदन पत्र के साथ सम्पूर्ण आवेदन राशि प्राप्त हो गयी है, या नहीं। यदि किसी आवेदन पत्र के साथ पूर्ण आवेदन राशि प्राप्त नहीं हुई है, तो आवेदक को शेष रकम भेजने के लिए आवश्यक सूचना भेजी जाती है। इन वैधानिक व्यवस्थाओं को ध्यान में रखकर विभिन्न प्रकार के अंशों के लिए अलग-अलग आवेदन एवं आवंटन पुस्तकें रखी जाती है (ऐसी पुस्तक का एक नमूना पृष्ठ 8 पर दिया गया है) इसमें अलग-अलग वर्गों के अंशों के विवरण दर्ज किये जाते हैं। इसके बाद आवेदित अंशों की संख्या के अनुसार एक सारांश सूची भी तैयार की जाती है जिस पर संचालकों द्वारा अंशों के आवंटन पर विचार किया जाता है।

अंशों आ आवंटन
(Allotment of Shares)

अंशों के आवंटन से आशय आवेदकों के हिस्से निर्धरित करने, अर्थात अंशों का आवेदकों में बँटवारा करने से है। यह कार्य संचालक मण्डल द्वारा किया जाता है। अंशों के आबंटन के लिए संचालक मण्डल की सभा में प्रस्ताव पारित किया जाता है। जिन्हें अंश आबंटित किये जाते हैं। उन्हें आबंटन पत्र भेज दिये जाते हैं। यदि किसी आवेदक का प्रार्थना पत्र किसी कारण से रद्द कर दिया जाता है तो उसे खेद पत्र (Letter of Regret) के साथ प्रार्थना पत्र राशि लौटा दी जाती है। सार्वजनिक कम्पनी द्वारा अंशों के आवंटन पर निम्नलिखित प्रतिबन्ध है:

(1) सार्वजनिक कम्पनी अपने अंशों का आवंटन उसी समय कर सकती है जबकि (अ) उसे न्यूनतम अभिदान राशि, (Minimum Subscription) जो अंशों के अंकित मूल्य के 5 प्रतिशत से कम नहीं होती है, प्राप्त हो गई हो, तथा (ब) आवेदन पर देय रकम का भुगतान कम्पनी को नगद या चैक द्वारा प्राप्त हो गया हो। न्यूनतम अभिदान की राशि प्रविवरण में स्पष्ट रूप से व्यक्त होती है। इसमें वे रकमें शामिल नहीं होती हैं जो मुद्रा के अतिरिक्त किसी अन्य रूप में कम्पनी को देय होती है।

(2) आवेदन पत्रों के साथ प्राप्त समस्त धनराशि एक अनुसूचित बैंक में उस समय तक जमा रहती है, जब तक कि कम्पनी को व्यापार आरम्भ करने का प्रमाण नहीं मिल जाता है। यदि ऐसा प्रमाण पत्र कम्पनी को पहले ही मिल चुका है, तो प्राप्त समस्त आवेदन राशि अनुसूचित बैंक में उस समय तक जमा रहेगी जब तक कि आवेदन पत्रों पर न्यूनतम अभिदान राशि प्राप्त नहीं हो जाती है।

(3) प्रविवरण के प्रथम निर्गमन की तिथि के बाद यदि 120 दिनों के भीतर आवेदन पत्रों पर न्यूनतम अभिदान की राशि प्राप्त नहीं होती है, तो आवेदकों को उनसे प्राप्त राशि बिना ब्याज के लौटा दी जायेगी। यह धन प्रविवरण निर्गमन तिथि से 130 दिन के भीतर लौटा देना चाहिए। ऐसा न करने पर 130वें दिन के बाद कम्पनी के संचालक संयुक्त एवं वैधानिक रूप से प्राप्त राशि को 6 प्रतिशत ब्याज सहित लौटाने के लिए उत्तरदायी होते हैं।

उक्त प्रतिबन्ध एवं व्यवस्थाएँ प्रथम आवंटन के बाद किसी अन्य आवंटन पर लागू नहीं होती है।

यदि अधिक अभिदान (Over Subscription) न हुआ हो तो आबंटन में प्राय: कोई कठिनाई नहीं होती। परन्तु अधिक अभिदान होने की स्थिति में संचालक मण्डल द्वारा अंशों के आबंटन के लिए एक निश्चित आधार तय करके अंशों का आबंटन किया जाता है।

संचालक मण्डल द्वारा आबंटन के सम्बन्ध में लिये गये निर्णयों के अनुसार प्रविष्टियां अंश आवेदन एवं आबंटन सूची के उचित स्थान पर कर ली जाती है। सूची के प्रत्येक पृष्ठ पर संचालक मण्डल के अध्यक्ष द्वारा हस्ताक्षर किये जाते हैं और संचालक मण्उल द्वारा सचिव को आबंटन पत्र (Allotment Letter) तथा खेद पत्र (Letter of Regret) तैयार करने के निर्देश दिये जाते हैं।

उन आवेदकों को, जिन्हें अंश आवंटित किये जाते हैं, सचिव द्वारा आवंटन पत्र भेजे जाते हैं। आबंटन पत्रों में आबंटित अंशों की क्रय संख्या लिखी रहती है तथा इस आशय की सूचना भी अंकित रहती है कि प्रत्येक अंश की एक निश्चित आबंटन राशि अमुक तिथि तक जमा करादे। आवेदकों को आबंटन पत्र भेजते ही आवेदकों तथा कम्पनी के मध्य अंशों के क्रय सम्बन्धी प्रसंविदा पूर्ण हुआ माना जाता है।

आवंटन तैयार करना : नियमित आवंटन के लिए समस्त व्यवस्थाओं की पूर्ति हो जाने पर कम्पनी के सचिव द्वारा आवंटन सूचियाँ तैयार की जाती है। इन सूचियों पर संचालक मण्डल की सभा में विचार किया जाता है तथा आवंटन प्रस्ताव पास किया जाता है । यदि निर्गमित अंशों के बराबर अथवा इनसे कम अंशों के लिए आवेदन पत्र प्राप्त हुए हों, तो अंशों के आवंटन में किसी प्रकार की कोई कठिनाई नहीं होती है। समस्त आवेदकों को उनके द्वारा आवेदित अंशों का आवंटन कर दिया जाता है। इसके विपरीत यदि निर्गमित अंशों से अधिक अंशों की आवेदकों द्वारा माँग की गई है तो संचालक मण्डल द्वारा अंशों के आवंटन के लिए एक निश्चित आधार तय करना होता है और इस आधार पर अंशों का आवंटन किया जाता है।

आवंटन प्रक्रिया – संचालक मण्डल द्वारा अंशों के आवंटन के सम्बन्ध में जो भी निर्णय लिये जाते हैं, उनकी प्रविष्टियाँ अंश आवेदन एवं आवटन सूची के उचित खातों में कर ली जाती है। उक्त सूची के प्रत्येक पृष्ठ पर संचालक मण्डल के अध्यक्ष द्वारा हस्ताक्षर किये जाते हैं और संचालक मण्डल की सभा द्वारा सचित को आवंटन पत्र (Allotment Letters) व खेद पत्र (Letter of Regret) तैयार करने के लिए आदेश दिया जाता है।

आवंटन पत्र भेजना – सचित उन आवेदकों को आवंटन पत्र भेजता है जिनको अंशों का आवंटन किया गया है। आवंटन पत्र में आवेदक या अंशधारी को आवंटित अंशों का संख्या क्रम लिखा रहता है तथा यह माँग की जाती है कि वह प्रत्येक अंश की एक निश्चित आवंटन राशि अमूक तिथि तक जमा करा दे। आवंटन पत्र भेजते ही आवेदक तथा कम्पनी के मध्य अंशों के क्रय सम्बन्धी संविदा पूर्ण हुआ माना जाता है।

रजिस्ट्रार को आवंटन रिटर्न भेजना – आवंटन कार्य समाप्त हो जाने के बाद कम्पनी को रिजस्ट्रार के पास आवंटन रिटर्न भेजना होता है जिसमें आवंटन सम्बन्धी आवश्यक सूचनाएँ दी रहती है। इस रिटर्न के साथ कम्पनी के सचिव अथवा किसी एक संचालक का इस आशय का घोषणा पत्र भी भेजा जाता है कि कम्पनी द्वारा आवंटन सम्बन्धी

समस्त वैधानिक आवश्यकताओं की पूर्ति कर ली गई है। यह रिटर्न प्रत्येक सार्वजनिक कम्पनी को कम्पनी रजिस्ट्रार के पास आवंटन के बाद 30 दिन के भीतर अथवा रजिस्ट्रार द्वारा बढ़ाई गई अवधि के भीतर प्रस्तुत करना पड़ता है।

अंश प्रमाण पत्र (Share Certificate)- अंश प्रमाण पत्र कम्पनी की सामान्य मुहर के अधीन निर्गमित एक ऐसा प्रमाण पत्र है जिसमें यह निर्दिष्ट होता है कि प्रमाण पत्र का धारक कितने अंशों का स्वामी है। वस्तुत: अंश प्रमाण पत्र उसमें निर्दिष्ट अंशों पर किसी सदस्य के अधिकार होने का मूल प्रमाण है। कम्पनी अधिनियम के अनुसार आवंटन की तिथि के 3 महीने के भीतर अंश प्रमाण पत्र सुपुर्दगी के लिए तैयार रखने चाहिए। जब अंशों के एक से अधिक व्यक्ति संयुक्त स्वामी होते हैं, तब कम्पनी एक ही प्रमाण पत्र देती है और संयुक्त स्वामियों में से किसी एक स्वामी की अंश प्रमाण पत्र की दी गई सुपुर्दगी सभी को दी गई सुपुर्दगी मानी जाती है।

अंशों पर माँग

(Calls on Shares)

आवेदन पत्र के साथ अंशों के आवंटन पर माँगी गयी राशि के बाद यदि अंशों पर देय राशि का कुछ भाग शेष रहता है, तो कम्पनियाँ इस राशि को एक या कई किस्तों में वसूल करती है। आवंटन के बाद इस प्रकार प्रत्येक किस्त की माँग को अंशों पर माँग कहते हैं। अंशों पर माँगी जाने वाली किस्तों के सम्बन्ध में कम्पनी के अन्तर्नियमों में प्राय: निम्नलिखित व्यवस्थाएँ दी गई है:

(1) अंशो पर शेष राशि माँगने का अधिकार संचालकों को ही होता है। किसी माँग को निरस्त या स्थगित करने का अधिकार संचालकों को ही है। ऐसी माँग करने के लिए संचालकों की सभा में एक प्रस्ताव स्वीकार किया जाता है जिसमें माँग की गई राशि, भुगतान की अन्तिम तिथि, भुगतान करने के स्थान, आदि का उल्लेख किया जाता है:

(2) प्रत्येक माँग की राशि अंशों के अंकित मूल्य के 25 प्रतिशत से अधिक नहीं होनी चाहिए,

(3) प्रत्येक अंशधारी को माँग सम्बन्धी आवश्यक बातों की सूचना 14 दिन पहले मिलनी चाहिए,

(4) दो लगातार माँगों के मध्य कम से कम एक महीने का अन्तर होना चाहिए,

(5) अंशो पर माँग करने के बाद यदि उनकी देय तिथि तक माँग की राशि का भुगतान नहीं किया जाता है, तो अंशों पर माँग की बकाया राशियों पर देय तिथि से भुगतान करने की तिथि तक पाँच प्रतिशत की दर से ब्याज माँगा जा सकता है। संचालक सभा ऐसे ब्याज को पूर्णत: या आंशक रूप से निरस्त कर सकती है,

(6) यदि कुछ अंशधारी भविष्य में माँगी जाने वाली रकमों का भुगतान पहले ही कर देते हैं, तो ऐसा अग्रिम में प्राप्त माँग राशि (Calls in Advance) पर संचालक मण्डल तथा सदस्यों के मध्य समझौते के अनुसार 6 प्रतिशत वार्षिक दर से ब्याज दिया जा सकता है।

माँग राशि का विवरण एक पुस्तक में, जिसे माँग पुस्तक (Calls Register) कहते हैं, दर्ज किया जाता है।

सदस्यों का रजिस्टर
(Register of Members)

प्रत्येक कम्पनी को अपने सदस्यों को पूर्ण विवरण रखने के लिए अपने सदस्यों का एक रजिस्टर रखना पड़ता है जिसमें सदस्यों द्वारा केय किये गये अंशों से सम्बन्धित समस्त विवरण दर्ज किये जाते हैं।

सदस्यों की सूची
(Index of Members)

प्रत्येक ऐसी कम्पनी को जिसके सदस्यों की संख्या 50 से अधिक होती है, अपने सदस्यों के नामों की एक सूची रखनी होती है। ये सूची कार्ड अनुक्रमिका के रूप में हो सकती है। इस सूची में प्रत्येक सदस्य के सम्बन्ध में ऐसी पर्याप्त सूचना दी रहती है जिससे कि उस सदस्य के सम्बन्ध में सदस्य रजिस्टर की प्रविष्टियों का ज्ञान प्राप्त हो जाता है।

न्यूनतम राशि का अभिदान
(Minimum Subscription)

अंश पूँजी जनता द्वारा खरीदने के लिए प्रस्तावित किये जाने पर कोई भी सार्वजनिक कम्पनी अंशों का आवंटन उस समय तक नहीं कर सकती जब तक कि निर्धारित न्यूनतम राशि का अभिदान नहीं हो जाता है। अंश पूँजी के न्यूनतम अभिदान का तात्पर्य उस न्यूनतम धन से है जिसका उल्लेख प्रविवरण में कर दिया गया है तथा जिसे संचालक व्यापार करने के लिए आवश्यक समझते हैं। कम्पनी अधिनियम की धारा 69 (1) के अनुसार कोई भी सार्वजनिक कम्पनी अंशों का आवंटन तब तक नहीं कर सकती है जब तक कि न्यूनतम राशि का अभिदान नहीं हो जाता। न्यूनतम अभिदान राशि से तात्पर्य उस राशि से है जिसे संचालक व्यापार करने के लिये आवश्यक समझते हैं तथा जिसका उल्लेख प्रविवरण में कर दिया गया है। यदि कम्पनी को इस राशि के बराबर अंकित मूल्य के अंश खरीदने के लिए आवेदन पत्र प्राप्त नहीं होते तो कम्पनी अंशों का आवंटन नहीं कर सकती।

न्यूनतम अभिदान निम्नलिखित आवश्यकताओं के लिए पर्याप्त होना चाहिए:

(1) कम्पनी द्वारा क्रय की गई अथवा क्रय की जाने वाली सम्पत्ति के क्रय मूल्य के लिए,

(2) कम्पनी द्वारा देय प्रारम्भिक व्ययों के भुगतान तथा अंशों पर कमीशन के लिए,

(3) उक्त किसी भी कार्य के लिए, यदि ऋण लिया गया हो, तो उसके शोधन के लिए,

(4) कार्यशील पूँजी के लिए, तथा

(5) किसी अन्य व्यय के सम्बन्ध में अनुमानित राशि के लिए।

प्रारम्भिक व्यय
(Preliminary Expenses)

कम्पनी के निर्माण के सम्बन्ध में प्रवर्तकों को अनेक व्यय करने पड़ते है। कम्पनी के निर्माण एवं पंजीयन के सम्बन्ध में किये गये व्यय प्रारम्भिक व्यय कहलाते हैं। इन व्ययों को निर्माण व्यय (Formation Expenses) अथवा प्रवर्तन व्यय (Promotion Expenses) भी कहा जाता है। प्रारम्भिक व्यय में निम्नलिखित व्यय सम्मिलित हैं:

(1) कम्पनी के पंजीयन सम्बन्धीन व्यय,

(2) पार्षद सीमा नियम तथा अन्तर्नियमों के तैयार कराने तथा छुपाने का व्यय,

(3) रजिस्ट्रार के यहाँ प्रस्तुत किये जाने वाले प्रलेखों पर स्टाम्प कर, उन प्रलेखों को प्रस्तुत करने की फीस तथा अधिकृत पूँजी पर स्टाम्प कर,

(4) प्रविवरण तैयार कराने, छपाने तथा प्रचार कराने पर व्यय,

(5) अंश प्रमाण पत्र, ऋण प्रमाण पत्र, आवंटन पत्र आदि छपाने का व्यय तथा कम्पनी की सर्वमान्य मुहर बनवाने के व्यय,

(6) कम्पनी के अंशों पर ऋण पत्रों के विक्रय की व्यवस्था करने वालों को दिया गया कमीशन,

(7) वैधानिक पुस्तकों को, जिनका रखना कम्पनी अधिनियम के अनुसार अनिवार्य है, क्रय करने के व्यय आदि।

इन व्ययों को प्रवर्तक अपने पास से, दूसरों से रुपया उधार लेकर, उसी समय या बाद में भी कर सकते हैं। प्रविवरण में, इन व्ययों की राशि का उल्लेख किया जाना आवश्यक होता है।

प्रारम्भिक व्यय की वास्तविक अथवा अनुमानित राशि का उल्लेख प्रविवरण में रहना आवश्यक है। ये समस्त पूँजीगत व्यय माने जाते हैं और उन्हें उस समय तक चिट्ठे में सम्पत्ति के रूप मे दिखाया जाता है जब तक कि इनकी पूरी राशि अपलिखित नहीं कर दी जाती है।

लेखा पुस्तकें
(Books of Account)

अंशों के खरीदने वाले जो अंशों को खरीद कर कम्पनी में पूँजी लगाते हैं, कम्पनी के स्वामी होते हैं इन्हें अंशधारी कहा जाता है। चूँकि कम्पनी में अंशधारियों की संख्या अधिक होती है, इसलिये वित्तीय पुस्तकों में प्रत्येक अंशधारी के लिये पूँजी खाता खोलना

सम्भव नहीं होता, बल्कि समस्त अंशधारियों को एक इकाई मानकर एक साथ अंश पूँजी खाते (Share Capital a/c) को क्रेडिट किया जाता है तथा अंशधारियों से प्राप्त हुई रकम का व्यक्तिगत विवरण सदस्य रजिस्टर में रखा जाता है। अंशों का निर्गमन निम्न में से किसी एक मूल्य के आधार पर किया जा सकता है।

कम्पनी अधिनियम के अन्तर्गत प्रत्येक कम्पनी को ऐसी लेखा पुस्तकों का रखना अनिवार्य है जो कम्पनी की आर्थिक स्थिति का सही एवं उचित चित्र प्रस्तुत करने तथा उसके व्यवहारों की व्याख्या कर सकने में सहायक हों। इन उद्देश्यों की प्राप्ति के लिए यह अपेक्षा की जाती है कि प्रत्येक कम्पनी समस्त आवश्यक लेखा पुस्तकों में दोहरा लेखा प्रणाली के आधार पर लेखा करे। यही कारण है कि कम्पनी द्वारा किये गये व्यवहारों के लेखे करने के लिए दोहरा लेखा प्रणाली ही अपनायी जाती है। कम्पनी के विभिन्न व्यवहारों में अंशों के निर्गमन सम्बन्धी व्यवहार सर्वप्रमुख है।

अंशों का निर्गमन
(Issue of Shares)

एक सार्वजनिक कम्पनी अपने अंशों का अंकित मूल्य एक साथ पूर्ण भुगतान के रूप में अथवा किस्तों में माँग सकती है। अंशों को निम्न में से किसी एक आधार पर निर्गमन किया जा सकता है:

1. **अंशों का सम मूल्य पर निर्गमन** (Issue of Shares at Par)- जब अंशों को उनके अंकित मूल्य (Nominal Value) पर निर्गमित किया जाता है, तो ऐसे निर्गमन को 'अंशों का सम मूल्य पर निर्गमन' कहते हैं। उदाहरणार्थ, यदि कोई कम्पनी 100 रु. अंकित मूल्य वाले 1,000 अंश निर्गमित करती है और प्रत्येक अंश पर 100 रु. की ही माँग करती है, तो अंशों के ऐसे निर्गम्न को 'सम मूल्य पर निर्गमन' कहा जायेगा। इस स्थिति में कम्पनी को 1,00,000 रु. के अंशों के लिए 1,00,000 रु. ही प्राप्त होंगे।

2. **अंशों का अधिमूल्य पर निर्गमन** (Issue of Shares at Premium)- यदि कम्पनी अपने अंशों को अंकित मूल्य से अधिक मूल्य पर निर्गमित करती है, तो अंशों के ऐसे निर्गमन को 'अंशों का अधिमूल्य पर निर्गमन' कहते हैं। यदि कम्पनी 100 रु. वाले 1,000 अंशों पर 110 रु. की माँग करती है तो 100 रु. के अतिरिक्त 10 रु. अधिक माँगी गई राशि को अधिमूल्य या प्रीमियम तथा अंशों के निर्गमन को 'प्रीमियम दर निर्गमन' कहा जावेगा। इस प्रकार के निर्गमन पर कम्पनी को 1,00,000 रु. अंकित मूल्य के स्थान पर 1,10,000 रु. प्राप्त होंगे।

3. **अंशों का बट्टे पर निर्गमन** (Issue of Shares at Discount)- यदि अंशों के निर्गमन पर अंकित मूल्य से कम राशि की माँग की जाती है, तो अंशों के ऐसे निर्गमन को अंशों का बट्टे पर निर्गमन कहते हैं। उदाहरणार्थ, यदि 100 रु. वाले 1,000 अंशों का निर्गम्न करने पर 100 रु. के स्थान पर 90 रु. की ही माँग की जाये और अंशों को पूर्णत: प्रदत्त मान लिया जाये, तो अंशों के ऐसे निर्गमन को 'अंशों का बट्टे पर निर्गमन' कहा जायेगा। इस स्थिति में कम्पनी को 1,00,000 रु. अंकित मूल्य के स्थान पर केवल 90,000 रु. ही प्राप्त होंगे तथा 15,000 रु. की छोड़ी गई राशि को अंशों के 'निर्गमन पर बट्टा' कहा जायेगा।

अंशों का अधिमूल्य तथा बट्टे पर निर्गमन कम्पनी अधिनियम की धारा 78 व 79 के अन्तर्गत दिये गये प्रावधानों को ध्यान में रखकर ही किया जाता है।

ध्यान देने योग्य बातें - लेखा पुस्तकों में अंशों के निर्गमन से सम्बन्धित प्रविष्टियाँ करते समय निम्नलिखित बातों को ध्यान में रखना आवश्यक है:

(1) कम्पनी पूँजी प्राप्त करने के लिए ही अपने अंश बेचती है। अंश खरीदने वाले कम्पनी के अंशधारी, सदस्य या स्वामी कहलाते हैं। कम्पनी का अंश ही अंश खरीदने वाले के स्वामित्व का परिचायक होता है। परन्तु यह स्वामित्व अंश प्रामण पत्र में लिखित राशि तक ही सीमित होता है।

(2) अंश खरीदने वाले के लिए अंश चल सम्पत्ति हैं। परन्तु कम्पनी अपने अंशों का विक्रय किसी माल या सम्पत्ति की तरह नहीं करती है। वह तो अंशों के माध्यम से अंश पूँजी प्राप्त करती है। अत: कम्पनी अंशों के माध्यम से प्राप्त पूँजी अंश खाते को क्रेडिट न करके अंश पूँजी खाते को क्रेडिट करती है।

(3) चूँकि अंशधारियों की संख्या बहुत अधिक होती है, अत: समस्त अंशधारियों के अलग अलग नाम के पूँजी खातों के स्थान पर एक ही पूँजी खाता खोला जाता है जैसे सामान्य अंशों के लिए Equity Share Capital Account, अधिमान अंशों के लिए (Preference Share Capital Account आदि। प्रत्येक अंशधारी से प्राप्त राशियों का पूर्ण एवं क्रमबद्ध विवरण सदस्यों के रजिस्टर में उनके व्यक्तिगत नाम से रखा जाता है।

अंशों के निर्गमन पर लेखा-

अंशों का एक साथ पूर्ण भुगतान किये जाने पर

कम्पनी द्वारा अंशो की पूर्ण राशि एक साथ माँगे जाने पर आवेदन कर्त्ता अंशों पर देय समस्त राशि प्रार्थना पत्र के साथ ही एक साथ भुगतान कर देते हैं, तो ऐसे अंशों को एक मुश्त देय अंश कहते हैं। इस स्थिति में निम्न प्रविष्टियाँ होंगी। अंशों को खरीदने के लिए प्रार्थना पत्र के साथ प्राप्त राशि के लिए:

Bank a/c	Dr.	अंश प्रार्थना पत्रों पर आवेदन कर्त्ताओं से प्राप्त वास्तविक राशि से
To Share Application a/c		
(Application Money Received. (on ...... Shares @ Rs. ..... per share)		

अंशों के आवंटन पर

Share Application a/c	Dr.	आवंटित अंशों पर प्रार्थना पत्र के साथ प्रापत राशि से
To Share Capital a/c		
(Share alloted and amount received on application Transferred to Share Capital a/c)		

एक मुश्त राशि पर अंशों का निर्गमन प्रीमियम अथवा बट्टे पर भी किया जा सकता है। ऐसी स्थिति में कम्पनी की पुस्तकों में लेखा निम्न प्रकार से किया जावेगा:

अंशों को प्रीमियम पर निर्गमित करने पर:

आवेदन राशि प्राप्त होने पर	Bank a/c	Dr.	अंश प्रार्थना पत्रों पर आवेदन कर्त्ताओं से प्राप्त वास्तविक राशि से
	To Share Application a/c		
आवंटन पर	Share Applicatio a/c	Dr.	(कुल राशि से)
	To Share Capital a/c		(अंशों के अंकित मूल्य से)
	To Share Premium a/c		(प्रीमियम की राशि से)

अंशों के बटटे पर निर्गमित करने पर:

आवेदन राशि प्रापत होने पर	Bank a/c	Dr.	वास्तव में प्राप्त नकद राशि से
	To Share Application a/c		
आवंटन पर	Share Application a/c	Dr.	(आवेदन पर प्राप्त राशि से)
	Discount on Issue of Shares a/c	Dr.	(बट्टे की राशि से)
	To Share Capital a/c		(अंशों के अंकित मूल्य से)

यह पर एक महत्त्वपूर्ण बात ध्यान में रखने योग्य यह है कि अंशों का निर्गमन चाहे समता मूल्य पर हो या प्रीमियम पर हो अथवा बट्टे पर हो, हर स्थिति में पूँजी खाते में निर्गमित अंशों के अंकित मूल्य के बराबर की राशि ही दिखाई जाती है।

Illustration 1.

The authorised Capital of Rs. 20,00,000 of Praveen Ltd. is divided into 2,00,000 equity shares of Rs. 10 each. Out of these shares 60,000 equity shares were issued to the public. The full nominal Value is payable on application. All the shares have been subscribed by the public and paid for.

प्रवीण लिमिटेड की 20,00,000 रु. अधिकृत पूँजी 10 रु. वाले 2,00,000 सामान्य अंशों में विभाजित है। इन अंशों में से 60,000 अंश जनता में निर्गमित किये गये। सम्पूर्ण अंकित मूल्य आवेदन पत्र के साथ देय है। जनता द्वारा सभी अंश क्रय कर लिये गये है और उन पर पूर्ण भुगतान प्राप्त हो गया।

Date	Particulars	L.F.	Amount Dr.	Amount Cr.
			Rs.	Rs.
Date of Receipt	Bank a/c Dr.		6,00,000	
	To Equity Share Application a/c			6,00,000
	(Being amoung received from sundry applicants for the purchase of 60,000 equity shares @ Rs. 10/- per share)			
Date of Allotment	Equity Share Application a/c Dr.		6,00,000	
	To Equity Share Capital a/c			6,00,000
	(60,000 equity shares alloted and application money transferred to Share Capital a/c)			

अंशों पर एक साथ पूर्ण भुगतान किये जाने पर

(Shares Payable in One Lump Sum)

यदि अंशों को अंकित मूल्य पर निर्गमित किया जाता है और सम्पूर्ण अंकित मूल्य एक साथ आवेदन पत्र के साथ ही देय होता है, तो ऐसे अंशों को एक मुश्त देय अंश कहते हैं।

अंशों का किस्तों में भुगतान किये जाने पर

(Shares Payable in Instalments)

प्राय: सार्वजनिक कम्पनियाँ निश्चित समयान्तरों पर किस्तों में भुगतान किये जाने वाले अंश ही निर्गमित करती हैं। ऐसे अंशों का सम्पूर्ण मूल्य कुछ पूर्व निश्चित किस्तों में देय होता है। अत: ऐसे अंशों को किस्तों में भुगतान किये जाने वाले अंश कहते हैं। यदि अंश का अंकित मूल्य अधिक नहीं है, तो साधारणत: सम्पूर्ण मूल्य तीन किस्तों में अर्थात् आवेदन पर, आवंटन पर तथा एक ही माँग (Call) पर देय होता है। आवेदन पत्र के साथ देय राशि को आवेदन राशि (Application Money), आवंटन पर देय राशि को आवंटन राशि (Allotment Money) , तथा माँग पर देय राशि को माँग राशि (Call Money) कहते हैं। परन्तु अंश का अंकित मूल्य अधिक होने पर, आवेदन तथा आवंटन राशियों के अतिरिक्त शेष देय राशि को दो या तीन माँगों में बाँट दिया जाता है, जिसे प्रथम माँग, द्वितीय माँग, तृतीय एवम् अन्तिम माँग कहते हैं। कम्पनी की पुस्तकों में अंशों पर किस्तों की राशि देय तथा प्राप्त होने पर उसे अलग अलग किस्त खातों में डेबिट तथा क्रेडिट किया जाता है। जैसा कि पहले स्पष्ट किया जा चुका है, ये किस्त खाते व्यक्तिगत नाम से खोले जाते हैं, जैसे (Share

Application A/c, Share Allotment A/c, Share ...... Call A/c । परन्तु अंशधारियों के स्थान पर खोले जाने के कारण ये खाते वस्तुत: व्यक्तिगत खाते ही होते हैं और इनमें लेखे व्यक्तिगत खातों में लेखे करने के नियमों के अनुसार ही किये जाते हैं।

किस्तों में भुगतान किये जाने की स्थिति में अंशों के निर्गमन पर निम्नलिखित प्रविष्टियां की जाती है:

विवरण	प्रविष्टि की तिथि	प्रविष्टि	धनराशि जिससे प्रविष्टि की जायेगी
प्रार्थना पत्रों के साथ प्राप्त होने वाली राशि के सम्बन्ध में	प्रार्थना पत्रों के साथ प्राप्त राशि की तिथि को	Bank a/c Dr. To Share Appl. a/c (Application money received on ..... shares @ Rs. ...... per share)	प्रार्थना पत्रों के साथ प्राप्त वास्तविक धनराशि से
अंशों के आवंटन पर (1) अंशों के आवंटन होने पर प्रार्थना पत्र की राशि को अंशपूंजी खाते में हस्तान्तरित करने पर (2) आवंटन राशि की माँग करने पर	आवंटन की तिथि को आवंटन की तिथि को	Share Appl. a/c Dr. To Share Capital a/c (Share alloted and amount received on appl. transferred to Share Capital a/c) Share Allot. a/c Dr. To Share Capital a/c (Amount due on allot. of........ shares @ Rs. ....)	आवंटित अंशों पर प्राथंना पत्र के साथ मांगी गई राशि से आवंटन पर देय राशि से
आवंटन राशि प्राप्त होने पर	आवंटन राशि प्राप्त होने की तिथि को	Bank a/c Dr. To Share Allot. a/c (Allot. money received)	वास्तविक प्राप्त राशि से
प्रथम माँग देय होने पर	प्रथम माँग की तिथि को	Share First Call a/c Dr. To Share Capital a/c (Amount due in respect of first call on .... shares @ Rs. ...... per share)	आवंटित अंशों पर मागी गई प्रथम माँग की राशि से
प्रथम माँग का भुगतान प्राप्त होने पर	प्रथम माँग की राशि प्राप्त होने पर	Bank a/c Dr. To Share First Call a/c (First call money received)	वास्तविक प्राप्त राशि से

टिप्पणी : 1. अन्य माँगों की प्रविष्टियां प्रथम माँग के अनुसार ही होगी।

2. आवंटन अथवा मांगों की कोई राशि यदि बकाया रह जाती है तो उसकी अलग से कोई प्रविष्टि नहीं होती।

3. विभिन्न प्रकार के अंशों (Equity Shares or Preference Shares0 के निर्गमन पर अलग अलग अंशों के लिये प्रविष्टियाँ अलग-अलग की जायेंगी ताकि यह ज्ञात हो सके कि प्रत्येक प्रकार के अंशों पर मांगी गई राशि कितनी प्राप्त हो चुकी है तथा कितनी बकाया रह गई है।

4. व्यवहार में कम्पनियों द्वारा अंश-आवंटन का एक ही रजिस्टर रखा जाता है। अत: Share Application तथा Share Allotment दोनों के अलग अलग खाते न खोलकर संयुक्त रूप से एक ही खाता Share Application & Allotment A/c) खोला जा सकता है। ऐसा स्थिति में Share Application a/c तथा Share Allotment a/c, दो पृथक्-पृथक् खातों के स्थान पर एक ही खाता Share Application & Allotment a/c को ही डेबिट अथवा क्रेडिट किया जाता है।

बकाया माँगे

(Calls in Arrear)

कभी-कभी अंशों पर विभिन्न माँगों की पूर्ण राशि देय तिथियों को प्राप्त नहीं हो पाती है। कुछ अंश धारी इनमें से एक और कुछ कई माँगों की राशियाँ नहीं दे पाते हैं। अंशधारी द्वारा विभिन्न माँगों की देय तिथियों तक न चुकाई गई राशियों के योग को बकाया माँगे कहते हैं। यदि कम्पनी ने अपने अन्तर्नियमों में इस प्रकार की व्यवस्था की हो, तो वह बकाया माँगों की राशि पर 5 प्रतिशत वार्षिक दर से ब्याज ले सकती है। संचालक मण्डल को ब्याज की इस दर को कम करने अथवा बकाया माँगों पर ब्याज न लेने का पूर्ण अधिकार प्राप्त है।

बकाया माँगों का कोई लेखा नहीं किया जाता है। ये बकाया माँगे अंशों की अलग अलग किस्तों के लिए खोले गये खातों, जैसे अंश आवंटन खाता, अंश माँग खाता आदि के डेबिट शेष के रूप में रहती है। वर्ष के अन्त में चिट्ठे में प्रदत्त पूँजी की राशि दिखलाते समय माँगी गई पूँजी में से उक्त खातों के डेबिट शेषों (Calls in Arrear) के सम्मिलित योग को घटा दिया जाता है।

अग्रिम प्राप्त माँगे

(Calls in Advances)

कभी-कभी कोई अंशधारी भविष्य में की जाने वालो माँगों का भुगतान पहले ही कर देता है। इस प्रकार प्राप्त राशियों का भुगतान माँग देय होने के पहले ही कर देने के कारण इन्हें अग्रिम प्राप्त माँगे कहा जाता है। ऐसी स्थिति में इस प्रकार प्राप्त अग्रिम राशियों को अग्रिम प्राप्त माँग खाते में अन्तरित कर दिया जाता है।

Bank A/c Dr. (अंशों की माँग अग्रिम

To Calls in Advance A/c प्राप्त राशि से)

(Amount received on ..... shares @ Rs........

per share in anticipation of future calls)

प्राप्त की गयी अग्रिम माँग की राशि अंश पूँजी का भाग नहीं होती है। अत: इसे चिट्ठे के दायित्व पक्ष में 'Current Liabilities' शीर्षक के अन्तर्गत 'Calls in Advance' के नाम से दिखलाया जाता है। ऐसी राशि पर लाभांश नहीं दिये जो हैं। यदि अन्तर्नियमों में इस प्रकार की व्यवस्था हो, तो अग्रिम प्राप्त राशियों पर ब्याज दिया जा सकता है। जिन भावी माँगों के सम्बन्ध में अग्रिम राशि प्राप्त हो चुकी है, भविष्य में उन माँगों के देय होने पर इस राशि का समायोजन कर दिया जाता है।

अग्रिम माँग राशि खाते से सम्बन्धित माँग का भुगतान माँगने (अर्थात् देय होने) पर उसका समायोजन

जिन भावी माँगों के सम्बन्ध में अग्रिम राशि प्राप्त हो चुकी है, भविष्य में जबकि उनका भुगतान माँगा जाता है, तब सम्बन्धित माँग के लिए पहले से ही प्राप्त हा गयी राशि से देय माँग की पूर्ति कर ली जाती है। यदि 'अ' 1,000 अंशों पर भविष्य में माँगी जाने वाली 5 रु. प्रथम माँग की राशि का भुगतान पहले से ही कर देता है तो यह रकम प्राप्त होने पर Call in Advance A/c में क्रेडिट कर दी जायेगी। परन्तु जब प्रथम माँग देय होगी, तब उस अंशधारी द्वारा जिसने इस माँग की राशि अग्रिम भेज दी है, इस माँगी गयी राशि का भुगतान नहीं करना होगा, क्योंकि 'अ' इस माँग का भुगतान पहले ही कर चुका है। अत: उसके द्वारा प्रथम माँग देय राशि का समायोजन निम्न प्रविष्टि द्वारा किया जायेगा:

अग्रिम प्राप्त राशि से प्रथम माँग के देय होने पर समायोजन लेखा

		Rs.	Rs.
Calls in Advance A/c	Dr.	5,000	
To Share First Call A/c			5,000
(Calls in advance adjusted against first call)			

इस प्रकार द्वितीय तथा अन्तिम माँग की राशियों के लिए भी, यदि पहले से ही अग्रिम माँग प्राप्त हो गई हो, लेखे किये जावेंगे। इन स्थितियों में Share First Call A/c के स्थान पर Share Second Call A/c या Share Final A/c क्रेडिट किये जावेंगे।

अंशों का प्रीमियम पर निर्गमन

(Issue of Shares at Premium)

यदि कोई कम्पनी अपने अंशों का निर्गमन अंकित मूल्य से अधिक मूल्य पर करती है, तो अंशों के ऐसे निर्गमन को अंशों का प्रीमियन या अधिमूल्य पर निर्गमन करना कहते हैं। जब अंश अंकित मूल्य से अधिक राशि पर निर्गमित किये जाते हैं तो इसे प्रीमियम पर

निर्गमन करना कहा जायेगा। निर्गमित मूल्य में से अंकित मूल्य को घटा देने के पश्चात् जो राशि शेष रहती है, वह प्रीमियम कहलाती है। भारतीय कम्पनी अधिनियम की धारा 78 के अनुसार यदि अंशों का निर्गमन प्रीमियम पर किया जाता है तो प्रीमियम की राशि को एक अलग खाते Share Premium Account में हस्तान्तरित करेंगे तथा इस धारा में वर्णित उपयोग के अतिरिक्त अंश प्रीमियम राशि का अन्य कोई उपयोग करने पर पूँजी में कमी करने से सम्बन्धित अधिनियम के प्रावधान लागू होंगे। अंशों के निर्गमित मूल्य या उनके अंकित मूल्य पर जो आधिक्य होता है, वह प्रीमियम कहलाता है। यदि 100 रु. अंकित मूल्य या अंश 115 रु. में निर्गमित किया जावे, तो 15 रु. प्रीमियन होगा।

प्रीमियम की राशि का उपयोग

अंशों पर जो राशी प्रीमियम के रूप में माँगी जाती है, उसे अंश प्रीमियम खाते (Share Premium Account) में क्रेडिट कर दिया जाता है। अंशों पर प्राप्त प्रीमियम की राशि केवल निम्नलिखित कार्यों के लिए ही प्रयोग में लाई जा सकती है:

(1) सदस्यों को पूर्णदत्त बोनस अंश निर्गमित करने हेतु,
(2) प्रारम्भिक व्ययों को अपलिखित करने हेतु,
(3) अंशों या ऋण पत्रों के निर्गमन सम्बन्धी व्ययों, कमीशन अथवा बट्टे को अपलिखित करने हेतु,
(4) शोध्य अधिमान अंशों अथवा ऋण पत्रों के शोधन पर चुकाये जाने वाले प्रीमियम की व्यवस्था करने हेतु।

अंश प्रीमियम का उपयोग लाभांश के वितरण के लिए नहीं किया जा सकता। यदि अंश प्रीमियम का कोई भाग अंशधारियों को लाभांश वितरण करने के लिए प्रयोग किया जाता है, तो यह माना जावेगा कि कम्पनी अपनी प्रदत्त पूँजी के कुछ भाग का भुगतान करके अंश पूँजी कम कर रही है।

प्रीमियम सम्बन्धी लेखा प्रविष्टियाँ

प्रीमियम जिस किस्त (आवंटन या माँग) के साथ माँगा जाता है, उस किस्त के खाते में किस्त की देय राशि प्रीमियम सहित डेबिट की जाती है और शेयर प्रीमियम खाते में केवल प्रीमियम की राशि ही क्रेडिट की जाती है। यदि एक 100 रु. का अंश 115 रु. में निर्गमित किया जावे और प्रीमियम की राशि आवंटन के साथ देय हो और आवंटन की राशि प्रीमियम सहित 45 रु. हो, तो लेखा निम्न प्रकार किया जायेगा:

		Rs.	Rs.
आवंटन राशि प्रीमियम सहित देय होने पर	Share Allotment A/c Dr.	45	
	To Share Capital A/c		30
	To Share Premium A/c		15
	(Allotment money due @ Rs. 45 including Premium of Rs. 15 per share)		
आवंटन राशि प्राप्त होने पर	Bank A/c Dr.	45	
	To Share Allotment A/c		45
	(Allotment money received)		

टिप्पणी - यदि प्रश्न में यह स्पष्ट रूप से नहीं लिखा गया है कि प्रीमियम की राशि किस किस्त के साथ देय है, तो ऐसी स्थिति में प्रीमियम की राशि आवंटन के साथ माँगी गई समझी जानी चाहिए।

चिट्ठे में अंश प्रीमियम को प्रदर्शित करना

शेयर प्रीमियम खाता कम्पनी के चिट्ठे में 'संचय और आधिक्य' (Reserve and Surplus) शीर्षक के अन्तर्गत दिखाया जाता है। यदि प्रीमियम की राशि का प्रयोग उपर्युक्त वर्णित कार्यों में से किसी कार्य के लिए किया गया है, तो ऐसे उपयोग का ब्यौरा चिट्ठे में अवश्य देना चाहिए।

अंशों का बट्टे पर निर्गमन

(Issue of Shares at Discount)

यदि कम्पनी द्वारा अंशों का निर्गमन अंकित मूल्य से कम मूल्य पर किया जाता है तो इसे अंशों का बट्टे पर निर्गमन करना कहते हैं। उदाहरण के लिये यदि 10 रु. अंकित मूल्य वाले अंश 9 रु. प्रति अंश की दर से निर्गमित किये जायें तो इसे हम बट्टे पर निर्गमन कहेंगे। यहाँ पर 1 रु. प्रति अंश बट्टे की राशि है। एक विद्यमान कम्पनी निम्नलिखित शर्तों की पूर्ति करने पर ही अपने अंशों को बट्टे पर निर्गमित कर सकती है:

(1) अंश ऐसी श्रेणी के होने चाहिए जो पहले से निर्मित किये जा चुके हैं,

(2) बट्टे पर अंशों का निर्गमन कम्पनी को साधारण सभा में एक प्रस्ताव द्वारा अधिकृत होना चाहिए तथा इस सम्बन्ध में न्यायालय से स्वीकृति प्राप्त कर ली जानी चाहिए।

(3) बट्टे की अधिकतम दर प्रस्ताव में स्पष्ट रूप से वर्णित होनी चाहिए, जो 10 प्रतिशत से अधिक नहीं होनी चाहिए। उससे अधिक होने पर केन्द्रीय सरकार की अनुमति लेना आवश्यक है।

(4) कम्पनी को व्यापार आरम्भ करने का अधिकार प्राप्त होने की तिथि के एक वर्ष पश्चात् ही बट्टे पर अंशों का निर्गमन किया जा सकता है,

(5) ऐसा निर्गमन न्यायालय द्वारा अनुमोदित तिथि के 2 माह की अवधि में किया जाना चाहिए,

(6) प्रविवरण में बट्टा सम्बन्धी तथ्यों की सूचना दी होनी चाहिए।

अंशों के बट्टे पर निर्गमन के पश्चात् जब तक बट्टे को अपलिखित नहीं कर दिया जाता, तब तक प्रत्येक प्रविवरण में बट्टे का विवरण दिया जाना चाहिए। यह विवरण नहीं होने पर, प्रत्येक दोषी व्यक्ति पर 50 रु. तक का जुर्माना किया जा सकता है।

बट्टे को अपलिखित करना

(To Write off Discount on Issue of Shares)

अंशों के निर्गमन पर दिया गया बट्टा एक पूंजीगत हानि है। इसे कम्पनी के पूँजीगत लाभों अथवा संस्थापन से पूर्व के लाभों आदि में से अपलिखित किया जा सकता है। यदि कम्पनी के पास पूँजी लाभ या पूँजी संचय नहीं है, तो इसे लाभ हानि खाते से अपलिखित किया जा सकता है। अंशों पर दिया गया बट्टा एक कृत्रिम सम्पत्ति (Fictitious Asset) है और इसे जब तक अपलिखित नहीं कर दिया जाता तब तक चिट्ठे में सम्पत्ति पक्ष में दिखाया जाता है।

बट्टा सम्बन्धी लेखे

अंशों को बट्टे पर निर्गमित करने के फलस्वरूप दी गई बट्टे की राशि Discount on Issue of Shares A/c में डेबिट को जाती है तथा इस राशि से अंश पूँजी खाते को क्रेडिट किया जाता है। यह लेखा सामान्यत: आवंटन के साथ किया जाता है, यदि प्रश्न में इसके विपरीत अन्य कोई सूचना न दी गई हो।

अंशों का अत्यधिक अभिदान

(Over-Subscription of Shares)

जब लोकप्रिय कम्पनियाँ अपने अंशों को जनता में निर्गमित करने हेतु प्रविवरण प्रकाशित करती हैं और निर्गमित अंशों से कहीं अधिक संख्या में अंशों के क्रय करने के लिए आवेदन पत्र प्राप्त होते हैं, तब ऐसी स्थिति को अत्यधिक अभिदान या अधि अभिदान (Over-Subscription) कहते हैं। चूँकि संचालक मण्डल निर्गमित अंशों तक ही आवंटन कर सकता है, अतएव अत्यधिक अभिदान की दशा में संचालक अग्रलिखित प्रकार से अंशों का आवंटन करते हैं।

(1) सभी आवेदकों को अंशों का आवंटन यथानुपात या आनुपातिक (pro rata) रूप से कया जा सकता है। यदि 1,000 अंश निर्गमित किये गये हैं और 3,000 अंशों के क्रय हेतु आवेदन पत्र प्राप्त हों तो 3 अंशों की माँग करने वाले प्रत्येक आवेदक को केवल 1 अंश ही आवटित किया जावेगा। इस प्रकार के आवंटन को यथानुपात या आनुपातिक आवंटन कहा जायेगा। अतिरिक्त आवंदन पत्रों पर प्राप्त आवेदन राशि लौटायी नहीं जाती है, वरन् वह आवंटित अंशों पर देय आवंटन राशि और माँग राशि के लिए रख ली जाती है।

(2) कभी कभी संचालक कुछ आवेदकों को उनके द्वारा प्रार्थित सभी अंशों का पूर्ण आवंटन कर देते हैं। कुछ आवेदकों को आंशकि रूप से आवंटन तथा कुछ आवेदकों को बिल्कुल ही मना कर दिया जाता है। ऐसो स्थिति में जिन आवेदकों को अंश आवंटित नहीं किये जाते हैं, उन्हें आवेदन राशि लौटा दी जाती है।

(3) आवेदकों द्वारा माँगे जाने वाले अंशों की एक सूची तैयार की जाती है। यदि उनमें ऐसे आवेदक हैं जिन्होंने बहुत ही कम संख्या में अंशों की माँग की है, जैसे 2, 4, 6, 10 तो अंशधारियों की अधिक संख्या से बचने की दृष्टि से उन्हें आवंटन नहीं किया जाता है। इसके विपरीत, यदि कुछ आवेदकों ने इतनी अधिक संख्या में अंशों की माँग की है कि उनके द्वारा माँगे गये अंशों का आवंटन कर दिये जाने पर कुछ ही व्यक्तियों के हाथों में अधिकांश अंश केन्द्रित हो जायेगे, तो ऐसी स्थिति में उनके आवेदन पत्र अस्वीकृत भी कर दिये जाते हैं।

अंशों का न्यून अभिदान : कभी–कभी कम्पनी द्वारा निर्गमित अंशों से कम अंशों के लिए आवंटन पत्र प्राप्त होते हैं, ऐसी स्थिति को अंशों का न्यून अभिदान कहा जाता है। न्यून अभिदान होने की स्थिति में भी कम्पनी आवेदन किये गये अंशों का आवंटन कर देती है। इस स्थिति में किसी प्रकार के समायोजन की आवश्यकता नहीं होती।

अंशों का नकद के अतिरिक्त अन्य प्रतिफल के बदले निर्गमन : कम्पनी द्वारा अंशों का निर्गमन नकद के अतिरिक्त भी किया जाता है। कम्पनी द्वारा क्रय की गई सम्पत्ति अथवा पूरे व्यवसाय के विक्रेता को क्रय मूल्य नकद में देने के स्थान पर अपने अंश दे देती है। कम्पनी के प्रर्वतकों का पारिश्रमिक भी नकद के स्थान पर अंशों में दिया जा सकता है। इस सम्बन्ध में अंशों के निर्गमन के सम्बन्ध में प्रविष्टियाँ निम्न प्रकार की जायेगी:

स्थिति	लेखे		राशि जिससे लेखे किये जाये
1. सम्पत्ति क्रय करने पर	Assets a/c To Vendors a/c (Assets Purchased)	Dr.	वास्तविक क्रय मूल्य से
2. भुगतान करते समय	Vendors a/c To Share Capital a/c (Shares issued to vendors)	Dr.	क्रय मूल्य की राशि से अंशों के अंकित मूल्य से
3. अंश प्रीमियम पर जारी किये जाने पर	Vendor's a/c To Share Capital a/c To Share Premium a/c (Share issued at a premium of Rs..... to vendors)	Dr.	क्रय मूल्य की राशि से अंशों के अंकित मूल्य से प्रीमियम की राशि से
4. अंश बट्टे पर निर्गमित किये जाने पर	Vendor's a/c Discount on issue of shares a/c To Share Capital a/c	Dr.	क्रय मूल्य की राशि से बट्टे की राशि निर्गमित अंशों के अंकित मूल्य पर

5. प्रवर्तक को पारिश्रमिक के बदले में अंशों का निर्गमन किये जाने पर	Preliminary Expenses a/c Dr. To Share Capital a/c (Shares Issued to Promoters)	पारिश्रमिक की राशि से अंशों के अंकित मूल्य से

निर्गमित अंशों की संख्या ज्ञात करने का सूत्र

$$\text{विक्रेता को देय अंशों की संख्या} = \frac{\text{विक्रेता को देय राशि}}{\text{प्रति अंश निर्गमित मूल्य}}$$

अंशों का हरण
(Forfeiture of Shares)

कोई अंशधारी यदि अपने अंशों पर किसी कारणवश कम्पनी द्वारा माँगी गई राशि/राशियों (आवंटन राशि, माँग राशि अथवा दोनों) का निर्धारित समय में भुगतान नहीं करता है तो कम्पनी को उसके विरूद्ध दो अधिकार प्राप्त हैं: (1) वह दोषी अंशधारियों के विरूद्ध बकाया राशि वसूल करने के लिए न्यायालय में वाद प्रस्तुत कर सकती है अथवा (2) वह अंशों को जब्त या उनका हरण कर सकती है। परन्तु अंशों का हरण करने का अधिकार कम्पनी को अन्तर्नियमों या सारणी अ के द्वारा प्राप्त होना चाहिए अन्यथा अंशों का हरण करना वैध नहीं होगा।

अधिकतर कम्पनियाँ अंशों के हरण सम्बन्धी अधिकार का प्रयोग करती है, क्योंकि प्रथम अधिकार अपव्ययी और पेचीदा होता है। अंशों के हरण से आशय है कि आवंटन को रद्द करना तथा ऐसे अंशों परप्राप्त राशि को जब्त किया हुआ समझना। अंशों का हरण केवल माँगों की राशि का भुगतान न करने पर ही किया जा सकता है जो कि वास्तव में पूँजी की कमी है तथा माँग राशि के संशोधन के अलावा अन्य किसी आधार पर किया गया अंशों का हरण अवैधानिक होता है।

अंशों के हरण सम्बन्धी सभी नियम कम्पनी के अन्तर्नियमों में वर्णित होते हैं और संचालक उन नियमों के अनुसार ही दोषी अंशधारियों के विरूद्ध आवश्यक कार्यवाही करते हैं। अंशों के हरण के पश्चात ऐसे अंशधारियों के नाम सदस्य रजिस्टर से हटा दिये जाते हैं। इन अंशधारियों की सदस्यता समाप्त हो जाने पर इन्हें अशों का प्रमाण पत्र कम्पनी को वापस करना पड़ता है। वैधानिक रूप से अंशों का हरण हो जाने पर भी दोषी अंशधारी हरण से पूर्व तक माँगी गई, किन्तु न चुकाई गई, राशियों के लिए उत्तरदायी होगा। जैसे ही कम्पनी हरण किये गये अंशों का पुनः विक्रय कर देती है, वैसे ही उसका उत्तरदायित्व समाप्त हो जाता है।

अंशों के हरण पर प्रविष्टियाँ
(Entries on Forfeiture of Shares)

1. सम-मूल्य पर निर्गमित अंशों का हरण
(Forfeiture of Shares issued at par):

कम्पनी द्वारा सम-मूल्य पर निर्गमित अंशों के हरण करने पर निम्नलिखित प्रविष्टि की जावेगी:

Share Capital a/c Dr. To Share Allotment a/c To .... Call a/c To Shares Forfeited a/c (... shares forfeited for non-payment of...)	हरण किये गये अंशों पर माँगी गई राशि से हरण किये गये अंशों पर बकाया आवंटन राशि से हरण किये गये अंशों पर बकाया माँग राशि से हरण किये गये अंशों पर अब तक प्राप्त कुल राशि से
उपर्युक्त प्रविष्टि के स्थान पर निम्न दो प्रविष्टियाँ भी की जा सकती है:	
(i) Share Capital a/c Dr. To Shares Forfeited a/c (Forfeiture of ... share of Rs... each Rs.... called up)	हरण किये गये अंशों पर अब तक माँग गई राशि से
(ii) Shares Forfeited a/c Dr. To Shares Allotment a/c To Share ..... Call a/c (Unpaid calls written off	इन अशों पर बकाया माँगों के योग से इन अशों पर बकाया आवंटन राशि से इन अंशों पर बकाया माँग की राशि से

टिप्पणी : अंश पूँजी खाता हरण किये गये अंशों पर अब तक माँगी गई पूँजी की राशि से डेबिट किया जायेगा न कि इन अंशों के अंकित मूल्य से। यदि इन अंशों पर पूर्ण अंकित मूल्य का भुगतान माँगा जा चुका है, तो अंश पूँजी खाता इन अंशों पर माँगे गये पूर्ण अंकित मूल्य से डेबिट किया जायेगा।

Illustration 2.

X was holding 200 equity shares of Rs. 10 each, on which he paid Rs. 3 on application, but could not pay Rs. 3 on allotment and Rs. 2 on first call. Directors forfeited his shares. Give journal entry needed for recording the forfeiture of shares.

एक्स 10 रु. वाले अंकित मूल्य के 200 ईक्विटी अंशों का धारक है। उसने आवेदन पर 3 रु. प्रति अंश का भुगतान किया है। किन्तु आबंटन पर 3 रु. तथा प्रथम मांग पर 2 रु. प्रति अंश का भुगतान नहीं किया है। संचालकों ने उसके अंश समपहरित कर लिए। अंश समपहरण को दर्ज करने की आवश्यकता जर्नल प्रविष्टि दीजिये।

Journal

			Rs.	Rs.
	Equity Share Capital a/c Dr.		1,600	
	To Equity Share App. & Allot. a/c			600
	To Equity Share First Call a/c			400
	To Forfeited Shares a/c			600
	(Forfeiture of 200 equity shares of Rs. 10 each on which Rs. 8 per share have been called but Rs. 3 on allotment and Rs. 2 on first call have not been paid, as per Board of Directors resolution No..........dated.........)			

वैकल्पिक हल

यदि प्रविष्टि के स्थान पर प्रविष्टियां करनी हो तो उपरोक्त प्रश्न का हल निम्न प्रकार होगा:

			Rs.	Rs.
	Equity Share Capital a/c Dr		1,600	
	To Forfeited Shares a/c			1,600
	(200 equity shares forfeited)			
	Forfeited Shares a/c Dr.		1,000	
	To Equity Share Appl. & Allot. a/c			600
	To Equity Share First Call a/c			400
	(Amount of unpaid calls transferred to shares forfeited a/c)			

2. बट्टे पर निर्गमित अंशों का हरण

(Forfeiture of Shares Issued at Discount)

जब कम्पनी अंशों के बट्टे पर निर्गमित करती है तो बटटे की राशि अश बट्टा खाता (Discount on Issue of Shars a/c) डेबिट किया जाता है। ऐसे अंशों का हरण करने पर अन्य खातों (आवंटन आँर माँग खाता) की भाँति अंश बट्टा खाता भी क्रेडिट किया जाता है, भले ही उस किस्त की रकम जिसके साथ बट्टे की छूट दी जाती है, प्राप्त हो गई हो।

3. प्रीमियम पर निर्गमित अंशों का हरण

(Forfeiture of Shares Issued at Premium)

(अ) यदि प्रीमियम की सम्पूर्ण राशि प्राप्त हो गई है : यदि कम्पनी अंशों को प्रीमियम पर निर्गमित करती है तो निर्गमन के समय Share Premium a/c क्रेडिट किया जाता है। लेखा पद्धति के सिद्धान्त के अनुसार अंशों का हरण करते समय 'अंश पूँजी खाते' की भाँति 'अंश प्रीमियम खाता' भी डेबिट करना चाहिए, लेकिन कम्पनी अधिनियम की धारा 78 के अनुसार अंशों का हरण करते समय यदि इन अंशों पर प्रीमियम की राशि प्राप्त हो गई है, तो इस राशि से अंश प्रीमियम खाते को डेबिट नहीं करना चाहिए, अर्थात प्रीमियम की राशि इसी खाते में रहने दी जानी चाहिए।

(ब) यदि अंश पर प्रीमियम की राशि भी प्राप्त नहीं हुई है - यदि अंशों को प्रीमियम पर निर्गमित किया गया है और प्रीमियम की राशि भी देय किस्त के साथ (पूर्ण अथवा आंशिक) प्राप्त नहीं हुई है, तो ऐसी स्थिति में अंशों में हरण पर अंश पूँजी खाते के साथ अंश प्रीमियम खाते को भी डेबिट किया जायेगा। वे सभी माँग खाते, जिन पर राशियाँ बकाया हैं, बकाया राशि से आँर अंश हरण खाता जब्त किये अंशों पर प्राप्त राशि से क्रेडिट किये जायेगे।

व्यवहार	प्रविष्टि		राशि
अंशों के समपहरण पर प्रीमियम राशि न होने पर	Share Capital a/c	Dr.	पूँजी के रूप में माँग राशि से
	Share Premium	Dr.	अंश प्रीमियम की मांगी राशि से
	To Share Unpaid Calls a/c		जब्त किये अंशों पर बकाया राशि से
	To Forfeited Shares a/c		जब्त अंशों पर प्राप्त राशि से

हरण किये गये अंशों का पुनर्निर्गमन

(Re-Issue of Forfeited Shares)

हरण किये गये अंश कम्पनी की सम्पत्ति बन जाते हैं। कम्पनी के संचालकों को अन्तर्नियमों द्वारा इन्हें पुन: बेचने का अधिकार प्राप्त होता है। इन्हें सममूल्य, प्रीमियम अथवा बट्टे पर पुन: निर्गमित किया जा सकता है। संचालक ऐंसे हरण किय गये अंशों को बट्टे पर बेच तो सकते हैं, परन्तु यह छूट किसी भी स्थिति में जब्त किये गये अंशो पर प्राप्त राशि से अधिक नहीं होनी चाहिए। जैसे, यदि 50 रु. का एक अंश है जिस पर 20 रु. प्राप्त न होने के कारण जब्त कर लिया गया है, तो इसके पुनर्निर्गमन पर 30 रु. से अधिक बट्टा नहीं दिया जा सकता है।

पुनर्निर्गमन सम्बन्धी प्रविष्टियाँ

(Entries on Re-issue of Forfeited Shares)

1. यदि जब्त अंशों को सम मूल्य पर पुनर्निर्गमित किया जाता है:

Bank a/c	Dr.	वास्तविक प्राप्त राशि से
To Share Capital a/c		इन अंशों पर कुल देय राशि से

2. यदि जब्त अंशों को प्रीमियम पर निर्गमित किया जाता है:

Bank a/c	Dr.	कुल प्राप्त राशि से
To Share Capital a/c		इन अंशों पर पूँजी के लिए माँगी गई राशि से
To Shar Premium a/c		प्रीमियम की राशि से

3. यदि जब्त अंशों को बट्टे पर निर्गमित किया जाता है:

Bank a/c	Dr.	कुल प्राप्त राशि से
Share Forfeited a/c	Dr.	इन अंशों पद दी गई बट्टे की राशि से
To Share Capital a/c		अंशां पर माँगी गई राशि से

टिप्पणी : बट्टे पर पुनर्निर्गमित किये गये अंशों के सम्बन्ध में दी गई छूट को अंश हरण खाते (Shares Forfeited a/c) में डेबिट किया जाता है।

अंशों के पुनर्निर्गमन के पश्चात् अंश हरण खाते के शेष का अन्तरण

हरण किये गये अंशों को पुनर्निर्गमित करने के पश्चात् Shares Forfeited Account में जो शेष बचा रहता है, उसको पूँजी संचय खाते (Capital Reserve A/c) में अन्तरित कर दिया जाता है। इस सम्बन्ध में निम्नलिखित प्रविष्टि की जावेगी:

Shares Forfeited a/c	Dr.	इस खाते में शेष राशि से
To Capital Reserve a/c		अंश हरण खाते में शेष रही राशि से

प्रारम्भ में बट्टे पर निर्गमित अंशों को हरण के पश्चात् पुन: निर्गमित करने पर बट्टे खाते को फिर से अभिलिखत (re-recorded) किया जायेगा। मूल बट्टे की राशि से अधिक होन से ही अंश हरण खाता (Shares Forfeited a/c) डेबिट किया जायेगा। इस सम्बन्ध में प्रविष्टि इस प्रकार होगी:

Bank a/c	Dr.	प्राप्त राशि से
Discount on issue on Shares a/c	Dr.	बट्टे की पुरानी राशि से
Forfeited Shares a/c		पुरानी राशि के आधिक्य से बट्टाराशि
To Shares Capital a/c		अंशों पर माँगी गई राशि से

हरण के पूर्व प्रीमियम की राशि प्राप्त न होने पर भी प्रारम्भ में प्रीमियम पर निर्गमित अंशों को हरण के पश्चात् प्रीमियम पर ही पुन: निर्गमन करना आवश्यक नहीं है।

अंश हरण खाते की राशि का अन्य कार्यों में प्रयोग

जब्त अंशों पर प्राप्त राशि पूँजी लाभ है। इसका प्रयोग प्रारम्भिक व्यय, ख्याति, अंशों या ऋण पत्रों के निर्गमन पर दिये गये बट्टे आदि को अपलिखित करने में किया जाता है। इस सम्बन्ध में निम्न प्रविष्टि की जावेगी:

Shares Forfeited a/c Dr.

To Preliminary Expenses a/c, or

To Goodwill a/c, or

To Discount on Issue of Shares or Debentures a/c

(Capital losses written off)

Illustration 3.

The Directors of M. Ltd. resolved on first May, 68 to forfeit 2,000 e uity shares of Rs. 10 each due to non-payment of final call of Rs. 2,50 each. What final entries will be passed on forfeited & re-issue.

(a) If all shares are re-issued at par.

(b) If all shares are re-issued at Rs. 15 per share fully paid up.

(c) If all shares are re-issued at Rs. 8 per share fully paid up.

(d) If 1,800 shares are re-issued at Rs. 8 per share fully paid up.

Re-issue in all cases is made on 10th June 1968.

1 मई, 1968 को एम लिमिटेड के संचालकों ने प्रस्ताव पारित किया कि 2,000 सामान्य अंश 10 रु. प्रति अंश वालों को अन्तिम 2.50 रु प्रति अंश न चुकाने पर जब्त कर लिया जाय। क्या जर्नल प्रविष्टियाँ की जायेगी। (समपहरण पर तथा पुनर्निर्गम पर):

(अ) यदि सभी अंश सम मूल्य पर पुनः निर्गमित कर दिये जायें।

(ब) यदि सभी अंश 15 रु. प्रति अंश पर पूर्णदत्त निर्गमित कर दिये जायें।

(स) यदि सभी अंश 8 रु. प्रति अंश की दर पर पूर्णदत्त निर्गमित कर दिये जाये।

(द) यदि 1,800 अंश 8 रु. प्रति अंश पर पूर्णदत्त निर्गमित कर दिये जायें।

पुनर्निर्गम सभी दशाओं में 10 जून, 1968 को किया जाता है।

Solution:

समपहरण पर प्रविष्टि (सभी दशाओं में)

M Limited

Journal

			Rs.	Rs.
1968 May 1	Equity Share Capital a/c Dr.		20,000	
	To Equity Share Final Call a/c			5,000
	To Forfeited Shares a/c			15,000
	(Forfeited of 2,000 shares for non-payment of final call of Rs. 2.50 per share)			

पुनर्निर्गम पर प्रविष्टियाँ

(a)

			Rs.	Rs.
1968 June 10	Bank a/c Dr.		20,000	
	To Equity Share Capital a/c			20,000
	(Re-issue of 2,000 shares of Rs. 10 each fully paid at par)			
"	Forfeited Shars a/c Dr		15,000	
	To Capital Reserve a/c			15,000
	(Balance of shares forfeited a/c transferred to capital reserve)			

(b)

			Rs.	Rs.
1968 June 10	Bank a/c Dr.		30,000	
	To Equity Share Capital a/c			20,000
	To Share Premium a/c			10,000
	(2,000 Forfeited share re-issued at a premium of Rs. 5 per share)			
""	Forfeited Shares a/c Dr.		15,000	
	To Capital Reserve a/c			15,000
	(Balance of forfeited shares transferred to capital reserve a/c)			

(c)

			Rs.	Rs.
1968 June 10	Bank a/c Dr.		16,000	
	Forfeited Shares a/c Dr.		4,000	
	To Equity Share Capital a/c			20,000
	(2,000 Forfeited shares re-issued at a discount of Rs. 2 per share)			

""	Forfeited Shares a/c Dr.		11,000	
	To Capital Reserve a/c			11,000
	(Balance of forfeited shares a/c transferred to capital reserve)			

(d)

			Rs.	Rs.
	Bank a/c Dr.		14,400	
	Forfeited Shares a/c Dr.		3,600	
	To Equity Share Capital a/c			18,000
	(1,800 forfeited shares of Rs. 10 each re-issued at Rs. 8 per share)			
	Forefeited Shares a/c Dr.		9,900	
	To Capital Reserve a/c			9,900
	(Balance in Share forfeited a/c representing 1,800 shares transferred to capital reserve)			

टिप्पणी

	Rs.
Share forfeiture amount on 2,000 shares	15,000
Less Balance t be left for shares not yet issued (200 x 7.50)	1,500
Total	13,500
Less amount utilised on re-issure of shares	3,600
Balance transferred to Capital Reserve a/c	9,900

अंश पूँजी का आगे और निर्गमन अथवा अधिकार अंश

(Further Issue of Share Capital or Rights Issue)

कम्पनी अधिनियम की धारा 81 के अनुसार एक सार्वजनिक कम्पनी अपने संस्थापन के दो नर्ष पश्चात् अथवा प्रथम आवंटन के एक वर्ष पश्चात् (जो भी पहले ही) किसी भी समय अतिरिक्त अंशों को निर्गमित करके अभिदत्त पूँजी में वृद्धि करने का प्रस्ताव कर सकती है। इसके सम्बन्ध में निम्नलिखित नियम लागू होते हैं:

1. ये नये अतिरिक्त अंश (चाहे अधिमान अंश हों या सामान्य) वर्तमान सामान्य अंशधारियों में उनके द्वारा चुकायी गई अंश पूँजी के अनुपात में निर्गमित किये जाने चाहिए।
2. उपर्युक्त प्रस्ताव की सुचना 15 दिन के नोटिस द्वारा दी जानी चाहिए जिसमें प्रस्तावित अंशों की संख्या का उल्लेख भी होना चाहिए।
3. यदि अन्तर्नियम में विपरीत व्यवस्था न हो, तो सम्बन्धित व्यक्ति प्रस्तावित अंशों का पूर्ण या आंशिक रूप से अन्य व्यक्ति के पक्ष में परित्याग कर सकता है।
4. उपर्युक्त सूचना की अवधि व्यतीत होने पर अथवा अस्वीकृति की सूचना प्राप्त होने पर संचालक कम्पनी के हित में ऐसे अंशों के किसी भी पक्ष को बेच सकते हैं।

उपर्युक्त अंशों को कम्पनी अधिनियम में दिये गये अधिकारों के अन्तर्गत वर्तमान अंशधारियों को ही निर्गमित किया जाता है तथा उन्हें ही इन अंशों के क्रय करने का अधिकार होता है। अत: इन्हें अधिकारों का निर्गमन कहते हैं। यह अधिकार केवल कम्पनी के वर्तमान सामान्य अंशधारियों को ही प्राप्त होता है न कि अधिमान अंशधारियों को।

एक सार्वजनिक कम्पनी अपनी साधारण सभा में एक विशेष प्रस्ताव पास करके और केन्द्रीय सरकार की अनुमति से उक्त नियम से छुटकारा प्राप्त कर सकती है। ये अधिकार सामान्य या अधिमान अंशों को सम-मूल्य प्रीमियम या बट्टे पर क्रय करने के लिए दिये जा सकते हैं तथा इनकी लेखा प्रविष्टियाँ उसी प्रकार की जाती हैं जिस प्रकार कि सामान्य अंशों के निर्गमन पर।

आंशिक अधिकार

(Fractional Entitlement)

अधिकार अंश वर्तमान सामान्य अंशधारियों को प्रदत्त पूँजी के अनुपात में दिये जाते हैं और कम्पनी अंशों का आवंटन पूर्ण अंशों में करती है, न कि टुकड़ो में। अत: कभी कभी एक समस्या उत्पन्न हो जाती है, जैसे यदि वर्तमान 6 अंशों के धारक को एक नया अंश दिया जाता है तो 40 अंशों के एक धारक को 6 पूर्ण अंश पाने का अधिकार होगा और शेष अधिकार 4/6 अंश के रूप में होगा। ऐसी भिन्नात्मक स्थिति में कम्पनी आंशिक कूपन (Fraction Coupons) निर्गमित कर सकती है जिससे अंशधारी बाजार में इनका क्रय या विक्रय करके कूपनों को एक अंश के बराबर कर कम्पनी को भेज दें और एक अंश प्राप्त कर लें।

ऋणपत्रों का निर्गमन

ऋण पत्रों के निर्गमन करने की विधि अंशों की निर्गमन विधि के समान है। ऋण पत्र भी अंशों की भाँति सम-मूल्य, प्रीमियम अथवा बट्टे पर निर्गमित किये जाते हैं। न्यूनतम अभिदान राशि के अतिरिक्त कम्पनी अधिनियम द्वारा अंशों के आवंटन के सम्बन्ध में लगाये गये प्रतिबन्ध ऋण पत्रों के आवंटन पर भी लागू होते हैं। परन्तु ऋण पत्रों के निर्गमन पर अंशों के सदृश्य बट्टे की अधिकतम सीमा निर्धारित नहीं की गई है।

एक सार्वजनिक कम्पनी को कम्पनी अधिनियम के अनुसार व्यापार प्रारम्भ करने का प्रमाण पत्र प्राप्त करने के पहले ऋण प्राप्त करने का अधिकार नहीं है लेकिन धारा 149 के अन्तर्गत उसे अंशों का ऋणपत्रों को एक साथ निर्गमित करने का अधिकार प्राप्त है। इस प्रकार कम्पनी ऋण पत्रों को निर्गमित करके दीर्घकालीन आवश्यकता की पूर्ति के लिए ऋण पत्र जारी करती है। ऋण पत्र ऋण की स्वीकृति के प्रमाण पत्र के रूप में जारी किए जाते हैं जिन पर कम्पनी की सार्वमुद्रा लगी हुई होती है। ऋण पत्र कम्पनी (जो ऋणी होती हैं) और ऋणदाताओं के मध्य एक अनुबन्ध है जिसके अनुसार कम्पनी ऋण को ब्याज सहित वापिस करने का वचन देती है।

ऋण पत्रों के निर्गमन की प्रविष्टियाँ
(Entries on Issue of Debentures)

ऋण पत्रों के निर्गमन पर उसी प्रकार की प्रविष्टियाँ की जाती है जिस प्रकार अंशों के निर्गमन पर की जाती है। अंश की ही भाँति ऋण पत्र का भी एक अंकित मूल्य होता है, जैसे 10 रु. का, 100 रु. का अथवा 1,000 रु. का ऋण पत्र। ऋण पत्रों के अंकित मूल्य के आधार पर ऋण पूँजी, जिसे केवल डिबेन्च्र कहा जाता है, अलग अलग प्रकार के ऋण में विभाजित कर दी जाती है। उदाहरणार्थ, यदि एक कम्पनी 10 रु. वाले 10,000 5 प्रतिशत शोध्य ऋण पत्र तथा 100 रु. वाले 50,000 6 प्रतिशत बन्धक ऋण पत्र निर्गमित करती है तो उसकी ऋण पूँजी इस प्रकार होगी:

ऋण पूँजी की संरचना

Debentures:	Rs.	Rs.
10,000 5 % Redeemable Debentures of Rs. 10 each	1,00,000	
50,000 6% Mortgage Debentures of Rs. 100 each	50,000	
		51,00,000

टिप्पणी : ध्यान रहे कि ऋण के नाम के पूर्व व्यक्त प्रतिशत ब्याज की दर प्रदर्शित करता है, जबकि अधिमान अंश के नाम के पूर्व प्रतिशत लाभांश की दर बतलाती है।

उपर्युक्त से यह ज्ञात होता है कि अंश पूँजी तथा ऋण पूंजी प्राप्त करने की विधियों में कोई अन्तर नहीं है। जिस प्रकार अंशों के अंकित मूल्य एक साथ पूर्ण भुगतान के रूप में, अर्थात् एक मुश्त राशि में अथवा किश्तों में प्राप्त किये जा सकते हैं, उसी प्रकार ऋण पत्रों के अंकित मूल्य की भी माँग एक मुश्त राशि अथवा किस्तों में प्राप्त की जा सकती है तथा उनका पूर्ण भुगतान एक साथ अथवा किश्तों में प्राप्त किया जा सकता है। अत: ऋण पत्रों के निर्गमन की प्रविष्टियाँ अंशों के निर्गमन पर की जाने वाली प्रविष्टियों की तरह ही की जाती है। केवल अन्तर इतना है कि ऋण पत्रों के निर्गमन पर की जाने वाली प्रविष्टियों में अंश (Share) के स्थान पर डिबेन्चर (Debenture) शब्द का प्रयोग किया जाता है जैसा कि नीचे स्पष्ट किया गया है:

अंशों के निर्गमन पर	ऋण पत्रों के निर्गमन पर
... Share Application a/c	.... Debenture Application a/c
... Share Allotment a/c	.... Debenture Allotment a/c
.... Share Call a/c	..... Debenture .... Call a/c
.... Share Capital a/c	..... Debentures a/c

ऋण पत्रों से निर्मित ऋण पूँजी, अंशों से निर्मित अंश पूँजी (Share Capital) की भाँति, डिबेन्चर पूँजी (Debenture Capital) नही कही जाती है। उसे केवल 'Debentures' ही कहते हैं और कम्पनी के चिट्ठे में उसे इस नाम से भी दिखलाते हैं। उसके अन्तर्गत विभिन्न ऋण पत्रों की ब्याज की दर और उनके शोधन का समय भी लिख दिया जाता है।

यदि ऋण पत्र प्रीमियम पर निर्गमित किये गये हों, तो Debenture Account केवल उनके अंकित मूल्य से क्रेडिट की जाती है, न कि निर्गमित मूल्य से, अर्थात् प्रीमियम की राशि Debentures Premium Account में क्रेडिट की जाती है।

यदि ऋण पत्र बट्टे पर निर्गमित किये गये हैं, तो प्राप्त राशि से Bank Account तथा बट्टे की राशि से Discount on Issue of Debentures Account को डेबिट तथा ऋण पत्रों के अंकित मूल्य से Debentures Account को क्रेडिट किया जाता है।

ऋणपत्रों का रोकड़ के अतिरिक्त अन्य प्रतिफल के लिए निर्गमन

(Issue of Debentures for Consieration Other than Cash)

जब एक नव निर्मित कम्पनी कोई सम्पत्ति अथवा चालू व्यवसाय क्रय करती है तो उसके विक्रेता को क्रय मूल्य के भुगतान में कभी कभी नकद धन के अतिरिक्त ऋण पत्रों द्वारा भी आंशिक भुगतान कर देती है। ऋण पत्रों के ऐसे भुगतान को रोकड़ के अतिरिक्त अन्य प्रतिफल के लिए निर्गमित कहा जाता है। इस सम्बन्ध में निम्नलिखित प्रविष्टियाँ की जाती है:

(1) सम्पत्ति क्रय करने पर

Assets a/c Dr. सम्पत्ति के क्रय मूल्य से

To Vendor's a/c

(2) विक्रय मूल्य का आंशिक या पूर्ण भुगतान ऋण पत्रों के निर्गमन द्वारा

Vendor's a/c Dr. ऋण पत्रों के अंकित मूल्य से

To Debentures a/c

विक्रेता को क्रय मूल्य के भुगतान में निर्गमित किये जाने वाले ऋण पत्र सम मूल्य बट्टे अथवा प्रीमियम पर निर्गमित किये जा सकते हैं।

समपार्श्विक प्रतिभूतियों के रूप में निर्गमित ऋण पत्र

(Debentures Issued as Collateral Securities)

जब कोई कम्पनी बैंकों में ऋण या अधिविकर्ष (Overdraft) प्राप्त करती है, तो वह अन्य जमानतों के अलावा कुछ ऋण पत्रों को अतिरिक्त जमानत के रूप में जमा करा देती है। अतिरिक्त जमानत के रूप में ऐसे जमा किये गये ऋण पत्रों को समपार्श्विक प्रतिभूतियाँ (Collateral Securities) कहते हैं। समझौते के अनुसार यदि कम्पनी समय पर ऋण तथा ब्याज का भुगतान करने में असमर्थ रहती है, तो ऋणदाता को एक ऋण पत्रधारी के रूप में ऋण पत्रों की राशि कम्पनी से वसूल करने अथवा इन्हें बाजार में बेचकर ऋण वसूल करने का अधिकार प्राप्त होता है। इसके विपरीत, यदि कम्पनी ऋण व ब्याज का भुगतान निश्चित समय पर कर देती है, तो ऋणदाता को ऐसे ऋण पत्रों को वापस करना पड़ता है। यह ध्यान रहे कि कम्पनी समपार्श्विक प्रतिभूति के रूप में रखे गये ऋण पत्रों पर ब्याज नहीं देती है, केवल ऋण की रकम पर ब्याज दिया जाता है। इस प्रकार के व्यवहार का लेखा करने के लिए निम्न दो विधियाँ प्रचलित हैं:

प्रथम विधि : एक दृष्टिकोण यह है कि ऋण पत्रों को ऋण की प्रतिभूति के रूप में जमा कराने पर लेखा पुस्तकों में कोई प्रविष्टि न की जाय और चिट्ठे में दायित्व पक्ष में ऋण के नीचे कोष्ठक में यह लिख दिया जाये कि इन ऋण पत्रों का निर्गमन ऋण के लिए समपार्श्विक प्रतिभूतियों के रूप में किया गया है।

दूसरी (वैकल्पिक) विधि : दूसरा दृष्टिकोण यह है कि यदि समपार्श्विक प्रतिभूति के रूप में रखे गये ऋण पत्रों के विषय में कोई प्रविष्टि करनी ही है तो निम्न प्रकार से की जाये:

(1) जमानत स्वरूप ऋण पत्र जमा कराने पर:

Debentures Suspense a/c Dr. ऋण पत्रों के अंकित मूल्य से

To Debentures a/c

(... Debentures of Rs.... each issued as

collateral security against a loan of Rs....)

(2) ऋण का भुगतान करने पर

Debentures a/c Dr. ऋण पत्रों के **अंकित मूल्य से**

To Debenture Suspense a/c

(Debentures withdrawn on payment of loan)

ऋण पत्रों के निर्गमन पर Debentures Suspense a/c चिट्ठे के सम्पत्ति पक्ष में तथा ऋण पत्र खाता दायित्व पक्ष में दिखाया जाता है। परन्तु ये ऋण पत्र कम्पनी के अन्य ऋण पत्रों से अलग दिखाये जाते हैं।

ऋण पत्रों पर ब्याज

(Interest on Debentures)

निर्गमन की शर्तों के अनुसार ऋण पत्रों पर एक निश्चित दर से (जो ऋण पत्रों में वर्णित होती है) ब्याज दिया जाता है। ब्याज अर्द्ध वार्षिक अथवा वार्षिक देय होता है। यह ब्याज ऋण पत्रों के अंकित मूल्य पर दिया जाता है, न कि उनके निर्गमित मूल्य पर। ऋण पत्रों पर ब्याज कम्पनी के लाभों पर निर्भर नहीं होता है। अर्थात् चाहे कम्पनी को लाभ हो अथवा हानि, दोनों ही दशाओं में ब्याज की राशि देय होती है। प्रत्येक कम्पनी के लिए यह अनिवार्य है कि वह ऋण पत्रधारियों को ब्याज का भुगतान करते समय ब्याज की राशि में से एक निश्चित दर से आय-कर की कटौती करके उस राशि को सरकारी खजाने में जमा करा दे। कम्पनी द्वारा जमा कराई गई आय कर की राशि के प्रमाण पत्र ऋणपत्रधारियों को भेज दिये जाते हैं। ऋण पत्रों पर ब्याज के सम्बन्ध में प्रविष्टियाँ निम्न प्रकार की जाती है:

(1) ब्याज के देय होने पर	Debenture Interest a/c Dr. To Debenturesholders a/c To Income tax a/c (Debenture interest due and income tax duducted therefrom at source)	सकल ब्याज की राशि से शुद्ध ब्याज की राशि से आय कर की राशि से
(2) ब्याज का भुगतान करने पर	Debentureholders a/c Dr. To Bank a/c Interest on debentures pai)	शुद्ध ब्याज की राशि से
(3) ब्याज को लाभ हानि खाते में अन्तरित करने पर	Profit & Loss a/c Dr. To Debenture Interest a/c (Interest transferred to Profit & Loss a/c)	समस्त ब्याज की राशि से
(4) आय कर सरकारी खजाने में जमा कराने पर	Income tax a/c Dr. To Bank a/c (Amount of tax deposited)	आय कर की राशि से

प्रश्न

1. संयुक्त पूँजी कम्पनी से आपका क्या आशय है? इसके विभिन्न रूप कौन-कौन से है?

   What is a Joint Stock Company? What are its different forms?

2. अंश से आपका क्या अर्थ है? अंशों के विभिन्न वर्गों का वर्णन कीजिए जिनमें एक कम्पनी की अंश पूँजी विभाजित की जा सकती है।

   What do you mean by 'share'? Explain the different classes of shares into which the share capital of a company can be divided.

3. निम्नलिखित का अर्थ बतलाइए तथा एक कम्पनी की लेखा पुस्तकों में इनका लेखा किस प्रकार करेंगे?

(1) अग्रिम माँग, (2) बकाया माँग राशि।

Explain the meaning of the following and discuss how will you deal with them in the accounting books of a company.

(i) Calls in advance, (ii) Calls in Arrear

4. अंशों के अधिअभिदान एवं न्यून अभिदान से आप क्या समझते हैं? उपयुक्त उदाहरण द्वारा इन मदों को समझाइए।

What do you mean by over-subscription and under-subscription of shares? Explain these terms with suitable examples.

5. ऋण पत्र को परिभाषित कीजिए। विभिन्न प्रकार के ऋण पत्रों की मुख्य विशेषताएँ समझाइये। अंशधारी तथा ऋण पत्रधारी में अन्तर कीजिए।

Define 'Debentures'. Explain the main features of different types of debentures. Distinguish between a shoareholder and a debentureholder.

□□□

6

व्यापार क्रय तथा अभिगोपन

(Purchase of Business and Underwritting)

व्यापार क्रय

(Purchase of Business)

कभी -कभी एक नयी स्थापित होने वाली कम्पनी व्यवसाय के संस्थापन एवं संगठन सम्बन्धी समस्त वैधानिक एवं तकनीकी व्यवस्थों की असुविधाओं से बचने तथा लाभ शीघ्र अर्जित करने हेतु समामेलन की तिथि के पूर्व किसी एकल व्यापारी, फर्म या किसी अन्य कम्पनी के चल रहे व्यवसाय को क्रय कर लेती है। ऐसा करने पर कम्पनी व्यवसाय के संस्थापन एवं संगठन सम्बन्धी समस्त वैधानिक एवं तकनीकी कार्यवाहियों को करने व होने वाली कठिनाइयों तथा असुविधाओं से बच जाती है तथा स्थापना के साथ ही लाभार्जन करना प्रारम्भ कर देती है। सामान्यतया कम्पनी किसी एकाकी व्यापारी, साझेदारी संस्था अथवा कम्पनी के चल रहे व्यवसाय को समामेलन की तिथि से पूर्व की तिथि से ही क्रय कर लेती है। एक नवस्थापित कम्पनी द्वारा किसी अन्य चालू व्यावसायिक संस्था के व्यापार का क्रय कम्पनी द्वारा व्यापार का क्रय किया जाना कहा जाता है। इसके अतिरिक्त जब कभी कोई संयुक्त परिवार, फर्म या एकल व्यापारी अपने व्यवसाय का विकास एवं विस्तार करने हेतु अपने व्यावसायिक संगठन के स्वरूप को कम्पनी के रूप में परिवर्तित करा लेता है तथा उसका स्थान एक वैधानिक अस्तित्व वाली कम्पनी ले लेती है, तो ऐसे संगठनात्मक परिवर्तन को भी लेखांकन की दृष्टि से कम्पनी द्वारा चालू व्यापार का क्रय किया जाना ही कहा जाता है।

समामेलन के पूर्व एक चालू व्यापार को क्रय कर लेने पर कम्पनी को नये सिरे से व्यापार स्थापित करने में जो अनेक कठिनाइयाँ एवं असुविधाएँ होती हैं, उनसे उसे छुटकारा मिल जाता है। चालू व्यापार की सम्पत्तियाँ – स्थायी एवं चल – कम्पनी द्वारा क्रय कर ली जाती है, पुराने व्यापार का विक्रय एवं बाजार क्षेत्र कम्पनी के अधिकार में आ जाता है तथा उस व्यापार की ख्याति कम्पनी को स्वत: प्राप्त हो जाती है।

कम्पनी को जो व्यापार बेचता है, उसे व्यापार विक्रेता (Vendor) कहते हैं। कम्पनी द्वारा क्रय किये गये व्यापार के बदले में जो मूल्य दिया जाता है, उसे क्रय प्रतिफल (Purchase Consideration) या क्रय मूल्य (Purchase Price) कहते हैं। यह क्रय प्रतिफल व्यापार विक्रेता तथा कम्पनी के मध्य हुए एक अनुबन्ध द्वारा निश्चित किया जाता है। इस अनुबन्ध में प्राय: निम्न बातों का उल्लेख रहता है:

1. क्रय की जाने वाली सम्पत्तियाँ व दायित्व - क्रय शर्तों में इस बात का उल्लेख किया जाता है कि कम्पनी किन किन सम्पत्तियों एवं दायित्वों को क्रय कर रही है। कम्पनी व्यापार विक्रेता से उसके व्यापार की समस्त सम्पत्तियाँ व समस्त दायित्व, अथवा कुछ सम्पत्तियाँ व कुछ दायित्व, अथवा केवल सम्पत्तियाँ ही क्रय कर सकती है। दायित्व में पुराने व्यापार के चिट्ठे के पूँजी खातों तथा सामान्य संचय व लाभ-हानि खाते के शेषों को, जो व्यापार विक्रेता के निजी हितों को अभिव्यक्त करते हैं तथा जिनका प्रतिनिधित्व शुद्ध सम्पत्तियाँ करती है, सम्मिलित नहीं किया जाता है।

कम्पनी व्यापार विक्रेता की उन सम्पत्तियों व दायित्वों को जिनकों क्रय करने के सम्बन्ध में क्रेता तथा विक्रेता के मध्य निश्चय हो जाता है, पुस्तक मूल्यों के आधार पर अथवा आपस में तय किये गये मूल्यों के आधार पर क्रय करती है। समस्त सम्पत्तियों को क्रय करने पर पुराने व्यापार में रोकड़ तथा बैंक शेष भी कम्पनी ले लेती हैं। व्यापार विक्रेता के देनदार तथा लेनदार प्राय: चिट्ठे में मूल्यों पर ही लिये जाते हैं। ऐसी स्थिति में कम्पनी व्यापार विक्रेता के देनदारों से धन वसूल करने का अधिकार प्राप्त करने के साथ ही साथ उसके लेनदारों को भुगतान करने का दायित्व भी स्वीकार कर लेती है।

टिप्पणी : क्रय किये जाने वाले व्यापार के चिट्ठे में वर्तमान सामान्य संचय, लाभ-हानि खाते तथा पूँजी खाते/खातों के शेष क्रेता कम्पनी द्वारा नहीं लिये जाते हैं।

2. क्रय मूल्य अथवा क्रय प्रतिफल - विक्रेता को व्यापार का क्रय मूल्य उसकी सम्पत्तियों एवं दायित्वों के उचित मूल्यों तथा व्यापार की लाभ अर्जित करने की क्षमता के आधार पर निश्चित किया जाता है। अन्य शब्दों में, यह प्रतिफल व्यापार विक्रेता एवं कम्पनी के मध्य हुए पारस्परिक अनुबन्ध पर निर्भर करता है, जिसका उल्लेख क्रय शर्तों में कर दिया जाता है। यदि अनुबन्ध में प्रतिफल का उल्लेख नहीं है, तो क्रय मूल्य शुद्ध सम्पत्तियों (Net Assets) के बराबर होता है। शुद्ध सम्पत्तियों से तात्पर्य कम्पनी द्वारा क्रय की कई समस्त सम्पत्तियों के सकल मूल्य में से स्वीकार किये गये दायित्वों के सकल मूल्य को घटाने के पश्चात् बच रहे शेष से होता है।

3. क्रय मूल्य पर ब्याज - कम्पनी द्वारा क्रय मूल्य का भुगतान निश्चित तिथि पर न किये जाने पर, व्यापार क्रय के अनुबन्ध में क्रेता कम्पनी द्वारा क्रय मूल्य पर ब्याज दिये जाने की व्यवस्था कर दी जाती है। ऐसी स्थिति में व्यवहार की क्रय तिथि से क्रय मूल्य के भुगतान तक की अवधि का ब्याज क्रेता कम्पनी द्वारा चुकाना होगा। इसका लेखा ब्याज खाते को डेबिट तथा बैंक खांते को क्रेडिट करके किया जायेगा।

4. क्रय मूल्य का भुगतान - कम्पनी तथा व्यापार विक्रेता के मध्य हुए अनुबन्ध में इस बात का उल्लेख किया जाता है कि क्रय मूल्य का भुगतान किस प्रकार किया जायेगा।

प्राय: कुछ भुगतान नकद राशि में किया जाता है और शेष प्रतिफल के लिए कम्पनी विक्रेता को अधिमान अंश, सामान्य अंश, ऋण पत्र आदि आवंटित करती है। अंशों एवं ऋण पत्रों को इस प्रकार निर्गमन नकद के अतिरिक्त अन्य प्रतिफल हेतु निर्गमन कहा जाता है। अंश सम मूल्य पर अथवा प्रीमियम पर तथा ऋण पत्र सम मूल्य, बट्टा अथवा प्रीमियम पर दिये जा सकते हैं।

क्रय प्रतिफल की गणना करना – सामान्यतया क्रय प्रतिफल की राशि व्यापार विक्रेता तथा कम्पनी के मध्य में हुये अनुबन्ध के द्वारा निश्चित की जाती है। यदि अनुबन्ध में यह राशि निर्धारित न की जावे अथवा प्रश्न मे न दी गई हो तो इसकी गणना निम्न प्रकार से की जावेंगी–

क्रेता द्वारा ली गई समस्त सम्पत्तियों का निर्धारित मूल्य	-------------
घटाओं– क्रेता द्वारा लिये गये दायित्व व संचयों की निर्धारित राशि	-------------
विक्रेता को देय रकम या शुद्ध सम्पत्तियाँ (Net Assets)	-------------

संक्षेप में, क्रेता द्वारा विक्रेता को देय राशि शुद्ध सम्पत्तियों (Net Assets) के मूल्य के बराबर होती है। शुद्ध सम्पत्तियों का आशय कम्पनी द्वारा खरीदी गई सम्पत्ति के कुल मूल्य में से खरीदे गये कुल दायित्वों के मूल्यों के घटाने पर बचे शेष से होता है।

ख्याति का मूल्य ज्ञात करना

कम्पनी तथा व्यापार विक्रेता क्रय अनुबन्ध करते समय विभिन्न सम्पत्तियों एवं दायित्वों के मूल्य निर्धारण के साथ–साथ ख्याति का मूल्य भी तय कर लेते हैं। ख्याति का यह मूल्य शुद्ध सम्पत्तियों की कुल राशि ज्ञात करते समय सम्पत्तियों के मूल्य में जोड़ दिया जाता है और क्रय प्रतिफल ज्ञात कर लिया जाता है। इस प्रकार निर्धारित की गई ख्याति की राशि प्रश्न में अलग से दी हुई रहती है। परन्तु कई बार ख्याति की राशि अलग से नहीं दी जाती है यद्यपि यह क्रय मूल्य में जुड़ी हुई रहती है अर्थात् ख्याति का मूल्य छिपा हुआ रहता है। ऐसी स्थिति में क्रय मूल्य का शुद्ध सम्पत्तियों के मूल्य पर आधिक्य ही ख्याति का मूल्य होता है, अर्थात्

ख्याति = क्रय प्रतिफल - क्रय की गई सम्पत्तियों का शुद्ध मूल्य

Goodwill = Purchase Consideration - Net Assets

मान लों कम्पनी ने एक्स के व्यापार की समसत सम्पत्तियाँ जिनका मूल्य 2,00,000 रु. था तथा दायित्व जिनकी राशि 40,000 रु. थी, 1,80,000 में क्रय करती है तो

शुद्ध सम्पत्तियों का मूल्य होगा = 2,00,000 – 40,000 = 1,60,000 रु.

अत: ख्याति का मूल्य होगा = 1,80,000 – 1,60,000 = 20,000 रु.

यदि विक्रेता को देय रकम अर्थात क्रय प्रतिफल की राशि शुद्ध सम्पत्तियों की रकम के बराबर है तो ख्याति नहीं होगी।

पूँजीगत लाभ

(Capital Profit)

यदि शुद्ध सम्पत्तियों का मूल्य क्रय प्रतिफल से अधिक होता है तो यह आधिक्य पूँजीगत लाभ होगा अर्थात्

पूँजीगत लाभ = शुद्ध सम्पत्तियों का मूल्य - क्रय प्रतिफल

Capital Profit = Net Assets - Purchase Consideration

उपर्युक्त उदाहरण में यदि शुद्ध सम्पत्तियों का मूल्य 2,20,000 रु. हो तो पूँजीगत लाभ होगा 2,20,000 - 1,60,000 - 60,000 रु.

पूँजीगत लाभ होने पर कम्पनी द्वारा पूँजी लाभ की राशि को पूँजी संचय खाते (Capital Reserve Account) में क्रेडिट कर दिया जाता है।

क्रय मूल्य पर ब्याज : एक निश्चित तिथि एक कम्पनी द्वारा विक्रेता को क्रय मूल्य का भुगतान न करने पर अनुबन्ध की शर्तों के अनुसार विक्रेता को ब्याज भी दिया जाता है। इसका लेखा ब्याज खाते को डेबिट व बैंक खाते को क्रेडिट करके किया जाता है।

विक्रेता को भुगतान : क्रय मूल्य का भुगतान आपसी समझौते द्वारा निर्धारित प्रकार से किया जाता है। सामान्यतया कुछ भुगतान नकद में किया जाता है और शेष भुगतान कम्पनी के अंश व ऋण पत्र आदि का विक्रेता को आवंटन करके किया जाता है। इस प्रकार अंशों के निर्गमन को "नकद के अलावा अन्य प्रतिफल हेतु निर्गमन" कहा जाता है। अंश व ऋणपत्रों का इन परस्थितियों में भी निर्गमन सममूल्य, प्रीमियम अथवा बट्टे पर किया जा सकता है।

व्यापार क्रय करने पर कम्पनी की पुस्तकों में लेखा प्रविष्टियाँ

पुस्तकों में लेखा करने की दृष्टि से नई क्रेता कम्पनी के यहाँ पर दो प्रकार की स्थिति उत्पन्न होती है-

(1) व्यापार क्रय करने पर कम्पनी नई लेखा पुस्तकें तैयार करें, तथा

(2) क्रेता कम्पनी पुरानी लेखा पुस्तकें ही चालू रखे।

नई लेखा पुस्तकें रखना - क्रेता कम्पनी चालू व्यापार को क्रय करने पर अपनी स्वयं की नई लेखा पुस्तकें तैयार करती है। ऐसी स्थिति में कम्पनी अग्रलिखित प्रविष्टियाँ करेगी-

सम्पत्तियों एवं दायित्वों के क्रय करने पर

Sundry Assets a/c	Dr.	(प्रत्येक सम्पत्ति खाता क्रय मूल्य से)
To Sundry Liabilitis a/c		(प्रत्येक दायित्व खाता क्रय मूल्य से)
To Vendor's a/c		(क्रय प्रतिफल की राशि से)

(Sundry assets and liabilities taken over)

क्रय मूल्य का भुगतान करने पर

Vendor's a/c Dr.

To Equity Share Capital a/c

To Preference Share Capital a/c

To Debentures a/c

(Purchase consideration discharged)

क्रय मूल्य पर ब्याज देय हो तो उसके भुगतान पर

Interest to Vendor's a/c Dr.

To Bank a/c

(Interest paid to Vendors)

टिप्पणी : यदि डेबिट की मदों का कुल योग क्रेडिट की मदों के कुल योग से अधिक होता है तो यह आधिक्य Capital Reserve Account में क्रेडिट किया जायेगा, यदि डेबिट मदों का योग क्रेडिट मदों के योग से कम होता है तो यह कमी Goodwill Account में डेबिट की जाती है।

Illustration 1.

The Rajasthan Industries Ltd. was incorporated on 1st January, 1985 with a capital of Rs. 10,00,000 divided into 20,000 equity shares of Rs. 50 each. The company was to purchase the business of Jaipurwala at the following valuations:

राजस्थान इण्डस्ट्रीज लि. का समामेलन 10,00,000 रु. की पूँजी से जो कि 50 रु. वाले 20,000 अंशों में विभाजित थी, 1 जनवरी, 1985 को हुआ। कम्पनी ने जयपुरवाला का व्यापार निम्नलिखित मूल्यों पर लिया –

	Rs.
Land and Building	4,00,000
Stock-in-trade	50,000
Plant and Machinery	1,00,000
Furniture and Fittings	30,000
Sundry Debtors	30,000
Goodwill	1,90,000
Creditors	1,00,000

The vendor is to be paid 12,000 fully paid up equity shares and the balance in cash. The balance of shares was issued to public anc was fully taken up and paid for. You are required to give journal entries in the books of company.

विक्रेता को 12,000 पूर्णदत्त समता अंश देय हैं तथा शेष नकद राशि में दिया जाना है। शेष अंश जनता को निर्गमित किए जो पूरे के पूरे ले लिए गए तथा चुका दिए गए। आपको कम्पनी की पुस्तकों में जर्नल प्रविष्टियाँ देनी है।

Solution:

Purchase Considerawtion = Total Assets taken - Total Liabilities taken = 8,00,000 - 1,00,000 = Rs. 7,00,000.

Cash paid to vendor = Rs. 7,00,000 - 6,00,000 = Rs. 1,00,000.

Journal

			Rs.	Rs.
Land and Building a/c	Dr.		4,00,000	
Stock a/c	Dr.		50,000	
Plant & Machinery a/c	Dr.		1,00,000	
Furniture & Fittings a/c	Dr.		30,000	
Sundry Debtors a/c	Dr.		30,000	
Goodwill a/c	Dr.		1,90,000	
To Creditors a/c				1,00,000
To Jaipurwala				7,00,000
(Assets & Liabilities taken over by the company)				
Jaipurwala	Dr.		7,00,000	
To Equity Share Capital a/c				6,00,000
To Bank a/c				1,00,000
(Payment of purchase consideration				
Bank a/c	Dr.		4,00,000	
To Equity Share Application a/c				4,00,000
(Application money received for 8,000 shares @ Rs. 50 per share)				
Equity Share Application a/c	Dr.		4,00,000	
To Equity Share Capital a/c				4,00,000
(Application money transferred to Capital a/c)				

Illustration 2.

A company was formed with an authorised Capital of Rs. 50,00,000 dividen into 25,000. Equity Shares of Rs. 10 each and 2500 preference shares of Rs. 10 each to acquire the giving concern of M/s. Kiran & Co. whose balance sheet stood as follows:

Liabilities	Rs.	Assets	Rs.
B/P	3,500	Cash at Bank	4,503
Sundray Creditors	6,400	Book-debts	7,500
Capital	1,32,100	Insurance Policy	4,000
		Stock in Trade	31,000
		Plant & Machinery	50,000
		Free hold Premises	45,000
	1,42,000		1,42,000

The purchase price was agreed upon at Rs. 1,75,000 to be paid as Rs. 50,000 in fully paid Equity Shares Rs. 50,000 in fully paid Preference Shares Rs. 30,000 in Redeemable Debentures and the balance in cash. The Company does not take over the Insurance Policy, value the stock and plant and machinery at 10% less than the book-value and the free-hold premises at 20% more than the book value. The liabilities will be discharged by the company.

Both kinds of remaining shares was issued to and paid up by the public with the exception of 600 equity shares hold by Bharat Bhushan on which he has not paid the last call of Rs. 3 per share and which were subsequently forfeited and re-issued at a discount of 20 per cent.

Give Journal entries to recard the above and prepare the balance sheet of the company.

क्रय मूल्य 1,75,000 रु. तय हुआ जिसका भुगतान 50,000 रु. के पूर्णदत्त ईक्विटी अंशों में 30,000 रु. प्रतिदेय ऋण पत्रों में तथा शेष नकद में करना है। कम्पनी ने बीमा पॉलिसी नहीं ली। स्टॉक तथा प्लान्ट व मशीनरी का मूल्य पुस्तक मूल्य में 10 प्रतिशत कम, तथा स्वकीय भवन का मूल्य पुस्तक मूल्य से 20 प्रतिशत अधिक लगाया गया है। दायित्वों का भुगतान कम्पनी करेगी।

बचे हुए दोनों प्रकार के अंश जनता में निर्गमित किये गये तथा उनका भुगतान केवल 600 ईक्विटी अंशों के धारक भारत भूषण के 3 रु. प्रति अंश की अन्तिम माँग को

छोड़कर हो गया। ये अंश समयहरित कर लिये गये तथा उनको 20 प्रतिशत बट्टे पर पुनर्निर्गमित कर दिया गया।

उपरोक्त व्यवहारों को कम्पनी की पुस्तकों में लिखने के लिए आवश्यक प्रविष्टियाँ दीजिये तथा कम्पनी का चिट्ठा बनाइये।

Solution:

Journal of ...... Co. Ltd.

			Rs.	Rs.
?	Cash at Bank	Dr.	4,500	
	Sundry Debtors	Dr.	7,500	
	Stock in Trade	Dr.	27,900	
	Plant & Machinery	Dr.	45,000	
	Free hold Premises	Dr.	54,000	
	Good will	Dr.	46,000	
	To Bill Payable			3,500
	To Sundry Creditors			6,400
	To M/s. Kiran & Co.			1,750
	(various assets and liabilities taken over of M/s. Kiran & Co.)			
?	Equity Share Application & Allotment a/c	Dr.	1,40,000	
	To Equity Share Capital a/c			1,40,000
	(The Credit for Rs. 7 per share to Equity Share Capital on 20,000 shares left for issue to the public)			
?	Bank a/c	Dr.	1,40,000	
	To Equity Share Application & Allotment a/c			1,40,000
	(Receipt of Rs. 7 per equity share on all 20,000 shares)			
?	Bank a/c	Dr.	2,00,000	
	To Preference Share Capital a/c			2,00,000
	(The issue and allotment of 20,000 Preference Shares to the public, whole of the amount having been received)			

?	Equity Share Call a/c Dr. To Equity Share Capital a/c (Call of Rs. 3 per share due on 20,000 equity shares)	60,000	 60,000
?	Bank a/c Dr. To Equity Share Call a/c (Amount of call received on all equity shares except on 600 shares)	58,200	 58,200
?	M/s. Kiran & Co. Dr. To Equity Share Capital a/c To Preference Share Capital a/c To Redeemable Debentures a/c To Bank a/c (Purchase consideration discharged as per agreement)	1,75,000	 50,000 50,000 30,000 45,000
?	Equity Share Capital a/c Dr. To Equity Share Call a/c To Shares forfeited a/c (Being 600 Euity shares of Rs. 10 each forfeited due to non-payment of call of Rs. 3 each)	6,000	 1,800 4,200
?	Bank a/c Dr. Shares forfeited a/c Dr. To Equity Share Capital a/c (Forfeited shares issued at a discount of 20%)	4,800 1,200	 6,000
?	Share forfieited a/c Dr. To Capital Reserve a/c (Balance of Shares forfeited a/c transferred to Capital Reserve a/c	3,000	3,000

Balance Sheet of .... Co. Ltd. as on ....

Liabilities	Rs.	Assets	Rs.
Share Capital:		**Fixed Assets:**	
Authorised:		Goodwill	46,000
50,000 Equity Shares of Rs. 10 each	5,00,000	Free-hold Premises	54,000
50, 000 Pref. Shares of Rs. 10 each	5,00,000	Plant & Machinery	45,000
		Current Assets:	
		Stock-in-trade	27,900
		Sundry Debtors	7,500
		Cash at Bank	3,62,500
Issued & Subscribed			
20,000 Pref. Shares of Rs. 10 each fully paid-cash	2,00,000		
5,000 Pref. Shares of Rs. 10 each issued to vendors as fully paid (for consideration other than each)	50,000		
20,000 Equity shares of Rs. 10 each	2,00,000		
5,000 Equity Shares of Rs. 10 each issued to venders as fully paid (for consideration other than cash)	50,000		
Reserves & Surpluses			
Capital Reserve	3,000		
Secured Loans:			
Redeemable Debentures	30,000		
Current Liabilities:			
B/P	3,500		
Sundry Creditors	6,400		
	5,42,900		5,42,900

टिप्पणी : (1) बैंक में जमा राशि की गणना

		रु.
प्रारम्भ में शेष		4,500
	रु.	
जोड़िये : ईक्विटी अंशों पर प्राप्ति (1,40,000 + 58,200)	1,98,200	
अधिमान अंशों पर प्राप्ति	2,00,000	
पुनर्निर्गम पर प्राप्ति	4,800	
4,03,000		
4,07,500		
घटाइयें : विक्रेता को नकद दिये		4,500
कुल		**3,62,500**

(2) अंश समपहरण खाते का पुनर्निर्गम के बाद जो शेष रहता है – उसका प्रयोग पूँजी संचय में न लगाकर ख्याति को अपलिखित करने में भी किया जा सकता है। ऐसा करने पर चिट्ठे का योग 5,39,900 रु. रह जायेगा।

Illustration 3.

Sohan and Virendra sharing profits and losses equally, decided to convert their business into a limited company on 31st December, 1975 when their balance sheet stood as follows:

सोहन व वीरेन्द्र, जो बराबर लाभ हानि का विभाजन करते हैं, ने 31 दिसम्बर, 1975 को अपने व्यापार को एक सीमित दायित्व वाली कम्पनी में बदलने का निश्चय किया, जब कि उनका चिट्ठा निम्न था–

Liabilities	Rs.	Assets	Rs.
Sundry Creditors	48,000	Sundry Debtors	60,000
Loan Creditors	40,000	Bills Receivable	10,000
Bank Overdraft	16,000	Stock-in-trade	36,000
Reserve Fund	6,000	Patents	8,000
Capital Rs.		Plant & Machinery	16,000
Sohan 40,000		Land and Buildings	60,000
Virendra 40,000	80,000		
	1,90,000		1,90,000

(a) The Goodwill of the firm was to be valued at two years purchase of the average profits of the previous three years;

(b) The loan creditor has agreed to accept 7.50% Redeemable Preference Shares in settlement of his claim;

(c) Land and Buildings and Plant & Machinery were to be valued at Rs. 1,00,000 and Rs. 24,000 respectively;

(d) the vendors were to be allotted fully paid equity shares in full settlement of purchase consideration;

(e) the past working results of the firm showed that they had made profits of Rs. 30,000 in 1973; Rs. 36,000 in 1974 and Rs. 42,000 in 1975 after setting aside Rs. 2,000 for reserve fund each year. You are required to parpare (i) a statement showing how the purchase consideration was arrived at and (ii) the opening balance sheet of the company, assuming that all transactions are dully completed.

(अ) फर्म की ख्याति गत तीन वर्षों के औसत लाभ के दुगुने पर मूल्यांकित की जाती है,

(ब) ऋण लेनदार अपने ऋण के लिए 7.50 प्रतिशत प्रतिदेय अधिमान अंश लेने पर सहमत हो गया।

(स) भूमि व भवन तथा प्लाण्ट व मशीनरी का मूल्य क्रमशः 1,00,000 रु. व 24,000 रु. तय किया गया।

(द) व्यापार विक्रेताओं को क्रय प्रतिफल के पूर्ण भुगतान में पूर्ण प्रदत्त सामान्य अंश आवंटित किये गये।

(ई) फर्म के गत परिणाम बताते हैं कि उसके लाभ, संचय में 2,000 रु. प्रति वर्ष ले जाने के बाद निम्न थे - 1973 - 30,000 रु., 1974 - 36,000 रु., 1975 - 43,000 रु.।

आपको निम्न तैयार करने हैं:

(1) क्रय प्रतिफल ज्ञात करने हेतु विवरण पत्र, तथा

(2) कम्पनी का प्रारम्भिक चिट्ठा, यह मानते हुए कि सभी व्यवहार पूर्ण हो गये हैं।

Solution:

3 वर्षों के ख्याति की राशि की गणना

संचय सहित लाभ (32,000 + 38,000 + 44,000 रु.) = 1,14,000 रु.। औसत लाभ 38,000 रु.। ख्याति इसके दुगुने के बराबर = 38,000 × 2 = 76,000।

Statement Showing Purchase Consideration

Particulars	Details	Amount
	Rs.	Rs.
Value of assets taken over:		
Stock	36,000	
Sundry Debtors	60,000	
Bills Receivable	10,000	
Patents	8,000	
Plant & Machinery	24,000	
Land & Building	1,00,000	
Goodwill	76,000	3,14,000
Less : **Value of liabilities taken over:**		
Sundry Creditors	48,000	
Loan Creditors	40,000	
Bank Overdraft	16,000	1,04,000
Purchase Consideration		2,10,000

Balance Sheet as on Ist January, 1976

	Rs.		Rs.
Share Capital		**Fixed Assets:**	
$7\frac{1}{2}$% Redeemable Pref. Share issued for Consideration other than cash fully paid up	40,000	Goodwill	76,000
		Land & Building	1,00,000
		Plant & Machinery	24,000
		Patents	1,000
Equity shares issued for Consideration other than cash	2,10,000	**Current Assets:**	
		Stock	36,000
		Sundry Debtors	60,000
		B/R	10,000
Current Liabilities & Provisions:			
Sundry Creditors	48,000		
Bank Overdraft	16,000		
	3,14,000		3,14,000

कम्पनी द्वारा विक्रेता के देनदारों व लेनदारों को क्रय न करना

कभी-कभी क्रेता कम्पनी व्यापार विक्रेता के देनदारों व लेनदारों को क्रय नहीं करती हैं, क्योंकि देनदार से प्राप्य तथा लेनदारों को देय शुद्ध धनराशि पहले से अनुमानित नहीं की जा सकती। परन्तु पारस्परिक समझौते द्वारा क्रेता कम्पनी कभी-कभी व्यापार विक्रेता के प्रतिनिधि के रूप में उनके देनदारों से रुपया वसूल करने और उनके लेनदारों को भुगतान करने का दायित्व स्वीकार कर लेती है। इन सेवा कार्यों के लिए कम्पनी व्यापार विक्रेता से कमीशन लेती हैं। ऐसी स्थिति में विक्रेता कम्पनी की पुस्तकों में व्यापार विक्रेता के लिए एक चालू खाता अथवा समायोजन खाता खोला जाता है। इस सम्बन्ध में अग्रलिखित लेखा प्रविष्टियाँ है:

विक्रेता के देनदारो से धनराशि प्राप्त करने पर	Bank a/c Dr. To Vendor's Adjustment a/c (Amount realised from Vendor's debtors)	विक्रेता के देनदारों से प्राप्त वास्तविक राशि से
विक्रेता को लेनदारों को भुगतान करने पर	Vendor's Adjustment a/c Dr. To Bank a/c (Amount paid to Vendor's creditors)	विक्रेता के लेनदारों को दी गई वास्तविक राशि से
विक्रेता से कमीशन चार्ज करने पर	Vendor's Adjustment a/c Dr. To Commission a/c (Commission charged on amount collected from Vendor' debtors and payments made to Vendor's creditors)	कमीशन की राशि से
शेष राशि का विक्रेता को भुगतान करने पर	Vendor's Adjustment a/c Dr. To Bank a/c To Share Capital a/c To Debentures a/c (Balance paid to Vendor's partly in cash and partly in shares and debentures)	कुल देय राशि से नकद राशि से अंश-निर्गमन की पूँजी राशि से ऋण पत्र निर्गमन की राशि से

इस सम्बन्ध में यह ध्यान रखना चाहिए कि व्यापार विक्रेता के देनदारों को दी गई छूट व उसके लेनदारों से प्राप्त छूट तथा डूबत ऋण अपलिखित करने के सम्बन्ध में कम्पनी की क्रेता पुस्तकों में कोई लेखा नहीं किया जाता है। क्रेता कम्पनी पुस्तकों में व्यापार विक्रेता के देनदारों से प्राप्त तथा उसके लेनदारों की दी गई वास्तविक नकद राशि से ही लेखा करती है।

इस सम्बन्ध में निम्नलिखित महत्वपूर्ण बिन्दुओं को ध्यान में रखना भी आवश्यक है:

1. देनदारों से राशि वसूल करने तथा लेनदारों को राशि का भुगतान करने का अनुबन्ध करने पर क्रेता कम्पनी की पुस्तकों में कोई लेखा नहीं किया जावेगा। केवल स्मरण पुस्तकों (Memorandum Books) में इसका विवरण लिख लिया जायेगा।
2. देनदारों व लेनदारों से क्रमशः वास्तव में प्राप्त की गई राशि या भुगतान की गई राशि का लेखा ही कम्पनी अपनी पुस्तकों में करेगी।
3. यदि देनदारों से प्राप्य राशि से कम राशि प्राप्त होती है। अथवा लेनदारों को देय राशि से अधिक कम राशि चुकानी पड़ती है तो इस प्रकार होने वाली हानि या लाभ का लेखा कम्पनी की पुस्तकों में नहीं किया जायेगा क्योंकि ये कम्पनी के लाभ हानि नहीं है। संक्षेप में देनदारों में राशि डूब जाने, बट्टा देने, किसी लेनदारा द्वारा राशि न मांगने आदि का कोई लेखा नहीं किया जायेगा।
4. राशि संग्रह करने या भुगतान करने पर लेखा करने हेतु कम्पनी अपनी पुस्तकों में Vendor's Adjustment Account or Vendor's Suspense Account खोलेगी तथा समस्त लेनदेनों का लेखा इस खाते के माध्यम से किया जायेगा। देनदारों या लेनदारों के नाम से लेखा नहीं करेगी।

Illustration 4.

A company which purchased the business of a firm agreed to collect its book-debts and pay off his creditors at a commission of 5 per cent on amounts collected and 3 per cent on amounts paid any loss or profit in the process being that of the Vendors. The debtors on the date of purchase were Rs. 1,00,000 and creditors were Rs. 12,000.

After sometime, the company reported that out of the debtors 45[--- had been collected in cash excluding Rs. 3,000 received as bad debts recovered from previously written off bad debts. Discount allowed was Rs. 2,000. Creditors were paid off in full, the discount earned being Rs. 400. A new liability for Rs. 1000 was admitted and paid in full.

Journalise the transactions in the books of the company.

एक कम्पनी ने, जिसने एक फर्म का व्यापार खरीदा, उसके पुस्तक ऋण वसूल करने और उसके लेनदारों को चुकाने का समझौता किया जिस पर वसूल किये गये धन का 5 प्रतिशत और चुकाये गये धन का 3 प्रतिशत कमीशन तय हुआ। इस प्रक्रिया में होने वाला कोई भी लाभ–हानि व्यापार विक्रेताओं का था। क्रय की तारीख को देनदार 1,00,000 रु. तथा लेनदार 12,000 रु. के थे।

कुछ समय पश्चात कम्पनी ने सूचना दी की देनदारों से 45,000 रु. नकद वसूल हुये हैं जिनमें 3,000 रु. की डूबत ऋण की ऐसी प्राप्त राशि सम्मिलित नहीं है जिसे पहले डूबत ऋण के नाम से अपलिखित किया जा चुका है। 2,000 रु. की छूट दी गई है। लेनदारों

को पूरा चुका दिया गया है, जिससे 400 रु. बट्टे के कमाये गये। 1,000 रु. का एक नया दायित्व स्वीकार किया गया और उसका पूरा पूरा भुगतान कर दिया गया।

कम्पनी की पुस्तकों में इन व्यवहारों की जर्नल प्रविष्टियां करिये।

Solution:

		Rs.	Rs.
	Bank a/c Dr.	48,000	
	To Vendor's Adjustment a/c		48,000
	(Payment received from the Vendor's Debtors including Rs. 3,000 received as bad debts recovered).		
	Vendor's Adjustment a/c Dr.	11,600	
	To Bank a/c		11,600
	(Payment made to the creditors of the Vendor)		
	Vendor's Adjustment a/c Dr.	1,000	
	To Bank a/c		1,000
	(Payment made for new admitted liability)		
	Vendors Adjustment a/c Dr.	2,778	
	To Commission a/c		2,778
	(Commission due)		
	Vendor's Adjustment a/c Dr.	32,622	
	To Bank		32,622
	(Payment made to Vendors)		

Working Note: Calculation of the Commission

	Rs.
5 % on 48,000 =	2,400
3% on 12,600 =	378
Total	2,778

Illustration 5.

On Ist Dec., 1978 Mehta Ltd. bought certain assets from Pant & Sons. The Co. also under took to collect his debts amounting to Rs. 3,90,000 and to pay his creditors for Rs. 90,000 for a commission of 6% on amount collected and 2% on amounts paid. The debtors realised Rs. 3,60,000 only and creditors were paid Rs. 85,000 in full settlement. Pant & Sons, received Rs. 2,00,000, 8% Debentures at 95 and 2,000. Equity Shares of 10 each at a premium of Rs. 2 per share and the balance in Cash.

Journalise the above transactions in the books of the Company.

1 दिसम्बर, 1978 को मेहता लिमिटेड ने पंत एण्ड संस से कुछ सम्पत्तियाँ क्रय कीं। कम्पनी ने उनके देनदारों को जो 3,90,000 रु. के थे। एकत्रित करने तथा उनके लेनदारों को जो 90,000 रु. के थे को भुगतान करने का दायित्व लिया। कम्पनी को देनदारों से प्राप्त राशि पर 6 प्रतिशत तथा लेनदारों को भुगतान की गई राशि का 2 प्रतिशत कमीशन देय है। देनदारों से 3,60,000 रु. ही वसूल हुआ तथा लेनदारों की पूर्ण भुगतान में 85,000 रु. का भुगतान किया। पंत एण्ड संस ने 2,00,000 के 8 प्रतिशत ऋण पत्र 95 पर, 2,000 ईक्विटी अंश, 10 रु. प्रति अंश प्रीमियम पर, तथा शेष नकद में प्राप्त किया।

कम्पनी की पुस्तकों में उपरोक्त व्यवहारों की जर्नल प्रविष्टियां दीजिए।

Solution:

Mehta Limited
Journal

			Rs.	Rs.
?	Bank a/c	Dr.	3,60,000	
	To Vendor's Adjustment a/c			3,60,000
	(Amount realised from the debtors of the vendor)			
?	Vendor's Adjustment a/c	Dr.	85,000	
	To Bank a/c			85,000
	(Creditors of the vendor paid off)			
?	Vendor's Adjustment a/c	Dr.	23,300	
	To Commission a/c			23,300
	(Commission due from vendor @ 6% on Rs. 3,60,000 realised Rs. 21,600, and @2% on Rs. 85,000 paid Rs. 1,700.			

?	Vendor's Adjustment a/c Dr.	2,51,700	
	Discount on Issue Debs. a/c Dr.	10,000	
	To 8% Debentures a/c		2,00,000
	To Equity Share Capital		20,000
	To Share Premium a/c		4,000
	To Bank a/c		37,700
	(Vendor paid off)		

Alternative Solution

Mehta Ltd.

Journal

		Rs.	Rs.
?	Vendor's Debtors Dr.	3,90,000	
	To Vendors Creditor's		90,000
	To Vendor's Suspense a/c		3,00,000
	(Vendor's debtors & creditors taken over for collection & payment on behalf of vendor)		
?	Bank a/c Dr.	3,60,000	
	Vendor's Suspense a/c Dr.	30,000	
	To Vendor's Debtors a/c		3,90,000
	(Vendors debtors realised, loss of Rs. 30,000 adjusted)		
?	Vendor's Creditors a/c Dr.	90,000	
	To Bank a/c		85,000
	To Vendor's Suspense a/c		5,000
	(Payment in full settlement made to Vendor's creditors & profit adjusted)		

?	Vendors's Susepnse a/c Dr.	23,300	
	To Commission a/c		23,300
	(Commission eanred as under on calculation of debtors 6% on Rs. 3,60,000		
	on Payment to Creditors= 21,600		
	on 85,000 1,700		
	23,300		
?	Vendor's Suspense a/c Dr.	2,51,700	
	Discount on Issue of Debentures a/c Dr.	10,000	
	To 8% Debentures a/c		2,00,000
	To Equity Share Capital a/c		20,000
	To Share Premium a/c		4,000
	To Bank a/c		37,700
	(Vendor's account settled in respect of debtors & creditors by issue of Rs. 2,00,000 8% Debentures at 5% discount, 2,000 Equity Shares of Rs. 10 each at a premium of Rs. 2 per share and the balance in cash)		

व्यापार विक्रेता द्वारा गारण्टी

(Guarantee by Vendors)

(1) देनदारों व लेनदारों सम्बन्धी गारन्टी

प्रायः क्रेता कम्पनी व्यापार विक्रेता के देनदारों व लेनदारों को क्रय नहीं करती है, क्यों कि उसे व्यापार विक्रेता के देनदारों से कम राशि वसूल होने तथा उसके लेनदारों को अधिक धनराशि भुगतान करने की आशंका होती है। ऐसी स्थिति में व्यापार विक्रेता क्रेता कम्पनी को एक गारन्टी प्रदान करता है कि देनदारों से एक निश्चित राशि से कम राशि वसूल होने पर तथा लेनदारों को एक निश्चित राशि से अधिक धनराशि का भुगतान करने पर क्रेता कम्पनी को होने वाली क्षति की पूर्ति कर देगा। क्रेता कम्पनी इस गारन्टी के लिए व्यापार विक्रेता को देय धनराशि में से कुछ राशि रोक लेती है जिससे भविष्य में यदि व्यापार क्रेता कम्पनी की क्षति पूर्ति नहीं करता है, तो क्रेता कम्पनी द्वारा रोकी गई राशि में से हानि की पूर्ति की जा सके।

(2) विक्रेताओं द्वारा न्यूनतम लाभांश की गारन्टी

कभी-कभी व्यापार विक्रेता द्वारा कई वर्षों तक न्यूनतम लाभांश की गारण्टी दी जाती है ताकि बाहरी व्यक्तियों से और अंश पूँजी प्राप्त की जा सके। इसके लिए सामान्यत: अधिकतम सुरक्षा राशि क्रेता कम्पनी द्वारा विक्रेताओं को देय प्रतिफल में से रोक ली जाती है। लाभांश की दर सभी प्रकार के अंशधारियों के लिए समान दर से घोषित की जाती है। इस प्रकार उत्पन्न कमी को विक्रेता के गारन्टी खाते से वसूल किया जाता है। इस खाते में शेष गारण्टी अवधि के लिए अधिकतम सुरक्षा-राशि उपलब्ध रहती है। यहाँ यह स्पष्ट कर देना आवश्यक है कि गारण्टी अवधि एक निश्चित समयावधि की होती है। यह सम्भव नहीं है कि गारण्टी अवधि कम्पनी के पूर्ण जीवन काल के लिए दी जाय।

प्रथम विधि में दी गई गारण्टी के लिए आवश्यक राशि व्यापार विक्रेता के खाते से गारण्टी खाते में स्थानान्तरित कर दी जाती है। वैकल्पिक विधि में बाह्य अंशधारियों को अतिरिक्त वितरण केवल गारण्टी खाते में से ही किया जा सकेगा।

गारण्टी के सम्बन्ध में कम्पनी, व्यापार विक्रेता के भुगतान से राशि, रोक लेती है, तथा इसे एक खाते में स्थानान्तरित करती है उसे व्यापार विक्रेता गारण्टी खाता कहते हैं। तथा क्षतिपूर्ति की राशि का समायोजन इससे करती है।

गारण्टी सम्बन्धी प्रविष्टियां

व्यवहार	प्रविष्टि	राशि
क्रय प्रतिफल से राशि रोकने पर	Vendor's a/c Dr. To Vendor's Guarantee a/c (Amount retained towards guarantee)	रोकी गई राशि से
देनदारों से राशि कम वसूल होने पर	Vendor's Guarantee a/c Dr. To Sundry Debtors a/c (Unrealised amount of debtors adjusted)	कम वसूल राशि से
लेनदारों को अधिक भुगतान होने पर	Vendor's Guarantee a/c Dr. To Bank a/c (Excess payment to creditors adjusted)	अधिक दी गई राशि से
लाभांश देने के लिए लाभ कम रहने पर	Vendor's Guarantee a/c Dr. To P & L Appropriation a/c (Adjustment in respect of Dividend Guarantee)	लाभांश के लिए कम रही राशि से

व्यापार विक्रेता के लाभांश की राशि से	Dividend a/c Dr. To Vendor's Guarantee a/c (Dividend payable to Vendor withheld towards guarantee)	लाभांश राशि से
गारण्टी समाप्त होने पर भुगतान करने पर	Vendor's Guarantee a/c Dr. To Bank a/c (Balance of Vendors Guarantee a/c paid off an expiry of the guarantee paid)	खाते की शेष राशि से

Illustration 5.

Rakesh was working as a sale trader. He sold his business to Rakesh Ltd. Rakesh Co. took over the following assets and liabilities.

Building Rs. 1,20,000, Machinery Rs. 60,000, Furniture Rs. 20,000. Debtors Rs. 1,00,000, Investments Rs. 10,000. Creditors Rs. 1,20,000, Provision for Bad & Doubtful Debts 10,000.

Rakesh guaranteed that the debtors would realised Rs. 90,000 and payment to creditors would not exceed the book figures. The debtors actually realised Rs. 86,000 and creditors claimed Rs. 1,24,000.

The Company issued 4,000 equity shares of Rs. 100 each and these were duly taken up by the public and paid for. Rakesh was issued 1,700 equity shares of Rs. 100 each in part payment and the remaining amount retained towards his guarantee amount.

Rakesh further guaranteed that the profits of the Company during each of the first three years would be sufficient to declare a dividend of at least 6%. Out of profits of the first year Co. could pay a dividend of 5%, out of profits of the second year a dividend of 7% was declared and again out of profits of the third year the Co. could pay dividend of 4%. During the first and third year, the deficiency of profits was made out of Rakesh's guarantee, before proposing dividends for the concerned year.

Give necessary Journal entries relating to the purchase of business and issue of shares in the books of the Co. Also give Rakesh's Guarantee Account assuming that in share of dividend is retained by the Co.

राकेश एकाकी व्यापारी के रूप में कार्य कर रहा था। उसने अपना व्यापार राकेश लिमिटेड को बेच दिया। कम्पनी ने निम्न सम्पत्तियों तथा दायित्व लिये भवन 1,20,000 रु.

मशीनरी 60,000 रु., फर्नीचर 20,000 रु., देनदार 1,00,000 रु., विनियोग 10,000 रु., लेनदार 1,20,000 रु., संदिग्ध ऋण आयोजन 10,000 रु.।

राकेश ने गारण्टी दी कि देनदारों से 90,000 रु. वसूल हो जायेंगे, तथा लेनदार पुस्तक मूल्यों से अधिक नहीं होंगे। वास्तव में देनदारों से 86,000 रु.. वसूल हुए तथा लेनदारों को 1,24,000 रु. देने पड़े।

कम्पनी ने जनता में 100 रु. वाले 4,000 ईक्विटी अंश निर्गमित किये। जनता ने इन अंशों को याचित किया तथा इनका भुगतान कर दिया। राकेश को आंशिक भुगतान में 1700, 100 रु. वाले ईक्विटी अंश निर्गमित किये गये और शेष राशि गारण्टी के लिए रोक ली।

राकेश ने यह भी गारण्टी दी कि कम्पनी के प्रथम तीन वर्षों के लाभ इतने पर्याप्त होंगे कि कम्पनी प्रत्येक वर्ष में कम से कम 6 प्रतिशत का लाभांश घोषित कर सकेगी। प्रथम वर्ष के लाभों से केवल 5 प्रतिशत लाभांश घोषित किया जा सकता था, द्वितीय वर्ष के लाभों से 7 प्रतिशत लाभांश की घोषणा की जा सकी। तृतीय वर्ष के लाभों से 4 प्रतिशत लाभांश घोषित किया जा सकता था। प्रथम व तृतीय वर्ष के लाभांश के लिए लाभों की कमी की पूर्ति राकेश के गारण्टी खाते से लाभांश घोषित करने से पूर्व पूरी की गई।

कम्पनी की पुस्तकों में व्यापार क्रय करने तथा अंश निर्गम सम्बन्धी जर्नल प्रविष्टियाँ दीजिये। कम्पनी की पुस्तकों में राकेश का गारण्टी खाता भी दीजिये, यह मानते हुए कि उसके हिस्से का लाभांश कम्पनी द्वारा रोक लिया गया है।

			Rs.	Rs.
?	Building a/c	Dr.	1,20,000	
	Machinery a/c	Dr.	60,000	
	Furniture a/c	Dr.	20,000	
	Debtors a/c	Dr.	1,00,000	
	Investment a/c	Dr.	10,000	
	To Creditors a/c			1,20,000
	To Provision for Bad and Doutful Debts a/c			10,000
	To Rakesh			1,80,000
	(Sundry assets and liabilities of Rakesh taken over)			
?	Bank a/c	Dr.	4,00,000	
	To Equity Share Application & Allotment a/c			4,00,000
	(Amount received for 4,000 equity shares at Rs. 100 per share)			

?	Equity Share Application & Allotment a/c Dr.	4,00,000	
	To Equity Share Capital a/c		4,00,000
	(Allotment made)(		
?	Rakesh Dr.	1,80,000	
	To Equity Share Capital a/c		1,70,000
	To Rakesh's Guarantee a/c		10,000
	(1700 Equity shares of Rs. 100 each allotted to Rakesh in past payment and Rs. 10,000 transferred to his guarantee a/c)		

Rakesh's Guarantee Account

		Rs.			Rs.
?	To Debtors a/c	4,000	?	By Rakesh	10,000
?	To Creditors a/c	4,000	I Year End	By Balance c/d	3,700
I Year End	To P & L Appropriation a/c (1% on Rs. 5,70,000)	5,700			
		13,700			13,700
II Year Beginn-ing End	To Balance b/c	3,700	II Year Date of Declo-ration of Divid-end	By Dividends a/c	10,200
	To Balance c/d	6,500			
		10,200			10,200

III Year End	To Profit & Loss Appropriation a/c (2% on Rs. 5,700,000) To Bank a/c	11,400 7,000	III Year Beginning Date of Declaration of Dividend	By Balance c/d By Dividend a/c	6,500 11,900
		18,400			18,400

टिप्पणी :

(1) गारण्टी दिये हुए लाभांश की कमी को गारण्टी खाते में नाम व्यापार विक्रेता को दिये गये अंशों पर भी की गई है, क्योंकि कम्पनी के अंश हस्तान्तरणीय होते हैं, अत: आवश्यक नहीं कि वह व्यापार विक्रेता के पास ही रहें। यह प्रविष्टि वर्ष के अन्त में की गई है।

(2) प्रथम वर्ष के लाभांश की घोषणा द्वितीय वर्ष में, तथा द्वितीय की तृतीय में, इस तरह आगे भी की जाती है, अत: रोके गये लाभांश की प्रविष्टियां इसी प्रकार की गई है।

(3) राकेश के गारण्टी खाते के शेष का तृतीय वर्ष के अन्त में गारण्टी समाप्ति के साथ ही भुगतान कर दिया गया है।

पुरानी लेखा-पुस्तकें चालू रखना
(Old Books of Accounts Continued)

कभी-कभी कम्पनी व्यापार क्रय करने के पश्चात् नई पुस्तकें न खोलकर, पुरानी लेखा-पुस्तकें ही चालू रखती है। ऐसी स्थिति में कम्पनी पुरानी लेखा-पुस्तकों में विभिन्न व्यवहारों की अग्रलिखित प्रकार से प्रविष्टियाँ करती है:

(1) व्यापार क्रय करने पर - व्यापार क्रय करने पर कम्पनी क्रय की गई सम्पत्तियों और दायित्वों के लिए अलग से लेखे नहीं करती है, क्योंकि उन सम्पत्तियों एवं दायित्वों के खाते विक्रेता की पुस्तकों में पहले से ही खुले रहते हैं, अर्थात् सम्पत्ति एवं दायित्व के खाते बन्द करने की दृष्टि से वसूली खाते में स्थानान्तरित नहीं किये जाते हैं। यदि कम्पनी ने क्रय करने से पूर्व सम्पत्तियों एवं दायित्वों का पुनर्मूल्यांकन करा लिया है, तो इससे सम्बन्धित प्रविष्टियाँ पुनर्मूल्यांकन खाते (Revaluation Account) में की जाती है।

(2) पुनर्मूल्यांकन खाते का शेष - इस खाते का शेष एकाकी व्यापारी के पूँजी खाते अथवा साझेदारों के पूँजी खातों (लाभ हानि अनुपात) में अन्तरित कर दिया जाता है।

(3) सामान्य संचय - विक्रेता संस्था के सामान्य संचय अथवा अवितरित लाभ (Undistributed Profits) अथवा ख्याति को विक्रेता के पूँजी खाते में (फर्म की दशा में साझेदारों के पूँजी खातों में उनके लाभ विभाजन अनुपात में) क्रेडिट करते हैं।

(4) कम्पनी द्वारा न बेची गई सम्पत्ति और दायित्व - यदि कम्पनी ने विक्रेता की किसी सम्पत्ति या दायित्व को क्रय नहीं किया है, तो उसे व्यापारी के पूँजी खाते में (फर्म की स्थिति में) अन्य किसी समझौते के अभाव में, पूँजी अनुपात (Capital Ratio) में अन्तरित करके सम्पत्ति या दायित्व खाता बन्द कर दिया जाता है।

उपर्युक्त समायोजन करने के बाद पूँजी खातों के शेषों के आधार पर क्रय मूल्य निर्धारित किया जाता है। विक्रेता व्यापारी को क्रय मूल्य का भुगतान करने पर उसके पूँजी खाते को डेबिट तथा रोकड़ खाता अथवा ऋण खाता डेबिट करते हैं। इस प्रकार पुनर्मूल्यांकन सम्पत्तियों एवं दायित्वों के खाते निरन्तर चलते रहते हैं तथा भविष्य में इन पुस्तकों में ही कम्पनी के व्यवहारों की लेखा प्रविष्टियाँ की जाती है।

Illustration 6.

The following to the balance sheet of M/s Banshi Dhar Banwari Lal as on 31st Dec. 1978.

31 दिसम्बर, 1978 को सर्व श्री बंशीधर बनवारी लाल का चिट्ठा निम्नलिखित है:

Balance Sheet as on 31st Dec., 1978

		Rs.		Rs.
Creditors		20,000	Land & Building	1,00,000
Bills Payable		90,000	Machinery	80,000
Capital Rs.			Fixtures	40,000
Banshi Dhar	1,20,000		Stock-in-trade	20,000
Banwari Lal	80,000	2,00,000	Bills Receivable	10,000
			Debtors	50,000
			Dash in hand at Bank	10,000
		3,10,000		3,10,000

On Ist January, 1978 the above business was purchased by Joseph Ltd. for Rs. 3,00,000 to be discharged by issued shares of Rs. 100 each, credited as Rs. 80 paid up. The Company did not take over fixtures and bills payable. It was decided that the Company would take land and building at

Rs. 1,35,000 and Machinery at Rs. 70,000. A provision for doubtful debts was also made at 5% on sundry debtors. There is a claim of Rs. 6,000 on account of bills discounted, which the Company agreed to take over, but the Company refused to take over a worker's claim of Rs. 2,000 on account of accident. Bills payable were taken over by Banshi Dhar at an agreed value of Rs. 80,000. Fixtures were disposable at Rs. 34,000 and they were taken over by the partners in the ratio of their last claim of Capitals. The company decides to continue the same set of books. You are required to make necessary journal entries for the above transactions.

1 जनवरी, 1979 को उपर्युक्त व्यवसाय जोजफ लिमिटेड द्वारा 3 लाख रु. में क्रय कर लिया गया। क्रय मूल्य 100 रु. वाले अंशों के निर्गम द्वारा 80 रु. प्रति अंश पूर्णदत्त मानकर, चुकाया गया। कम्पनी ने देय बिल व फिक्चर्स को नहीं लिया। यह निर्णय किया गया कि कम्पनी भूमि व भवन 1,35,000 रु. तथा मशीनरी 70,000 रु. में लेगी। विविध देनदारों पर 5 प्रतिशत संदिग्ध ऋण आयोजन करने का भी निश्चय किया। भुनाये गये बिलों का 6,000 रु. का दावा है, जिसका दायित्व कम्पनी ने ले लिया। परन्तु कम्पनी ने 2,000 के श्रमिक दुर्घटना दावे को चुकाना स्वीकार नहीं किया। बंशीधर ने 80,000 रु. में देय बिल ले लिये। फिक्सचर्स जो 40,000 रु. में बिकने योग्य है। साझेदारों ने पूँजी अनुपात में (जो अन्तिम दावे के समय रहेगा) ले लिये। कम्पनी पुरानी पुस्तकों को ही चालू रखना तय करती है। आपको उपरोक्त व्यवहारों की जर्नल प्रविष्टियाँ करनी है।

Solution:

Joseph Ltd.
Journal

			Rs.	Rs.
1979	Revaluation a/c	Dr.	26,500	
Jan. 1	To Machinery a/c			10,000
	To Fixtures a/c			6,000
	To Provision for Doubtful Debts a/c			2,500
	To Claim for Bill Discounted a/c			6,000
	To Claim for Accident a/c			2,000
	(Loss on revaluation of assets and claims admitted charged to Revaluation a/c)			
	Bills Payable a/c	Dr.	10,000	
	Land & Building a/c	Dr.	35,000	
	To Revaluation a/c			45,000
	(Value of land & buildings is increased and value of liability for B/P decreased)			

	Revaluation a/c Dr.	18,500	
	To Banshi Dhar's Capital a/c		9,250
	To Banwari Lal's Capital a/c		9,250
	(Profit on revaluation transferred to Partners Capital c/d in their profit sharing ratio)		
	Goodwill a/c Dr.	33,500	
	To Banshi Dhar's Capital a/c		16,750
	To Banwari Lal's Capital a/c		16,750
	(Goodwill created and credited to Partners Capital a/cs)		
1979	Claim for Accident a/c Dr.	2,000	1,362
Jan.1	To Banshi Dhar's Capital a/c		638
	To Banwari Lal's Capital a/c		
	(Claim debited to Partners Capital a/cs in ratio of final claim), 113 % 53		
	Banshi Dhar's Capital a/c Dr.	23,144	
	Banwari Lal's Capital a/c Dr.	10,956	
	To Fixtures a/c		34,000
	(Fixtures transferred to Partners Capital a/cs in the ratio of final claims, 113 : 53)		
	Bills Payable a/c Dr.	80,600	
	To Banshi Dhar's Capital a/c		80,000
	(Bills payable taken over by Banshi Dhar)		
	Banshi Dhar's Capital a/c Dr.	2,04,218	
	Banwari Lal's Capital a/c Dr.	95,782	
	To Share Capital a/c		3,00,000
	(3,750 shares of Rs. 100 each issued as Rs. 80 paid up in the balance of their Capital a/c)		

टिप्पणी : (1) ख्याति की गणना निम्न प्रकार की गई है:

कम्पनी द्वारा ली गई सम्पत्तियाँ

		रु.
भवन		1,35,000
मशीनरी		70,000
स्कन्ध		20,000
प्राप्य बिल		10,000
देनदार		50,000
रोकड़		10,000
कुल सम्पत्तियों का योग		2,95,000
घटाइये: दायित्व जो कम्पनी लेती हैं	रु.	
लेनदार	20,000	
भुनाये गये बिलो का दायित्व	6,000	
संदिग्ध ऋण आयोजन	2,500	28,500
शुद्ध सम्पत्तियों जो ली गई		2,66,500
कुल देय क्रय प्रतिफल		3,00,000

ख्याति = क्रय प्रतिफल – शुद्ध सम्पत्तियाँ

या (3,00,000 रु. – 2,66,500) = 33,500

(2) समझौते के अभाव में साझेदारों में लाभ बराबर बराबर विभाजित किये हैं।

(3) अन्तिम भुगतान राशि साझेदारों के खाते बनाकर ज्ञात की गई है।

(4) अन्तिम दावे का अनुपात निम्न प्रकार ज्ञात किया हैं:

	Banshi Dhar	Banwari Lal
	Rs.	Rs.
Balance as per B/s	1,20,000	80,000
Revaluation Profit	9,250	9,250
Bills Payable	80,000	—
Goodwill	16,750	16,750
Topal	2,26,000	1,06,000
Ratio	113	53

समामेलन से पूर्व लाभ अथवा हानि

(Profit or Loss Prior to Incorporation)

जब किसी चालू व्यवसाय को क्रय करने हेतु कोई कम्पनी स्थापित की जाती है तो यह आवश्यक नहीं है कि कम्पनी उस व्यवसाय को उसी दिन खरीदे जिस दिन क्रय किये जाने वाले व्यवसाय के अन्तिम लेखे तैयार किये गये हैं। व्यापार को वर्ष के मध्य किसी भी दिन क्रय किया जा सकता है। ऐसी स्थिति में यह आवश्यक होगा कि व्यापार बेचने से पूर्व व्यापार विक्रेता अपने अन्तिम लेखे तैयार करे। इसके लिए स्टॉक की गणना भी करनी होगी जो एक कठिन कार्य है। इस कठिनाई को दूर करने के लिए तथा सुविधा की दृष्टि से नई क्रेता कम्पनी व्यापार का क्रय वर्ष के प्रारम्भ से ही कर लेती है। उदाहरणार्थ- माना कि एक कम्पनी 17 फरवरी को समामेलित की जाती है, जो एक स्थापित व्यापार को वर्ष के प्रारम्भ (1 फरवरी) से क्रय करती है। ऐसी स्थिति में यदि क्रेता कम्पनी के अन्तिम खाते 31 दिसम्बर को तैयार किये जाते हैं, तो 1 जनवरी से 15 फरवरी तक की अवधि का लाभ भी कम्पनी का ही लाभ होगा, जिसे समामेलन के पूर्व का लाभ कहेंगे।

इस प्रकार व्यापार क्रय करने की तिथि से समामेलन का प्रमाण पत्र प्राप्त करने तक के ऐसे लाभ को जिसे क्रेता कम्पनी प्राप्त करने का अधिकार रखती है, समामेलन से पूर्व के लाभ कहते हैं। कम्पनी ऐसे लाभों को प्राप्त करने का अधिकार व्यापार विक्रेता को अधिक क्रय मूल्य देकर खरीदती है। अत: क्रेता कम्पनी के लिए यह लाभ सामान्य आयात लाभ नहीं होता है, वरन् पूँजी लाभ होता है। इसके अतिरिक्त यह लाभ क्रेता कम्पनी को वैधानिक अस्तित्व प्राप्त होने से पूर्व की अवधि के लिए प्राप्त होते हैं, न कि स्वयं की व्यापारिक गतिविधियों के फलस्वरूप प्राप्त होता है। अतएव क्रेता कम्पनी की पुस्तकों में इस लाभ को लेखा सिद्धान्तों के अनुसार भी आयगत मानना गलत होगा। अत: क्रेता कम्पनी की पुस्तकों में व्यापार क्रय करने की तिथि से अन्तिम खाते बनाने की तिथि तक की अवधि के लाभ अथवा हानि को दो भागों में विभाजित करना आवश्यक हो जाता है, अर्थात् (1) व्यापार क्रय करने की तिथि से समामेलन तक की अवधि के लाभ को समामेलन से पूर्व का लाभ, तथा (2) समामेलन के पश्चात् अन्तिम खाते बनाने की तिथि तक की अवधि के लाभ को समामेलन के बाद का लाभ कहते हैं।

टिप्पणी - निजी तथा सार्वजनिक दोनों कम्पनियों की दशाओं में समामेलन के बाद प्रमाण पत्र प्राप्त करने की तिथि के आधार पर समामेलन के पूर्व तथा पश्चात् की अवधि ज्ञात कर व्ययों का विभाजन किया जाता है। सार्वजनिक कम्पनी की दशा में व्यापार आरम्भ करने के प्रमाण पत्र प्राप्त करने की तिथि के आधार पर समय का विभाजन नहीं करना चाहिए।

समामेलन के पूर्व का लाभ अथवा हानि ज्ञात करने की विधि

सामान्यत: नई कम्पनी यदि किसी व्यावसायिक संस्था के चालू व्यवसाय को क्रय करके बनाई जाती है, तो यह आवश्यक नहीं है, कि व्यवसाय उसी दिन से क्रय किया जाय, जिस दिन व्यवसाय के खाते बन्द किये जाते हैं। व्यवसाय को वर्ष के मध्य किसी भी तिथि पर क्रय किया जा सकता है, ऐसी दशा में सभी सम्पत्तियों तथा दायित्वों का शेष क्रय तिथि तक ज्ञात करना होता है, स्टॉक भी उक्त तिथि का ज्ञात करना होता है, इस क्रिया को करने में

कई कठिनाईयाँ आती है, तथा कुछ दिन व्यावसायिक क्रियाएं भी बन्द करना आवश्यक हो सकता है। इन कठिनाइयों को दूर करने के लिए एक सामान्य रीति यह अपनाई जाती है कि नई कम्पनी व्यवसाय का क्रय वर्ष के प्रारम्भ से ही कर लेती है। किन्तु कम्पनी अधिनियम की धाराओं के अनुसार कम्पनी अस्तित्व में निगमन का प्रमाण पत्र प्राप्त होने की तिथि से ही आती है। इसलिए व्यवसाय क्रय करने की तिथि से निगमन का प्रमाण पत्र प्राप्त करने की तिथि तक वे लाभ व्यावसायिक क्रियाओं से प्राप्त सामान्य आयगत लाभ नहीं माने जाते। ये लाभ पूँजीगत लाभ होते हैं। इन्हें अंशधारियों में वितरित नहीं किया जा सकता। अतः कम्पनी के लिए यह आवश्यक है कि चालू व्यवसाय माध्य में व्यवसाय के अन्तिम खाते बन्द करने की तिथि के बाद क्रय) करने पर, निगमन के पूर्व व बाद में लाभ ज्ञान करे। यदि लाभ के स्थान पर हानि हो तो निगमन से पूर्व की यह हानि पूँजीगत हानि है, तथा इसे ख्याति खाते में स्थानान्तरित कर देना चाहिए।

इस प्रकार के लाभ अथवा हानि को सही-सही ज्ञात करने की विधि तो यह है कि समामेलन का प्रमाण पत्र प्राप्त होने की तिथि को स्टॉक का मूल्यांकन किया जाय तथा विधिवत् अन्तिम खाते तैयार किये जायें, परन्तु वर्ष के मध्य ऐसा करने में बहुत कठिनाई तथा असुविधा होती है। अतएव व्यवहार में निम्न किसी भी विधि द्वारा लाभ अथवा हानि का अनुमान लगाया जा सकता है:

(1) समय के आधार पर - वर्ष का सम्पूर्ण लाभ समामेलन के पूर्व की अवधि तथा समामेलन के पश्चात् की अवधि के आधार पर दो भागों में विभाजित किया जा सकता है। उदाहरणार्थ, यदि 31 दिसम्बर को समाप्त होने वाले वर्ष का लाभ 90,000 रु. है तथा कम्पनी का समामेलन 1 अप्रैल को हुआ हो तो ऐसी स्थिति में इस लाभ को 3 माह (समामेलन के पूर्व, 1 जनवरी से 31 मार्च) तथा 9 माह (समामेलन के पश्चात् 1 अप्रैल से 31 दिसम्बर) के अनुपात (1 : 3) से विभाजित कर दिया जायेगा। इस प्रकार समामेलन के पूर्व का लाभ 22,500 रु. तथा समामेलन के पश्चात् का लाभ 67,500 रु. होगा।

(2) समामेलन के पूर्व तथा समामेलन के पश्चात् की विक्रय राशियों (Turnover) **के आधार पर** - वर्ष के सम्पूर्ण लाभ या हानि को समोलन के पूर्व के विक्रय तथा समामेलन के बाद के विक्रय की राशियों के अनुपात में विभाजित किया जा सकता है। उदाहरणार्थ, यदि 90,000 रु. के लाभ को विक्रय के आधार पर दो भागों में विभाजित करना हो तो सर्व प्रथम समामेलन के पूर्व तथा पश्चात् की विक्रय राशियों को मालूम करके उनका अनुपात ज्ञात करेंगे। मान लीजिए कि वर्ष में माल की सम्पूर्ण बिक्री 1,20,000 रु. की हुई जिसमें से 40,000 रु. की बिक्री समामेलन के पूर्व की अवधि में हुई थी तो समामेलन के पश्चात् की अवधि की बिक्री 80,000 रु. (1,20,000 रु. - 40,000 रु.) होगी। दोनों अवधियों की बिक्री का अनुपात 40,000 : 80,000 अर्थात् 1 : 2 का होगा। अतः समामेलन के पूर्व का लाभ 30,000 रु. तथा समामेलन के पश्चात् का लाभ 60,000 रु. होगा।

(3) समय और बिक्री के आधार पर - यद्यपि उपर्युक्त किसी भी विधि द्वारा समामेलन से पूर्व के लाभ या हानि का अनुमान लगाया जा सकता है, परन्तु अधिक सही अनुमान लगाने के लिए आजकल समय तथा बिक्री दोनों के मिश्रण के आधार पर वर्ष के सम्पूर्ण लाभ अथवा हानि का विभाजन किया जाता है। यह निम्न प्रकार ज्ञात किया जाता है:

(अ) सकल लाभ का विभाजन : सर्वप्रथम व्यापार क्रय करने की तिथि से अन्तिम खाते बनाने की तिथि तक का सकल लाभ अथवा सकल हानि को एक व्यापार खाता बनाकर ज्ञात कर लेते हैं। इसके बाद इस सकल लाभ अथवा सकल हानि को समामेलन के पूर्व एवं समामेलन के पश्चात् की बिक्री के अनुपात में विभाजित करके समामेलन के पूर्व तथा पश्चात् के सकल लाभ अथवा सकल हानि ज्ञात करते हैं, क्योंकि सकल लाभ अथवा सकल हानि का सम्बन्ध मुख्यत: बिक्री से होता हैं।

(ब) व्ययों का विभाजन - इसके प्रश्चात् कम्पनी के समस्त व्ययों का अनुभाजन निम्न प्रकार किया जाता है:

(क) समय के आधार पर - व्यापारिक व्ययों में से जो व्यय स्थायी प्रकृति के होते हैं, जैसे वेतन, बिजली, खर्च, किराया, बीमा प्रीमियम, ह्रास, ब्याज, अंकेक्षण शुल्क, कार्यालय व्यय आदि उनका भुगतान समय के आधार पर किया जाता है। ऐसे व्ययों का विभाजन समामेलन के पूर्व समामेलन के बाद की अवधि के अनुपात में किया जाता है।

(ख) विक्रय के आधार पर - व्यापारिक व्ययों में से अनेक व्यय ऐसी प्रकृति के होते हैं, जिनका अधिकतर सम्बन्ध विक्रय से होता है, अर्थात् ऐसे व्यय विक्रय में वृद्धि अथवा कमी से प्रभावित होते हैं, जैसे विज्ञापन व्यय, विक्रय व्यय, गाड़ी भाड़ा, डुबर्न्ऋण, विक्रय अभिकर्त्ता का वेतन और कमीशन, दलाली, विक्रय पर दिया गया बट्टा, यात्रा व्यय आदि। इन व्ययों को समामेलन के पूर्व तथा बाद की अवधि की विक्रय राशियों के अनुपात में विभाजित किया जाता है।

(ग) समामेलन से पूर्व के व्यय - व्यवसाय के कुछ व्यय ऐसे भी होते हैं जो कम्पनी के संस्थापन के पूर्व की अवधि से ही सम्बन्धित होते हैं, जैसे क्रय-मूल्य पर समामेलन तिथि तक का ब्याज, विक्रेता (साझेदारों) का वेतन, कमीशन, पूँजी पर ब्याज, आहरण पर ब्याज आदि। इन व्ययों को समामेलन से पूर्व के लाभों में से ही घटाया जायेगा।

(घ) समामेलन के बाद के व्यय - कुछ ऐसे भी व्यय होते हैं जो समामेलन के बाद की अवधि से ही सम्बन्धित होते हैं, जैसे संचालकों की फीस, प्रारम्भिक व्यय या संस्थापन के व्यय (Preliminary Expenses), ऋण पत्रों पर ब्याज, प्रबन्ध अभिकर्त्ता एवं संचलकों का पारिश्रमिक आदि। इन व्ययों को समामेलन के बाद के लाभों में से ही घटाया जाता है।

निम्न तालिका में विभिन्न मदों को सामान्यतया किन किन आधारों पर निगमन से पूर्व और बाद की अवधि में विभाजित किया जाता है, यह बताया गया है।

मदों की प्रकृति	मदों के नाम	विभाजन का आधार
(1) सकल लाभ	सकल लाभ	बिक्री अनुपात
(2) स्थायी व्यय या आय	वेतन, ब्याज, दर व कर, किराया, मूल्य ह्रास, बीमा, पोस्टेज व स्टेशनरी, सामान्य व्यय आदि।	समय अनुपात

(3) परिवर्तनशील व्यय या आय (जो बिक्री के आधार पर घटते बढ़ते हों) या बिक्री के सन्निकट अथवा उससे सम्बन्धित हों।	विक्रय कमीशन, मात्रा व्यय, डूबत ऋण, विज्ञापन, गाड़ी भाड़ा, विक्रय ऐजेन्टों का पारिश्रमिक, छूट, दलाली आदि।	बिक्री अनुपात
(4) निगमन से पूर्व के समय से ही सम्बन्धित व्यय या आय	क्रय प्रतिफल का निगमन तिथि तक का ब्याज, फर्म का व्यवसाय क्रय करने पर साझेदारों का वेतन, बोनस, कमीशन आदि।	निगमन से पूर्व की अवधि
(5) निगमन से बाद के समय से ही सम्बन्धित व्यय या आय	प्रारम्भिक व्यय, ऋण पत्र ब्याज, संचालकों का पारिश्रमिक, प्रबन्ध संचालकों का कमीशन, आदि।	निगमन से बाद की अवधि

टिप्पणी

(1) यदि प्रश्न में निगमन के प्रमाण पत्र प्राप्त करने की तिथि, तथा व्यवसाय प्रारम्भ करने की तिथि दोनों ही दे रखी हो तो निगमन का प्रमाण पत्र प्राप्त करने की तिथि को ही ध्यान में रख कर ही निगमन के पूर्व व बाद के लाभों की गणना करनी चाहिये।

(2) विशेष सूचना वाली मदों को सूचना के अनुसार विभाजित करना चाहिए।

(3) एक कम्पनी का ही चालू व्यापार दूसरी कम्पनी द्वारा क्रय करने पर संचालक शुल्क समय के आधार पर विभाजित करना चाहिए।

निगमन से पूर्वक लाभों का विवेचन

यह लाभ पूँजीगत होते हैं, अतः इनका प्रयोग पूँजीगत हानियों को अपलिखित करने में किया जा सकता है। इसके अतिरिक्त प्रारम्भिक व्यय, ख्याति को अपलिखित करने, सम्पत्तियों पर मूल्य ह्रास को अपलिखित करने आदि के लिए किया जा सकता है। यदि इसका प्रयोग उपर्युक्त कार्यों में नहीं किया जाय तो इसे पूँजी संचय खाते में स्थानांतरित कर देना चाहिए।

हानि की दशा में पूर्व बताये अनुसार ख्याति खाते में स्थानांतरित करना चाहिए अथवा इसे स्थापित आयगत व्यय मानकर कुछ वर्षों के लाभों से अपलिखित कर देना चाहिए।

लाभ व हानि विवरण या लाभ-हानि खाता तैयार करने की विधि

समामेलन से पूर्व तथा बाद के लाभ अथवा हानि को एक विवरण पत्र अथवा दो स्तम्भों (एक पूर्व के लाभ तथा दूसरा बाद के लाभ हेतु) वाला लाभ-हानि खाता बनाकर

ज्ञात किया जा सकता है। सकल लाभ में से सम्बन्धित व्ययों को घटाने के बाद जो शेष (डेबिट और क्रेडिट का अन्तर) होता है, यह समामेलन से पूर्व तथा बाद का शुद्ध लाभ अथवा हानि प्रदर्शित करता है। समामेलन के बाद लाभ कम्पनी का आयगत लाभ है जिसे अंशधारियों में लाभांश के रूप में वितरित किया जा सकता है और समामेलन के बाद की हानि आयगत हानि होती है, जबकि समामेलन के पूर्व का लाभ एक पूँजीगत लाभ तथा हानि पूँजीगत हानि होती है।

समामेलन के पूर्व के लाभ का प्रयोग

कम्पनी के संस्थापन के पूर्व का लाभ कम्पनी का आयगत लाभ नहीं है। अत: ऐसे लाभ का प्रयोग लाभांश वितरण हेतु नहीं किया जा सकता, क्योंकि ऐसा करने से लाभांश का वितरण पूँजी में से वितरित किया हुआ माना जायेगा। इसका प्रयोग ख्याति व सम्पत्तियों पर ह्रास का अपलेखन करने, पूँजीगत हानि, क्रय मूल्य पर देय ब्याज, व्यापार विक्रेता का अन्य कोई पारिश्रमिक आदि की पूर्ति करने के लिए किया जा सकता है। यदि ऐसे लाभ का प्रयोग उपर्युक्त कार्यों के लिए नहीं किया गया हो तो इसे पूँजी संचय खाते में अन्तरित कर दिया जाता है।

यदि समामेलन के पूर्व हानि हो तो इसका प्रभाव यह पड़ेगा कि कम्पनी ने जितनी शुद्ध सम्पत्तियाँ क्रय की हैं, उनके मूल्य में ह्रास हो गया है। अत: इसे ख्याति खाते में अन्तरित कर देना चाहिए और यदि ख्याति के लिए कोई मूल्य नहीं दिया गया है तो इस राशि से ख्याति खाता खोल देना चाहिए अथवा इसे अस्थगित व्यय (Deferred Revenue Expenditure की भाँति अगले कुछ वर्षों में अपलिखित करने के लिए Loss Prior to Incorporation Account में डेबिट कर देना चाहिए।

अंशों व ऋण पत्रों का अभिगोपन
(Underwriting of Shares and Debentures)

कम्पनी के रूप में संगठित व्यवसाय के संचालन के लिए प्रारम्भ से ही पूँजी का पर्याप्त मात्रा में उपलब्ध होना आवश्यक है। अत: कम्पनी प्रारम्भ से ही आवश्यक मात्रा में पूँजी एकत्रित करने की एक निश्चित योजना बनाती है। सार्वजनिक कम्पनी इस योजना के अनुसार जनता को अपने अंशों को क्रय करने के लिए आमन्त्रित करती है तथा न्यूनतम अभिदान-राशि प्राप्त करने का प्रबन्ध करती है। इसका प्रमुख कारण यह है कि एक सार्वजनिक कम्पनी को व्यापार आरम्भ करने का अधिकार उस समय तक प्राप्त नहीं होता, जब तक कि वह न्यूनतम अभिदान राशि (Minimum Subscription) एकत्रित नहीं कर लेती है। यह न्यूनतम राशि जनता द्वारा पर्याप्त मात्रा में पूँजी क्रय की जाने पर ही प्राप्त हो सकती है। यदि जनता न्यूनतम अभिदान राशि के बराबर मूल्य के अंश क्रय न करे तो कम्पनी के द्वारा न्यूनतम अभिदान राशि के एकत्रित न किये जाने के कारण, उसे व्यापार आरम्भ करने का वैधानिक अधिकार प्राप्त नहीं हो सकेगा। अत: ऐसी जोखिम एवं कठिनाइयों से बचने के लिए कम्पनी अपने अंशों व ऋण पत्रों का अभिगोपन करवा लेती है।

अभिगोपन का अर्थ

(Meaning of Underwriting)

अंशों व ऋण पत्रों के अभिगोपन का अभिप्राय कम्पनी तथा किसी अन्य व्यक्ति के मध्य किये गये एक ऐसे अनुबन्ध से है जिसके द्वारा वह या अन्य व्यक्ति कम्पनी को यह गारन्टी देता है कि एक निश्चित समय में यदि कम्पनी द्वारा निर्गमित अंश व ऋण पत्र अथवा उनके कुछ भाग जनता द्वारा क्रय नहीं किये तो उन्हें वह स्वयं खरीद लेगा।

अभिगोपन* एक प्रकार का अनुबन्ध है, जो कम्पनी और ऐसे व्यक्तियों के मध्य होता है, जो इस बात का वचन कम्पनी को देते हैं कि यदि निश्चित समय में कम्पनी द्वारा निर्गमित किये जाने वाले अंशों में से उनके द्वारा अभिगोपन अंशों व ऋण पत्रों को जनता द्वारा नहीं क्रिय किया गया तो वे स्वयं इन अंशों व ऋण पत्रों को कम्पनी से क्रय कर लेंगे। यह एक प्रकार की गारण्टी अनुबन्ध है, जिसमें कम्पनी के अंश व ऋण पत्र एक निश्चित मात्रा में अवश्य याचित हो जायेंगे। इसके प्रतिफल में दिये जाने वाले कमीशन को अभिगोपक कमीशन कहते हैं, तथा ऐसे वचन देने वाले व्यक्तियों को अभिगोपक कहते हैं। तथा इस क्रिया को अभिगोपन कहते हैं। सामान्यत: यह अनुबन्ध जनता में अंशों या ऋण पत्रों को प्रस्तावित करने से पूर्व किया जाता है, तथा जनता द्वारा न क्रय किये गये अंशों को अभिगोपक को क्रय करने होते हैं। यह अभिगोपन कमीशन जनता के समक्ष प्रस्तावित अंश अवश्य बिक जायेंगे, इस गारण्टी का प्रतिफल है।

अत: अभिगोपन एक प्रकार का बीमा है जो कम्पनी के अंश या ऋण पत्र के निर्गमन पर जनता द्वारा न क्रय किये जाने पर कम्पनी को होने वाली जोखिम से सुरक्षा प्रदान करता है। ऐसा व्यक्ति जो इस प्रकार की गारण्टी देता है, अभिगोपक कहा जाता है। इस प्रकार की गारन्टी किसी फर्म या कम्पनी द्वारा भी दी जा सकती है। अत: ऐसी गारन्टी देने वाली फर्म या कम्पनी को भी 'अभिगोपक' (Underwriter) ही कहा जाता है। अभिगोपक द्वारा दी गई गारन्टी के बदले में उन्हें जो पुरस्कार मिलता है, उसे अभिगोपन कमीशन (Underwriting Commission) कहा जाता है। उदाहरणार्थ, यदि अ किसी कम्पनी द्वारा निर्गमित 10 रु. वाले 40,000 अंशों का 5 प्रतिशत कमीशन पर अभिगोपन करने का अनुबन्ध करता है और यदि जनता केवल 30,000 अंश ही क्रय करती है तो अ को 10,000 अंश क्रय करने होंगे। यदि जनता 36,000 अंश क्रय करती है तो उसे 40,000 अंश करने होंगे और यदि जनता समस्त निर्गमित अंश क्रय कर लेती है तो अ को कोई अंश क्रय नहीं करना होगा।

---

* "To underwrite as the expression is used in many company matters, is a wellknown business term signifying the entering into contract by which a person (known as 'the underwriter') agrees (usually for a commission) that if the shares, debentures, or debenture stock about to be offered for subscription, or some specified proportion thereof, are not within a specified time taken up by the public, or that section of the public to which they are to be offered, he will himself take up and pay for what the public do not take up, or some specified proportion thereof" (Power : Company precedents, Part I, 16th edition, p. 156).

अभिगोपन कमीशन

(Underwriting Commission)

एक कम्पनी धारा 76 (2) के अनुसार केवल उन व्यक्तियों या संस्थाओं को कमीशन प्रदान करने का अधिकार रखती है, जो उसे पूँजी प्राप्त या एकत्र करने में सहयोग देते हैं। कमीशन निम्नांकित शर्तों की पूर्ति करने पर ही दिया जा सकता है:

(1) अंशों अथवा ऋण पत्रों के अभिगोपन पर कमीशन अन्तर्नियमों द्वारा अधिकृत होने पर ही दिया जा सकता है।

(2) यह कमीशन अंशों तथा ऋण पत्रों के निर्गमन मूल्य (Issue Price) के क्रमश: 5 प्रतिशत अथवा 2.5 प्रतिशत अथवा अन्तर्नियमों में दी गई दरों (दोनों में जो कम हो) से अधिक नहीं हो सकता। अभिगोपन कमीशन अभिगोपित पूँजी की राशि पर दिया जाता है।

(3) अंशों तथा ऋण पत्रों का अभिगोपन होने पर ऐसे अंशों अथवा ऋणपत्रों की संख्या, अभिगोपक का नाम, अभिगोपन कमीशन की दर, अभिगोपन कमीशन के सम्बन्ध में आवश्यक विवरण प्रविवरण में दिये जाते हैं।

यदि कोई कम्पनी या उसका अधिकारी उपर्युक्त वर्णित नियमों कापालन नहीं करता है तो दोषी व्यक्ति पर 500 रु. तक का जुर्माना किया जा सकता है।

अभिगोपक कमीशन एक व्यक्ति, फर्म या कम्पनी जो भी अभिगोपन कार्य के लिए समझौता करे उसे देय होता है। यह आवश्यक नहीं है कि अभिगोपन कम्पनी पूर्ण निर्गमित पूँजी या ऋण पत्रों का ही करवाये। निर्गमित की जाने वाली पूँजी या ऋण पत्रों के किसी भाग का भी अभिगोपन हो सकता है।

अभिगोपन पर देय कमीशन पूँजीगत हानि है, इस हानि को पूँजीगत लाभों से अथवा आयगत लाभों से अपलिखित किया जा सकता है। जब तक यह अपलिखित न हो इसका शेष कम्पनी के चिट्ठे में विविध व्यय मद में चिट्ठे के सम्पत्ति पक्ष में दिखाया जाता है।

अभिगोपन के लाभ

कम्पनी को आवश्यक पूँजी एकत्रित करने में सुविधा हो जाती है। संचालक इसके लिए आश्वस्त हो जाते हैं कि उन्हें कम्पनी की योजना के लिए आवश्यकता के समय पर्याप्त पूँजी उपलब्ध हो जायेगी। यह कम्पनी को पूँजी प्राप्त कराने का एक प्रकार का बीमा है।

जनता को यह विश्वास हो जाता है कि कम्पनी अच्छी होगी, क्योंकि अभिगोपक ऐसी कम्पनियों के ही अंशों या ऋण पत्रों का अभिगोपन करते हैं, जिनका भविष्य उज्जवल होता है। यदि अभिगोपन न हो तो जनता को यह शंका रहती है कि कहीं कम्पनी अच्छी न हो हो और यह भविष्य में उनकी आशाओं के अनुसार लाभ न कमा सके।

अभिगोपन कमीशन का भुगतान तथा अपलिखित करना - इसका भुगतान नकद अथवा अंशों में, अथवा अंशत: नकद और अंशत: अंशों में किया जा सकता है।

अभिगोपन कमीशन पूँजीगत हानि है जिसे पूँजी लाभ में में अपलिखित किया जाता है। पूँजी लाभ न होने पर, अथवा इस प्रकार का निर्णय लेने पर, इसका कुछ भाग लाभ हानि खाते से अपिलिखित किया जा सकता है। अपलिखित न की गयी राशि चिट्ठे के सम्पत्ति पक्ष में दिखाई जाती है।

उप-अभिगोपन

(Sub-Underwriting)

जब अभिगोपक यह समझता है कि उसके द्वारा लिये गये अभिगोपन कार्य में जोखिम की सम्भावना अधिक है तब वह किसी अन्य अभिगोपक से अनुबन्ध करके अपनी जोखिम का कुछ भाग उसे हस्तान्तरित कर देता है। मूल अभिगोपन के कुछ भाग के हस्तान्तरण के लिए अभिगोपक द्वारा किसी अन्य अभिगोपक से किये गये अनुबन्ध को उप अभिगोपन कहते हैं। यह अनुबन्ध मुख्य अभिगोपक और उप अभिगोपक के मध्य किया गया अनुबन्ध है। इस कारण इसका प्रभाव अभिगोपित कम्पनी पर नहीं पड़ता। उप अभिगोपक अनुबन्ध के अनुसार निश्चित अंशों के लिए अभिगोपक के प्रति उत्तरदायी होता है। उप अभिगोपक को कमीशन भी अभिगोपक से, न कि अभिगोपित कम्पनी से, मिलता है। कम्पनी उप-अभिगोपक को कमीशन देने के लिए उत्तरदायी नहीं होती। कम्पनी इसके लिए अभिगोपक को ही अतिरिक्त कमीशन (Over-riding Commission) दे सकती है।

सुदृढ़ अभिगोपन

(Firm Underwriting)

कभी-कभी अभिगोपक प्रारम्भ में ही कम्पनी से यह अनुबन्ध कर लेता है कि वह एक निश्चित मात्रा तक अंश या ऋण पत्र स्वयं क्रय करेगा। इस प्रकार वह प्रारम्भ में ही एक निश्चित राशि के अंशों या ऋण पत्रों का अपने नाम आवंटन सुरक्षित करा लेता है, भले ही भविष्य में अंशों का अधि अभिदान (Over-Subscription) हीं क्यों न हो। फर्म अभिगोपन द्वारा निश्चित मात्रा तक अंशों व ऋण पत्रों का आवंटन सुरक्षित न कराने पर सामान्य अभिगोपन की दशा में अभिगोपक केवल उतने ही अंश या ऋण पत्र क्रय कर सकता है जितने कि जनता द्वारा क्रय नहीं किये जाते हैं। यदि जनता समस्त अंश क्रय कर लेती है तो फर्म अभिगोपन के अभाव में अभिगोपक को एक भी अंश प्राप्त न हो सकेगा। अतः यदि यह एक निश्चित मात्रा में अंशों व ऋण पत्रों को पहले से ही अपने नाम आरक्षित करना चाहे तो वह प्रारम्भ में ही कम्पनी से सुदृढ़ अभिगोपन कर लेता है। यह स्थिति विशेष रूप से उन कम्पनियों के अंशों के सम्बन्ध में लागू होती है, जिनकी साख बाजार में बहुत अधिक होती है।

अभिगोपन का शुद्ध दायित्व ज्ञात करते समय सुदृढ़ अभिगोपित अंशों को घटाया जाये अथवा नहीं? यह अभिगोपन अनुबन्ध की शर्तों पर निर्भर करता है। यदि अनुबन्ध में सुदृढ़ अभिगोपन अंश के लिए कोई स्पष्ट उल्लेख नहीं है तो इन्हें नहीं घटाया जाना चाहिए। निम्नांकित उदाहरणों से यह तथ्य और भी स्पष्ट हो जावेगा:

(1) यदि अशोक अभिगोपक ने रेक्स लिमिटेड के 10 रु. वाले 25,000 अंशों का अभिगोपन का अनुबन्ध किया। इनके अतिरिक्त वह 2,500 अंशों का सुदृढ़ या कम

अभिगोपन भी करता है। जनता से 15,000 अंशों को क्रय करने के आवेदन पत्र प्राप्त हुए। अभिगोपन का शुद्ध दायित्व ज्ञात कीजिए तथा कमीशन की राशि भी ज्ञात कीजिए।

हल : शुद्ध दायित्व = अभिगोपित अंश – जनता द्वारा प्रार्थित अंश

25,000 – 15,000 = 10,000 अंश

अभिगोपक का कुल दायित्व = 10,000 + 2,50 = 12,500 अंश

अभिगोपन कमीशन = 25,000 × 10 = 2,50,000 रु. × 5 प्रतिशत = 12,500 रु.

(2) यदि अशोक अभिगोपक द्वारा किये गये अभिगोपित अनुबन्ध के 25,000 अंशों में फर्म अभिगोपन के 2,500 अंश भी सम्मिलित हों तो उसका शुद्ध दायित्व इस प्रकार होगा:

शुद्ध दायित्व = अभिगोपित अंश – (आवेदित अंश + फर्म अभिगोपित अंश)

= 25,000 – (15,000 + 2,500) = 7,500 अंश

अभिगोपन कमीशन की राशि 12,500 रु. ही होगी, क्योंकि अभिगोपन कमीशन 25,000 अंशों पर ही दिया जावेगा।

दलाली
(Brokerawge)

दलाली अभिगोपन कमीशन से भिन्न है। दलाली उन पेशेवर दलालों जो स्कंध विनिमय बाजारों में व्यवहार करते हैं, तथा बैंकरों को दी जाती है जो अंशों व ऋण पत्रों को बिकवाने में कम्पनी की सहायता करते हैं। अभिगोपक की भाँति दलाल अंशों या ऋण पत्रों के न बिकने पर उन्हें क्रय करने की गारन्टी नहीं देते और न ही उन्हें क्रय करते है। दलाली के सम्बन्ध में भी धारा 76 (1) की व्यवस्थाएँ लागू होती है।

कम्पनी की पुस्तकों में लेखा प्रविष्टियाँ

अंश निर्गम की प्रविष्टियाँ पहले बताये अनुसार ही होती है। अभिगोपन पर विशिष्ट प्रविष्टियां निम्न होगी:

व्यवहार	प्रविष्टि	राशि
क्रय अभिदान होने पर अभिगोपक को अंश या ऋण पत्र निर्गम	Underwriters' a/c Dr. To Share Capital./Debentures a/c (Share/debentures allotted in pursuance of contract as per Board's resolution)	निर्गमित मूल्य से

कमीशन की राशि देय होने पर	Underwriting Commission Dr. To Underwritiers a/c (Underwriting Commission Payable)	निर्धारित दर से देय कमीश· से
अभिगोपक को शेष राशि देने पर	Underwriter's a/c Dr. To Bank To Share Capital a/c To Debentures a/c (Amount paid to underwriting)	शेष राशि से रोकड़ से अंश देने पर ऋण पत्र देने पर
यदि अभिगोपक से भुगतान प्राप्त हो	Bank a/c Dr. To Underwriters a/c (Payment received)	राशि जो मिली हो

अभिगोपकों की पुस्तकों में लेखा प्रविष्टियाँ

अभिगोपकों के पास आने वाले अंश या ऋण पत्र निम्न प्रकार से आते हैं:

(1) सुदृढ़ अभिगोपन के अन्तर्गत

(2) जनता द्वारा कम क्रय करने पर

(3) अभिगोपन कमीशन के फलस्वरूप अभिगोपक के लिए ये अंश अन्तिम रहतिये या विनियोग हो जाते हैं, जिसका मूल्यांकन लागत या बाजार मूल्य में जो भी कम हो उस पर किया जाता है। अभिगोपन कमीशन भी इसी खाते में जमा कर दिया जाता है। इन अंशों को बेचने पर होने वाला लाभ या हानि, लाभ-हानि खाते में स्थानान्तरित कर दिया जाता है।

Illustration 7.

Pankaj Ltd. issued 7,500 Equity shares of Rs. 100 each at par, 2,000, 6% preference shars of Rs. 100 each at a premium of 5% and 5,000, 8% Debentures of Rs. 100 each at a discount of 10%. The whole of the issue was underwriting by M/s Subhash & Sons at the maximum Premissible commission under the company's Act, 1956. The public subscribed all the equity shares & debentures and 1,500 pref. shares. All amount was payable with application. Give journal entries in the books of company and also slow the enteres in the Balance Sheet.

पंकज लिमिटेड ने 100 रु. वाले 7,500 ईक्विटी अंश सम मूल्य पर, 100 रु. वाले 2,000, 6 प्रतिशत अधिमान अंश 5 प्रतिशत प्रीमियम पर तथा 100 रु. वाले 5,000, 8

प्रतिशत ऋण पत्र 10 प्रतिशत बट्टे पर निर्गमित किये। कम्पनी अधिनियम 1956 के अन्तर्गत सर्वाधिक देय कमीशन पर सर्व श्री सुभाष एण्ड संस ने सभी निर्गम के अभिगोपन का समझौता कम्पनी के साथ किया। जनता से सभी ईक्विटी अंशों तथा ऋण पत्रों और 1,500 अधिमान अंशों के लिए आवेदन प्राप्त हुए। सभी भुगतान आवेदन के साथ देय हैं। कम्पनी की पुस्तकों में जर्नल प्रविष्टियां दीजिए, तथा चिट्ठे में मदों को दर्शाइये।

Solution :

Pankaj Ltd.
Journal

		Rs.	Rs.
	Bank a/c Dr.	13,57,500	
	To Equity Share App. & Allot. a/c		7,50,00
	To 6% Pref. Share App. & Allot. a/c		1,57,500
	To 8% Debenture App. & Allot. a/c		4,50,000
	(Money received on application for the following: 7,500 Equity Shares at Rs. 100 each, 1,500, 6% pref. Shares at Rs. 105 each, and 5,000, 8% Debentures at Rs. 90 each)		
	Equity Share App. & Allot. a/c Dr.	7,50,000	
	To Equity Share Capital a/c		7,50,000
	(Allotment of 7,500 Equity shares made and money received on application transferred)		
	6% Pref. Share App. & Allot. a/c Dr.	1,57,500	
	To 6% Pref. Share Capital a/c		1,50,000
	To Share Premium a/c		7,500
	(Pref. Shares (1,500) allotted at a premium of 5%)		
	8% Debenture App. & Allot. a/c Dr.	4,50,000	
	Discount on Issue of Debentures a/c	50,000	
	To 8% Debentures a/c		5,00,000
	(5,000, 8% debentures allotted at 5% discount)		

	Subhash & Sons Dr.	52,500	
	To 6% Pref. Share Capital a/c		50,000
	To Share Premium a/c		2,500
	(500, 6% Pref. Shares allotted to underwriters, not taken over by the public)		
	Underwriting Commission a/c Dr.	59,250	
	To Subhash & Sons		59,250
	(Commission, on Rs. 9,60,000 at 5% and on Rs. 4,50,000 at 2.50% payable to underwriters)		
	Subhash & Sons Dr.	6,750	
	To Bank		6,750
	(Balance paid to Subhash & Sons)		

Balance Sheet as on ....

	Rs.		Rs.
Share Capital:		**Current Assets:**	
Authorised		Cash Bank	13,50,750
.... Equity shares of Rs....		Miscellaneous Expenses:	
.... Pref. Shares of Rs....	....	Discount on Issue of Debentures	50,000
		Underwriting Commission	59,250
Issued & Subscribed:			
7,500 Equity shares of Rs. 100 each fully paid	7,50,000		
2,000, 6% Pref. shares of Rs. 100 each fully paid	2,00,000		
Reserves & Surpluses			
Share Premium a/c	10,000		
Secured Loan:			
5,000, 8% Debentures of Rs. 100 fully paid	5,00,000		
	14,60,000		**14,60,000**

Illustration 8.

The Underwriters Pvt. Ltd. agreed to underwrite the new issue of 50,000 equity shares of Rs. 100 each of Lucky Ltd. The agreed commission was 5% payable as to 40% in cash and the rest in fully paid up shares. The public subscribed for 30,000 shares and the rest had to be taken up by the Underwriters Pvt. Ltd. These shares were subsequently guoted in the market at 10% discount.

(a) Pass the necessary journal entries in the books of Lucky Ltd. and the Underwriters Pvt. Ltd. Also open the necessary accounts in the books of the underwriters.

(b) State the effect if the shares are guoted in the market at 20% discount passing a journal entry, and prepare the affected 'Share in Lucky Ltd. a/c' with full details in the books of the underwriters.

दी अण्डरराइटर्स प्राइवेट लिमिटेड ने लक्की लिमिटेड के 100 रु. वाले 50,000 ईक्विटी अंशों के नय निर्गम के अभिगोपन का अनुबन्ध किया। कमीशन 5 प्रतिशत तय हुआ, जिसका 40 प्रतिशत भुगतान नकद तथा शेष पूर्ण दत्त अंशों में करना है। जनता ने 30,000 अंशों के लिए प्रार्थना पत्र दिये। शेष अण्डरराइटर्स प्राइवेट लिमिटेड को लेने पड़े। बाद में इन अंशों का बाजार मूल्य 10 प्रतिशत कम उद्धृत किया गया।

(अ) लक्की लिमिटेड तथा अण्डरराइटर्स प्राइवेट लिमिटेड की पुस्तकों में जर्नल प्रविष्टियाँ कीजिये। अभिगोपकों की पुस्तकों में आवश्यक खाते भी तैयार कीजिये।

(ब) यदि अंश 20 प्रतिशत बट्टे पर बाजार मे उद्धृत किये जायें, तो इसका प्रभाव जर्नल प्रविष्टि द्वारा स्पष्ट कीजिये, तथा 'लक्की लिमिटेड के अंश खाता' पूर्ण विवरण के साथ अभिगोपक की पुस्तकों में तैयार कीजिये।

Solution :

Lucky Ltd.
Journal

		Rs.	Rs.
	Bank a/c Dr.	30,00,000	
	To Equity Share App. & Allot. a/c		30,00,000
	(App. money received on 30,000 share at Rs. 100 per share)		
	Equity Share app. & Allot. a/c Dr.	30,00,000	
	To Equity Share Capital a/c		30,00,000
	(Allotment made & amount transferred to share capital a/c)		

	Underwriters Pvt. Ltd. Dr. (To Equity Share Capital a/c (20,000 Shares not applied by public allotted to underwriters)	20,00,000	20,00,000
	Underwriters Commission Dr. To Underwriters Pvt. Ltd. (Underwriters Commission due)	2,50,000	2,50,000
	Underwriters Pvt. Ltd. (To Equity Share Capital a/c (For 60% of Underwriters Commission shares allotted)	1,50,000	1,50,000
	Bank a/c Dr. To Underwriters Pvt. Ltd. (Balance received from-underwriters)	19,00,000	19,00,000

Journal of Underwriters Pvt. Ltd.

		Rs.	Rs.
	Shares in Lucky Ltd. Dr. To Lucky Ltd. (20,000 Shares allotted by Lucky Ltd. under agreement)	20,00,000	20,00,000
	Lucky Ltd. Dr. (To Underwriting Commission a/c (Underwriting Commission due from Lucky Ltd.)	2,50,000	2,50,000
	Shares in Lucky Ltd. Dr. To Lucky Ltd. (1,500 Shares allotted by Lucky Ltd. in part payment of commission)	1,50,000	1,50,000

	Lucky Ltd. Dr. To Bank (Amount paid to Lucky Ltd.)		19,00,000	19,00,000
	Underwriting Commission a/c Dr. To Shares in Lucky Ltd. (Underwriting Commission Transferred)		2,50,000	2,50,000

Ledger of Underwriters Pvt. Ltd

Shares in Lucky Ltd.

		Rs.			Rs.
	To Lucky Ltd. To Lucky Ltd.	20,00,000 1,50,000		By Underwriting Commission a/c By Balance c/d	2,50,000 19,00,000
		21,50,000		Cost Price	21,50,000

Lucky Ltd.

		Rs.			Rs.
	To Underwriting Commission a/c To Bank	2,50,000 19,00,000		By Shares in Lucky Ltd. By Shares in Lucky Ltd.	20,00,000 1,50,000
		21,50,000			21,50,000

Underwriting Commission a/c

		Rs.			Rs.
	To Shares in Lucky Ltd. a/c	2,50,000		By Lucky Ltd.	2,50,000

टिप्पणी :

अंशों का बाजार मूल्य 10 प्रतिशत कम उद्धृत हो रहा है अतः अंशों का बाजार मूल्य = 21,50,000 रु. – 2,15,000 रु. = 19,35,000 रु.।

यह लागत मूल्य से अधिक है अतः लागत मूल्य पर शेष दिखाया है।

अंशों का बाजार मूल्य 20 प्रतिशत कम उद्धृत है अतः बाजार मूल्य = 21,50,000 रु. – 4,30,000 रु. = 17,20,000 रु.। यह लागत से कम है अतः इसी पर शेष दिखाया जायेगा – इससे 1,80,000 रु. की अंशों पर हानि आयेगी, इसके लिए प्रविष्टि निम्न करेंगे–

			Rs.	Rs.
	Profit & Loss a/c	Dr.	1,80,000	
	To Shares in Lucky Ltd.			1,80,000
	(Loss on valuation of shares transferred to P&L a/c)			

Shares in Lucky Ltd. Account

		Rs.			Rs.
	To Lucky Ltd.	20,00,000		By Underwriting Commission a/c	2,50,000
	To Lucky Ltd.	1,50,000		By P&L a/c	1,80,000
				By Balance c/d (Market Value)	17,20,000
		21,50,000			21,50,000

सह-अभिगोपकों के दायित्व का निर्धारण

जब कम्पनी बड़ी मात्रा में अंश या ऋण पत्र निर्गम करती है और एक अभिगोपक पूरा दायित्व नहीं वहन करना चाहता है तो कम्पनी एक से अधिक व्यक्तियों को अभिगोपन का कार्य देती है। ऐसी दशा में सह अभिगोपकों का दायित्व जनता द्वारा कम अंश या ऋण पत्र खरीदने के लिए कम आवेदन आने पर निर्धारित करने की समस्या आती है। प्रत्येक अभिगोपक अपने द्वारा तैयार किये गये आवेदकों को जो प्रार्थना पत्र अंश ऋण पत्र खरीदने का देते हैं उन पर अपने नाम व पते की मुहर लगा देते हैं। मुहर लगे कम्पनी में आये प्रार्थना पत्रों को चिन्हित आवेदन पत्र कहते हैं। जिन आवेदन पत्रों पर मुहर नहीं लगी होती उन्हें अचिन्हित आवेदन पत्र कहते हैं। अचिन्हित का लाभ सभी सह अभिगोपकों को उनका दायित्व कम करने के लिए, उनके अभिगोपित अंशों के अनुपात में दिया जाता है। कम्पनी द्वारा सभी अंशों का अभिगोपन न कराने की दशा में, अचिन्हित आवेदन पत्रों का लाभ केवल कम्पनी को ही होगा, सह-अभिगोपकों का दायित्व इनसे कम नहीं किया जायगा।

यदि किसी अभिगोपक के चिन्हित आवेदन पत्र उसके दायित्व से अधिक से आ जायें तो इसका लाभ अन्य सह-अभिगोपकों को उनके सकल दायित्व अनुपात में दिया जायगा।

सह-अभिगोपकों को शुद्ध दायित्व ज्ञात करने के लिए निम्न रीति अपनाई जानी चाहिए-

(1) सर्व प्रथम कुल आवेदन पत्रों की संख्या से चिन्हित आवेदन पत्रों की संख्या घटाकर अचिन्हित आवेदन-पत्रों की संख्या ज्ञात कर लेनी चाहिए।

(2) कुल अभिगोपित अंशों में से अचिन्हित आवेदन पत्रों को अभिगोपित अनुपात में विभाजित करके घटाने के पश्चात् सकल दायित्व ज्ञात करना चाहिए।

(3) सकल दायित्व से चिन्हित आवेदनों को घटाने पर शुद्ध दायित्व आ जायगा। यदि चिन्हित आवेदकों को घटाने के पश्चात् किसी अभिगोपक का दायित्व धनात्मक आ जाये अर्थात् उसके सकल दायित्व से उसके चिन्हित आवेदनों की संख्या अधिक हो जाय तो उसे शेष अभिगोपकों में विभाजित कर देना चाहिए।

(4) सामान्यत: सुदृढ़ अभिगोपित अंशों को अचिन्हित की भांति माना जाता है। यदि इन्हें चिन्हित की भांति माना जाता है तो वैसी टिप्पणी देना आवश्यक है।

Illustration 9.

Mahesh Ltd. was formed with a Capital of Rs. 2,00,000 divided into 20,000 share of Rs. 10 each. All these shares were offered for subscription to public. The shares were underwritten as:

X 40; Y 30%, and Z 30%

Marked application were received in favour of X for 3,200 shares, Y for 4,600 shares and Z for 4,200 shares. Application for 2,000 shares were not marked.

Prepare a statement showing not liability of each underwriters. Also pass necessary journal entries in the books of the company, assuming that full amount was received with application, and the underwriters were paid underwriting commission @ 5%.

मोहन लिमिटेड 2 लाख रु. की पूंजी से निर्मित हुई जो 10 रु. वाले 20,000 अंशों में विभाजित थी। ये सभी अंश जनता को अभिदान हेतु प्रस्तावित किये गये। ये अंश निम्न प्रकार अभिगोपित थे:

X 40%, Y 30%, तथा Z 30%

चिन्हित आवेदन X के पक्ष में 3,200, Y के पक्ष में 4,600 तथा Z के पक्ष में 4,200 अंशों के लिए प्राप्त हुए। 2,000 अंशों के आवेदन पत्र अचिन्हित थे।

प्रत्येक अभिगोपक या शुद्ध दायित्व ज्ञात करने के लिए एक विवरण तैयार कीजिए। कम्पनी की पुस्तकों में आवश्यक प्रविष्टियाँ दीजिये, यह मानते हुए कि पूरी राशि अंशों पर आवेदन के साथ प्राप्त हो गई। अभिगोपन कमीशन 5 प्रतिशत दिया जायगा।

Solution:

Statement showing Liability of Underwriters

Particulars	Shares Underwritten			Total
	X 40%	Y 30%	Z 30%	
Gross Liability Less unmarked application 4:3:3	8,000 800	6,000 600	6,000 600	20,000 2,000
	7,200	5,400	5,400	18,000
Less marked Applications	3,200	4,600	4,200	12,000
Net Liability	4,000	800	1,200	6,000

Mohan Ltd.

Journal

		Rs.	Rs.
	Bank a/c Dr. To Share Application & Allotment a/c (Application money received on 14,000 shares at Rs. 10 each)	1,40,000	 1,40,000
	Share Application & Allotment a/c Dr. To Share Capital a/c (Allotment made and money received with application transferred)	1,40,000	 1,40,000
	X (Underwriters) a/c Dr. Y (Underwriters) a/c Dr. Z (Underwriters) a/c Dr. To Share Capital a/c (Shares not taken over by public alloted to underwriters)	40,000 8,000 12,000	 60,000
	Underwriting Commission a/c Dr. To X (Underwriting) a/c To Y (Underwriters) a/c To Z (Underwriters) a/c (Underwriting Commission credited to underwriters)	10,000	 4,000 3,000 3,000

	Bank a/c Dr.		
	To X (Underwriters) a/c		
	To Y (Underwriters) a/c		
	To Z (Underwriters) a/c		
	(Amount received from Underwriters)		

अंशों व ऋणपत्रों का मूल्यांकन

अंशों या ऋण पत्रों का मूल्यांकन अभिगोपक की पुस्तकों में ही किया जाता है। प्राय: अभिगोपक को अभिगोपित कम्पनी से अंश या ऋण पत्र : (1) शुद्ध दायित्व के अन्तर्गत, (2) अभिगोपन कमीशन के बदले में, तथा (3) सुदृढ़ अभिगोपन में प्राप्त हो सकते हैं। ये सभी अंश या ऋण पत्र उसके लिए अन्तिम स्टॉक की भाँति होते हैं। अत: इनका मूल्यांकन लागत या बाजार मूल्य (जो भी कम हो) पर किया जाता है। उदाहरणार्थ, अशोक अभिगोपक ने रेक्स लिमिटेड के 10 रु. वाले 25,000 अंशों का 5 प्रतिशत कमीशन पर अभिगोपन करने का अनुबन्ध किया। इसके अतिरिक्त 2,000 अंशों का फर्म अभिगोपन भी करता है। जनता से 15,000 अंशों के क्रय करने के आवेदन पत्र आये। 60 प्रतिशत कमीशन नकद में तथा शेष अंशों में चुकाया जावेगा। आप बतलाइए कि अशोक द्वारा कितने अंश क्रय किये गये तथा वह इन्हें चिट्ठे में किस मूल्य पर दिखलायेगा यदि उनका बाजार मूल्य 15 प्रतिशत कम हो?

हल : (1) अशोक अभिगोपक द्वारा प्राप्त अंशों की संख्या

फर्म अभिगोपित अंश	2,000 अंश
शुद्ध दायित्व के अन्तर्गत (25,000 - 15,000) अंश	10,000 अंश
कमीशन के बदले में अंश 40 प्रतिशत	500 अंश
	ऋ 12,500 अंश

(2) अंशों का चिट्ठे में प्रदर्शित मूल्य की गणना:

अंशों की लागत = अभिगोपक द्वारा प्राप्त अंशों की संख्या × प्रति अंश अंकित निर्गमन मूल्य – अभिगोपन कमीशन

= 12,500 × 10 रु. – 12,500 रु. = 1,12,500 रु.

अंशों का बाजार मूल्य = अंशों का अंकित मूल्य – बट्टा

(यदि 15 प्रतिशत कम हो) = 1,25,000 – 18,750 = 1,06,250 रु.

लागत मूल्य बाजार मूल्य से अधिक है, इस कारण से अभिगोपक अपने चिट्ठे में अंशों को बाजार मूल्य 1,06,250 रु. पर दिखायेगा तथा मूल्यांकन से होने वाली हानि को (18,750 रु.) लाभ-हानि खाते में अन्तरित कर दिया जावेगा।

चिन्हित तथा अचिन्हित आवेदन -पत्र

(Marked and Unmarked Applications)

अंश निर्गमित करने वाली कम्पनी प्रविवरणों का वितरण अपने अभिगोपकों या दलालों के द्वारा करवाती है। यदि ग्राहक कम्पनी से प्रविवरण की माँग करते हैं तो वह स्वयं भी प्रविवरण जारी कर सकती है। सामान्यतः प्रविवरण निर्गमित करने वाला अभिगोपक प्रत्येक प्रति में लगे हुए आवेदन पत्र पर ही अपनी मोहंर लगा देता है। उस आवेदन पत्र में जितने अंशों की माँग की जाती है, वे यह बतलाते हैं कि अमुक अभिगोपक के द्वारा अंशों की बिक्री सम्भव हो सकेगी। ऐसे आवेदन पत्र, जिस पर अभिगोपक की मोहर लगी होती है, चिन्हित आवेदन पत्र कहलाते हैं। यः विधि अभिगोपक के दायित्वों को कम करने हेतु प्रयोग की जाती है।

कम्पनी द्वारा वितरित किये गये प्रविवरणों के आवेदन पत्रों पर यदि किसी भी अभिगोपक की मोहर नहीं लगी है तो ऐसे आवेदन पत्रों में माँगे गये अंश किसी एक अभिगोपक के नहीं होते, वरन् सभी अभिगोपकों के होते है। अतः इन अंशों के सभी अभिगोपकों का दायित्व आनुपातिक रूप से कम कर दिया जाता है।

आंशिक अभिगोपन

(Partial Underwriting)

सामान्य अभिगोपन में अभिगोपक जनता द्वारा न लिये गये अंश या ऋण पत्र को लेने के लिए उत्तरदायी होता है, लेकिन अभिगोपक ने सम्पूर्ण निर्गमन के कुछ भाग का ही अभिगोपन किया है तो उसे आंशिक अभिगोपन कहते हैं तथा उसका दायित्व जनता द्वारा नहीं लिये गये अंशों या ऋण पत्रों का वह आनुपातिक अंश होगा जो कुल निर्गमित अंशों व ऋण पत्रों तथा अभिगोपित अंशों या ऋणपत्रों के मध्य का अनुपात हैं।

प्रश्न

1. एक चालू व्यापार को क्रय करने पर कम्पनी की पुस्तकों में सामान्यतः कौन सी जर्नल प्रविष्टियाँ की जाती है? यदि क्रेता कम्पनी विक्रेता के देनदारों की वसूली तथा व्यापारिक दायित्वों के भुगतान की जिम्मेदारी अपने ऊपर रखे तो किन लेखों की आवश्यकता होगी?

   What are the usual entries passed in the books of a company when it purchases a running business? What accounting records are necessary when a purchasing company agrees to collect the book debts and pay off the trade liabilities of the vendors.

2. समामेलन से पूर्व के लाभों से क्या अभिप्राय है? ऐसे लाभों तथा हानियों का कम्पनी की पुस्तकों में लेखे किस प्रकार किये जाते हैं?

   What do you understand by profit prior to incorporation? How are such profits and losses treated in Company Accounts?

3. समामेलन से पूर्व के लाभों को किस प्रकार ज्ञात किया जाता है तथा किन उद्देश्यों के लिए इसका उपयोग किया जा सकता है?

How the profit prior to incorporation is ascertained and for what purposes can it be utilised?

4. व्याख्यात्मक टिप्पणियाँ लिखिए:

Write explanatory notes on:

(1) अभिगोपन (Underwriting)

(2) उप-अभिगोपन (Sub-underwriting)

(3) सुदृढ़ अभिगोपन (Firm underwriting)

व्यावहारिक प्रश्न

5. श्रृंगी टेक्सटाइल्स लिमिटेड का निगमन 1 जनवरी, 1979 को 100 रु. वाले 10,000 अंशों में विभाजित 10 लाख रु. की पूँजी से हुआ। कम्पनी 7 लाख रु. में दयाल एण्ड सन्स का व्यवसाय खरीदती है, तथा विक्रेता से निम्न सम्पत्तियाँ तथा दायित्व अधिग्रहण करती है:

भूमि व भवन 4,00,000 रु., स्कन्ध 50,000 रु. प्लाण्ट व मशीनरी 1,00,000 रु. फर्नीचर तथा फिक्चर्स 30,000 रु., विविध देनदार, 30,000 रु. तथा लेनदार 1,00,000 रु.।

विक्रेता को 6,000 सामान्य अंश पूर्ण दत्त दिये जाने हैं व शेष नकद में भुगतान किया जाना है।

शेष अंश जनता में निर्गमित कर दिये जिनका पूर्ण अभिदान हो गया तथा भुगतान प्राप्त हो गया।

आपको कम्पनी की पुस्तकों से जर्नल प्रविष्टियां देनी है तथा उपरोक्त व्यवहारों के बाद का चिट्ठा तैयार करना है।

Shring Textiles Ltd. was incorporated on Ist January, 1979 with a capital of Rs. 10 lakh divided into 10,000 Equity Shares of Rs. 100 each. The company was to purchase the business of Dayal & Sons for Rs. 7,00,000 and the following assets & liabilities acquired from vendors:

Land & Building Rs. 4,00,000; Stock Rs. 50,000; Plant & Machinery Rs. 1,00,000 Furniture & Fixtures Rs. 30,000; Sundry Debtors 30,000; Creditors 1,00,000.

The vendors are to be paid 6,000 fully paid up equity shares and the balance in cash.

Remaining shares were issued to public and were fully subscribed & paid for.

You are required to give journal entries in the bokes of company and the balance sheet after completion of above transactions.

Ans. Good will Rs. 1,90,000, Total of B/S Rs. 11,00,000.

6. एक कम्पनी जानकी लाल जनार्दन प्रसाद के चालू व्यवसाय को क्रय करने के लिए 3,75,000 रु. की अधिकृत पूंजी से बनाई गयी, जो कि 10 रु. वाले 20,000 सामान्य अंशों तथा 1,750, 10 प्रतिशत 100 रु. वाले अधिमान अंशों में विभाजित है। फर्म का चिट्ठा निम्नांकित है-

A Company was formed with on authorised capital of Rs. 3,75,000 divided into 20,000 Equity Shares of Rs. 10 each and 1,750 10% Preference Shares of Rs. 100 each, to purchase the going concern of M/S Janki Lal Janardhan Prasad whose Balance Sheet stood as follows:

क्रय मूल्य 2,00,000 रु. तय हुआ, जो 50,000 रु. पूर्णदत्त सामान्य अंशों में, 75,000 रु. पूर्णदत्त अधिमान अंशों में, 30,000 रु. 9 प्रतिशत 100 रु. वाले प्रतिदेय ऋण पत्रों में सम मूल्य पर निर्गमित तथा शेष नकद में देय है। शेष अंश जनता में निम्न प्रकार निर्गमित किये-

सामान्य अंशों पर 7 रु. प्रार्थना पत्र के साथ 4 रु. आवंटन के साथ (1 रु. प्रति अंश प्रीमियम सहित), तथा अधिमान अंशों पर पूर्ण राशि आवेदन के साथ देय थी। सभी अंशों का जनता द्वारा अभिदान हो गया तथा उनका भुगतान कर दिया गया, केवल 500 सामान्य अंशों को छोड़कर जिन पर आवंटन राशि प्राप्त नहीं हुई। इन अंशों का समपहरण कर लिया गया तथा उन्हें 20 प्रतिशत बट्टे पर पुनः निर्गमित किये गये।

कम्पनी की पुस्तकों में उपरोक्त व्यवहारों की जर्नल प्रविष्टियां कीजिये, तथा इन व्यवहारों के पूरे हो जाने पर कम्पनी का चिट्ठा भी तैयार कीजिए।

	Rs.		Rs.
Capital	1,12,100	Cash	14,000
Creditors	16,400	Debtors	9,000
B/P	4,500	Stock	20,000
		Plant & Machinery	37,500
		Building	52,500
	1,33,000		1,33,500

The purchase price was agreed at Rs. 2,00,000 payable as Rs. 50,000 in fully paid up equity shares and Rs. 75,000 in fully paid up preference shares, Rs. 30,000 in 9% redeemable debentures of Rs. 100 each (all issued at par) and the balance in cash. The remaining shares were issued to public as under:

Amount payable on equity shares was Rs. 7 on application and Rs. 4 on allotment (including Re.1 premium) and full amount was payable with application in case of pref. shares, all subscribed & paid for by public except that on 500 equity shares allotment money was not received. These shares were forfeited and reissued at 20% discount.

Give journal entries to record these transactions in the books of the company and prepare the balance sheet after completion of these transactions.

Ans. Goodwill Rs. 87,900, Total of B/S Rs. 4,40,400.

Hint: Balance of forfeited shares a/c will be used for writing off Goodwill.

7. राम तथा किशोर, जो कि लाभों का विभाजन समान अनुमान में करते हैं, अपनी फर्म को लिमिटेड कम्पनी में परिवर्तित करना चाहते हैं। 31 दिसम्बर, 1978 को उनका चिट्ठा निम्न प्रकार था

Ram and Kishore showing Profits equally, wanted to convert their partnership into a Ltd. Co. Their Balance Sheet on 31st Dec. 1978 was as under:

	Rs.		Rs.
Sundry Creditors	27,000	Sundry Debtors	50,000
		Bills Receivable	7,000
Loan Creditors	25,000	Stock-in-Trade	20,000
		Patents	5,000
Bank Overdraft	10,000	Plant & Machinery	10,000
		Land & Buildings	35,000
Capital Accounts:	15,000		
Rs.			
Ram 25,000			
Kishore 25,000	50,000		
	1,27,000		1,27,000

(a) Goodwill of the firm was to be valued on the basis of two years purchase of the average profits of the previous three years.

(b) The loan creditor of the firm has agreed to take up 6% Preference Shares upto the value of the loan.

(c) The Land & Buildings and Plant and Machinery were taken over at Rs. 75,000 and Rs. 15,000 respectively.

(d) 5% Debentures for Rs. 1,00,000 were issued at a discount of 5%.

(e) The past working results of the partnership showed the following profits: 1975 - Rs. 20,000, 1976 - Rs. 23,000, and 1977-Rs. 26,000 after setting aside Rs. 5,000 each year to Reserve Fund and charging Rs. 1,500, Rs. 1,800, and Rs. 2,100 respectively in respect of income-tax.

(f) The creditors and bank overdraft were paid off.

You are required to give : (i) The statement showing how the purchase consideration was arrived at, (ii) The opening balance sheet of the company assuming that all transactions are duly completed & partners paid by issued of fully paid shares of Rs. 10 each, (iii) The Realisation a/c of the firm.

(अ) फर्म की ख्याति का मूल्यांकन पिछले तीन वर्षों के औसत लाभ के दुगुने के आधार पर किया जाना था।

(ब) फर्म के ऋण के लेनदार ने ऋण के मूल्य के अनुसार 6 प्रतिशत अधिमान अंश लेना स्वीकार कर लिया।

(स) भूमि व भवन तथा प्लाण्ट व मशीनरी का मूल्य क्रमशः 75,000 रु. तथा 15,000 रु. तय किया गया।

(द) 1,00,000 रु. के 5 प्रतिशत ऋण पत्र 5 प्रतिशत बट्टे पर निर्गमित किये गये।

(य) साझेदारी फर्म के पिछले लाभ निम्न प्रकार थे – 1975 – 20,000 रु., 1976 – 23,000 रु., तथा 1977 – 26,000 रु. जो प्रति वर्ष 5,000 रु. संचित कोष में स्थानान्तरण एवं क्रमशः 1,500 रु., 1,800 रु. और 2,100 रु. आयकर के लिए आयोजन करने के बाद थे।

(र) लेनदारों व बैंक अधिविकर्ष का भुगतान कर दिया गया।

आपको निम्न तैयार करने हैं – (1) विवरण यह बताते हैं हुए कि क्रय प्रतिफल किस प्रकार निकाला गया है। (2) कम्पनी का प्रारम्भिक चिट्ठा,

यह मानते हुए कि उपरोक्त व्यवहार पूरे हो गये हैं तथा साझेदारों को 10 रु. वाले अंशों में भुगतान कर दिया गया है। (3) फर्म का वसूली खाता।

Ans. Purchase consideration Rs. 1,69,600, Valuation of Goodwill Rs. 59,600, Profit on Realisation Rs. 1,04,600, Total of B/S. Rs. 2.94,600.

8. संगीता कं. लिमिटेड का निगमन 1 मई, 1978 को सविता कम्पनी लिमिटेड का चालू व्यवसाय 1 जनवरी, 1978 से ही लेने के लिए हुआ। 31 दिसम्बर, 1978 को समाप्त वर्ष का लाभ हानि खाता निम्न प्रकार था:

Sangeeta Co. Ltd. was incorporated on May 1, 1978 to take over the business of Savita Co. Ltd. as a going concern from Ist January, 1978. The Profit & Loss a/c for the year ending December 31, 1978 is as under:

Profit & Loss Account of Sangeeta Co. Ltd.

	Rs.		Rs.
To Rent & Taxes	12,000	By Gross Profit	1,55,000
To Insurance	3,000		
To Electric Charges	2,400		
To Salaries	36,600		
To Directors Fees	3,000		
To Auditors Fees	1,600		
To Commission	6,000		
To Advertisement	4,000		
To Discount	3,5000		
To Office Expenses	7,500		
To Carriages	3,000		
To Bank Charges	1,500		
To Preliminary Expenses	6,500		
To Bad Debts	2,000		
To Interest on Loan	3,000		
To Net Profit	60,000		
	1,55,000		1,55,000

The total turnover for the year ending 31st Dec. 1978 was Rs. 5,00,000 being Rs. 1,50,000 for the period upto May, 1978 and Rs. 3,50,000 for the remaining period.

Ascertain the profits earned prior to and after incorporation of the Co.

कुल बिक्री 31 दिसम्बर, 1978 तक 5 लाख रु. थी जिसमें 1,50,000 रु. की बिक्री 1 मई, 1978 तक तथा 3,50,000 रु. की बिक्री शेष अवधि की थी।

कम्पनी द्वारा निगमन से पूर्व तथा बाद में अर्जित किये लाभ की गणना कीजिये।

9. माहेश्वरी लिमिटेड ने 100 रु. वाले 8,000, 8 प्रतिशत अधिमान अंश 5 प्रतिशत बट्टे पर निर्गमित किये, तथा अभिगोपन समझौता गोयल के साथ किया जो कम्पनी अधिनियम, 1956 के अन्तर्गत अधिकतम अभिगोपन कमीशन लेने को सहमत हो गये।

गोयल ने 25 प्रतिशत निर्गम के लिए मित्तल के साथ 4 प्रतिशत कमीशन पर उप अभिगोपन समझौता किया। जनता ने 60 प्रतिशत निर्गम के लिए ही प्रार्थना पत्र दिये, अत: शेष अभिगोपकों को लेने पड़े। गोयल ने अपने अंशों को 90 रु. प्रति अंश की दर पर बेच दिया। गोयल की दृष्टि से अभिगोपन पर होने वाले लाभ या हानि की गणना कीजिये।

Maheshwari Ltd. issued 8,000 8% Preference Shares of 100 each at a discount of 5% and entered into an underwriting agreeting with Goyal who agreed to underwrite the whole issue at a commission, maximum allowed by the Companies Act, 1956. Goyal entered into sub-underwriting agreement with Mittal for 25% of the issue at a commission of 4%. The public applied only for 60% of the issue, hence the balance was taken up by the underwriters. Goyal sold the shares held by him @ Rs. 90 per share. Find out profit or loss on underwriting from Goyal's point of view.

Ans. Profit Rs. 18,400

10. एक कम्पनी के 100 रु. वाले 2,00,000 अंशों के जनता में निर्गम में X तथा Y ने क्रमश: 1,20,000 तथा 80,000 अंशों का अभिगोपन करना स्वीकार किया, जिनमें से क्रमश: 32,000 और 14,000 अंश सुदृढ़ (Firm) अभिगोपन के हैं। जनता ने 1,40,000 अंशों के लिए आवेदन किया।

X तथा Y में प्रत्येक को जितने अंश, सुदृढ़ अभिगोपन वालों के अतिरिक्त लेने होंगे उनकी गणना कीजिये।

In connection with the public issue by a company of 2,00,000 shares of Rs. 100 each X & Y agreed to underwrite 1,20,000 and 80,000 shares respectively of which 32,000 and 14,000 shares are underwritten firm. The public subscribed for 1,40,000 shares. Calculate the number of shares which A and B must each take up, excluding firm underwriting.

Ans. X 4,000 shares, Y 10,000 Shares.

11. नरवानी कम्पनी लिमिटेड द्वारा किये गये निर्गम में से 10 रु. वाले 10,000 अंशों का एक निवेश कम्पनी ने अभिगोपन किया। स्वीकृत कमीशन 5 प्रतिशत था, जो 75 प्रतिशत पूर्ण प्रदत्त अंशों में तथा 25 प्रतिशत नकद में देय था।

इन अंशों के अभिगोपन के अतिरिक्त निवेश कम्पनी ने 2,500 अंशों के लिए सुदृढ़ अभिगोपन किया।

निर्गम का जनता द्वारा पूर्ण अभिदान नहीं किया गया, अतः निवेश कम्पनी को अभिगोपन किये अंशों का 25 प्रतिशत लेना पड़ा। नरवानी कं. लिमिटेड के अंशों का मूल्य 12.5 प्रतिशत बट्टे पर उद्घृत किया गया।

निवेश कम्पनी की पुस्तकों में आवश्यक खाते उपर्युक्त परिस्थिति को बतलाते हुये तैयार कीजिये।

An investment company underwrites 10,000 shares of Rs. 10 each in a new issue made by Narwani Co. Ltd. The agreed commission was 5% payable as to 75% in fully paid up shares and 25% in cash.

In addition to underwriting these, the investment company made a firm application in the ordinary course for a further 2,500 shares.

The issue was not fully subscribed by the public and the investment company was obliged to take up 25% of the shares underwritten. The shares in Narwani Co. Ltd. were quoted at a discount of 12.5%.

Prepare necessary accounts showing the position as it should appear in the books of the investment company.

Ans. Loss Rs. 919, Balance of Shares in Narwani Co. Ltd. Rs. 47031.

12. अ कम्पनी लिमिटेड की 50 लाख रु. की अधिकृत पूंजी 50 रु. वाले 1,00,000 अंशों में विभाजित है। कम्पनी ने 50,000 अंश 10 रु. प्रति अंश पर निर्गमित किये। पूरा निर्गम निम्न प्रकार अभिगोपित किया गया।

X 30,000 अंश (सुदृढ़ (Firm) अभिगोपन 5,000 अंश)

Y 15,000 अंश (सुदृढ़ (Firm) अभिगोपन 2,000 अंश)

Z 5,000 अंश (सुदृढ़ (Firm) अभिगोपन 1,000 अंश)

कुल निर्गम में से 45,000 अंशों का सुदृढ़ (Firm) अभिगोपन सहित, अभिदान हुआ। निम्न चिन्हित आवेदन पत्र थे–

X- 16,000 अंश, Y - 10,000 अंश, Z - 4,000 अंश

प्रत्येक अभिगोपक का दायित्व ज्ञात कीजिये।

A Co. Ltd. has authorised capital of Rs. 50,00,000 divided into 1,00,000 equity shares of Rs. 50 each. The company issued for subscription 50,000 shares at a premium of Rs. 10 each. The entire issue was underwritten as follows:

X 30,000 Shares (Firm Underwriting, 5,000 Shares)

Y 15,000 Shares (Firm Underwriting 2,000 Shares)

Z 5,000 Shares (Firm Underwriting 1,000 Shares)

Out of the total issue 45,000 shares including firm underwriting were subscribed. The following were the marked forms.

X - 16,000 shares; Y - 10,000 shares; Z - 4,000 shares. Calculate the liability of each underwriter.

Ans. Liability of each underwriter including firm underwriting X - 9667 Shares, Y - 2,333 Shares, Z - 1,000 Shares.

□□□

7

मूल्य-ह्रास
(Depreciation)

मूल्य ह्रास से आशय
(Meaning)

व्यापार संचालन हेतु क्रय की जाने वाली सम्पत्तियों में कुछ स्थायी सम्पत्तियाँ जैसे-फर्नीचर, मशीनरी, भवन, वाहन इत्यादि होती है। इन सम्पत्तियों के लगातार उपयोग में आने के कारण इनके मूल्य में कमी आना या उनमें गिरावट होना स्वाभाविक ही होता है। लेखा पुस्तकों से इस मूल्य की कमी को ही ह्रास या अवक्षयण या घटौती के नाम से जाना जाता है। मूल्य ह्रास की कुछ विद्वानों ने निम्नलिखित मुख्य परिभाषाएँ दी हैं-

स्पाइसर एवं पेगलर के अनुसार, "**ह्रास** को इस प्रकार परिभाषित किया जा सकता है कि यह सम्पत्ति मूल्य में क्रियात्मक जीवन की सम्पत्ति का मार्ग है, जो एक निश्चित समय में किसी भी कारण रो हुई हो।"

आर्थर कोल्स के अनुसार, "ह्रास का आशय व्यापारिक जगत में सम्पत्ति के मूल्य में कमी आने से है। यह कमी कई कारणों से हो सकती है।"

जे. आर. बाटलीबाय के शब्दों में, "यह एक साधारण ज्ञान की बात है कि सभी स्थायी सम्पत्तियाँ, जैसे - प्लाण्ट, मशीन, भवन, फर्नीचर आदि जैसे-जैसे पुराने होते जाते हैं उनके मूल्य में कमी होती जाती है और वे व्यापार में लगातार प्रयोग करने से बेकार हो जाते हैं।"

हैराल्ड जे. ह्वेल्डन के अनुसार, "जो पूँजी भवन, प्लाण्ट व मशीन आदि सम्पत्तियों में लगायी जाती है उसमें उन सम्पत्तियो के जीवनकाल में जो हानि होती है उसे हास कहा जाता है। यह शब्द प्रयोग द्वारा शनै:शनै और अवश्य होने वाली हानि को प्रकट करता है।"

सरल शब्दों में कहा जा सकता है कि, ''सम्पत्ति के उपयोग से समय व्यतीत हो जाने पर, मूल्यों में परिवर्तन से नष्ट हो जाने से या अन्य किसी कारण से जब सम्पत्ति के मूल्य में कमी आ जाती है तो लेखाकर्म की दृष्टि से उसे ह्रास कहा जाता है।''

अन्तर्राष्ट्रीय लेखांकन मानक समिति का ह्रास लेखांकन पर प्रस्तावित विवरण

(Proposed Statement on Depreciation Accounting of International Accounting Committee)

ह्रास लेखांकन के सम्बन्ध में अन्तर्राष्ट्रीय लेखांकन मानक समिति ने एक विवरण प्रस्तावित किया है। इसे 1 जनवरी, 1977 से क्रियाशील किया गया। इस विवरण का सारांश अग्रांकित है:

(1) यह विवरण निम्नांकित को छोड़कर सभी ह्रास योग्य सम्पत्तियों पर लागू होता है: (अ) जंगल और इसी प्रकार के प्राकृतिक साधन, (ब) खानें, तेल, प्राकृतिक गैस और इसी प्रकार के साधनों के निकालने एवं इनकी खोज पर किया गया-व्यय, (स) शोध और विकास पर व्यय, (द) ख्याति।

परिभाषाएँ (Definitions)

(1) ह्रास (Depreciation)- ह्रास का आशय सम्पत्ति की ह्रासित राशि का इसके उपयोगी जीवन की अवधि में बंटन से है।

(2) ह्रास योग्य सम्पत्तियाँ (Depreciable Assets): निम्नांकित शर्तें पूरी करने वाली सम्पत्तियाँ ह्रास योग्य सम्पत्तियाँ कही जाती हैं:

(अ) जो एक से अधिक लेखांकन अवधि में प्रयोग की जा सकती है, (ब) जिनका उपयोगी जीवन सीमित अवधि का है, और (स) जिन्हें एक उपक्रम (Enterprise) द्वारा उत्पादन में प्रयोग के लिए, माल या सेवाओं की पूर्ति के लिए, दूसरों को किराये पर उठाने के लिए या प्रशासनिक उद्देश्यों के लिए रखा जाता है।

(3) उपयोगी जीवन (Useful Life) : उपयोगी जीवन का आशय (अ) उस अवधि से है जिसमें उपक्रम द्वारा ह्रास योग्य सम्पत्ति के प्रयोग किये जाने का अनुमान है: या (ब) उन उत्पादित इकाइयों की संख्या से है जिन्हें उपक्रम द्वारा सम्पत्ति से प्राप्त किये जाने की आशा है।

उपयोगी जीवन की अवधि का निर्धारण इसी प्रकार की सम्पत्तियों के प्रयोग के तजुर्बे पर आधारित अनुमान के द्वारा किया जाता है। किसी ह्रास योग्य सम्पत्ति का उपयोगी जीवन इसकी वास्तविक स्थिति से कम हो सकता है। प्रयोग से होने वाली क्षति, मूल्यों में उच्चावचन, नये अनुसन्धान एवं कानूनी सीमाओं को भी उपयोगी जीवन की अवधि निर्धारित करते समय ध्यान में रखा जाता है।

(4) ह्रास योग्य राशि (Depreciable Amount): ह्रास योग्य सम्पत्ति की ह्रास योग्य राशि इसकी ऐतिहासिक लागत है या ऐतिहासिक लागत के लिए प्रतिस्थापित राशि में अवशिष्ट मूल्य घटाने पर आने वाली राशि है।

स्पष्टीकरण - सम्पत्ति के मूल्य में वृद्धि होने पर भी हास का प्रबन्ध किया जाना चाहिए। हास योग्य सम्पत्तियाँ सम्पूर्ण सम्पत्तियों का बहुत बड़ा भाग बहुत से उपक्रम में होती हैं अतः इन उपक्रमों की उपार्जन शक्ति ज्ञात करने में हास का विशेष स्थान है।

अवशिष्ट मूल्य (Residual Value)- सम्पत्ति का अवशिष्ट मूल्य बहुधा न के बराबर होता है अतः इसे हास का मूल्य निर्धारित करने में प्रयोग न किया जाना चाहिए। यदि अवशिष्ट मूल्य महत्त्वपूर्ण है तो इसका अनुमान प्रारम्भ में ही लगा लेना चाहिए और इसमें से इसकी बिक्री की लागत घटा देनी चाहिए।

भूमि (Land) : इसका जीवन अनन्त होता है अतः इस पर साधारणतया हास का प्रबन्ध नहीं किया जाता है परन्तु यदि भूमि ऐसी है जिसका उपयोगी जीवन सीमित है तो इस पर हास का प्रबन्ध किया जाता है।

भवन (Building): इन पर हास का प्रबन्ध किया जाता है।

मूल्य हास लेखांकन (Depreciation Accounting)

अमरीकन इन्स्टीट्यूट ऑफ एकाउण्टेण्ट्स कमेटी ऑन टेक्नोलॉजी के अनुसार मूल्य हास लेखांकन, लेखांकन की एक प्रणाली है जो मूर्त पूँजीगत सम्पत्तियों (Tangible Capital Assets) की लागत से अवशिष्ट मूल्य (यदि कोई हो) कम करने के बाद आयी हुई शेष राशि को सम्पत्ति के उपयोगी जीवन में नियमानुसार और विवेकपूर्ण विधि से वितरित करती है, यह मूल्यांकन की नहीं वरन् बंटन की एक विधि है।

मूल्य ह्रास की विशेषताएँ (लक्षण)

(Characteristics)

1. अवक्षयण में सम्पत्ति का मूल्य, गुण या परिमाण में कमी आती है।
2. सम्पत्ति के गुण, मूल्य या मात्रा में होने वाली कमी स्थायी तथा निरन्तर होती है।
3. ऐसी कमी धीरे धीरे होती है अर्थात् कमी एकाएक या एक साथ नहीं होती है।
4. सामान्य ह्रास का सम्बन्ध किसी स्थायी सम्पत्ति से ही होता है।
5. ह्रास को सम्पत्ति के पुस्तक मूल्य से ही सम्बन्धित किया जाता है।

मूल्य ह्रास के कारण

(Causes)

सम्पत्ति के मूल्य में कमी होने के निम्नलिखित कारण हो सकते हैं :

1. सम्पत्ति का निरन्तर उपयोग होना (Continuous Use of Asset)
2. अवधि समाप्त हो जाने के कारण (Passage of Time)

3. अप्रचलित हो जाने के कारण (Obsolecence)
4. बाजार भाव में गिरावट होना (Fall in Market Price)
5. मूल पदार्थों के समाप्त हो जाने के कारण (Exhaustion), तथा
6. दुर्घटना हो जाना।

मूल्य ह्रास के आयोजन की आवश्यकता

(Need)

व्यापार में सम्पत्तियों के मूल्य में प्रतिवर्ष कुछ न कुछ कमी अवश्य होती रहती है। मूल्य ह्रास का आयोजन करने की आवश्यकता निम्न कारणों से होती है-

1. शुद्ध लाभ - हानि ज्ञात करने के लिए - शुद्ध लाभ-हानि जानने के लिए विभिन्न खर्चों और हानियों की भांति मूल्य ह्रास की हानि को भी लाभ-हानि खाते में दिखाया जाना आवश्यक है।

2. वास्तविक आर्थिक स्थिति प्रकट करने के लिए - व्यापार की सही आर्थिक स्थिति जानने के लिए स्थिति विवरण बनाया जाता है। इसके लिए स्थिति विवरण में सम्पत्तियों का ह्रास घटाकर उनके वास्तविक मूल्य पर बताना चाहिए न कि खरीदे हुए मूल्य पर।

3. सही उत्पादन लागत का निर्धारण के लिए - वस्तुओं के निर्माण में स्थायी सम्पत्तियों का प्रयोग किया जाता है। प्रयोग के कारण सम्पत्तियों के मूल्य में होने वाली एक हानि है, उत्पादन व्ययों में सम्मिलित होना जरूरी है।

4. सम्पत्तियों के पुनर्स्थापन - स्थायी सम्पत्तियों पर प्रतिवर्ष ह्रास का आयोजन करने का एक लाभ यह भी है कि सम्पत्ति के बेकार हो जाने पर नई सम्पत्ति क्रय करने के लिए आवश्यक धनराशि उपलब्ध हो जायेगी।

5. पूँजी में कमी के विरूद्ध सुरक्षा - सम्पत्ति के निरन्तर उपयोग से उसके मूल्य में जो कमी आती है वह वास्तव में उस सम्पत्ति में विनियोजित पूँजी में कमी होती है। ह्रास की व्यवस्था करके सम्पत्तियों का पुस्तक मूल्य उसके वास्तविक मूल्य के बराबर ले जाया जाता है।

6. गुप्त संचय की व्यवस्था - व्यापार की आन्तरिक स्थिति सुदृढ़ बनाने के उद्देश्य से गुप्त कोष बनाए जाते हैं जिसका एक तरीका स्थायी सम्पत्तियों पर अधिक दर से ह्रास काटना होता है।

अन्तर का आधार	ह्रास	अप्रचलन	उच्चावचन
1. कारण	प्रयोग समय और प्राकृतिक प्रभावों के कारण जो कमी सम्पत्ति में आ जाती है वह ह्रास होती है।	नये आविष्कारों के कारण अप्रचलन सम्पत्तियों में होने वाली कमी जो नये आविष्कारों के कारण होती है को कहते है।	उच्चावचन सम्पत्ति के मूल्य में परिवर्तन के कारण होता है।
2. लेखे	इसे लाभ हानि खाते में दर्शाया जाता है।	इसे पूँजीगत हानि या स्थगित व्यय माना जाता है।	स्थायी सम्पत्तियों में इसका कोई स्थान नहीं रखा जाता है।
3. स्वभाव	सम्पत्ति में धीरे धीरे ह्रास होता है।	सम्पत्ति के मूल्य में एकदम कमी आ जाती है।	अस्थायी रूप से कमी या वृद्धि होती है।
4. निश्चितता	यह हानि निश्चित है।	यह अनिश्चित है।	यह भी अनिश्चित है।
5. निष्कर्ष	ह्रास में अप्रचलन एवं उच्चावचन दोनों शामिल होते है।	इसमें ह्रास या उच्चावचन पूर्ण रूप से नही आते हैं।	इसमें ह्रास एवं अप्रचलन नहीं आते हैं।

ह्रास काटने की विभिन्न पद्धतियाँ

प्रत्येक व्यापार या उद्योग में सम्पत्तियों पर ह्रास काटने की एक जैसी व्यवस्था नहीं होती है। अलग-अलग व्यवसायी अपनी सुविधानुसार ह्रास काटने की अलग-अलग पद्धतियाँ अपनाते हैं। ह्रास काटने की प्रमुख पद्धतियाँ निम्न प्रकार हैं-

1. समान किश्त पद्धति अथवा सीधी रेखा पद्धति (Fixed Instalment Method or Straight Line Method)
2. घटती किश्त पद्धति अथवा क्रमागत ह्रास पद्धति (Diminishing Value Method or Written down, Value Method)
3. वार्षिक पद्धति (Annuity Method)
4. ह्रास कोष पद्धति (Depreciation Fund Method)
5. बीमा पॉलिसी पद्धति (Insurance Policy Method)
6. अन्य पद्धतियाँ (Other Methods)
   (अ) दूरी पद्धति (Distance Method)
   (ब) कार्यशील घण्टा पद्धति (Working Hours Method)
   (स) क्षयशील इकाई पद्धति (Depletion Method)
   (द) पुनर्मुल्यन पद्धति (Revaluation Method)

प्रमुख पद्धतियौं का विवेचन निम्न प्रकार है–

(1) स्थायी किश्त अथवा सम–प्रभाव या मूल लागत पद्धति

इस पद्धति के अन्तर्गत सम्पत्ति के कुल मूल्य में से उसका अवशिष्ट मूल्य घटाकर कुल ह्रास की राशि ज्ञात कर उसे सम्पत्ति के सम्पूर्ण उपयोगी जीवन काल पर बराबर–बराबर फैला देते हैं। मूल्य ह्रास की वार्षिक राशि निम्नानुसार ज्ञात की जाती है–

ह्रास ज्ञात करने का सूत्र

वार्षिक ह्रास = (सम्पत्ति की लागत - अवशिष्ट मूल्य, सम्पत्ति का अनुमानित जीवनकाल)

इस पद्धति की विशेषताएँ निम्नानुसार हैं –

1. ह्रास की समान राशि – इस पद्धति के अनुसार प्रत्येक वर्ष ह्रास की समान राशि लाभ हानि खाते में लिखी जाती है।

2. मूल लागत पर ह्रास की गणना – ह्रास की दर प्रतिशत के रूप में दी गई हो, तो हर वर्ष उसकी गणना सम्पत्ति की मूल लागत पर की जाती है, जिस पर उसे प्राप्त किया गया था।

3. वर्ष के बीच क्रय विक्रय – सम्पत्ति वर्ष के मध्य में कभी प्राप्त की गई हो, तो उस पर केवल वर्ष की शेष अवधि का ही ह्रास लगेगा। मान लीजिए, लेखा वर्ष 31 दिसम्बर को समाप्त होता हो तथा कोई सम्पत्ति 1 अगस्त को खरीदी जाय, तो प्रथम वर्ष 1 अगस्त से 31 दिसम्बर तक अर्थात् केवल 5 माह का ही ह्रास लगेगा।

लाभ या गुण

(Advantages)

1. सरल पद्धति – यह पद्धति ह्रास अपलिखित करने की सरलतम पद्धति है, क्योंकि इसमें ह्रास की गणना आसानी से की जा सकती है।

2. बार–बार गणना नहीं – प्रत्येक वर्ष ह्रास की राशि एक समान होती रहती है, अत: बार–बार गणना नहीं करनी होती।

3. समान भार – विभिन्न वर्षों के लाभ हानि खाते पर ह्रास का भार समान पड़ता है, अत: लाभ हानि की गणना अधिक शुद्धता से की जाती है।

4. पूरा अपलेखन – इस पद्धति के अन्तर्गत सम्पत्ति का मूल्य शून्य तक लिखित हो जाता है।

दोष या हानियाँ

(Disadvantages)

1. अतर्कसंगत – सम्पत्ति के जीवनकाल के प्रारम्भिक वर्षों में मरम्मत पर व्यय कम होता है, जो आगे के वर्षों में उत्तरोत्तर बढ़ता जाता है, क्योंकि प्रयोग के साथ–साथ सम्पत्ति की कार्यक्षमता कम होती जाती है। इस पद्धति के अन्तर्गत हस की राशि प्रत्येक वर्ष बराबर रहती है, अत: सम्पत्ति की कार्यक्षमता में जैसे–जैसे कमी होती जाती है, लाभ–हानि खाते पर पड़ने वाला भार बढ़ता जाता है।

2. कोष की व्यवस्था नहीं – सम्पत्ति के पुराने हो जाने पर उसकी प्रतिस्थापना के लिए किसी कोष की व्यवस्था नहीं होती।

3. ब्याज को ध्यान में नहीं रखना – ह्रास सम्पत्ति के लागत मूल्य पर काटा जाता है, सम्पत्ति को क्रय करने में जो लागत आई है, उस पर ब्याज की कोई व्यवस्था नहीं होती।

अतः कुछ विशेषताओं के साथ इस पद्धति में उपरोक्त दोष भी होते हैं।

उदाहरण – एक कम्पनी ने 1 जनवरी, 1999 को एक यन्त्र 90,000 रु. में खरीदा और उसको लगाने में 25,000 रु. व्यय हुए तथा 10 वर्ष बाद इसका अवशेष मूल्य 15,000 रु. अनुमानित है। ऐसी स्थिति में प्रतिवर्ष ह्रास निम्न होगा–

मशीन की कुल लागत 90,000 + 25,000 = 1,15,000 रु.

– अवशेष मूल्य 15,000

सम्पूर्ण जीवन काल में ह्रास 1,00,000 रु.

प्रतिवर्ष ह्रास (10000,10 वर्ष) = 10000 रु.

Illustration 1.

एक मशीन 1 जनवरी, 1976 को 5,000 रु. में क्रय की गयी। स्थायी प्रभाग पद्धति से 10 प्रतिशत प्रति वर्ष हास काटते हुए 3 वर्ष के लिए मशीन खाता बनाइए। यह माना गया है कि सम्पत्ति का अवशिष्ट मूल्य कुछ भी नहीं होगा।

A maching costing Rs. 5000 was purchased on 1st January, 1976. Prepare the Machine Account for 3 years after calculating depreciation @ 10 per cent p a on fixed instalments. It is assumed that there will be no break-up value of this machine.

Solution : **Machinery Account**

		Rs.			Rs.
1976					
Jan. 1	To Bank A/c	5,000	Dec. 31	By Depreciation	500[1]
			Dec. 31	By Balance c/d	4,500
	Rs.	5,000		Rs.	5,000
1977			1977		
Jan. 1	To Balance b/d	4,500	Dec. 31	By Depreciation	500[1]
			Dec. 31	By Balance c/d	4,000
	Rs.	4,500		Rs.	4,500

1978 Jan. 1	To Balance b/d	4,000	1978 Dec. 31	By Depreciation	500[1]
			Dec. 31	By Balance c/d	3,500
	Rs.	4,000		Rs.	4,000
1979 Jan. 1	To Balance b/d	3,500			

[1] $5{,}000 \times \frac{10}{100} = \text{RS. } 500.$

Illustration 2,

टी. कं. लिमिटेड की पुस्तकों से निम्नांकित सूचनाएँ उन ट्रकों के बारे में मिली हैं जो इसके व्यवसाय में प्रयोग किये जाते हैं.

1 जनवरी, 1975 को ट्रक नं. 1,20,000 रु. क्रय की गयी थी। यह 1 जुलाई, 1978 को 2,000 रु. में बेची गयी।

ट्रक नं. 2 जुलाई 1, 1975 को 18,000 रु. में क्रय की गयी।

ट्रक नं. 3, 1 जनवरी, 1977 को 12,000 रु. की गयी। वह 1 जनवरी, 1979 को एक नयी ट्रक नं. 5 से बदल ली गयी। उस तारीख को ट्रक नं. 5 की कीमत 10,000 रु. थी।

ट्रक नं. 4, 1 जुलाई, 1977 को 10,500 रु. में क्रय किया गया था। 1 जुलाई, 1980 को यह ट्रक टकरा गया और इसे कुल 250 रु. बेच दिया गया। टी कं. को इसके लिए बीमा कं. से 1500 रु. भी प्राप्त हुए।

आप मोटरगाड़ी खाता 1975 से 1977 तक की अवधि का बनाइए। ह्रास 20 प्रतिशत वार्षिक की दर से स्थायी प्रभाग पद्धति के अनुसार लगाया जाता है।

Following information is available from the records of T. Co. Ltd. in respect of the trucks used by it for its business:

Truck No. 1 was purchased for Rs. 20,000 on Ist January, 1975, it was sold for Rs. 2,000 on Ist July, 1978.

Truck No. 1 was purchased on Ist July, 1975, for Rs. 18,000.

Truck No. 3 was purchased on 1st January, 1977 for Rs. 12,000. It was exchanged for a new Truck No. 5 on 1st January, 1979. The cash price of Truck No. 5 was Rs. 10,000 on that date.

Truck No 4 was purchased on 1st July, 1977 for Rs. 10,500. On 1st July, 1980 this truck was wrecked and was sold as junk for Rs. 250. T. Co.

Ltd. also received Rs. 1,500 from the insurance company in full satisfaction of its claim.

You are required to write up the Motor Vehicles Account for the years from 1975 to 1977. Depreciation is written off at the rate of 20% per annum on the Straight Line Method.

Solution : **Truck Account**

		Rs.			Rs.
1975			1975		
Jan. 1	To Cash A/c	20,000	Dec. 31	By Dep. A/c	
Jan. 1	To Cash A/c	18,000	Dec. 31	(4,000 + 1,800)	5,800
				By Balance c/d	32,200
	Rs.	38,000		Rs.	38,000
1976			1976		
Jan. 1	To Balance b/d	32,000	Dec. 31	By Dep. A/c	7,600[1]
			Dec. 31	By Balance c/d	24,600
	Rs.	32,000		Rs.	32,200
1977			1977		
Jan. 1	To Balance b/d	24,600	Dec. 31	By Depreciation	11,050
Jan. 1	To Cash A/c	12,000		(20% on Rs. 38000	
Jan.1	To Cash A/c	10,500		20% on Rs. 12000	
				20% on Rs 10500	
				for half year)	
			Dec. 31	By Balance c/d	36,050
	Rs.	47,100		Rs.	47,100
1978					
Jan. 1	To Balance b/d	36,050			

[1] $\frac{38000 \times 20}{100} = \text{Rs. } 7,600$

Illustration 3

एक कं. जिसका लेखांकन वर्ष कलेण्डर वर्ष है, ने 1 अप्रैल, 1975 को एक मशीन 30,000 रु. में क्रय की। इसने 1 अक्टूबर, 1975 को 20,000 रु. की एक मशीन तथा 1 जुलाई, 1976 को 10,000 रु. की एक मशीन और क्रय की। जो मशीन 1 अप्रैल, 1975 को क्रय की गयी थी उसका 1/3 भाग 1 जनवरी, 1977 को बेकार हो गया और इसे 3,000 रु. बेच दिया गया। कम्पनी की पुस्तकों में मशीन खाता खोलिए। ह्रास स्थायी प्रभाग पद्धति से

10 प्रतिशत प्रतिवर्ष की दर से निकाला जाता है। 1 जनवरी, 1978 को मशीन खाते की क्या बाकी होंगी?

A Company whose accounting year is the calender year, purchased on 1st April, 1975 machinery costing Rs. 30,000. It purchased further machinery on 1st October, 1975 costing Rs. 20,000 and on 1st July, 1976 costing Rs. 10,000. On Ist January, 1977 one-third of the machinery installed on 1st April, 1975 because obsolete and was sold for Rs. 3,000. Show how Machinery Account would appear in the books of the company, it being given that machinery was depreciated by Fixed Instalment Method at 10 p.c. per annum. What would be the balance on Machinery Account on 1st January, 1978?

Solution : **Machinery Account**

		Rs.			Rs.
1975			1975		
Apr. 1	To Bank A/c	30,000	Dec. 31	By Depreciation	2,750[1]
Oct. 1	To Bank A/c	20,000	Dec. 31	By Balance c/d	47,250
	Rs.	50,000		Rs.	50,000
1976			1976		
Jan. 1	To Balance b/d	47,250	Dec. 31	By Depreciation	5,500[2]
July 1	To Bank A/c	10,000	Dec. 31	By Balance c/d	51,750
	Rs.	57,250		Rs.	57,250
1977			1977		
Jan. 1	To Balance b/d	51,750	Jan. 1	By Bank A/c	3,000
			Jan. 2	By P & L A/c	5,250[3]
			Dec. 31	By Depreciation	5,000[4]
			Dec. 31	By Balance c/d	38,500
	Rs.	51,750		Rs.	51,750
1978					
Jan. 1	To Balance b/d	38,500			

[1] $\left(\frac{30000 \times 9 \times 10}{12 \times 100} = 2250\right) + \left(\frac{20000 \times 3 \times 10}{12 \times 100} = \text{Rs. } 500\right) = \text{Rs. } 2,750$

2 $\left(\frac{50000 \times 10}{100} \text{Rs. } 5000\right) + \left(\frac{10000 \times 10 \times 1}{100 \times 2} = \text{Rs. } 500\right) = \text{Rs. } 5{,}500$

		Rs.
3 $\frac{1}{2}$ of Machine is $\frac{30000 \times 1}{3}$		10,000
— Dep. for 1975 for 9 months $\frac{10000 \times 10 \times 9}{100 \times 12}$		750
	Written Down value	9,250
— Dep. for 1976 for one year $\frac{10000 \times 10}{100}$		1,000
	Written Down Value	8,250
Sale Proceeds		3,000
Loss in 1977	Rs.	5,250

4 $(20000 + 20000 + 10000) \times \frac{10}{100} = \text{Rs. } 5000$

(2) घटते हुए शेष या क्रमागत ह्रास पद्धति

इस पद्धति के अन्तर्गत ह्रास की गणना एक निश्चित दर से वर्ष के प्रारम्भ में सम्पत्ति के अपलिखित किये गये मूल्य पर की जाती है। सम्पत्ति के मूल्य में से ह्रास घटाकर जो मूल शेष बचता है, वह अपलिखित मूल्य कहलाता है। जैसे-जैसे किसी सम्पत्ति पर ह्रास काटा जाता है, उसका अपलिखित मूल्य कम होता जाता है। परिणामस्वरूप प्रत्येक वर्ष ह्रास की राशि भी कम होती जाती है।

लाभ या गुण

1. **तर्कसंगत प्रणाली** - इस पद्धति में लाभ-हानि पर विभिन्न वर्षों में लगभग समान भार पड़ता है, क्योंकि जैसे-जैसे किसी सम्पत्ति का उपयोग होता जाता है, उस पर मरम्मत व्यय बढ़ता जाता है, किन्तु दूसरी ओर ह्रास की राशि घटते हुए शेष पर आधारित होने के कारण घटती जाती है।

2. **गणना में आसानी** - प्रत्येक वर्ष ह्रास की राशि की गणना एक निश्चित प्रतिशत से सम्पत्ति के आरम्भिक शेष पर आसानी से कर ली जाती है।

3. **मान्यता प्राप्त** - भारतीय आयकर अधिनियम में भी इस पद्धति को मान्यता प्रदान की गई।

दोष या हानियाँ

1. पूरा अपलेखन नहीं - सम्पत्ति का मूल्य कभी भी पूरा शून्य तक अपलिखित नहीं किया जा सकता है।

2. कोष नहीं - सम्पत्ति की प्रतिस्थापना हेतु किसी कोष की व्यवस्था नहीं रहती है।

3. ब्याज को ध्यान में नहीं रखना - ह्रास की राशि की गणना करते समय सम्पत्ति की लागत पर ब्याज को दृष्टिगत नहीं रखा जाता है।

अतः घटते हुए शेष पद्धति में उपरोक्त दोष पाये जाते हैं।

Illustration 4

एक कम्पनी ने एक पुरानी मशीन 1 जनवरी, 1975 को 37,000 रु. में क्रय की ओर तुरन्त 2,000 रु. इसकी मरम्मत पर और 1,000 रु. इसके लगाने में व्यय किये। 1 जुलाई, 1976 को इसने दूसरी मशीनरी 10,000 रु. में क्रय की और 1 जुलाई, 1977 को उस मशीन को 28,000 रु. में बेच दिया जिसे इसने 1975 में क्रय किया था। उसी दिन इसने एक और मशीन 25,000 रु. में क्रय की। 1 जुलाई, 1978 को दूसरी मशीन, जो 10000 रु. में क्रय की गयी थी, 2,000 रु. में बेच दी गयी।

ह्रास 10 प्रतिशत वार्षिक की दर से मूल लागत पर लगाया गया लेकिन 1976 में कम्पनी ने ह्रास पर 15 प्रति वर्ष कर दी और क्रमागत ह्रास पद्धति अपनायी गयी।

1975 से 1978 तक का मशीन खाता बनाइए।

A Company purchased a second hand machinery on 1st January, 1975 for Rs. 37,000 and immediately spent Rs. 2,000 on its repairs and Rs. 1,000 on its erection. On 1st July, 1976 it purchased another machine for Rs. 10,000 and on 1st July, 1977, it sold off the first machine purchased in 1975 at Rs. 28,000. On the same date it purchased a Machinery for Rs. 25,000. On 1st July, 1978 the second machinery purchased for Rs. 10,000 was also sold off for Rs. 2,000.

Depreciation was provided on Machinery at the rate of 10% on the original cost annually on 31st December. In 1976 however, the company changed the method of providing depreciation and adopted the written down value method, rate of depreciation being 15%.

Give the Machinery Account for four years commencing from 1st January, 1975.

Solution : **Machinery Account**

Date	Particulars	Rs.	Date	Particulars	Rs.
1975			1975		
Jan. 1	To Cash A/c (Cost)	37,000	Dec. 31	By Dep. A/c	4,000
Jan. 1	To Cash A/c (Exp.)	3.000	Dec. 31	By Balance c/d	36,000
	Rs.	40,000		Rs.	40,000
1976			1976		
Jan. 1	To Balance b/d	36,000	Dec. 31	By Dep. A/c 15% on Rs. 36,000 for full year 5,400 15% on Rs. 10,000 for 6 months 750	6,150
July 1	To Cash A/c	10,000	Dec. 31	By Balance c/d (a) Rs. 30,600 (b) Rs. 9,250	39,850
	Rs.	46,000		Rs.	46,000
1977			1977		
Jan. 1	To Balance b/d (a) Rs. 30,600 (b) Rs. 9,250	39,850	Dec. 31	By Cash A.c	28,000
July 1	To Cash A/c	25,000		By Dep. A/c (15% on Rs. 30,600 for $\frac{1}{2}$ year)	2,295
			Dec. 31	By P & L A/c (Loss on Sale of Machinery)	305
				15% on Rs. 9,250 for full year 1,388 15% on Rs. 25,000 for $\frac{1}{2}$ year 1,876	3,263
			Dec. 31	By Balance c/d (b) Rs. 7,862 (c) Rs. 23,125	30,987
	Rs.	64,850		Rs.	64,850

1978 Jan. 1	To Balance b/d (a) Rs. 7,862 (b) Rs. 23,125	30,987	1978 July 1	By Cash A : By Depreciation (15% on Rs. 7,862 for $\frac{1}{2}$ year)	2000.00 589.65
				By P & L A/c (Loss on Sale of Second Machinery)	5.272.35
			Dec. 31	15% on Rs. 23,125 for full year	3,468.75
			Dec. 31	By Balance c/d	19656.25
	Rs..	30,987		Rs.	30,987.00
1979 Jan. 1	To Balance b/d	19656.25			

[1] Loss on Sale of Machines

		Rs.
W.D.V. on 1st January, 1977		30,600
Less : Depreciation	2,295	
Sale Price	28,000	30,295
	Total Rs.	305

Illustration 5

एक निर्माणक ने 1 जनवरी, 1974 को मशीनरी 1,00,000 रु. में क्रय की और इसके लगाने में 2,000 रु. व्यय किये। उसी वर्ष 1 जुलाई को 50,000 रु. में एक मशीन क्रय की गयी। 1 जनवरी, 1976 को उस मशीन को नीलाम पर 40,000 रु. में बेच दिया जिसे 1 जनवरी, 1974 को क्रय किया गया था और उसी दिन 25,000 रु. की एक मशीन क्रय की गयी।

ह्रास 10 प्रतिशत प्रतिवर्ष की दर से मूल लागत पर निकाला जाता है। 1976 में इसे बदल दिया गया और 15 प्रतिवर्ष दर से क्रमागत ह्रास पद्धति का प्रयोग किया गया।

1974 से 1978 तक के लिए मशीन खाता बनाइए।

A manufacturing from purchased on 1st January, 1974, certain machinery for Rs. 1,00,000 and spent Rs. 2,000 on its erection. On 1st July in the same year additional machinery costing Rs. 50,000 was acquired. On 1st January, 1976, the machinery purchased on 1st January, 1974 (having become obsolete) was auctioned for Re. 40,000 and on the same date fresh machinery was purchased at a cost of Rs. 25,000.

Depreciation was provided annually on 31st December at 10 per cent per annum on the original cost of the asset. In 1976; however, this method was changed and that of writing off 15% on the written down value was adopted.

Give the Machinery Account as it would stand at the end of each year from 1974 to 1978 making your claculations to the nearest rupee.

Solution : **Machinery Account**

		Rs.			Rs.
1974			1974		
Jan. 1	To Cash A/c	100000	Dec. 31	By Depreciation (10200+2500)	12,700
	To Cash A/c (Exp.)	2000	Dec. 31	By Balance b/d (91800+47500)	139300
	To Cash A/c	50000			
	Rs.	152000		Rs.	152000
1975			1975		
Jan. 1	To Balance b/d (91800+47500)	139300	Dec. 31	By Depreciation (10200+5000)	15,200
			Dec. 31	By Balance b/d (81600+42500)	124100
	Rs.	139300		Rs.	139300
1976			1976		
Jan. 1	To Balance b/d (81600+42500)	124100	Jan. 31	By Cash A.c	40000
	To Cash A/c	25000		By P & L A/c (Loss on Sale of Machinery)	41600
			Dec. 31	By Depreciation (6375+3750)	10,125
			Dec. 31	By Balance c/d (a) Rs. 36125 (b) Rs. 21250	57,375
	Rs.	149100		Rs.	149100

1977 Jan. 1	To Balance b/d (36125+21250)	57375	1977 Dec.31 Dec. 31	By Depreciation (9187.50+5418.75) By Balance c/d	8606.25 48768.75
	Rs..	57375		Rs.	57375.00
1978 Jan. 1	To Balance b/d	48768.75	1978 Dec. 31 Dec. 31	By Depreciation By Balance c/d	7315.31 41453.44
	Rs	48768.75		Rs.	48768.75
1979 Jan. 1	To Balance b/d	14453.44			

[1] First Machinery.

1,02,000 - 10,200 = Rs. 91,800; 91,800 - 10200 = Rs. 81,600; 81,600 - 40000 = Rs. 41,600

3. वार्षिक वृत्ति पद्धति

उपरोक्त दोनों पद्धतियों में यह दोष है कि सम्पत्ति में विनियोजित रकम पर ब्याज की गणना नहीं की जाती है। इस रीति में सम्पत्ति में विनियोजित रकम को विनियोग मानकर ब्याज की गणना की जाती है। यह ब्याज सम्पत्ति लेखे में डेबिट किया जाता है। ह्रास की रकम जो प्रतिवर्ष समान रहती है, सम्पत्ति खाते में क्रेडिट में लिखी जाती है। इसमें ह्रास वार्षिक वृत्ति तालिका की सहायता से ज्ञात किया जाता है। व्यावहारिक रूप से इस पद्धति का बहुत कम उपयोग होता है।

लाभ या गुण

1. ब्याज का ध्यान रखना – इस पद्धति में ह्रास के अतिरिक्त सम्पत्ति के मूल्य पर मिलने वाले ब्याज का भी आयोजन किया जाता है।

2. दीर्घकालीन सम्पत्तियों के लिए अच्छी – यह उन सम्पत्तियों के लिए बहुत अच्छी है, जिनमें अधिक पूँजी लगानी पड़ती है, जैसे लम्बे पट्टे पर ली गयी भूमि।

3. सम्पत्ति शून्य तक अपलिखित – इस पद्धति में अन्तिम वर्ष सम्पत्ति का मूल्य, शून्य पर पहुँच जाता है।

दोष या हानियाँ

1. अव्यावहारिक – यह पद्धति अव्यावहारिक है, क्योंकि इसके अनुसार ह्रास का मूल्य प्रतिवर्ष बराबर होता है, जबकि ब्याज प्रतिवर्ष घटता जाता है।

2. लाभ-हानि खाते पर समान प्रभाव नहीं - इसका लाभ-हानि खाते पर सब वर्षों के समान प्रभाव नहीं पड़ता।

3. गणना में जटिलता - गणना की दृष्टि से यह पद्धति जटिल है, क्योंकि बिना सारणी के ह्रास निकालना बहुत कठिन होता है।

Illustration 6

शिवमंगल ने एक पट्टा 3,000 रु. वार्षिक किराये पर 4 वर्ष के लिए लिया। इसके किराये की राशि प्रतिवर्ष 400 रु. बढ़ती है। अन्तिम वर्ष में किराये की राशि 400 रु. के स्थान पर 500 रु. बढ़ती है। यदि पट्टे की लागत 40,000 रु. हो तो प्रतिवर्ष कितनी राशि लाभ हानि खाते में हस्तान्तरित की जानी चाहिए? जर्नल के आवश्यक लेखे कीजिए। पट्टा 1 जनवरी को लिया गया है और खाते प्रतिवर्ष 31 दिसम्बर को बन्द किये जाते हैं।

Shive Mangal took a lease for 4 years on Rs. 3,000 annual rent, its rental value increases Rs. 400 every year, but in the last year it increases Rs. 500 instead of Rs. 400. If the cost of lease is Rs. 40,000, what amount will be transferred to Profit and Loss Account each year? Pass the necessary Journal entries. Lease has been taken on Ist January, and accounts are closed on 31st December each year.

Solution :

वर्ष	1	2	3	4
किराया	3,000 रु.	3,400 रु.	3,800 रु.	4,300 रु.

पट्टे की कुल लागत = चार वर्षों का किराया		14,500
पट्टे की लागत		40,000
	रु.	54,500

लाभ-हानि खाते में ले जाने वाली राशि $= \frac{54500}{4} = 13,625$ Rs.

			Rs.	Rs.
I Yr.				
Jan. 1	Lease A/c	Dr.	40,000	
	To Bank A/c			40,000
	(Being price of lease paid)			
Dec. 31	Lease Rent A/c	Dr.	3,000	
	To Bank A/c			3,000
	(Being annual rent paid)			

Dec. 31	P & L A/c Dr.		13,625	
	To Lease A/c			10625
	To Rent A/c			3,000
	(Being transfer of Rent to P & L A/c and writing off Dep. on lease to P & L A/c)			
II Yr.				
Dec. 31	Lease Rent A/c Dr.		3,400	
	To Bank A/c			3,400
	(Being annual rent paid)			
Dec. 31	P & L A/c Dr.		13,625	
	To Lease A/c			10,225
	To Rent A/c			3,400
	(Being transfer of rent to P & L A/c and writing off Dep. on Lease to P & L A/c)			
III Yr.				
Dec. 31	Lease Rent A/c Dr.		3,800	
	To Rent A/c			3,800
	(Being Annual Rent paid)			
Dec. 31	P & L A/c Dr.		13,625	
	To Lease A/c			9,825
	To Rent A/c			3,800
	(Being transfer of rent to P & L A/c and writing off Dep. on lease to P & L A/c)			
IV Yr.				
Dec. 31	Lease Rent A/c Dr.		4,300	4,300
	To Lease A/c			
	(Being annual rent paid)			
Dec. 31	P & L A/c Dr.		13,625	
	To Lease A/c			9,325
	To Rent A/c			4,300
	(Being transfer of rent to P & L A/c and writing off Dep. on lease to P & L A/c)			

4. ह्रास कोष पद्धति

इस पद्धति के अन्तर्गत प्रतिवर्ष न केवल ह्रास की व्यवस्था की जाती है, बल्कि नवीनीकरण के लिए भी राशि की व्यवस्था की जाती है। इसी कारण यह पद्धति अन्य पद्धतियों से श्रेष्ठ समझी जाती है।

इस पद्धति में प्रतिवर्ष लाभ-हानि खाते से ह्रास की निश्चित रकम निकाली जाती है और इसे ह्रास कोष में लिखा जाता है। ह्रास कोष की रकम को विनियोजित कर दिया जाता है, जिस पर ब्याज या लाभांश मिलता है। ब्याज की विनियोजित कर दिया जाता है, जिससे ब्याज पर ब्याज मिलने लगता है। जब सम्पत्ति बेकर हो जाती है, तो विनियोगों को बेच दिया जाता है और नयी सम्पत्ति खरीद ली जाती है। ह्रास की रकम को प्रतिवर्ष सम्पत्ति के मूल्य में से घटाया नहीं जाता हैं। अन्तिम वर्ष ह्रास कोष की रकम को विनियोजित नहीं किया जाता है।

गुण या लाभ

1. लाभ-हानि खाते पर समान भार - प्रत्येक वर्ष ह्रास की रकम समान होने से लाभ हानि खाते पर समान प्रभाव पड़ता है।

2. सम्पत्ति के प्रतिस्थापन में आसानी - इस पद्धति के कारण सम्पत्तियों के प्रतिस्थापन पर ब्यापार पर कोई वित्तीय भार नहीं पड़ता है।

3. ब्याज - अवक्षयण की राशि को बाहरी प्रतिभूतियों में विनियोजित करने पर चक्रवृद्धि ब्याज प्राप्त होता है।

दोष या हानियाँ

1. गणना में कठिनाई - इस पद्धति में ह्रास की रकम की गणना में कठिनाई होती है।

2. सही लाभ न निकलना - लाभ-हानि खाते में प्रतिवर्ष एक ही रकम ह्रास की तरह की जाती है, जिससे सही लाभ न निकल पाता।

3. प्रतिभूतियों का बाजार मूल्य घटने पर हानि - प्रतिभूतियों का बाजार मूल्य घटता-बढ़ता रहता है, जिससे कभी-कभी अत्यधिक हानि का भय रहता है।

5. बीमा पॉलिसी पद्धति

इस पद्धति में ह्रास की रकम को किन्ही बाहरी प्रतिभूतियों में विनियोजित नहीं किया जाता, बल्कि सम्पत्ति के नवीनीकरण के उद्देश्य से बीमापत्र ले लिया जाता है। प्रतिवर्ष बीमा प्रीमियम का भुगतान करने पर एक निश्चित अवधि के बाद बीमा कम्पनी से एक मुश्त राशि प्राप्त होती है, जिससे सम्पत्ति का प्रतिस्थापन किया जाता है।

गुण या लाभ

1. वैज्ञानिक - यह पद्धति वैज्ञानिक है, क्योंकि अनुमान सही बैठता है।

2. नवीनीकरण के साथ ह्रास का भी प्रबन्ध - इससे सम्पत्ति के नवीनीकरण के लिए प्रबन्ध के साथ-साथ ह्रास का भी प्रबन्ध किया जाता है।

दोष या हानियाँ

1. प्रीमियम का शोधन करना अनिवार्य - इस पद्धति में प्रतिवर्ष प्रीमियम का शोधन करना आवश्यक है, चाहे पर्याप्त लाभ हुआ हो या नहीं।

6. मशीन घण्टा दर पद्धति

इस पद्धति में मशीन या सम्पत्ति का उपयोग काल घण्टों में अनुमानित होता है तथा सम्पत्ति की सम्पूर्ण हानि (लागत अवशेष मूल्य) को उन घण्टों में विभाजित कर दिया जाता है। इस प्रकार प्रतिघण्टा उपयोग पर ह्रास की रकम ज्ञात कर ली जाती है। आनुपातिक आधार पर वर्ष में सम्पत्ति जितने घण्टे उपयोग में आती है उतना ही ह्रास अपलिखित किया जाता है।

7. नवीनीकरण पद्धति

इस पद्धति में प्रारम्भ की स्थापना पर लागत को स्थिति विवरण में हमेशा दर्शाते रहते हैं तथा समय-समय पर प्रतिस्थापन या नवीनीकरण पर व्यय होने वाले वर्ष में ह्रास मानकर अपलिखित कर दिया जाता है।

8. प्रयोग या मीलों वाली प्रणाली

ऐसी सम्पत्तियाँ जिनका ह्रास उनके चलन पर आधारित होता है, जैसे - काल, मोटर, गाड़ी आदि वहाँ प्रयोग या मीलों वाली विधि का प्रयोग किया जाता है।

ह्रास की रकम इस पद्धति में निम्न सूत्र की सहायता से ज्ञात की जाती है-

सम्पत्ति की लागत - अवशिष्ट मूल्य = अन्त में शुद्ध लागत

अन्त में शुद्ध लागत/कुल अनुमानित चलाने वाले कि. मीटर = ह्रास की प्रति कि. मीटर रकम।

स्थिर प्रभाग पद्धति एवं क्रमागत शेष पद्धति में अन्तर

स्थिर प्रभाग पद्धति में ह्रास हमेशा सम्पत्ति की मूल लागत पर लगाया जाता है। इसमें ह्रास की रकम हमेशा एक समान रहती है। उदाहरण, एक 50,000 रु. की लागत की मशीन क्रय की जिस पर 10 प्रतिशत वार्षिक की दर से स्थिर प्रभाग पद्धति से ह्रास लगाना है तो प्रत्येक वर्ष 5,000 रु. ह्रास लगाया जावेगा।

क्रमागत शेष पद्धति में हमेशा ह्रास सम्पत्ति खाते के शेष पर लगाया जाता है। इसी कारण इस पद्धति में ह्रास की रकम प्रत्येक वर्ष कम होती जाती है। हम 50,000 रु. की मशीन पर अगर 10 प्रतिशत की दर से घटती शेष पद्धति में ह्रास लगाये तो पहले वर्ष तो दोनों पद्धतियों में ह्रास एक समान 5,000 रु. ही लगेगा। लेकिन घटती शेष पद्धति में दूसरे वर्ष 45,000 रु. पर 10 प्रतिशत 4,500 रु. लगेगा तथा तीसरे वर्ष 40,500 रु. पर लगेगा। इस प्रकार ह्रास की रकम निरन्तर घटती जावेगी। वास्तव में दोनों पद्धतियों में मुख्य रूप से ह्रास की रकम का ही अन्तर है।

प्रश्न

1. ह्रास का क्या आशय है? ह्रास के लिए प्रबन्ध करना क्यों आवश्यक है? ह्रास का लाभ, उच्चावचन और अप्रचलन से क्या सम्बन्ध है?

   What is Depreciation? Why is arrangement for depreciation made? Explain the connection of depreciation with (a) profits, (b) fluctuations, and obsolescence.

2. ह्रास क्या है? ह्रास की व्यवस्था करने की विभिन्न पद्धतियों का सूक्ष्म में वर्णन कीजिए तथा प्रत्येक विधि किस प्रकार की स्थायी सम्पत्ति के लिए उपयुक्त है।

   What is Depreciation? Describe the different methods of providing for depreciation and give the assets to which each such method is advantageously applicable.

3. स्थायी सम्पत्तियों का चिट्ठा मूल्य उनके वास्तविक मूल्य का भ्रमात्मक स्वरूप कम्पनी के समक्ष प्रकट करते है। बढ़ते हुए मूल्य स्तर की दशा में ह्रास से सम्बन्धित व्यवस्थाओं के सन्दर्भ में इस कथन की विवेचना कीजिए।

   The Balance Sheet values of the fixed assets give a misleading picture of their worth to the Company. Discuss the statement with reference to provision for depreciation under condition of rising price levels.

4. ह्रास नीति किस प्रकार निर्धारित की जाती है? इसको प्रभावित करने वाले तत्त्वों की विवेचना कीजिए। क्या ह्रास एक आन्तरिक वित्तीय स्रोत है?

5. 1 जनवरी, 1972 को एक मशीन, ८0,000 रु. मं क्रय की गयी7 ह्रास की दर 10 प्रतिशत प्रतिवर्ष हैं। तीन वर्ष के लिए मशीन खाता बनाइए। जबकि स्थायो प्रभाग पद्धति से ह्रास काटना है।

   On Ist January, 1972 a machine was purchased for Rs. 80,000. Rate of depreciation is 10 per cent p.a. Prepare Machine Account for three years when depreciation is charged under Fixed Instalment Method.

Ans. Balance of Machinery Account Rs. 56,000.

6. एक कम्पनी ने 1 अप्रेल, 1971 को 30,000 रु. में एक मशीन खरीद। इसके खाते कलेण्डर वर्ष के हिसाब से चलते हैं। इसने 1 अक्टुबर, 1971 को 20,000 रु. में और 1 जुलाई, 1972 को 10,000 रु. में मशीन खरीदी। 1 जनवरी, 1973 को उस मशीन का 1/3 भाग बेकार हो गया जिसे 1 अप्रैल, 1971 को लगाया गया था और इसे 3,000 रु. में बेच दिया गया। कम्पनी

की पुस्तकों में मशीन खाता बनाइए। मशीन पर 10 प्रतिशत की दर से ह्रास काटा जाता है।

A company, whose accounting year is the calender year, purchased on Ist April, 1971 machinery costing Rs. 30,000. It purchased further mechinery on Ist Oct. 1971 costing Rs. 20,000 and on Ist July, 1972 costing Rs. 10,000. On Ist Jan. 1973 one-third of the machinery which was installed on 1 April, 1971, because obsolete and it was sold for Rs. 3,000. Show how the Machinery Account would appear in the books of the company, it being given that machinery was depreciated by the fixed instalment Method at 10 per cent per annum.

Ans. Balance of Machinery A/c at the end of 1973 is Rs. 38,500.

7. एक निर्माण संस्था ने, जिसकी पुस्तकें 31 दिसम्बर को बन्द की जाती है, 1 जनवरी, 1971 को 50,000 रु. में एक मशीन क्रय की। 1 जुलाई, 1972 को 10,000 रु. की और 1 जनवरी, 1975 को 16,000 रु. की अतिरिक्त मशीने और क्रय की गयी। 1 जनवरी, 1972 को क्रय की गयी। 10,000 रु. की मशीन को 30 जून, 1974 को 5,000 रु. में बेचा गया। पाँच वर्ष के लिए मशीन खाता बनाइए। ह्रास 10 प्रतिशत प्रतिवर्ष की दर से क्रमागत ह्रास पद्धति से निकालिए।

A manufacturing concern, whose books are closed on 31st Dec. purchased machinery for Rs. 50,000 on Ist Jan. 1971. Additional machinery was acquired for Rs. 10,000, on Ist July, 1972 and for Rs. 16,000 on Ist Jan. 1975. Certain machinery purchased for Rs. 10,000 on Ist Jan, 1972 was soid for Rs. 5,000 on 30th June, 1974. Show the machinery account for five years writing off depreciation at 10% per annul on written down value.

8. 28 मार्च, 1962 को एक प्लाण्ट 60,000 रु. में क्रय किया गया। 8 मई, 1963 को 3,600 रु. की लागत की वृद्धि की गयी और 17 अक्टुबर, 1964 को 3,900 रु. की लागत की वृद्धि और की गयी। क्रमागत ह्रास पद्धति से ह्रास की दरें 1962 में 10 प्रतिशत, 1963 में 15 प्रतिशत और 1964 में 20 प्रतिशत हैं। जिस वर्ष प्लाण्ट क्रय किये गये हैं या वृद्धि की गयी हैं उसकी ह्रास की गणना महीनों के अनुपात में करिए। 1962 से 1964 तक के लिए प्लाण्ट खाता बनाइए।

A plant is purchased for Rs. 60,000 on 28th March, 12962. Some additions (costing Rs. 3,600) to the plant are made on

8th May, 1963 and some more additions (costing Rs. 3,900) are made on 17th October, 1964. Depreciation on the Diminishing Balance Method is to be written off at 10% in 1962, at 15% in 1963 and at 20% in 1964, calculations being made in terms of months proportionately to the period of which the plant as well as additions have been used. Write up the Plant Account up to December 31, for each year from 1962 to 1964.

Ans. Balance of Plant A/c as on Jan. 1, 1965, Rs. 44,032.

9. एक कम्पनी ने 1 जनवरी, 1976 को 20,000 रु. में एक पट्टा 3 वर्ष के लिए क्रय किया। इसने ह्रास कोष बनाकर इस पट्टे को 3 वर्ष बाद प्रतिस्थापित करने का निर्णय लिया। यह आशा की जाती है कि विनियोगों पर 5 प्रतिवर्ष ब्याज मिलेगा। सिकिंग फण्ड तालिका के अनुसार प्रतिवर्ष रु. 6344.16 विनियोग किये जाते हैं। विनियोग पुर्णांक रुपये में किये जाते हैं। 31 दिसम्बर, 1978 को विनियोग 19,000 रु. में बेच दिये गये। जर्नल के लेखे करिए और पट्टा खाता, ह्रास कोष खाता, ह्रास कोष विनियोग खाता और ह्रास खाता बनाइए।

A company purchased 3 lease on Ist Jan. 1976 for Rs. 20,000. It decided to provide for the replacement of the lease at the end of 3 years by setting up a Depreciation Fund. It is expected that investments will fetch interest at 5%. Sinking Fund tables show that to provide the requisite sum at 5% at the end of 3 years, an investment of Rs. 6,344.16 is required every year. Investments are made to the nearest rupee. On 31st Dec., 1978, investments are sold for Rs. 19,000.

Show the journal entries and give the Lease A/c, Depreciation Fund A/c Depreciation Fund Investment A/c and the Depreciation A/c

Ans. Loss in Depreciation Fund Investment A/c Rs. 1,011.

10. ए ने 80,000 रु. में 20 वर्ष के लिए पट्टा खरीदा। इस पर वार्षिक वृत्ति पद्धति के आधार पर ह्रास काटा जाता है। ब्याज की दर 5 प्रतिशत प्रतिवर्ष है। वार्षिक वृद्धि के आधार पर 5 प्रतिशत से 20 वर्ष में 1 रु. को अपलिखित करने के लिए ह्रास की राशि 0.080243 है। तीन वर्ष के लिए पट्टा खाता खोलिए।

Mr. A purchased a long lease of 20 years for Rs. 80,000. It is depreciated on the Annuity System. Rate of interest is 5 percent p.a. To depreciate Re. 1 by annuity method over 20 years charging 3 per cent interest one must write off a sum of Re. 0.080243. Prepare Lease Account for three years only.

Ans. Balance of Lease A/c at the end of the third year is Rs. 72,372.72.

11. एक कम्पनी ने 30 वर्ष के पट्टे पर एक जमीन क्रय की और 9,99,000 रु. का एक भवन बनाया। 5 प्रतिशत प्रतिवर्ष की दर से एन्यूटी टेबिल के आधार पर 64,400 रु. का प्रतिवर्ष प्रबन्ध करना है तभी 9,90,000 रु. 30 वर्ष में भुगतान हो सकता है।

तीन वर्ष के लिए पट्टा खाता खोलिए और पट्टे के सम्बन्ध में प्रथम तीन वर्षों में लाभ-हानि खाते पर पट्टे का शुद्ध प्रभार प्रकट करिए।

A compny has acquired land on a lease of 30 years and has erected a building costing Rs. 9,90,000. You find from the Sinking Fund Table that for the repayment of Rs. 9,90,000 in 30 years by way of annuity at 5 per cent per annum an amount of Rs. 64,400 is to be provided every year. Make up the Leasehold Account for three years. Show also the net charge to revenue for the first three years in connection with the leasehold.

Ans. Balance of Leasehold Account at the end of 3rd year, Rs. 9,43,027.75; Net charge to Revenue Account. I Year Rs. 14,900; II year Rs. 15,645, III Year Rs. 16,427.25.

12. एक निर्माणक फर्म ने 1 जनवरी, 1974 को 19,400 रु. में एक मशीन खरीदी और उसके लगाने पर 600 रु. व्यय किये। उसी वर्ष 1 जुलाई को 10,000 रु. की अतिरिक्त मशीन क्रय की गयी। 1 जुलाई, 1976 को यह मशीन बेकार हो गयी जो 1 जनवरी, 1974 को क्रय की गयी थी और इसे 8,000 रु. में नीलाम कर दिया गया। इसी तारीख पर एक नयी मशीन 15,000 रु. की लागत पर क्रय की गयी। ह्रास 10 प्रतिशत प्रतिवर्ष की दर से सम्पत्ति की मूल लागत पर निकाला जाता है। 1977 में फर्म ने इस विधि को बदल दिया और 15 प्रतिशत प्रतिवर्ष की दर से क्रमागत ह्रास पद्धति से ह्रास काटना शुरू किया।

A manufacturing firm purchased, on Ist January, 1974 certain mill machinery for Rs. 19,400 and spent Rs. 600 on its erection. On 1st July in the same year additional machinery costing Rs. 10,000 was actuired. On Ist July, 1976, the machinery purchased on Ist January, 1974 having become obsolete, was auctioned for Rs. 8000, and on the same date fresh machinery was purchased at a cost of Rs. 15,000.

Depreciation was provided annual on 31st December at the rate of 10 per cent per annum on the original cost of the asset. In 1977, however the firm changed this method to one of writing off 15 per cent p.a. on the writing down value.

Give the machinery Account as it would stand at the end of each year from 1974 to 1978. Make your calculations to the nearest rupee.

Ans. Loss on sale of machine, Rs. 7,000 in 1976. Balance of Machinery Account on 31st December, 1978, Rs. 15,714.

13. 1 जनवरी, 1976 को प्लाण्ट और मशीनरी का पुस्तकीय मूल्य 2,00,000 रु. था। 1 अक्टुर, 1976 को 10,000 रु. की और 1 जुलाई, 1977 को 20,000 रु. की नयी मशीन क्रय की गयी। 1 जनवरी, 1976 को जिस मशीन का पुस्तकीय मूल्य 30,000 रु. था उसे 1 जनवरी, 1978 को 16,000 रु. में बेच दिया गया और यह राशि प्लाण्ट एवं मशीन खाते में क्रेडिट कर दी गयी। 1 जनवरी, 1976 को स्थायी प्रभाग प्रणाली से 10 प्रतिशत वार्षिक की दर से ह्रास का प्रबन्ध किया गया था। 31 दिसम्बर, 1978 को यह निर्णय लिया गया कि क्रमागत ह्रास पद्धति के अनुसार 20 प्रतिशत की दर से 1 जनवरी, 1976 से ह्रास का प्रबन्ध किया जाय। 1 जनवरी, 1976 से 31 दि. 1978 तक का प्लाण्ट और मशीन खाता बनाइए।

The book value of Plant and Machinery on 1st January, 1976 was Rs. 2,00,000. New machinery for Rs. 10,000 was purchased on Ist October, 1976 and for Rs. 20,000 on Ist July, 1977. On Ist April, 1978 a machinery whose book value had been Rs. 30,000 on Ist January, 1976 was sold for Rs. 16,000 and entire amount was credited to Plant and Machinery Account. Depreciation had been been charged @ 10% p.a. on the book value on 1st January, 1976 on Straight Line Method. It was decided on 31st December, 1978 that depreciation @ 20% p.a. on diminishing balance method should be charged with retrospective effect since Ist January, 1976. Show the Plant and Machinery Account from 1st January, 1976 to 31st December, 1978.

Ans. Balance of Machinery Account on 31st Dec., 1978 Rs. 1,07,520.